Hans von Bülow, Marie von Bülow

Briefe und Schriften

VII. Band

Hans von Bülow, Marie von Bülow

Briefe und Schriften
VII. Band

ISBN/EAN: 9783744719902

Hergestellt in Europa, USA, Kanada, Australien, Japan

Cover: Foto ©ninafisch / pixelio.de

Weitere Bücher finden Sie auf **www.hansebooks.com**

Hans von Bülow.

Briefe und Schriften.

Herausgegeben

von

Marie von Bülow.

VII. Band.

Leipzig

Druck und Verlag von Breitkopf und Härtel

1907.

Hans von Bülow.

Briefe.

VI. Band.

Meiningen.

1880—1886.

Mit 3 Abbildungen.

Leipzig

Druck und Verlag von Breitkopf und Härtel

1907.

Vorwort.

Mit der Übergabe dieses Bandes und des ihm auf dem Fuße folgenden letzten von Hans v. Bülow's Briefen glaube ich dem Leser Aufschluß schuldig zu sein über die Umstände, die meine Arbeit begleiteten, da der für die richtige Beurtheilung des hier Gebotenen nothwendige Gesichtspunkt sonst kaum gewonnen werden kann.

Als vor dreizehn Jahren, kurz nach meines Mannes Tode, hier die Veröffentlichung einer Briefgruppe auftauchte, dort ein Band seiner Aufsätze angekündigt wurde, und wieder an anderer Stelle eine vertrauliche Correspondenz von Jahren einem Feuilletonredacteur übergeben ward — das Alles ohne einheitlichen Plan, ohne gegenseitige Verständigung, als handle es sich um vogelfreies Gemeingut, das nicht schnell genug dem jeweiligen Sonderzwecke dienstbar gemacht werden könne — da drängte sich mir die Erkenntniß auf, daß solches Vorgehen, in jedem Falle unstatthaft, im Falle des impulsiven Bülow mit seiner der Stimmung des Augenblicks widerstandslos folgenden Feder geradezu eine Gefahr für sein Andenken bedeute, der ungesäumt zu begegnen die Pflicht seiner nächsten Angehörigen sei. So geschah denn gleich, was sonst vielleicht erst nach Jahren in Angriff genommen worden wäre.

Ich wandte mich an Bülow's Kinder, um für eine Aufgabe, deren eminente Schwierigkeiten ich mir keineswegs verhehlte, mich des wichtigsten Beistandes zu versichern: ich bat Bülow's Tochter Daniela und seinen Schwiegersohn, Herrn

Professor Thode in Heidelberg, um Rath, Material, Mitarbeiter=
schaft. Eine Verständigung hierüber suchte ich persönlich und
schriftlich; letzteres durch viele Briefe, die sich auf Jahre ver=
theilten und auch zu einem Meinungsaustausch zwischen Frau
Cosima Wagner und mir führten.

Bülow hatte im Herbst 1883 seiner Tochter Daniela, während
ihres Besuches bei ihm in Meiningen, eine Anzahl Papiere und
Briefschaften aus demjenigen Theil seines Lebens, mit dem er
abgeschlossen zu haben glaubte, geschenkt, darunter R. Wagner's
Briefe. Auf meine Bitte um Einsicht in diese, sowie in Bülow's
Gegenbriefe erfolgte ein ablehnender Bescheid, mit Frau Wagner's
Begründung, daß nach ihrem Princip „nichts Intimes in die
Öffentlichkeit gehöre".

Meine feste Überzeugung, daß Briefe bedeutender Persön=
lichkeiten der Öffentlichkeit nicht vorenthalten werden dürfen,
daß eine zuverläßige Geschichtsschreibung ohne deren Hilfe un=
möglich ist, hat mich nie verkennen lassen, daß auch die ent=
gegengesetzte Ansicht: Briefe hätten ihre Bestimmung im Dienste
eines jeweiligen Verhältnißes zwischen zwei Menschen erfüllt,
eine Verwendung darüber hinaus sei Mißbrauch, der unter
Umständen zur Indiscretion, ja zum Unrecht werden könne —
daß auch diese Ansicht ihre volle Berechtigung habe. Da aber
damals ein großer Theil der Briefe Wagner's und Liszt's be=
reits veröffentlicht war, Briefe, die des Reizes intimer Mit=
theilungen nicht durchwegs entbehren, schien es sich weniger um
ein Princip zu handeln, als vielmehr um einen Einzelfall.
Bülow allein schien ausersehen, vor der Nachwelt zu ver=
stummen, wo alle Anderen aus der Gruppe, der er geschicht=
lich angehörte, volle Redefreiheit genossen, vom hellsten Licht
der Öffentlichkeit beschienen. Ja, wo es sich darum handelte,
weiteres Licht um Jene zu verbreiten, da ward sogar der Bann
von Bülow's Briefen zeitweise genommen: die von La Mara
besorgte Doppelcorrespondenz Liszt=Bülow wurde von Frau
Wagner genehmigt, von Frau Professor Thode befürwortet, ge=
fördert, meine Bereitwilligkeit, die dazu gehörigen, in meinem

Besitz befindlichen Originalbriefe zur Verfügung zu stellen einfach vorausgesetzt.

Ebenso öffnete sich Herrn Glasenapp der Schatz von Bülow's „herrlichen" Briefen (vergl. „Das Leben R. Wagner's" Bd. III, Ausg. 3, 1904 S. 281); Stellen daraus durften abgedruckt werden. Damit nicht genug, auch meine Edition („Briefe" IV) wurde in Glasenapp's Werk durch reichliche Citate und sonstige Verwendung meiner Arbeit mit Unbefangenheit „berücksichtigt". Da die für den Wagnerbiographen maßgebenden Persönlichkeiten mein Vorhaben als unmöglich erklärt hatten, also sicher schon aus Gründen der Konsequenz meine Herausgabe lieber umgangen haben würden, so liegt in deren Benutzung der praktische Beweis, daß Bülow's Briefe zum unausweichlichen Bestandtheil der Musikgeschichte seiner Zeit geworden sind.

Auch die „Bayreuther Blätter" brachten im Lauf der Jahre Einzelnes aus dem Briefwechsel Wagner-Bülow, so z. B. im Mai 1900, da es galt, Wagner als Vertheidiger des Wohlklangs in einem schönen Beispiel vorzuführen.

Von welchem Einfluß eine freundliche Erfüllung meiner Bitten an Bayreuth auf die Gestaltung dieses Sammelwerkes hätte werden können, ist heute schwer zu bestimmen. Da ich mit der Annahme wohl kaum fehl gehe, daß auch Herrn Prof. K. Klindworth's Zusage, mir seine Bülowbriefe zu überlassen, in obigem günstigen Falle gehalten worden wäre, würde auf solcher Grundlage sich der Schwerpunkt des Werkes von selbst nach der musikalischen Seite verlegt haben und damit das biographisch-psychologische Moment mehr in den Hintergrund getreten sein. So haben Diejenigen, welche jeden Versuch einer gemeinschaftlichen Lösung des gestellten Problems ablehnen zu müssen glaubten, mich geradezu auf die Bahn gedrängt, die sie als eine ihnen persönlich unerwünschte empfunden haben mögen.

In ähnlichem Sinne negativ war das Ergebniß meiner Bemühungen, durch Bülow's Correspondenz mit Sr. Hoheit dem Herzog Georg II. von Sachsen-Meiningen und seiner Gemahlin, der Freifrau von Helbburg, eine klare, unpartheiische Darstellung jener musikhistorisch bedeutsamen Epoche zu ermöglichen. »Audiatur et altera pars« ist ein von Bülow oft gebrauchtes Wort. Zu seinen Gunsten es anzuwenden, ihm sein gutes Recht zu wahren: sich vor den Schranken späterer Generationen selbst zu vertreten, sein Weiterleben nicht zu fristen von den Höflichkeiten, die vom Tische Anderer für ihn abfallen — war dieses doch der erste und der letzte Grund meiner ganzen Arbeit.

Aber nicht nur für, auch gegen Bülow dies Princip der Billigkeit in Kraft treten zu lassen, bemühte ich mich im Dienste einer objectiven Darstellung aller Vorgänge seines Lebens von Anfang an. So auch bei Behandlung seines Verhältnißes zu Meiningen.

Freifrau von Helbburg begegnete im Herbst 1894 meiner Bitte mit dem Rath, ich solle „warten, bis die Generation, die mit ihm jung war, nicht mehr ist", und nicht „vorzeitig ein Segment seines Lebens oder eine Medaille ohne ihre Kehrseite veröffentlichen". Hierauf konnte ich nicht anders, als die mich noch heute leitenden Motive darlegen: „es würden ohnehin viele Jahre vergehen, bevor meine Absicht Thatsache geworden, ich wüßte Niemanden, für dessen Gesinnung ich wie für meine eigene einstehen, der sich der Aufgabe so uneingeschränkt widmen könne, wie ich selbst. Ich hätte keine Kinder; wenn also in meinem Testamente diese mir wichtigste Sache zum Ausdruck kommen sollte, so wüßte ich nicht, wem ich, im Falle meines plötzlichen Todes, dies heilige Vermächtniß ruhig übergeben könnte."

Freifrau von Helbburg's mir auf meine erste Bitte gütig gegebenes Versprechen, ihre und des Herzogs Briefe von Bülow einer genauen Durchsicht zu unterziehen, muß ohne Ergebniß geblieben sein, denn ich habe nie wieder ein Wort darüber vernommen. Um so bedauerlicher, als manche Äußerung beweist, wie hoch diese Briefe gerade dort eingeschätzt zu werden pflegten. »Your letters are like yourself, ,unique'«, schrieb Freifrau von Helbburg, »and tell us more by their colorit alone, than all the telegrams and criticisms put together.«

Wie dem auch sei, jedenfalls sah ich mich einseitig auf die Benützung meines eigenen Meininger Materials angewiesen. Da aber, wie ein Artikel der Frankfurter Zeitung v. 6./8. 1904 mit Recht hervorhebt, „über Bülow's Meininger Orchester und seine Beethoven=Darstellungen hundert Federn manch vernünftiges und auch manch thörichtes Wort geschrieben haben, eine erschöpfende, abschließende ästhetische Würdigung jedoch noch fehlt, ebenso wie eine ebenbürtige Fortsetzung dieser prototypischen Interpretationsfähigkeit", so dürfte Bülow's eigene Erzählung die Lücke ausfüllen und darum willkommen sein.

Von meinen, der Freifrau von Heldburg einst unterbreiteten, oben zusammengefaßten Begründungen ist keine entkräftet worden. Wohl aber sind in den dreizehn Jahren, die seither verflossen, so Viele aus Bülow's nahem und fernerem Umkreis ihm im Tode nachgefolgt, daß, hätte ich wirklich warten wollen „bis die Generation, die mit ihm jung war, nicht mehr sei", so mancher wichtige Aufschluß, so manche klärende und erläuternde Mittheilung über ihn unwiederbringlich verloren gegangen wäre. War es doch sogar trotz der freundlich gewährten Hilfe der Briefempfänger nicht immer möglich, die angestrebte Klarheit zu gewinnen. „Wenn Ihr Brief 'mal ohne Commentar in eine Autographensammlung käme!?" antwortet Paul Meyerheim auf ein scherzhaftes Billet i. J. 1892. Es sind noch viele solcher Correspondenten aus Bülow's letzter Lebenszeit, die diesen Ausruf verstehen und Karl Hillebrand's trefflicher Charakteristik (vergl. S. 221—22) zustimmen werden. —

Allein, neben diesem allgemein — ich möchte sagen, einseitig — gekannten, gab es noch einen völlig andern Bülow, und dafür besaß gerade ich die werthvollsten Belege. Es galt nur den Entschluß, sich ihrer zu bedienen.

Daß viele Jahre nöthig waren, ihn zu erringen, daß ein Zeitpunkt kommen mußte, in dem die eigene Vergangenheit als ein Abgeschlossenes daliegt und eine Rückschau zuläßt, wird keiner besonderen Versicherung bedürfen. Denn unser Recht, den intimen Theil unseres Erlebens als unser ausschließliches

Eigenthum zu betrachten, ist zweifellos. Und wenn diese natürliche Scheu noch dadurch verstärkt wird, daß hier der Vorhang nicht über ein friedliches Idyll sich hebt, in dem Alles nach Hoffnung, Wunsch und Norm verlaufen ist, so scheint die Schwierigkeit zum unübersteiglichen Hinderniß zu werden. Ist es schließlich dennoch überwunden, ist jetzt schon an jenen Theil von Bülow's Briefen gerührt worden, deren vollständigere Mittheilung einem späteren Zeitpunkt vorbehalten bleibt, so geschah es, weil gerade dieser Klang ganz unentbehrlich schien, wo so viel Schärfe, Bitterniß und Fehde — nach außen wie nach innen — den Grund-ton bilden. „Tief gerührt hat mich der weichere Ton darin", so dankt ihm eine treue Freundin[1] für die Mittheilung seiner Verlobung, „die Ihren meist in unverfälschtestem Dur ge-haltenen Schriften fremde Mollfärbung." Sie hier auszuschalten, wäre nicht nur ungeschichtlich, es wäre auch ungerecht.

„Bülow's scharfe Zunge diente als Schutzwehr für sein heißes, weiches Herz, und oftmals betrug er sich nur darum schroff, weil er im Innersten wund war."[2] Es kam ein Augen-blick, in dem er meinte, die Wunden seien geheilt. Die Vision entschwand, und was zurückblieb war Verzweiflung. „Die Saiten meines Innern sind nicht verstimmt, sie sind zerrissen!" — so rang es sich einst aus der gequälten Brust heraus. Was damals dem Ausbruch vorübergehender Stimmung einer unglücklichen Stunde glich, erscheint jetzt, da sein ganzer tragischer Lebenslauf sich vor uns ausbreitet, wie dessen Überschrift. Daß Bülow, „dessen Name von dem Begriff des allzeit sprung-fertig Streitbaren kunsthistorisch nicht mehr zu trennen ist", wie Freund Bronsart sagt, gestritten hat wie Wenige, weiß man: wie tief er aber gelitten, wird nur in jenen Äußerungen kund, ohne welche die Geschichte seines Lebens abzuschließen unmöglich war.

---

[1] Die Empfängerin des Briefes 179.
[2] Helene Raff: „Hans von Bülow als Persönlichkeit". Jugend Nr. 11, 1903.

Ein unheilbarer Riß hatte es gespalten: das Musikerherz
des „letzten" Bülow steht dem seiner Jünglings= und Mannes=
jahre fast feindlich gegenüber. Doch an den Altären, vor
denen es einst geglüht, stehen seine Kinder. Und über die
Kluft hinweg strebt das Vaterherz, gemäß den ewigen Gesetzen
menschlichen Empfindens, nach Ausgleich, nach Harmonie und
Frieden; es will sich Eins fühlen in dem, was ihm das
Wichtigste ist, mit ihnen, die ihm zunächst zu stehen ein natür=
liches Anrecht haben. So unausrottbar tief ist diese Sehnsucht,
daß keine ruhige Erwägung: warum sie unerfüllbar bleiben
muß, den zeitweilig hervorbrechenden Schmerz darüber zu
hemmen vermag. Bei der in verschiedenen das Leben Bülow's
streifenden Veröffentlichungen unverkennbaren Tendenz, diese
intime Tragödie einseitig oder gar leicht und nebensächlich zu
behandeln, gab es an dieser Stelle keine Wahl für mich, als,
über alle — naheliegenden — Skrupel hinweg, ihren ganzen
Ernst zu zeigen und ihrer Folgen Schwere. —

Mitten in die Unrast von Bülow's Berufsleben und alle
damit verbundenen Mühen führt uns seine Correspondenz mit
Hermann Wolff (vergl. Fußnote S. 52). In ihr wird, wer
Bülow persönlich gekannt hat, sein der Öffentlichkeit zugewandtes
Profil am deutlichsten wiederfinden. Daß sie einen so reichen Bei=
trag liefern konnte für des Künstlers Lebensbild, liegt nicht aus=
schließlich an dessen Eigenthümlichkeit, auch im geschäftlichen
Verkehr seine besondere Sprache zu führen (vergl. Bd. V, S. 279);
ein Theil dieses Reichthums ist auf Hermann Wolff's persönliche
Eigenschaften und die von ihm ausgehende Anregung zurück=
zuführen. Sein sicheres Urtheil in musikalischen Fragen, be=
gleitet von einem Anpassungsvermögen, ohne welches sein
Verkehr mit Bülow kaum durchführbar gewesen wäre, seine
große Belesenheit und vor Allem sein schlagender Witz, ver=
einigten sich, um ihm Bülow stets wieder auf's Neue zu erobern,
aufsteigende Wolken der Verstimmung zu verscheuchen, schwere
Wetter vor deren Ausbruch geschickt abzuwenden. Bülow war
selbst zu witzig, um den Witz Anderer nicht nach Gebühr zu

schätzen. Hierin und in Wolff's Musikerthum lagen die Wurzeln dieser Verbindung, nicht aber — wie vielleicht geglaubt wurde — in seinen Eigenschaften als „Praktiker". Im Gegentheil fand Bülow an diesem Vieles auszusetzen, wie die Briefe zeigen. Daß die oftmals strenge Schulung solchen Verkehrs großen Einfluß auf Wolff ausgeübt, daß er für seinen Beruf daraus unendlich viel gelernt hat, wurde von ihm selbst voll anerkannt. „Ich sehe, wenn ich anfangen will, praktisch zu werden, sind Sie es schon gewesen", schreibt er an Bülow Ende 84. Aber dieser klagt (28. 8. 81): „Die Plage der vielen Schreiberei vergiftet mir eigentlich das Leben", und so kommt es, daß mehr als ein Brief die Erregung der Stunde stärker widerspiegelt, als es dem Empfänger erwünscht sein konnte. Und doch durfte mich dies nicht abhalten, sie soweit mitzutheilen, als es nöthig war, um die Kehrseite von Bülow's glanzvoller öffentlicher Thätigkeit zu zeigen.

· Im Brennpunkt dieser Thätigkeit zur Meininger Epoche steht der Name Brahms. Dieses musikalisch wichtigste, viel umstrittene, sogar zu einem „Problem" gestempelte Kapitel bedarf hier keines neuen Geleitwortes (vergl. „Schriften" 1896, Vorwort S. VII). Es tritt hervor aus Bülow's eigenen Äußerungen und dem, was in Verbindung damit an einigen Stellen zu bemerken war. Aus Brahms' Briefen an Bülow wurde nur das für den Zusammenhang Nöthigste entnommen, da die „Deutsche Brahms-Gesellschaft" mir den Wunsch aussprach, sie in ihre Veröffentlichungen aufzunehmen. Wenn dies geschehen, wenn Alles, was sich auf das Verhältniß beider Meister bezieht, Jedermann zugänglich sein wird, dürften gewisse Freunde von Paradoxen es doch schwerer finden als bisher, die „Frage" aufzuwerfen: „ob Bülow überhaupt besonders günstig für die Popularisirung der Werke von Brahms gewirkt hat?", oder gar zu behaupten, „die Art" seiner Propaganda hätte „einem Theil der jüngeren Künstlergeneration den Blick so weit getrübt, daß ein Erkennen von Brahms' monumentaler Bedeutung erst in späteren Zeiten möglich wurde."

(Neue Fr. Presse 19. 5. 1907.) Wäre ein letzter Rest von Zweifel in mir zurückgeblieben, ob, trotz Allem, was ich versuchte hier klarzulegen, mein Beginnen nicht doch ein Irrthum sei: die Thatsache, daß Musiker, die Bülow's große Zeit theilweise noch miterlebt, sich so äußern dürfen, ohne öffentlichen Widerspruch zu finden, hätte ihn hinweggeräumt.

Ein ziffernmäßiger Bericht über das Gesamtmaterial sowie ein Schlußwort werden dem letzten Bande beigegeben.

St. Blasien, Sommer 1907.

Marie von Bülow.

Inhalt.

Herzog Georg II. von S.-Meiningen an Hans von Bülow.

Lieber Bülow!

Nachdem ich wieder schreibfähig geworden[1] bin, spreche ich Ihnen meine Freude aus, Sie nächstens bei uns zu sehen. Nur sollten Sie ein paar Tage früher kommen, damit Ihre Anwesenheit nicht allzukurz währe. Entzückt hat mich, daß Sie eine festere Verknüpfung Ihres Geschicks mit dem unsrigen als eine Ihnen zusagende Perspektive in's Auge fassen. Ein pied à terre in Meiningen an der Spitze, resp. über der Kapelle, von wo Sie jederzeit nach allen Richtungen der Windrose ausfliegen können, finde ich eine viel annehmbarere Existenz als meine Ehehälfte, und wage ich es, trotz Letzterer, solche Ihnen anzubieten. Es wäre für uns famos!!!!!

Großes Vergnügen haben Sie mir mit den Gluckiana gemacht. Tausend Dank dafür. Meine Frau und ich spielen fleißig daraus. — — Auf Glück bringendes Wiedersehen!

Ihr Sie verehrender
Georg.

Meiningen, 28. Jan. 1880.

Freifrau von Heldburg an Hans von Bülow.

Meiningen, 5. 11. 79.

Verehrter Freund!

— — Was Ihr Hierherkommen für uns wäre, das wissen Sie: was kann mein Mann Ihnen bieten??

Es ist so wenig, daß wir ganz darauf gefaßt sind, Sie besinnen sich eines Besseren, und werden Ihnen dies auch keinen Augenblick verdenken — sollten Sie aber doch zu Leuten wollen, auf deren treue Freundschaft und Hochachtung Sie in allen Eventualitäten, auch in der einer Verstimmung unter uns, so fest rechnen können, wie auf sich selbst, sollte es Sie zu uns ziehen, weil Sie wissen, daß wir Sie verstehen, würdigen und aufrichtig verehren (ich meine jetzt den Menschen Bülow), so hören Sie freundlich unsere Vorschläge. Den „Intendanten der Hofkapelle" hat Ihnen der Herzog schon telegraphisch offerirt, nun das Trum und Dran

---

[1] „Eben die traurige Nachricht empfangen, daß der Herzog v. M. schwer an Lungenentzündung erkrankt ist und also kein Weihnachtsfest noch Sinfoniefest stattfinden kann" hatte Bülow (20. 12. 79) an Freund Spitzweg mittheilen müssen.

desselben. Vor allen Dingen, gar zu sehr können wir uns nicht von Ihnen beschämen lassen, darf der Herzog Ihnen also den sehr bescheidenen, aber den anderen Hofchargen entsprechenden Gehalt von 5000 Mark anbieten? Das ist der schwache Punkt bei der Geschichte; was wir nun noch vorschlagen ist, glaube ich, Alles in Ihrem Sinne und zu Ihrem Wohle berechnet. Also, Büchner, — — wird nicht pensionirt, sondern hat die Vocation, Ihre Freiheit zu einer unbeschränkten zu machen. Sie nehmen sich unseres Musikbedürfnisses an, soweit es Ihnen mit Ihrer auswärtigen Thätigkeit vereinbar scheint. Wir sind hier vom 1. Nov. bis 1. Mai; in der Zeit geben Sie uns Orchesterconcerte, entweder unter Ihrer persönlichen Leitung oder, wenn Sie ausgeflogen sein wollen, unter Büchner's Leitung. Ruft die season Sie nach England, so gehen Sie natürlich nach England, und wir zehren indessen an dem Theil Ihres Geistes, den Sie während Ihrer Anwesenheit dem Orchester eingehaucht haben. Im Sommer sind Sie so wie so vogelfrei! Wollen Sie sich als Hofcharge angesehen haben, bon, wollen Sie dies nicht, ist der Intendant in Zukunft keine Hofcharge mehr. — —

Bei seiner Mittheilung über die Stärke des Orchesters hat Büchner die ständige Unterstützung aus der recht guten Militärmusik-Kapelle nicht erwähnt. — — Daß der Herzog Ihnen für die Kapelle andere Mittel zur Verfügung stellen wird, als dies im Spar-Régime Büchner gegenüber der Fall war, das brauche ich wohl nicht erst zu erwähnen. Ich weiß nicht, ob ich Ihre vollständige Freiheit zu gehen und zu kommen genug hervorgehoben habe? Sie sollen nur hier zu Hause sein — die hiesige Kapelle soll Ihre Kapelle sein, Sie sollen aus ihr machen, was Sie neben Ihrer auswärtigen Thätigkeit, der wir die erste Berücksichtigung als sich von selbst verstehend zuerkennen, aus einer Kapelle machen können, aber Sie sollen dies in ungebundner Weise können. — —

Nun noch Eins: acceptiren Sie nicht nur aus Edelmuth, sondern denken Sie ausnahmsweise auch einmal an sich selbst! — — Meiningen auf Hannover ist hart — nur fehlt hier — —, und Sie sind „Freiherr" in des Wortes vollster Bedeutung, in jeder Beziehung. Ich will aufhören, denn sonst rede ich Ihnen zu, und daraus würde ich mir ein Gewissen machen. — — Leben Sie wohl und kommen Sie zu uns, wenn es Ihnen nämlich gerade paßt — auf alle Fälle wissen wir, daß Sie unser Freund bleiben, wie Sie fest vertrauen dürfen auf die unwandelbare Freundschaft Ihrer Beiden

E. v. Heldburg.
Georg.

1. An die Baronin O.

Château de M e i n i n g e n , ce 10 Février 1880.

Most gracious President of the United States
of my brain and heart!

Your favourite pianist has happily arrived and was
received at the depot by the *Hofmarschall* (!) and the *Kapellmeister.* — —

Don't dismiss me now, my most adored sovereign! You
know I am indissolubly bound to your service first —
and therefore I would not have accepted, had the Duke not
granted unlimited leave!

I hope my servant brought you Carmen this morning.
There are melodies in it quite as bewitching for me as the
smile of your eyes, you, my Sonata op. 112! — —

2.   M u n i c h , ce 11 Février [1880].

Chère Baronne de mon âme!

Comment allez-vous? Espérons beaucoup mieux que
moi, que le voyage plein d'interruptions dans la nuit a
complètement détraqué, brisé. Il n'y a pas de théâtre ce
soir, mais seulement un concert de la *»Vocalcapelle«* (plein
chant — ancienne musique), si vous étiez ici je vous accom-
pagnerais volontiers — mais seul — je crois que je me
mettrai au lit. Je me sens comme au lendemain d'une
immense ivresse, et je crois que j'ai un peu agi comme un
ivrogne en m'engageant si définitivement sans y réfléchir
davantage. Mais il n'y avait pas le temps de la
réflexion, le duc a mené notre affaire tambour battant,
et puis: »fais n'importe quoi, tu t'en repentiras« — maxime
qui conduit également au trappistisme, à la mélancolie
ou à la légèreté et l'insouciance.

Mais — mes amis à Meiningen m'ont assuré qu'ils ad-
mettaient — le »divorce«.

1*

Passons du prélude à la fugue. Voici, chère adorée,
quelques autographes de R. W[agner] que je mets à vos jolis
pieds. Les épîtres les plus longues et les plus intéressantes
ne sont signées que par des initiales, et je suppose que
vous tenez à avoir la signature du nom entier. — —

3. An George Davidsohn (Berlin).

München, 12. Februar 1880.

Verehrter Herr und Freund,

Was sagen Sie zu beifolgendem Aktenstück? [1]

Es wurde mir bei meiner Rückkehr von London vorigen
Montag in Hannover vorgelegt. Tags darauf war ich in
Meiningen, S. H. den Herzog vor seiner Abreise nach Italien
noch als Reconvalescenten zu begrüßen. Derselbe geruhte
mich zum Intendanten seiner Hofkapelle zu ernennen (mit
illimitirter Urlaubsfreiheit), als welcher ich vom 1. Okt. funktion-
niren, d. h. kapellmeistern werde. Vielleicht gelingt es mir im
Kleinen ein Pendant zu seiner Musterkomödie sinfonisch zu
liefern. Wenigstens ist dieß das Moment, welches mich gereizt
hat zur Annahme der mir dargebotenen Miniaturgleichstellung
mit dem großen Botho. — —

4. An Eugen Spitzweg (München).

Hannover, 3. December 1879.

Liebster Freund!

Monsieur le Commandeur Abbé Franz de Liszt, das ist
der Titel. — —

Aber Du hast ja Autograph von ihm — also laß ihn un-
behelligt. Denn — die Gluckiana machen ihm, der nur stark
gewürzte Novitäten verträgt, noch viel weniger Spaß als mir
die Zengeriana.

Solider, auch nicht unfeiner Musiker [Zenger] — aber nichts

[1] Abgedruckt Bd. V, S. 625.

Individuelles — keine e i g n e Idee. — — Und welche Ab=
surdität, subjektive Liedertexte (immer „ich") 4stimmig ohne
Geschlechtsunterschied unter Musik zu setzen!

Na — mach Deine Unkosten, das wünsche ich herzlich —
im Übrigen geht's mich ja nichts an. — —

Die Leute werden [Gluck] schon kaufen. Ich habe viel
Vertrauen, und Einzelausgaben von Favoritpiècen, das wird
sich mit der Zeit herausstellen. Die Sammlung wird jeden=
falls verdienstlich schlechte leichte Seichtigkeiten ersetzen. Was
ist doch die viel (d. h. eigentlich etwas) schwierigere Gluck=Gavotte
von Brahms gegangen!

Wenn Du den Generösen spielen willst und friendship mit
business verquicken (ich separire dergl.: Braten= u. Compot=
sauce vermengt ist für mich die ärgste aller teutonischen Ge=
schmacklosigkeiten, aber freilich ebenso beliebt und symbolisch
weitgreifend) — dann gute Nacht das Projekt! — —

5.   E l b i n g , 11. December 1879.

— — Rheinberger 113 macht überall Furore. Kannst noch
ein Requiem für Leo XIII. stechen. — —

A propos: Da der große Meister den Winter über mit
voller Familie in Neapel residirt, (so höre ich, Bestätigung
müßte von Dir geschafft werden) so will ich auf der bayrischen
Tournée Anfang März i n f ü r Bayreuth spielen. Das wird
Effekt machen, d. h. Geld einbringen. Also dann „hohe Preise".

6.   L e i p z i g , 4. Januar 1880.

Warum soll Bayreuth nicht gehen können? Weil R. W.
v[on] „R[echts]W[egen]" Levi einen Besuch gemacht? So viel
ich höre, will er ja ein paar Monate in Neapel oder Umgegend
verbringen, wird also nicht in Wahnfried residiren, somit könnte
ja also doch ich die Neugierde der Bayreuther nach meiner
Bekanntschaft ad majorem etc. befriedigen?

Sollte hier wieder totales malinteso obwalten? — —

7.   17. Januar 1880.

Programme hängen so direkt mit Reihenfolge der Städte zusammen, daß ich dann erst sie Dir senden kann, wenn Du definitiv fixirt haſt. Erſpare mir dieſe furchtbare Hin- und Herſchreiberei. Du biſt ſchrecklich novus.

Bitte überlaß mir die Legislative (also keine Vor- ſchläge, Frau H. R. in meinen Concerten ſpielen zu laſſen!!! — auch keine Proteſtirerei gegen Bayreuth-Concerte — in Ge- ſchäftsſachen pflege ich trocken und ernſthaft zu ſein) und halte dich an die Exekutive, oder — wir wollen die Sache auf- geben. — —

Bitte keine Details mehr über Concertvereine, Theater- direktoren u. die von ihnen ausgehenden Hinderniſſe. Davon will ich ja frei ſein, ſonſt könnte ich ſelber meinen Secretär ſpielen, was ſchon des Öfteren geſchah. — —

8. An Louis Köhler (Königsberg i. Pr.).

Albing, [10. December 1879] Mittwoch Mittag.

Verehrteſter College!

Ihre freundl. Aufforderung iſt von mir recht indiscret ge- mißbraucht worden. Steife Finger, ſchlechter Stift und die courierzügl. Schwankungen haben Ihr Handexemplar der Bock'ſchen [1] auf das Chromatiſchſte verwüſtet. (Werde Ihnen in Berlin ein neues beſtellen.)

Doch ad rem. Es geht mir mit Ihnen, wie bei Rubinſtein — ſ. Nero-Brief. [2] Ihr Artikel iſt vortrefflich geſchrieben und höchſt nützlich zu leſen für Jedermann. Deßhalb beantrage ich auf's Ungetheilteſte ſeinen Abdruck als Broſchüre und ſomit

---

[1] In den Schlußnummern d. J. 1879 der „Neuen Berliner Muſikztg." hatte Köhler eine Reihe von Artikeln veröffentlicht über Joh. Brahms, die 1880 unter dem Titel: „Brahms und ſeine Stellung in der neuern Klavier- literatur" geſondert erſchienen ſind.

[2] Vermuthlich die Stellen zu Anfang über die „ſogenannte Un- partheilichkeit" und „günſtige Vorurtheile". („Schriften" S. 393.)

seine weiteste Verbreitung, für welche Namen von Subjekt und Objekt ausreichend sorgen werden.

Wie wär's mit der Aufnahme in die Walderfee'sche Sammlung (Br. u. H. Leipzig)?

„Brahms' Stellung in der Musikgeschichte (oder unter den großen Tonmeistern), eine Ansicht (oder ein Votum) v. L. K."

Hm? Ihr Standpunkt ist ein sehr hoher — in Anbetracht dessen kann man sich des Dissentirens enthalten, aber einige Milderungen hielte ich „persönlich" weil „sachlich" empfehlungswerth.

Am liebsten wäre mir, Sie gäben e i n e n 2ten T h e i l: eine Nomenclatur mit ästhetischen Glossen derjenigen Werke des Mannes, denen Sie ungetheilteste Anerkennung gewähren, z. B. Triumphlied, Requiem, Schicksalslied — Quartette (Cembalo) in G moll u. A dur, Trio für Klavier, Vl. u. Horn — für mich ein Unicum — Händelvariationen — Mittelsätze der Sinfonien (Brahms' Intermezzo = Vicescherzo ist ein ihm völlig Eignes, Neues, wie dem Felix das presto $^2/_4$ resp. $^3/_8$ Scherzo), kurz, ich möchte eine kleine — Fanfare am Schlusse! Sie haben mir erlaubt, offen zu sein. Jedenfalls s t i m m e i c h f ü r B r o s c h ü r e, wie Sie es auch sonst halten mögen.

Besten Dank für das Geschenk Ihrer liebenswürdigen Gegenwart gestern Abend: vielleicht hat Sie Morpheus belohnt!

Nun eine kleine Bitte. Falls Sie gegen meine „letzten Fünfe öffentlich" nichts einzuwenden haben, so senden Sie Ihr Referat Hrn. Prof. Louis Ehlert in Wiesbaden. Lechze nach einer Satisfaktion![1] Der Bildungsasthmaticus hat ja in der Rundschau das Publikum förmlich aufgewiegelt gegen meine fliegende Institution, demselben quasi zugerufen „laßt Euch das nicht gefallen", worauf „Ferdinand von" von

---

[1] Bülow bezeichnete in einem Billet an Hrn. v. Rudloff (21. 12. 79) Köhler's Referat über seinen „Vortrag des christlichen Pentateuchs in Königsberg" als „r e i n e n Marzipan".

Rebecca's[1] Gnaden sich stützend, meine Bayreutherei in voriger Saison in Cöln zu hintertreiben fertig gebracht hat. — —

Ihre Chopinausgabe vergesse ich nicht.

9. An Herrmann Scholtz[2] (Dresden).

Leipzig, 4. Januar 1880.

Sehr geehrter lieber Herr!

So weit ich bei schlechter Kopfverfassung und ditto Zerstreuung meiner sog. Muße durch Besucher Ihre gern immer wieder zur Hand genommene Chopin-Ausgabe zu beurtheilen fähig bin, erscheint mir, daß Sie mit großer Genugthuung auf das Resultat Ihres energischen und liebevollen Fleißes blicken dürfen, und daß die Verlagshandlung bald — nach Erschöpfung der ersten, wenn noch so starken Auflage — Grund gewinnen müßte, dem verdienstvollen Bearbeiter ein Zeichen ihrer Erkenntlichkeit zu geben.

Wahrscheinlich schießt Peters in der Concurrenz den Vogel wieder ab, und Bock hat sich vielleicht geirrt, wenn er geglaubt hat, daß mein alter (schon vor $1\frac{1}{2}$ Jahren geschriebener) Empfehlungsbrief „russ., franz. u. engl." der dem großen Publikum unbequemeren Klindworth-Edition zu besonderem Nutzen gereichen könnte.

Genehmigen Sie meinen besten Dank für freundliche Übersendung und den Ausdruck meiner hochachtendsten Anerkennung.

Ganz stimme ich Ihnen bei bez. der Auslassung des Wiederholungstaktes in der As dur-Ballade,[3] doch nur halb bez. der Vorhaltsverdoppelungsvermeidung in der F dur-Etüde aus Op. 25. Der linke Daumen braucht ja nicht sehr fest aufgesetzt zu werden, hat sich nur vor einem Tenuto über 𝄐 hinaus zu hüten, < hinunter statt > spielend u. s. w., dann klingt's nicht miß. Mir ist die verdeckte 8ven Parallele weit störender.

---

[1] Rebecca: biblisches Idyll von Ferd. v. Hiller.
[2] Schüler Bülow's in München, Pianist u. Componist, kgl. sächs. Kammervirtuos. Geb. 1845, lebt in Dresden.
[3] Vergleiche das Vorwort zur Chopin-Ausgabe v. H. Scholtz.

S. 64 im Sonatenbande (letzter Takt) kann ich nicht $^{8\flat}_{3}$, statuiren, sondern nach Analogie nur $^{8\flat}_{3}$. Für die letzte Mazurka Op. 63 Cis moll am Schlusse möchte ich eine spielbarere Eintheilung des Canons in der 8ve zu Gunsten rhythmischer Unzerfahrenheit gegeben sehen.

Diese flüchtigen Bemerkungen bezwecken nur, Ihnen zu belegen, daß ich bereits angefangen habe, nähere Bekanntschaft mit Ihrer sehr preisenswerthen Arbeit zu machen. — —

10. An Bernhard Coßmann (Frankfurt a/M.).

London, 17. Januar 1880.

Lieber geehrter Freund,

O Jemine! daß Dir tragisch erscheint, was mir, bevor Dein Lamento es aus der Vergessenheit (es passirt mir ja täglich so viel Neues) wieder hervorgezerrt, nur drôle erschienen ist! Bitte beruhige Dich — bedenke, ich bin ein Pachyderm geworden! [1]

Doch da Du einmal wieder davon anfängst — — laß dir noch ein amüsantes Detail über die Frankfurter Presse erzählen. Ich reichte sie zuerst meinem Coupécompagnon, der sich mir als alten Tischgenossen beim Herzog v. S. M. in Liebenstein vorstellte, nämlich als den beaupère du Grand-Duc héréditaire de Saxe Weimar als Prinz Hermann (Schwager des Königs v. Würtemberg); der gab sie mir dann lächelnd retour: „jetzt verstehe ich, was Sie unter der nihilistischen Localpresse vorhin (ich sprach mit Euch darüber) meinten". — —

11. An die Baronin D.

Munich, 13 Février 1880.

J'ai presque honte de Vous dire ce que je vais dire. Mais — je Vous ai si souvent fait part de mes ennuis, pourquoi

---

[1] Bülow hatte, Coßmann's Bitte folgend, dessen Concert in Frankfurt unterstützt; bei der Abreise, als sich der Zug eben in Bewegung setzte, reichte Coßmann's Tochter ein frisches Zeitungsblatt ungelesen Bülow in's Coupé, erst später entdeckend, daß der gütige Mitwirkende darin „in unqualifizirbarer Weise" angegriffen worden war.

ne pas vous faire témoin (hélas seulement de l'écho) d'un grand plaisir? Et je vais l'écrire »tout bas«, comme une confidence au meilleur, au plus intime ami. Eh bien — figurez Vous, qu'hier soir j'ai eu un de mes plus grands triomphes de ma vie. Grande salle presque pleine et un enthousiasme presque napolitain. Je ne me rapelle point avoir jamais été applaudi aussi frénétiquement — et probablement je ne le serai plus autant. Imaginez, qu'à la fin tout le public est resté debout faisant un vacarme à tout rompre et m'a rappelé c i n q fois. Il y avait beaucoup qui criaient »*Hier bleiben*«.

Franchement, cela m'a fait du bien, cette fidélité bravant l'intervalle de onze ans. J'avais quitté Munich en 1869. Ce que j'ai semé ici pendant deux années 67—69 n'a pas été perdu (comme par exemple à Hanovre) — la nouvelle génération vaut mieux que l'ancienne — la moitié presque des membres actuels de l'orchestre ont commencé leurs études sous ma direction et sont devenus non seulement d'intelligents et braves artistes, mais des »gentlemen«. C'est le résultat de mon introduction d'un maître de danse (si!) dans la *Musikschule*.

La recette nette pour Bayreuth sera quelque chose comme 2400 Mark, ce qui est beaucoup le lendemain du mercredi des Cendres et dans une ville qui n'a que la septième partie des habitants de Berlin. Pardon de ma loquacité! mais il me tient à cœur qu'hier soir votre *Hofpanther* a été digne de sa souveraine.

12.   [B a y r e u t h , 15 Février 1880.]

— — Les dernières nuits je n'ai pu dormir — je me suis levé et j'ai »commis« un article pour les *Signale* [1] — j'ai préparé une bombe-Orsini qui va éclater dans le courant de la semaine et va foudroyer, écraser — devinez qui?

---

[1] Die Geigenfee, „Schriften" S. 399—403.

Mme — —. (Son nom n'est pas nommé, mais l'effet est d'autant plus sûr.)

Un peu de vengeance est absolument nécessaire à Votre petite panthère. — — A la gare ici j'ai été accueilli solennellement par tous les gros Bonnets de la Ville, le maire, Mr. Feustel, Mr. de Wolzogen etc. — il faut que je passe la soirée avec eux. Pour cela il faut absolument que je prenne du repos. J'ai horriblement mal à la tête et me sens d'une faiblesse extrême. — —

13.   B a m b e r g, ce 18 Février 1880.

— — Il me faut voir beaucoup de gens, parmi lesquels quelques personnes non-idiotes et de bonne volonté. Les Feustel et Hans v. Wolzogen à Bayreuth pas mal du tout. Le dernier a écrit un excellent article dans les *Blätter*, où il explique le secret du »style« de Wagner. Je lui ai soufflé quelques idées assez fertiles, il me semble. Je Vous en parlerai de vive voix. La recette à B[ayreuth] a été étonnante pour ce »rotten borough« en hiver, et le public s'est montré aussi attentif que reconnaissant. Le théâtre m'a fait un effet plus grandiose encore que je ne m'y étais attendu. Lisez-Vous par hazard »Nana«? Il paraît que la 25ème édition en est déjà epuisée. On dit que c'est »hairboistling«. — —

14.   F r a n c f o r t sur l'Oder (Mock-Frankfort),
                                    ce 8 Mars 1880.

Bienaimée!

Je m'étonne toujours, comment je puis si souvent répéter la même absurdité, la même bêtise — celle de Vous quitter. Est-ce pour avoir le plaisir de Vous dire »Au revoir« — pour le bonheur de Vous retrouver, bonheur dont en vérité je commence à jouir depuis le premier jour de l'absence? — —

Mr. Wolff, mon agent, est un homme charmant, instruit, aimable, honnête, sachant vivre et — amusant[1]. — Faut m'habiller. — —

15.   Zittau en Saxe, ce 16 Mars 1880.

— — Quel contraste aussitôt qu'on franchit la frontière autrichienne! Le public de Reichenberg l'après-midi de dimanche m'a autant applaudi que cinq publics prussiens en cinq soirées. Mon ami (un des hommes les plus charmants du continent) Bösendorfer de Vienne avait fait un voyage de 15 heures pour venir m'écouter — et il avait envoyé un piano, qui quoique ou peut-être quelque peu parceque tout différent d'un Bechstein, m'a fait bien du plaisir. — —

J'ai grande envie de refuser Dresde — car par amitié Vous voudrez y venir, et ce voyage pourra aggraver Votre état. Et puis . . . si Vous êtes obligée de rester à Hanovre, naturellement je préférerais Vous tenir compagnie en Vous jouant du Shakespeare ou en Vous lisant du Beethoven, ne pas parler du »fingerings-milk«, dont j'ai promis de »nurser« Votre baby d'adoption, »the poor orphan who lost its mother Pruckner, and its father (la recherche de la paternité est interdite) Lebert[2]«.

16. An Kammermusiker H. Eichel (Hannover).

Bayreuth, 16. Februar 1880.

Geehrter lieber Herr Eichel!

— — Ich ergänze meine neulichen Mittheilungen ohne sozusagen sentimentale Glossen.

Also: Die Verhältnisse in Meiningen sind überaus bescheiden, das wissen Sie. Dieselben mit Einem Schlage zu ändern, steht

---

[1] „Wolff so famos in jeder Hinsicht, daß er mit Judenthum ‚versöhnen' könnte". (An Spitzweg 10. 3. 80.)

[2] „Wenn Sie Pruckner sehen, so grüßen Sie mir Lebert" sagte Bülow damals scherzend zu einer Stuttgarter Pianistin.

nicht in meiner Macht. Die Stelle des 1. Hoboisten ist mit 1050 Mark dotirt. [1] Daß das nicht zum anständigen Leben für Sie ausreichen würde, weiß ich. Wie weit ich Ihnen, unbekannt mit den lokalen Verhältnissen, Nebenverdienst in Aussicht stellen oder gar garantiren könnte — weiß ich nicht. Eines kann ich, b. i. Ihnen von mir aus 300 Mark jährlichen Zuschuß, so lange ich in M. wirken werde, offeriren, und es würde mich freuen, wenn Sie sich dadurch bestimmen lassen könnten, mehr die Licht- als die Schattenseiten der Sache ins Auge zu fassen.

1. Sie blasen erste Hoboe.

2. Sie haben keinen Theaterdienst (bei wichtigeren Schauspielen vielleicht — aber Sie wissen, es wird in M. ja nur 3½ Monate Komödie gespielt und nur 3mal wöchentlich) und somit Freiheit von aller schlechten Musik.

3. Hiermit verbunden haben Sie sehr viel Zeit zu eigenen Arbeiten, Studien u. s. w.

4. Werde ich nach Kräften Ihnen zu Urlaub bez. Nebenverdienstes außerhalb zu verhelfen, wie auch überhaupt Förderung eines solchen (Nebenverdienstes) zu vermitteln suchen. Von Mitte April bis 1. October könnten Sie wo immer hin sich engagiren.

5. Daß das Leben in M. sehr viel wohlfeiler ist als in H. —, nun das wissen Sie.

Genug — ich will Sie in keiner Weise „verführen", selbst nicht in Ihren Überlegungen beeinflussen — gehen Sie mit sich zu Rathe — heute über acht Tage sagen Sie mir in H. Bescheid, damit ich eventuell Ihr Engagement offiziell beantragen kann. — —

---

[1] „Die contraktlich auf ein paar Jahre Angestellten (gewöhnlich 5 Jahre), denen Sie auch Kündigung unsererseits nach der Wintersaison 1881, 15. April, falls sie nicht einschlagen, als Bedingung vorschreiben können, erhielten bis jetzt theils 800, 815, 950, 986 Mk. Ich rathe, nicht höher zu gehen, wenn nicht eine exquisite Kraft gewonnen werden kann, da sonst die bereits hier befindlichen Musici unzufrieden werden würden." Herzog Georg an B. 11. 2. 80.

Daß ich mich, nachdem ich die Kapelle reorganisirt und tüchtig gemacht, mit ehrgeizigen Plänen für dieselbe (quasi Bildung eines Gegenstücks zu dem Herzogl. Schauspiele) befassen werde, das dürfen Sie, wie Sie es wahrscheinlich schon thun, als sicher annehmen.

17. An Eduard Hanslick (Wien).

Hannover, 1. März 1880.

Hochgeehrter Herr!

Überbringerin dieser Zeilen hat es so wenig nöthig, daß ich vielmehr eigennützig darauf spekulire, meinerseits durch sie Ihnen empfohlen zu werden — aber sie e r s u c h t mich darum, Ihnen durch meine Vermittlung vorgestellt zu werden. Die Frauen wollen ja immer das Überflüssige. Frau Julie Koch hat eine so süße Stimme mit so herzverführerischem Klange, selbst in der Mitte der dreigestrichenen Oktave, daß sie als Königin der Nacht jedenfalls auch die Königin des Abends vom 11. März sein wird, gewissermaßen die Titelrolle der betr. Oper darstellend. Persönlich — da mag Ihre Frau Gemahlin vielleicht mit einer ihr bis jetzt noch unbekannten Leidenschaft Bekanntschaft machen — f l ü c h t i g, denn Frau K. ist ebenso gut und nett als gescheit und charmant — kurz, ihr zu Liebe habe ich in Hannover manche Mimen über menschliche Geduld ertragen — ihretwegen thut es mir zuweilen noch leid, von der Opernkapellmeisterei erlöst worden zu sein, namentlich da ich des Vergnügens beraubt worden bin, ihr Carmen studieren zu helfen. Eine rara avis ist auch ihr Gemahl, Herr Vossenberger, ein tüchtiger Musiler und vortrefflicher Gesanglehrer, der sie statt einer glücklicherweise vacanten Mama begleitet.

Also — Herz gefaßt — ich empfehle sie Ihnen, ich empfehle sie besonders Ihrer H a u s kritik, Ihren „deprovinzialisirenden" Rathschlägen. H. ist ein N e st; weil Frau Koch so außerordentlich entwicklungsfähig ist, wünsche ich ihr herzlichst eine etwas makrokosmischere Talenttummelbahn.

18. An Frau Jessie Hillebrand (Florenz).

Elbflorenz, 9. April 1880.

Verehrte Freundin,

Wie viel muß ich nicht in diesen Tagen an Dich denken, wie oft mache ich in Gedanken nicht die Reise zu Euch, hoffend Euch dabei hierher wiederum zu entführen!

An der gestrigen Probe hätteft Du Freude gehabt, ob an der heutigen und an der Aufführung [1] wir deren auch haben werden — darauf soll das P. S. antworten, das ich heute Nacht anfügen will.

Unser altes Dresden hat sich recht nett verjüngt bei aller Conservirung seiner charakteristischen Eigenthümlichkeiten, die ich als erheiternd anheimelnde ungern vermissen würde.

Das neue Theater ist für mich eine der schönsten gefrornen Sinfonien der Welt, so zwar, daß ich gestern in der Jungfrau vorzog, während der Akte im Foyer u. s. w. zu flaniren und während der Entreakts Haus u. Publikum zu mustern. Hast Du es denn auch schon gesehn? Wenn nicht, so mußt Du bei der nächsten Alpenüberschreitung hier Station machen! — —

Daß mich Carlone's Metternich entzückt hat, habe ich wohl schon eingestanden. Hoffentlich gibt er mir bald wieder etwas Schönes zu lesen. Ich habe jetzt Zeit. O goldne Freiheit! Was habe ich nicht schon Alles ausrichten können seit meiner Wegdistonation aus H.[annover]!

Neulich war Concert in H. von Hallé und Neruda. Die letztere hat himmlischeſt gespielt und als meine „Geigenfee" (Signale) sich siegreichſt bewährt. [2] — —

---

[1] „Am 9. April dirigire und spiele ich in einem Wohlthätigkeitsconcert meiner Vaterstadt Dresden — zum Besten des dortigen Bürgerspitals. Freilich ist die Kapelle, mit der ich Liszt's Fauſtsinfonie aufführe, nicht die Königliche, sondern die städtische des Herrn Mannsfeldt (eine sehr gute übrigens); dessenungeachtet wird das Concert ein sehr aristokratisches Publikum haben, und schließlich darf ich ja wohl mit dem sel. Lipinski sagen: wo ich spiele, ist erster Rang." (An die Mutter 29. 3. 1880.)

[2] Kurz vorher berichtete Bülow an die Baronin O. aus England: „Mme. N[eruda] et moi, nous avons joué la Sonate de Brahms comme deux démons

Vom 9.—27. Mai bin ich wieder in Foghistan dem alten
Ella seine Union-Season zu Grabe läuten zu helfen. Doch
denke ich mich nicht mehr anzustrengen, als Sir John in der
Campagne, höchstens five shirts durchzuschwitzen!

Dann habe ich bis August, wo ich in Liebenstein meinem
Zukunftsherzog aufzuwarten habe, plein pouvoir wo immer
zu vagiren. Möchte gar zu gerne mit Euch zusammentreffen. — —

Es ist alles famos gegangen! Ausverkaufter Saal. Be-
geisterte Aufführung und Aufnahme. Majestät [Liszt] hat
Revanche für sein Wiener Fiasko, an dem „Sie" freilich selbst
Schuld waren, denn bells of Strassburg = sophisticated rubbish.
— — Was sagt Ihr zu Carls [Ritter] Theorie [des Dramas]?
Ich finde sie ganz eminent (ausgz. Anfang).

19. An Freiherrn F. von Rudloff (Hannover).

München, 12. April 1880.

Hochgeehrter Herr!

Ich kann der Versuchung nicht widerstehen, Ihnen zu Ihrer
Privatunterhaltung ein wirklich sehr amüsant geschriebenes
Feuilleton der Dresdn. Ztg. [Koppel-Ellfeld] über mich mitzutheilen. Ihren Lesern dagegen haben Sie die Gewogenheit kund
zu thun, daß ich trotz meines Abbruches aller persönlichen
Relationen zu dem Intendanten des hannov. Hoftheaters demselben als Tonpoeten fortfahre, die gebührende Beachtung zu
widmen und zwar mit „Glück" — denn alle „Intendanten-
musik" [Bronsart's Fis moll-Conc.] ist in der heutigen Probe
mit großem Beifall aufgenommen worden. Die Hannoveraner
können mir unter anderen Anklagen auch diejenige ersparen,
sie mit meinen oder meines Exfreundes Produktionen in den
Jahren meiner daselbst verlornen Existenz behelligt zu haben! — —

travestis en anges, et quoique la Sonate soit — anything but applause-
provoking, we have been recalled twice most vehemently. Après mon
solo j'ai été forcé de donner un „encore". Devinez quoi? Le petit Scherzo
de l'œuvre 106. Cela a surpris tout le monde — incl. moi-même, et assez
agréablement."

20. An die Baronin D.

Cruelle!

Je ne crois pas à Votre »jalousie«! C'est une comédie qu'il Vous plaît de me jouer, pour me tourmenter. Vous avez assez d'esprit et de goût pour savoir que moi aussi, je n'en manque pas tout à fait. Or, dans ce cas Vous ne pouvez jamais imaginer qu'une Miss Louise fût votre — rivale! — —

Si vous m'aimiez, Vous tâcheriez de me rendre la vie en ce moment plus supportable. Mais Vous êtes de ceux, qui croient que seulement une maladie qui force quelqu'un à garder le lit, mérite de la pitié. Franchement, je préférerais une bonne maladie à cet état neutre de souffrances non-intéressantes dans lequel je me tourmente depuis mon retour. Si Vous aviez réellement ces bonnes intentions que Vous manifestez en paroles — vous tâcheriez de me procurer quelque bien, par exemple en m'invitant à une promenade avec Vous — autrefois vous disiez toujours que j'en avais besoin, que cela était nécessaire à ma santé. — —

Franchement, Romaine, Vous ne devriez pas jouer à ce jeu-là avec moi. That's not fair play. Vous me voyez en butte à toute espèce de déboires, d'ennuis, d'ingratitudes etc., maintes fois si las de la vie que, si j'avais plus de courage physique, je n'hésiterais point à m'en débarasser. — Pardon, je m'échauffe la bile en écrivant plus encore. — —

Puisque vous faites semblant d'estimer en moi si démesurément l'artiste, ignorez-Vous donc que les blessures faites à l'homme font aussi souffrir l'artiste!

21. London, 12th May [1880].

Comme je brûle d'avoir un petit mot de Vous! J'ai peur que Vous ne soyez souffrante. En tout cas je crois que Vous ne Vous amusez guère et que Vous regrettez un peu celui qui regrette tant d'être venu ici! C'est affreux — si je n'avais mon piano et ne m'enfermais, je me conduirais comme un chien enragé. J'ai bien joué hier — mais ce crétin de P. — — a joué au dessous de Mr. K. — il s'est trompé une demie douzaine de fois — il a fait des *ritardandi* du plus mauvais goût — enfin, je n'ai fait que jurer *mezza voce* pendant toute l'exécution du Trio. — —

Richter est venu me voir hier. Son succès a été très modéré. Le programme était mal fait. L'ouverture des *Meistersinger* au commencement, pendant que les attardés s'installent, c'est absurde! Aussi a-t-on à peine applaudi. Mapleson — — l'a invité a diriger le Lohengrin. Ce sera bien. Vous n'avez pas idée comme Costa et Vianesi ont »exécuté« cette haute œuvre!

Je n'ai vu ni Hallé, ni Neruda encore — j'ai préféré aller à la Hanover-Gallery revoir le grand tableau de Makart et me rappeler la belle dame, dans la compagnie de laquelle je l'ai admiré la première fois.

Aujourd'hui il faut que je fasse quelques visites. — — Je Vous envoie le programme des amusements de Londres. Quelle quantité! Mais Vous pouvez m'en croire, bien chérie, que tout cela ne vaut pas le cinq mai (jour de la mort du grand empereur Nap. I.) de la neuvième à Leipsic.[1] Si je regarde ici dans la foule des célébrités, je commence à me soupçonner grand homme en verité. — —

---

[1] An dem Tage hatte Bülow zum Besten des Theaterorchesters Schubert-Liszt's Wandererfantasie gespielt u. die Neunte dirigirt. In einer warmen Schilderung des triumphreichen Abends erwähnen die „Leipziger Nachrichten" v. 7. 5.: „Der gute ‚Stern‘, von dem Bülow brieflich scherzhaft gewünscht, daß man ihn für die klippenreiche, berühmte Ces-dur Hornstelle verschreiben möchte, war in der That nicht ausgeblieben. Alles stand vor uns im Zauber der Vollendung." Nach jener Aufführung fiel eines von Bülow's anmuthigsten Scherzworten. Als er, erschöpft und erregt zugleich, in animirtem Gespräch mit den ihn umringenden Verehrern das Concertlokal zu verlassen eben im Begriffe stand, bemerkte der Musikschriftsteller Nohl — wohl um vor Bülow sein Licht besonderer Feinhörigkeit leuchten zu lassen — mitten in die allgemeine Freudigkeit hinein: „wie schade, daß an jener Stelle die Soprane nicht ganz" — „Nohli me tangere" fiel Bülow blitzschnell und zu allgemeiner Erheiterung dem Stimmungsstörer in's Wort.

Je ne suis pas aigle, je ne sais pas si j'ai le droit de vivre solitaire, mais aussi sûr je ne suis pas dindon — donc, je suis autorisé à ne pas vivre dans leur troupeau. — —

La seule belle chose à voir ici, ce sont les chevaux. Il y en a même de très jolis parfois à des handsoms! Souvent je regarde dans la rue pour eux et je pense que vous regarderiez volontiers avec moi!

22. An Alexander Ritter (Würzburg).

London, 27. Mai 1880.

Liebſter Freund!

Levi hat mit molta stima von Deiner Partitur [Fauler Hans?] (incl. Poem) zu mir geſprochen, zugleich jedoch die großen Schwierigkeiten betont. Iſt Zumpe einigermaßen zuverläſſig (ich kenne ihn gar nicht), ſo dürfte er Sperling in der Hand gegenüber der Münchner Taube auf dem Dache ſein. Ergo .... erbitte Dir Dein Werk — auf einige Wochen zurück (Nb. verbunden mit der Frage, wie lange er, Levi, dasſelbe „entbehren“ könne).

Deine Erzählung von Hannover bekräftigt meine Anſicht, daß es heute nur Ver- u. Beſchnittene gibt. Man kann ſich vielleicht das Leben noch ſo einrichten, weder mit den Einen, noch mit den Andern zu thun zu haben; freilich bleibt's ein Kunſtſtück. — —

23. An Fräulein Helene Arnim (London).

Wiesbaden, 3rd June 1880.

My dearest friend!

For goodness' sake! Mimi jealous of you, you jealous of O —O perhaps jealous of By (Bi?) ci (y?) cle with and without Colonel! Stop, please! The wife of our common friend does not live at Wiesbaden, she bathes at Snakesbath, where Lacerta (Countess Dönhoff) does the same. Colonel [Bülow ſelbſt] is still at W. and nurses his mother with the (more or less sour) milk of his sweet talking, already somewhat talked out. Best thanks for your kind lines to me, best thankful love from my mother for your imperial tea. Should other letters for me be sent to you, pray throw them into your wastepaper-basket. I like people getting back their assaults or not succeeding in reaching me. May be, that I would make a pleasure-trip to Schlangenbad and enjoy the trial of one match between two rubbing-boxes — but at present I feel so awfully tired, that I sometimes get asleep like old Benefit in his pianolessons [1], whilst my mother is telling me stories. — —

Please, read between the lines all what I should like to tell to you, but what I feel quite unable to express in a becoming style by means of pen and ink. I am sure, we shall meet again somewhere in the summer, and that I shall prove myself more able than I have been last month, to return your true affection. — —

24. Schlangenbad, 9th June [80].

Am glad you are not jealous, for I get not obliged to dissimulation or simulation either. My poor friend, — — is giving me a little relief from the past drudgery, and I think I prove useful to her for some days: for albeit profound annoyance is included in a regular cure, a little laughing at my more or less tame puns and jokes would repose her mouth from a fortnight's yawning. She received me very kindly and seems rather glad to have a little talk about other than commonplace-matters. — —

Did you ever read Longfellow's prose? Do it again. The best medicine for the soul are good books. Thanks Heaven, the soul-chemists have plenty of them in store.

---

[1] Anspielung auf die Anecdote, daß in einem Hause, in dem J. Benedict die erste halbe Stunde eine Tochter, die zweite die andere zu unterrichten pflegte, des Lehrers Aufforderung: „„now call your sister" die erstaunliche Antwort zu Theil wurde: „my sister has already taken her lesson". Vergl. Bd. V, S. 232.

Countess Dönhoff had just left Schlangenbad the pre-
vious day. She and the Baroness got „big" friends (both are
exceedingly thin — you know, I cannot deal with spacefill-
ing women) here. This place is really one of the most charm-
ing one could find out anywhere. Nothing but woods, thick
woods and hills — and so quiet, so soothing. I read Calderon's tragedies whilst walking through the thickets and
feel like out of the world, what just now suits me the best. — —

25.   W e i m a r , 15th June 80.
   My beloved (Bülowed — you would say) friend,
   Only a few words of thanks for your kind note. — —
The great Master in very good health and in high spirits.
When you meet Bache, you would give him much pleasure
in telling him this. — —
   To-day there is pianoplaying-orgie at the Master's. 15 she-
and 13 Tom-pianists infect and infest now the rather pure
air of this celebrated village, (it has rained for forty hours
uninterruptedly.) I am anxious to witness it. I need not
say that the terror, the tidings of my arrival cast on the
heads (if there be) and fingers of the abovenamed wretches,
is at its utmost height. [1] I guess it will be amusing. Pity
you are not to share that amusement. You are such a
clever and perspicacious observer! — —

26.   ce 1 Juillet [80].
      Chère charmante amie,
    — — Vous savez que je n'accepte jamais pour ma per-
sonne, même et surtout de la part des artistes qui donnent
les concerts, des billets de faveur. J'ai payé mon billet à
l'exécution du Faust par Mr. Hallé, comme autrefois pour
entendre Joachim chez Chappell, refusant l'entrée gratuite

---

[1] Vergl. Bd. V, S. 510.

offerte par l'impresario. C'est peut-être »original« pour quelqu'un qui est lui-même un »professional«, mais cela me semble d'une originalité — permise. — —

27. An Eugen Spitzweg (München).

Hannover, 29. März 1880.

— — Gottlob, daß Du nicht körperlich leidend. Strenge Dein Hirn ja nicht an — lies amüsante Bücher, oder etwas Historisches, lebendig Geschildertes, damit Du Dich selbst vergissest. Das war meine beste Medizin in schlimmen Tagen, als der Körper anfing sich zu erholen. — —

28. Freiburg i. B., 19. April 1880.

— — Deine Idee mit [Chopin-] Mélange von Op. 10 u. 25 werde ich adoptiren: so z. B. aus Op. 10 Nr. 3, 6, 9, 10 auslassen und dafür aus Op. 25 Nr. 2, 6 (Terzenetüde), die Sextenetüde (Nr. 8?) und die große A moll oder C moll (Nr. 11 od. 12) aufnehmen.

So scheint mir's instruktiv günstig.

Also da ich durch die That meine Nicht-Bote & Bockbeinigkeit beweisen werde, so bist Du hoffentlich mit der Satisfaktion zufrieden.

Gestrige Faust(Schumann)aufführung hier sehr anständig. Dimmler ist ein sorgfältiger, geschickter Einstubierer und Leiter. Das Werk selbst bleibt aber eine nur in wenigen Theilen interessante oder gar schöne — Mißgeburt. — —

29. Weimar, 19. Juni 1880.

— — Frl. Vera Timanoff spielte neulich beim Großmeister mein Op. 14 Elfenjagd auswendig so hübsch, daß ich die Schwäche hatte, auch am Stück selbst Gefallen zu finden, ev. die fernere Schwäche haben werde, es selbst für öffentlichen Vortrag einzustudiren. [1] Besagter Artikel beim sel. Heinze erschienen, deßhalb

[1] Von flüchtigen Anwandlungen abgesehen, ist Bülow bei seiner antagonistischen Haltung den eigenen Compositionen gegenüber geblieben. Als seine Mutter ihre Freude an einer gelungenen Vorführung der „Lacerta"

also vermuthlich auch in Abraham's Schooß übergegangen, gleich Nirwana. Ich proponire Dir gleiche Schritte. Statt Impromptu wollen wir aber in d e m Falle Caprice auf den ohnehin zu ändernden Titel setzen. — —

30.   W e i m a r , 25. Juni 1880.

— — Fürchte (instinktiv) ich werde am 11. dem Tristan nicht beiwohnen können; danke also für freundliche Offerte von Billetbestellung. [1] Wie stehts mit Deinem Befinden? Von diesem hängt meine Station in München bekanntlich ab. M e i n Befinden ist schlecht. — —

Nächstes Mal mehr — bin in allerhand Ungewißheiten und Zweifeln bez. näherer Gegenwart und fernerer Zukunft, kurz, höchst unbehaglich.

31.   W e i m a r , Montag (28. Juni 1880).

— — Gestern habe ich Dir Nirwana-Correctur geschickt. Sei so gut, einmal genau zu examiniren, ob die erforderlichen Verbesserungen auf den alten Platten hergestellt werden können. Ich hoffe so, habe aber keinen entscheidungscompetenten Blick dafür. Neue Platten dürften sich nicht verlohnen. Du begreifst, daß, wenn Du meinen sehr berechtigten Wunsch nach Entbehrung Deiner geschäftlichen Mitleidenschaft hättest erfüllen mögen, ich mich frei fühlen würde. Vielleicht hast Du die Güte, in Anbetracht dieses meines sehr unbehaglichen Zustandes Deine Halsstarrigkeit aufzugeben. — —

32. An Frau Jessie Hillebrand (Baden-Baden).

M ü n c h e n , 7. August 1880.

Verehrte Freundin,

Daß ich Deine letzte freundschaftliche Botschaft nicht beantwortet habe, hat seine guten oder vielmehr schlimmen Gründe.

---

ausspricht, antwortet er ihr (17. 6. 79), der Löwenantheil daran wäre der Vortragenden zuzuschreiben. „Sie hat das Stück übrigens n i c h t mit mir studirt, da ich meinen Schülern nichts Mittelmäßiges octroyire."

[1] „I heard Tristan and think I made a great mischief to my body. I was obliged to leave before the end". (An Frl. Arnim 21. 7.)

Mein Patiententhum hat sich auf's Unbehaglichste ausgedehnt.
Gottlob habe ich aber, wie es den Anschein hat, den richtigen
Heilkünstler hier gefunden, den Prof. Fischer, Spezialist für
Neuralgie, der zugleich mein Anfangs sehr verkanntes Übel seiner
rheumatischen Maske entkleidet hat. Mein „Fall" zählt zu den
abnormsten, seltensten. Eine kolossale Nervengeschwulst am
nervus radiarius, die ziemlich den ganzen linken Arm und die
linke Rückenseite in höllische, mindestens fegefeuerliche Mitleidenschaft gezogen hat — war des Pudels Kern. Nach
12 Sitzungen — constanter elektrischer Strom und zum Dessert
massage — ist das stattliche Volumen besagter (äußerlich) nicht
sichtbarer) Geschwulst — nämlich von einer Weichselkirsche bis
zu dem modesteren einer Erbse abgemagert; leider hat keine
proportionirte Schmerzenabnahme stattgefunden. Abgesehen
vom Arzte, zu dem ich volles Vertrauen besitze, finde ich hier
bei meinem Freunde Sp[itzweg] eine vortreffliche sonstige
Pflege.

Locomotion — absolute Unmöglichkeit vor etwa 14 Tagen,
und dann ruft mich der Dienst zu meinem Serenissimus. Derselbe besuchte mich neulich auf der Durchreise von Gastein,
war höchst aimable, zeigt sich aber in seinen Telegrammen
ebenso ungeduldig, von seinem Hofkapellintendanten Besitz zu
nehmen. I vaticannot. Das gilt für Liebenstein wie für
Double-Badin. — — Im nächsten anno diaboli sucht Ihr
hoffentlich eine andre Villeggiatur auf. Baden ist mir persönlich nämlich besonders antipathisch, weil es unvermeidlich wäre,
mit Hohl-Kohl-Pohl zusammenzutreffen, dem ich — — den
internationalen Verkehr gekündigt habe. (Schon 20 Monate her.)

Also — Theuerste — meinetwegen seht ihn gerade
nicht, was ja ein geringeres Opfer. Kennst Du Turgenjeff's
Novelle „Frühlingsfluthen"? Sehr ergötzlich. Da ist Pohl's
leibhaftiges Porträt mit Lenbach'scher Nierenprüfung gezeichnet; mich Esel hatte die Binde der Freundschaft an zeitiger
Erkenntniß gehindert. Ich bin sehr demoralisirt und ver„ich"tet

durch meine ununterbrochene Stöhnerei nach innen, wenn nicht nach außen, was ebenfalls häufig genug — dieser Nobiling von radiarius ist ein höchst frecher Geselle — so daß meine epistolarische Fähigkeit unter das verlangte Maß von Liebenswürdigkeit gesunken ist, wie figura docet. Ich belege mein most kind regard mit einem Billet Deines Schützlings Hatton, der uns in Weimar recht viel Ehre gemacht hat. Ich habe in meinem Leben so viel Zeit rein zwecklos an sogen. Schüler vergeudet, daß ich Dir dankbar bin, mir einmal eine Chance gegeben zu haben, mir zu zeigen, daß die Schuld der Resultatlosigkeit meiner pädagogischen Gymnastik nicht absolut dem Lehrer zuzuschreiben ist. „Majestät" als Musiklehrer würde übrigens in inhumaneren Zeiten als schierlingswürdig befunden worden sein.

Dieselbe müssen dieser Tage München passiren, da sie auf dem Retourbillet nach Rom Klindworth auf 24 Stunden zu besuchen versprochen haben. Oder hast Du vielleicht gar reüssirt, den Meister auf die Villa Kleist (Ewald oder Heinrich?) zu locken? Verdient hättest Du's schon und ich Dir's von Herzen gegönnt, wie ich Dir und Carlone immer nur das Beste gönne und wünsche, häufig tief bedauernd, daß Du immer so fern vom Schauplatze meiner musikalischen gesta geweilt hast, deren manche — ich wage es zu behaupten — Dir entschiedenes plaisir gemacht haben würden. Leb' wohl, sei nochmals herzlich bedankt für Alles mir wieder zu erweisen „gewünscht habende" Gute. Die Welt wird aber vom Teufel regiert — und er läßt sich oft recht unchristliche Steuern zahlen, wie es noch im Begriffe ist — au! (leider ohne mi) zu erleiden

Dein alter Ex-Quex oder Quex z. D.
wenn nicht gar a. D.

33. 19. August [1880].

— — 5 Gedichte von Graf Platen für 4 st. gem. Chor componirt — nicht unanständig — dsgl. einen K ö n i g s marsch (der f r e c h e K a t e r sieht den K a i s e r marsch an) für L. II, deſſen Klavierauszug (näml. des Marſches) ſofort in Stich kommen ſoll. Haſt Du mein „Blauweiß" [1] empfangen? Po—po—pü—pü—lä—lä—rer—rer kann ich mich nicht geberden.

34. Liebenſtein, Villa Feodora, 30. Auguſt 1880.

Most gracious friend!

Als ich geſtern Abend Deine Überſetzung meiner — nach Fux — „ſentimentalen" Proſa [2] durchlas, ſchämte ich mich recht ſehr ob meiner Katerunverſchämtheit, Dir eine ſolche drudgery zugemuthet zu haben! Doch Du haſt's gethan und Dir durch dieſes Opfer ein 101tes Anrecht auf meine dépendance du cœur erworben! Alſo ich küſſe dankbarlichſt die Tinte von Deiner gütigen Hand weg!

Vortrefflich! Die neutrale Angelika habe ich geſtrichen, Bogenſtrich einfach mit change of bow (ohne struck) gelaſſen. Slur war mir neu — ich dachte es hieße ebenfalls bow — werde Deinen terminus fortan ſtets in Anwendung bringen.

Hier bei Herzogs könnte es ganz nett ſein, wenn nicht die infame 4—5ſtündige Kurmuſik die Luft verpeſtete und mein Cadaver nicht ſo indolorirt wäre. — — Jetzt ſtecke ich voll Intendanz-business!

Hilpert [3] kennen gelernt, der mir ſehr gut gefällt — tüchtig

---

[1] Bülow hatte ſich bei einer Concurrenz für eine bayriſche Volkshymne betheiligt. Am 21. 8. ſchrieb er an Alfred Meißner: „Bei unſerer neulichen Begegnung hier erfreuten Sie mich durch die Mittheilung, daß Sie von meiner Compoſition Ihres ‚Wunſch' ohne Mißvergnügen Notiz genommen. Das regt mich an, Ihnen ein Produkt dieſer Tage, eine Bearbeitung Ihres „Abend am Meere" für vierſtimmigen gemiſchten Chor im Manuſcripte (Copie habe ich für ſpätere Veröffentlichung [Eulenburg, Leipzig 1882] behalten) als omaggio für den Dichter zuzuſenden. Vielleicht iſt der lokale Geſangverein im Stande, Ihnen den Chor einmal zu Gehör zu bringen. Er iſt nicht ſchwer zu treffen, obwohl nicht ganz ſo ſimpel, als die beifolgende partikulariſtiſche Hymne, die ich ebenfalls kürzlich verbrochen und die — mirum — vom platten Lande her ſtarke Nachfrage erfährt."

[2] Bülow hatte die Freundin gebeten, ſein Vorwort mit Anmerkungen zu der Chopinetübenausgabe ins Engliſche zu überſetzen.

[3] Friedrich H., Celliſt, Mitgl. des „Florentiner Quartett"s, dann in Wien, mehrere Jahre unter Bülow in Meiningen, zuletzt in München. (1841—1896.)

und voll Temperament. Den Kapellmeister Büchner müssen
wir aber ausspannen — da beim Bergsteigen ein zweibeiniger
Hemmschuh vom Luxus. — —

35. An Eugen Spitzweg (München).

Liebenstein, 28. August 1880.

Theurer Freund!

Schade, daß wir nicht zusammen gefrühstückt — da hätte ich
Dir Allerlei Amüsantes und Unamüsantes zu erzählen gehabt.
Hast Du mich vermißt? Ich Dich positivichst. Wir haben uns
ja zu der Tageszeit stets so ungewöhnlich gut vertragen.

O Himmel, diese elende Bademusik, die nach einem Choral
jetzt die Norma=Ouvertüre so kläglich wimmernd dünn ver=
arbeitet! Ich werde mir den Chef der Bande, 2. Clarinettisten
der Hofkapelle, bestellen und gehörig coramiren. (Die Übrigen
sind Wilde.) — —

Zwei Unterbrechungen: 1. Besuch des Adjutanten Major v.
Schleinitz im Jagdkostüm, da Hoheit heute nimrodisiren wollen.
2. Besuch des Arztes. — —

Nette Drohungen für heute Vormittag: Ich muß den beiden
Hofdamen Besuche machen, die mich hinwiederum bei der
Prinzessin zu melden haben werden — dann mich bei ver=
schiedenen Prinzen, die hier leben, „einschreiben“. Schmerz=
lich empfinde ich schon den Verlust der Freiheit, zu thun und zu
lassen, was mir meine Neuralgie gestattet. — —

36.   Bad Liebenstein, 1. September 1880.
Der H. S. M. Hofkapellintendant
an
den H. S. M. Hofmusikverleger.[1]

Sei so gut und liefere „uns“ sofort Beethoven Militär=
marsch D dur, Part. und St. (Leipzig B. u. H.) — hierher,

---

[1] „Bez. der Meininger Auszeichnung hast Du vormals sehr bescheident=
lich von ‚unverdient‘ gesprochen. Hierauf fußend die Anfrage, ob Du sie
nachverdienen willst? In dem Falle werde unser Musiklieferant (Partituren,

da jetzt der Musikmeister des 32. Reg. gerade hier ist, dem
ich Material und die Anweisung geben will. — —

Mein Hirn wird ganz dumm — ich habe meinen Flügel
der Prinzeß cedirt, die den ganzen Tag musizirt —, ab ¹/₂8—¹/₂10
und 4—6 spielt die Kurmusik. Ich sehne mich nach Deinem —
Kaffee u. A. zurück. Von künstlerischem Arbeiten keine asch-
graue Möglichkeit — aber heillose Plackereien aller Art und
gezwungen, den geistreichen und ämablen „berühmten Mann"
im Menuettrhythmus zu spielen. Wer mich beneiden wollte,
wäre ein großer Esel!

Laß bald von Dir hören, gemüthlich (in meinem Sinne)
wenn Du kannst. Heute geht nun auch Werder ¹ fort, dessen
Gespräche meine einzige Labung waren in dem Geruder von
Uniformen. — —

37. An Hans von Wolzogen ² (Bayreuth).

Bad Liebenstein, 10. Sept. (1880.)

Hochgeehrter Herr!

Durch Herrn Dr. Feustel werden Sie bereits erfahren haben,
daß ich durch die Sendung von 12 000 Mark aus meinen Er-
sparnissen die Summe von 40 000 Mark, zu deren Erzielung für
den Bayreuther Fonds ich mich verpflichtet, komplettirt habe.

Gestatten Sie mir, Ihnen die Beweggründe dieses Entschlusses

Orchesterstimmen) zu einem exceptionellen Rabatt, resp. bemühe Dich, uns
Diverses auf antiquarischem Wege zu schaffen. Willst Du?" (An Spitzweg
10. 3. 80.)

¹ „Wenn Du [Karl] Werder nicht kennst (Wagner spielt auf ihn an in
seiner Erzählung vom Mißerfolg des Flying Dutchman in Berlin), so wird
Dir Fuz sagen, daß er kgl. pr. Geheimrath, Prof. an der Universität, (rechter)
Hegelianer ist, mit Kaiser u. Kaiserin, ebenso mit Kronprinz u. Kronprinzeß
auf intimem vorleserlichen Fuße steht, ein von Tied geschätztes Trauerspiel
Columbus und ein Buch Vorlesungen über Hamlet (letzteres höchst interessant) verfaßt hat. Auch studirt er den Meininger Protagonisten in Berlin
(wenn sie dort gastiren) ihre Rollen ein". (An Frau Hillebrand 31. 8. 80.)
Er starb im April 1893 im 87. Jahre.

² Geb. 1848, seit 1877 Redakteur der „Bayreuther Blätter", hervor-
ragender literarischer Vertreter von R. Wagner's reformatorischen Ideen.

auseinanderzusetzen, von dem ich nicht wünschte, daß seine Bedeutung über- oder auch unterschätzt, kurz, mißinterpretirt werde.
Da ich mich nicht in der Lage eines kunstsinnigen Fabrikanten
befinde, sondern vielmehr in derjenigen, mir diese Summe allmälig wieder erwerben zu müssen, so habe ich allerdings mit
dieser anticipirten Ergänzung ein nicht unerhebliches Opfer
gebracht. Dasselbe erschien mir jedoch nicht blos gemeinnütz-
lich — als etwaiges **exemplum trahens** für begüterere Enthusiasten — sondern von meiner derzeitigen persönlichen Situation
diktirt. Diese letztere ist derart, daß selbst im günstigsten Falle
(wenn die peinliche Neuralgie, an der ich jetzt zehn Wochen leide,
mit wunderbarer Plötzlichkeit weichen würde) mir die Möglichkeit nicht geboten sein würde, mittelst der Ausübung meines
durch das lange Pausiren theilweise verlernten Handwerks oben-
genannte Summe im Laufe des nächsten Winters zu erschwingen.

Sie wissen, daß ich in Meiningen mit dem Titel eines Hofkapellintendanten zugleich das Amt eines Kapellmeisters im
ausgedehntesten Sinne übernommen habe, in dem eines Schul-,
eines Drillmeisters. Ich betrachte es als meine Aufgabe, Ihre
vortrefflichen Erörterungen über „Styl" einmal im Kleinen
praktisch zu illustriren. Das letzte Quartal dieses Jahres wird
von mir der sorgfältigsten Einstudirung (und Aufführung)
sämmtlicher Sinfonien und der sonstigen hauptsächlichsten
orchestralen Tondichtungen Beethoven's — und nur Beethoven's
(multum, non multa) gewidmet werden. Hieraus folgt, daß
meine Pianisten-„mission" gänzlich in den Hintergrund treten
muß. Das, was ich so nebenbei in den benachbarten thüringischen
Städten für Bayreuth etwa erklimpern könnte, würde zu gering-
fügig ausfallen, um allmonatlich in dem geschäftlichen Theile
der Bayreuther Blätter Registrirung zu verdienen; andrerseits
ennuyirt es mich, vielleicht in noch höherem Grad als meine
Collegen, meine Bayreuth-Concerte noch durch Monate hindurch als stehenden Artikel forttröpfeln ev. forttagniren zu sehen.

Möglich, daß meine Hoffnung hierin sanguinisch; möglich aber auch, daß mein Beitrag en gros eine moralische Wirkung auf unsere Landsleute ausüben könnte, welche meine Beiträge en détail bisher auszuüben sich ungeeignet gezeigt haben.

Endlich — — Herr Dr. B. Förster hat mich ersucht, die Antisemitenpetition an den Reichskanzler zu unterzeichnen. Natürlich habe ich diesem Appell an meinen bürgerlichen Muth entsprochen, mir dabei vollkommen der Tragweite dieses Schrittes bewußt. Da derselbe notorisch werden wird — ist dies doch recht eigentlich der Zweck — so darf ich mich auf eine gewisse Verfehmtheit in der Presse ebensowohl gefaßt machen, als auf eine Reduktion meiner Concerteinnahmen um mindestens — 50 p. c. Es ist ein auf allen meinen Reisen bestätigtes Faktum, daß Sem und Hebron das empfänglichste und ausgebendste Publikum in die Concerte liefert, noch mehr, daß von ihrer Betheiligung die der Nichtsemiten völlig abhängig ist. Mißverstehen Sie mich nicht, hochgeehrter Herr, ich bin weit entfernt, über diesen Prospekt — mich zu beklagen. Mein höchster Ehrgeiz ist seit Jahren gewesen, das zu erreichen, daß man mir nicht nachnekrologisiren könne, ich sei insolvent abgegangen. Ich fühle eine große Erleichterung durch das Bewußtsein, mit „bin“ und „habe“ gezahlt zu haben und nun berechtigt geworden zu sein, meine eigenen Wege, so gut es gehen will, weiter zu hinken. Wenn die Bayreuther Schule nicht zu Stande kömmt (sie kömmt ebensowenig zu Stande, wie daß wir die Juden los werden) — so wäre es mein Wunsch, wie Ihnen ja wohlbekannt, daß der 40 000 Mark-Obolus zur Errichtung eines Wagner-Standbildes in B. verwendet würde — das Bismarck-Monument in Cöln hat gerade so viel gekostet. — Doch premire ich diesen Wunsch so wenig, daß ich mich vielmehr im Voraus vollkommen mit jedem anderen Verwendungsmodus einverstanden erkläre, den das Comité proponiren oder der Meister dekretiren würde. —

Écr[asez] l'inf[âme] — aber nicht im Voltaire'schen Sinne!
In vorzüglicher Hochachtung und treuer Gesinnungsgenossen-
schaft

Ihr ergebenster

H. v. Bülow. [1]

Die im vorstehenden Briefe erwähnte Petition, durch welche die
damals starke antisemitische Bewegung zum Ausdruck kam, hatte
zum Gegenstand: „Die Einschränkung des Einflusses der Juden auf
die socialen Verhältnisse unseres deutschen Vaterlandes". Dr. Bernhard Förster (Schwager von Friedrich Nietzsche) war einer der thätig-
sten antisemitischen Führer, und es ist ihm gelungen, Bülow in die
Reihe der ersten Unterzeichner der Petition zu gewinnen; ein um
so wichtigerer Erfolg, als die Liste einen glänzenden oder auch nur
in weiteren Kreisen vortheilhaft bekannten Namen sonst nicht enthielt.
Daß ein dem persönlichen Contakt mit der breitesten Öffentlichkeit
täglich ausgesetzter reproduzirender Musiker sich durch solchen Schritt
den schwersten Schaden zufügen mußte, hatte Bülow, wie wir gesehen, selbst geahnt. Weit empfindlicher aber als die materiellen
Verluste und Hemmnisse mußte ihn die nur zu bald sich aufdrängende
Wahrnehmung berühren, daß die Durchführung seiner künstlerischen
Mission, die ihm vor Allem am Herzen lag, sich mit den praktischen Conse-
quenzen seines Schrittes schlechterdings nicht vereinigen ließ. Hans
von Wolzogen sendet in seiner Antwort (12. 9. 80) auf Bülow's
Brief seine Wünsche „besserer Gesundheit" und „daß Sie mit vollen
Kräften das schöne Werk des ‚Klein-Bayreuth' [so scheint Bülow
Meiningen benannt zu haben], das ‚unsere' Leute bildet, in

---

[1] Dem Abdruck dieses Briefes (Bayreuther Blätter 1894, 4—6 Stück
Beil.) ist u. A. (a. d. Sept.-Stück 1880) hinzugefügt: „Wenn wir vor einigen
Monaten an dieser Stelle, bei Gelegenheit der Klaviervorträge des Künstlers
in Bayreuth, sagen durften, er habe uns Antwort gegeben auf die eine
Lebensfrage unserer Kunst: was ist Styl? — so finden wir nun durch
ihn auch die zweite Frage, durchaus in der, von unserem Meister selbst be-
zeichneten edelen Bedeutung, beantwortet: was ist deutsch? —
Möchten wir alle mehr und mehr in diesem Sinne uns als Deutsche
fühlen lernen!"
Die „Signale" (März 1880, S. 296) erzählen: „Bei seiner letzten
Anwesenheit in Leipzig entgegnete Herr v. Bülow auf unsere etwas indiscrete
Frage nach dem „Warum" dieser unendlichen Bayreuth-Concerte folgende
denkwürdige Worte: „In einem Jahre, von jetzt ab, habe ich die vorgesetzten
vierzigtausend Mark fertig u. fühle mich stolz, als ¹/₂₅ der deutschen
Nation, an die Richard Wagner appellirt."

Meiningen beginnen und zur hohen Freude aller wahren Freunde der Kunst und des ‚Styles‘ durchführen können!“ — —

Allein der Anfang dieses Wolzogen'schen Briefes zeigt gerade, wie gefährlich es für Bülow war, seinen mit Gestrüpp und Steinen kleinlicher Verhältnisse ohnehin verrammelten Weg durch neue Hindernisse noch beschwerlicher zu machen.

„Daß ich Sie mittelbar veranlaßt habe, die Förster'sche Petition mitzuunterschreiben, sollte mich, nach Ihrer Darstellung dieser Angelegenheit, eigentlich mit dem Gefühle großer Verantwortlichkeit belasten. Obwohl ich nun durchaus und von Anfang an über die Folgen wie über die Erfolglosigkeit der Sache Ihre Meinung völlig getheilt habe, so möchte ich doch offen gestehen, daß ich unbesorgt bleibe, in der Überzeugung von der wohl für uns Beide gleicherweise dringend empfundenen Nothwendigkeit des ‚Farbe-Bekennens‘, welches zumal für einen Mann solcher idealer Thaten, wie Sie für uns gethan, immer und durch alle argen äußeren Folgen hindurch eine wohlthätige Erleichterung und moralische Freude bleiben wird.“ — —

So konnte nur Jemand denken und schreiben, der von Bülow's körperlicher und seelischer Aufgeriebenheit nichts wußte, und dem keine wärmere persönliche Antheilnahme den Blick schärfte; diese hätte ihn Vorsicht als dringendste Pflicht empfinden lassen müssen. Bülow selbst überschätzte seine Nervenkräfte, weil er gewohnt war, sie im Dienste seiner künstlerischen Aufgaben scheinbar ungestraft bis zum Äußersten anzuspannen. Aber gerade weil er dabei ohne jede Rücksicht auf sich selbst und die übrigen Anforderungen des Lebens verfuhr, die a u c h Kräfte brauchen, fand alles Außerkünstlerische, das an ihn herantrat, ihn sozusagen wehrlos: ein verhängnißvoller Zustand, ein wahrer Nährboden für Conflikte aller Art, deren Bewältigung wieder Zeit und Kräfte verlangte, welche aber in der Regel schon aufgebraucht waren.

Aus diesem allgemeinen Grunde, wie aus dem besonderen von Bülow's amtlicher Stellung in Meiningen wurde ihm im Falle der antisemitischen Petition der Genuß „wohlthätiger Erleichterung und moralischer Freude“ — wie Herr v. Wolzogen meinte — ganz beträchtlich gestört. Denn er konnte als Intendant unmöglich in allen Fällen seiner Unterschrift entsprechend handeln.

Die Verlegenheiten ließen auch nicht lange auf sich warten. „Bitte, beantworten Sie den Brief des Dr. Förster nicht, ohne noch einmal mit uns gesprochen zu haben“ schreibt ihm die Freifrau von Heldburg. Als schließlich die Wogen der Sensation immer störender

Bülow's concentrirtes künstlerisches Arbeiten im stillen Meiningen
zu bedrohen schienen, erhielt Dr Förster eine Depesche (vergl. Brief
v. 1. 12. 80), die wie eine halbe Absage klang, nachdem vorher schon
Hans v. Wolzogen auf einen Bülow'schen Nothschrei am 16. 11. 80
geantwortet hatte: „Was ist die verzweifelte Lage — und was die
Möglichkeit meines Beistandes? Jedenfalls bezieht sich alles auf
die Judenfrage. — Allerdings wird jeder Betheiligte seine Stürme
auszuhalten haben. — Das Meiste ist aber nur Ausdruck einer
plötzlich erregten großen F u r c h t der Gegner. — In diesem
Sinne reut es mich keinen Moment, daß Sie, mit auf meinen Rath,
für die Sache gewonnen wurden, ja ich wünschte nur, es hätten noch
mehr Männer gleich Ihnen so gewonnen werden können.“

Auf einem mehrere Briefe und Zeitungsausschnitte bergenden
Couvert notirte Bülow später eigenhändig: „Judenfrage. Hm.“
Ausdrucksvoller als durch dieses „Hm“ läßt sich, was er von nun an
bis zum Ende seines Lebens über dies Kapitel Widerspruchsvolles
empfand und hie und da verlauten ließ, kaum zusammenfassen.
Seine ursprüngliche stark antisemitische Empfindung, ohne die Förster
und Wolzogen ihn schließlich doch nicht gewonnen haben könnten, blieb
zweifellos bestehen; mit ihr aber beständig im Streite lagen sein Gerech-
tigkeitsgefühl, persönliche Erfahrungen und vor Allem sein Künstlerthum.

„S o w e i t geht mein Antisemitismus nicht,“ schreibt er
am 13. 4. 84 an den Frankfurter Musikalienhändler Steyl, „daß
ich einen Beschnittenen, der mir die großen Partituren un-
beschnitten christlich traktirt, nicht vorziehen sollte, und zwar un-
bedingtest, einem germanischen, zwar nicht zbeinigen aber höchst
lendenlahmen Gernegroß, der zum Jupiter rhythmicus in gar
keinem Grußverhältnisse steht. Amen, Bemen, Cemen!“

Welcher echte Musiker würde hierin nicht mit ihm gehen?
Wie stark der geborene Polemiker in Bülow bei späteren diesbez.
Äußerungen betheiligt war, bekennt er selbst durch eine höchst überraschende, ohne jeden äußern Anlaß abgegebene Erklärung am Tage
seiner Einschiffung nach Amerika 13. 3. 1889, „in Erwägung der un-
sicheren Gültigkeit des betr. Retourbillets“. Vor einem Jahrzehnt
wäre er „von der cholera morbus antisemiticus befallen“ gewesen,
„intermittirende Krämpfe“ hätten sich später noch mehrfach eingestellt,
jedoch die „unfreiwilligen Homöopathen Liebermann v. Sonnenberg
und Wilhelm Marr hätten zeitweilige Linderung und Hofprediger
Doktor Adolf Stöcker gründliche Heilung bewirkt“.

38. An die Mutter.

Meiningen, 4. Oktober [80].

Meine theure Mutter,

— — Ich bin seit beinahe vierzehn Tagen hier, habe mich auch erträglich im Hotel, das sich vor andren thüringischen Gasthäusern vortheilhaft auszeichnet, eingerichtet. Eine kleine Dienstreise nach Eisenach, Weimar und Leipzig (um Sänger und Musiker für unsre Concerte möglichst billig zu werben) hat bei der perfiden Temperatur leider zu meiner Neuralgie noch starke Rheumatismen hinzugefügt, die mir mein sonst schon nichts weniger als behagliches Leben — aller Anfang ist nicht sowohl schwer, als mühselig — recht stark erschweren. Um die Vormittage meinem Orchester, die Abende 8—10 einem frisch gegründeten Gesangvereine zu widmen, muß ich die Nachmittage möglichst bewegungslos, liegend verbringen. Herzog und Gemahlin, welche am 1. Oktober nur hierhergekommen waren, um der ersten Probe beizuwohnen, befinden sich für diesen Monat auf einer kleinen Jagdhütte unweit Liebenstein und Wilhelmsthal.

Nun habe ich wegen tausenderlei Bagatellen immer weitläufig erklärend an meinen Serenissimus zu schreiben; wäre es nicht für meine 50 Jahre etwas spät, ich könnte fruchtbare Sparsamkeitsstudien machen. Ich lerne „handeln", d. h. abhandeln. Ich habe nun vierzig Untergebene: Du kannst Dir wohl denken, daß mir deren Erziehung keine geringe Mühe macht; jeder dieser vierzig hat wöchentlich wenigstens einen besonderen Wunsch. Doch genug; es ist schon zu viel, daß man so Vieles erlebt — sich dessen noch zu erinnern, um es zu erzählen, ist gar zu luxuriös, wenn es zumal nicht eben amüsant ist. Enfin — meine Stellung hier ist nichts weniger als eine Sinecura. Clavierspielen könnte ich schon aus Mangel an Zeit jetzt nicht; aus Überfluß an Schmerzen doppelt nicht.

Vielleicht macht es Dir Spaß zu vernehmen, daß ich ge-

wissermaßen die Eroberung der alten abbizirten Herrschaften
gemacht, die mich neulich zu einem sehr guten Diner (der
regierende Herzog hat eine ganz bürgerlich simple Tafel)
en petit comité geladen. Der Herzog Bernhard trägt seine
80 Jahre wunderbar, er ist beinahe so gut zu Fuße wie Du,
die alte Herzogin Marie ihre 76 fast noch frischer. Letztere
ist mir sehr dankbar, weil ich ihrer musikalisch nicht unbegabten
Enkelin, die jetzt in Potsdam bei ihrem Bruder, dem Erb-
prinzen weilt, in Liebenstein eine Clavierstunde über die
andere versetzt habe. — —

Gesellschaftliche Relationen von irgend einem charme würde
ich hier nicht finden können, auch wenn ich in der Lage wäre,
sie suchen zu dürfen. — —

Sehr schlimm, daß dieses körperliche Elend mit so vielen
geschäftlichen und künstlerischen Obliegenheiten collidirt und ich
außer einem jetzt gerade dienstfreien gutwilligen Hoflakaien
keinen Helfer für meine Einrichtung habe. (Möbel stellen,
Kleider aus- und umpacken u. s. w.) — —

39. An Max Schwarz (Frankfurt a/M.).

Meiningen, 4. Oktober 1880.

Geehrter lieber Herr Schwarz!

Ihre Mittheilung, daß Sie doch noch in Frankfurt gegen
„accentloses Klavierwischen" wirken werden, hat mich in Ihrem
Interesse angenehm überrascht. Ich glaube nicht, daß Sie
an irgend einer anderen Musikschule ebenso günstige, geschweige
günstigere Bedingungen treffen würden. Also besten Glück-
wunsch! Ohne Zweifel werden Sie in Frankfurt auch sonst viel-
fache Gelegenheit zu ehrenvoller und auch nicht gewinnloser
Thätigkeit finden.

Für „uns" thut es mir jedoch auf der anderen Seite leid,
Sie zu vermissen. Nun werde ich wohl selbst dran müssen, (vor
der Hand ist freilich gar keine Aussicht dazu, denn eine neue
Verschlimmerung resp. Complication meines Leidens hat mich

so eben zu einem definitiven Absagetelegramm für die Neruba-
tournée gezwungen) oder Mr. Hatton alle drei Clavierparte
überlassen.

Denn:

1) habe ich keine Mittel, auswärtige Kräfte zu engagiren,
d. h. zu entschädigen, 2) sind Aufführungen vom Tripelconzert
von Op. 58 und Op. 80, wie ich sie h i e r meditire — in möglichst grellem Gegensatze zu allen üblichen Abonnementconcerten
— nur durch f o r t g e s e t z t e z a h l r e i c h e Proben mit dem
Solisten zu ermöglichen, und den hierzu erforderlichen Urlaub
kann und darf Ihnen Herr Direktor Raff nicht bewilligen.

Ich bin in voller Arbeit. Zwei Tage Theilproben, den
dritten Gesammtproben.[2] — —

---

[1] Oberstimme bedeutet „Schade“!

[2] Einem „Musikalische Musteraufführungen“ betitelten Feuilleton der
Weimarischen Ztg. v. 16. 12. 80 ist folgende Schilderung entnommen,
die Bülow an den unterzeichneten Josef Schrattenholz adressirt hatte:
„Ich arbeite nach den Meininger Prinzipien: Separatproben von Bläsern
und Streichern, letztere wieder subdividirt in 1. und 2. Geigen, Violen,
Celli und Bässe. Jede dynamische Nüance wird studirt, jeder Bogenstrich,
jedes Staccato genau gleichmäßig vorgezeichnet, musikalische Phrasirung
und Interpunktion in jedem Detail probirt. „In der Kunst gibt es keine
Bagatellen“, ist meine Maxime. Dieses seit dem 1. Oktober d. J. eifrigst
befolgte System scheint sich zu bewähren; jedenfalls hoffe ich, künstlerischere
Resultate zu erzielen, als irgendwo in Deutschland noch erzielt worden sind;
ob ich mich irre, werden die öffentlichen Produktionen kundthun. Die
sogenannten materiellen Mittel sind — bescheiden. Qualität muß Quantität
ersetzen und soll durch außergewöhnliche Arbeit — „das Talent ist der Fleiß“
— erreicht werden. — — Die Concentration auf Beethoven (vom 1. Oktober
bis 20. December wird keine Note eines anderen Meisters gespielt) schien
mir nothwendige Bedingung für das Experiment, die Gründung eines
„Styles“ zu suchen, den Geschmack von Spielern und Hörern zu bilden.
Was ich versuche — ob es glückt, bleibt der Zukunft vorbehalten —, ist,
kurz gesagt, eine praktische Illustration im Mikrokosmischen der Musik zu
der Bayreuther Schulgründungstheorie, wie sie z. B. Herr v. Wolzogen in

40. M e i n i n g e n, den 5. November 1880.

All right. Piano-Primo = Donnino H[ans] ergibt sich collegia-
lisch in die honores divisi, wird für Sie vorprobiren, ja hat's schon
neulich gethan. Bei dem Anlaß des 28. November proponire ich
Ihnen noch eine Zugabe, aber weder Traumeswirren, noch
Wachensnüchternheit, sondern das Accompagnement der Adelaide
v. Beethoven, zu singen von Hrn. Alvary (Weimar). Studiren
Sie sich das recht schön aus- (und in-) wendig ein. — —

41. An Feodor von Milde (Weimar).

M e i n i n g e n, den 13. Oktober 1880.

Verehrtester Herr und Kunstgenosse!

— — Könnte ich auch auf Frl. D. für die 9. Sinfonie
Sonntag 19. Dezember Abends rechnen? Wie glücklich Sie mich
durch Ihre Übernahme des Baß-Solo in dieser „historischen"
Doppelaufführung machen würden, brauche ich Ihnen nicht
erst zu sagen. Überaus charmant wäre es, die drei Solostimmen für die Neunte aus Ilm-Athen zu „beziehen". Wollen
Sie sich also an die Spitze der Trias (Frl. Lankow aus Berlin
hat die Altparthie übernommen) stellen und Sonnabend
18. Dezember Mittags hier eintreffen?

Nun eine — doch Sie schenken mir gütigst die Auseinandersetzung — für mich heikle Nebenfrage. Ich vermag Frl. D.
nur eine Entschädigung von je 150 Rm. für den Abend zu
bieten. Wird sie disponirt sein, den Honorarpunkt als Honorär-
punkt aufzufassen?

Ihnen, verehrter Herr, wage ich es — ich übe meine „Stirn"
— 200 M. Reiseentschädigung zu offeriren, mir reservirend,
S. Hoheit den Herzog unterthänigst auf die Opportunität einer
Auszeichnung für Sie aufmerksam zu machen. (Fra di noi!) — —

seiner trefflichen Broschüre: „Was ist Styl?" bisher am klarsten entwickelt hat."

An E. Spitzweg schreibt Bülow am 15. Oktober: „Nur mit dieser
Methode ist etwas Perfektes zu erreichen. 4 Sinfonien, 4 Ouvertüren aus
dem Groben herausgearbeitet. Abends 8—10 Chorproben (nämliches System
— jede Stimme allein). Hilpert u. Fleischhauer Perlen von Adjutanten."

42. An die Baronin D.

Meiningen, ce 15 Octobre 1880.

Très chère amie,

— — Je ne désespère pas de fonder un petit orchestre modèle, dont chaque membre jouera chaque note de Beethoven, comme je veux qu'elle soit jouée. — —

Si le cœur Vous en dit, si Votre santé le permet, venez donc pour le 1. ou 2. concert (7. ou 14. nov.), répétition la veille au soir. Je viens de m'abonner pour deux places[1] (le théâtre ne contient que 750 personnes, et comme c'est très bon marché, tout est presque vendu) qui Vous seront reservées chaque fois que Vous voudrez bien en faire usage. — —

Je suis très touché de Vos vélléités de »Mock-Louisa«. Mais étant forcé de m'enterrer pour le moment à Meiningen, je n'ai ni [ne] désire avoir aucune relation avec les grandes capitales de Londres ou Berlin. Si j'avais quelque ressemblance avec un Nap.[oléon], je dirais que M. est mon île d'Elbe. J'ai l'ambition de former un orchestre, s u r lequel je puisse jouer plus tard en voyage (pour le compte de S. A. le Duc).

Cette »formation« exige beaucoup de travail, beaucoup de patience, de la concentration, de l'isolement. — —

43.
Meiningen, ce 10 Novembre 1880.

— — Que Dieu veuille que je me porte enfin un tout petit mieux lorsque Vous arriverez. Je suis horriblement las de cette vie de malade et de souffreteux. Si ce n'était le culte de Beethoven, pour lequel je lutte — presque

---

[1] Freifrau v. Helbburg bemerkte zu dieser Eigenthümlichkeit Bülow's (31. 12. 80): „Es ist mir unerfindlich, warum Sie sich auf einem bezahlten Platze wohler fühlen sollen als auf einem Ihnen von R e c h t s wegen gebührenden. Was hat das Nicht-Applaudiren damit zu thun? G e r e c h t müßten und würden Sie auf dem einen wie auf dem andern sein. — — Sie sind im Meininger Theater z u H a u s — da können Sie doch wirklich nicht bezahlen wollen?"

héroïquement — je ne resterais point ici, où toute chance de rétablissement est neutralisée par un travail, qui consume physiquement autant qu'intellectuellement. — —

44.   M e i n i n g e n , 13 Novembre 1880.

Oui, très chère amie, c'est bien triste! Peut-être votre arrivée aurait-elle même fait du bien à ma pauvre tête, qui bat à tout rompre. — — Donnez moi, je vous en prie, des nouvelles de Votre santé et de celle de Votre pauvre garçon! — —

Ce métier de maître d'école commence à me peser horriblement. Ce concerto de Beethoven (Trio), dont j'ai eu à supporter huit ou dix répétitions privées, m'est devenu un vrai cauchemar.

Je commence à ne plus rire, et à manquer complètement d'»humour«. Cependant le Figaro m'égaye parfois. Avez vous lu »la scène des clowns« (Cirque de la République)? Comme c'est bien frappé! Quelle honte que ce gouvernement! Apropos — vous savez que de jour en jour je deviens plus ultramontain. Ce n'est pas du tout impossible que j'embrasse — faute de mieux — Votre religion! — —

45.   M e i n i n g e n , ce 20 Novembre 1880.

Ange adoré!

Votre bonne lettre me rend la vie et le courage. Vous me manquez plus que Vous ne semblez croire. Je souffre cruellement de rester si longtemps sans Vous voir. Parfois je ne me rends pas compte pourquoi je suis si triste, si découragé (gloomy, dull, damp — —) — c'est tout simplement Votre absence. Mon cœur vous appartient entier, sans partage: donc il n'y a point à s'étonner du vide, intolérable à la longue, dont il est malade!

Puissiez Vous tenir parole! Puisse la santé d'Oscar se

rétablir promptement, puisse la Vôtre se maintenir ferme!
J'ai envie d'aller demain à la messe et d'y prier, pour que
ce vœu se réalise!

Ce soir à la répétition générale je penserai à Vous — plus
joyeusement que jusqu'ici — je m'imaginerai que Vous y
assistez! Hélas! Que ne pouvez Vous entendre la 5ème
sinfonie surtout, qui apparaîtra dans un éclat inaccoutumé,
grâce à quelques bonnes idées que j'ai eu tout dernièrement.

Mais, puisque Vous restez une semaine, je pourrai arranger
une répétition »répétante« pour vous seule (of course I
could not turn out the Duke, who uses to assist even to the
separate rchearsals — winds alone — strings alone) et
Vous faire entendre quelques morceaux des concerts passés.
Cela Vous arrange-t-il, chère amie?

Oh — j'ai si peur, si peur, que Old Nick Esqre ne s'en
mêle encore et fasse avorter une fois de plus Vos bonnes
intentions pour paver mon enfer!

46. Meiningen-Beethovenopolis, 26th Dec. 1880.

— — It seems to me, the only day-time when I am not
to be disturbed by people is, when I am conducting or
playing in public. — —

My queen has done a famous mischief and will be glad
to know. Fancy! The Duke last Sunday called loudly:
»one of the laurelwreaths comes from my father« in order
that I might make a courtesy in the left direction. Why
— everybody in the audience heard the words and thought,
the yellow-black one had been meant. Political excitement:
the old Duke can never disown his ancient Austrian sym-
pathies, which in 1866 caused his abdication!

Pity you did not stay a few days longer. The Taming of
the Shrew with the old English stage, the never performed
prologue, the original clown etc. was a very remarkable
treat. — —

47. An Eugen Spitzweg (München).

Meiningen, den 20. Okt. 1880.

Liebster Freund!

— — Mit furchtbarer Grippe behaftet; der Beethovendienst setzt seinen Priester allerhand Missionärsmühseligkeiten aus Χαλεπὰ τὰ Καλὰ in doppeltem Sinne. („X" auch als Hauptwort.)

Zum Königsmarsch 4 händ. und Part. dürfte ich vor Jahresschluß ganz und gar nicht kommen. Nun, die gezwungene Centrapetalität hat auch ihr recht Gutes — ich lerne selbst noch recht viel bei meiner Schulmeisterei.

Kennst Du einen Prof. Hilger in Erlangen? Derselbe hat zu den 6 Concerten auf einen Sperrsitz abonnirt, will also jedesmal herüberkommen. Alle Achtung. — —

Bitte mache Propaganda für die bayr. V[olks] H[ymne] wie für den Bohrer. [1] — — Es ist durchzusetzen!

Bez. Dedicationsexemplar an Majestät: wie wär's, der Verleger sendete ihm dasselbe zu — ich meine unmaßgeblich in Prosa, „ungebunden" — — und Partitur meinerseits später in Aussicht stellend [2]; ach, wenn ich doch bald daran gehen könnte, aber kann Einer zweien Herren überhaupt dienen, dann doch keinesfalls, wenn der eine Herr Herr van Beethoven ist. — —

48.   Meiningen, den 8. November 1880.

— — Gestriges Concert zu großer Befriedigung Sr. Hoheit — was Hauptsache — und weniger hoheitlicher Zuhörer — abgelaufen, zu sehr geringer meinerseits, der ich „Zukunftsmusiker", also vorwärts blicke auf das Nicht-Erreichte, nicht philiströs à la Faust sage „verweile doch, du bist so schön (Augenblick)" wofür ihn mit Recht sofort der Teufel holt. —

---

[1] „Bohrer's automatischer Handleiter", den Spitzweg in Vertrieb genommen, hatte ein Zeugniß von Bülow bekommen, das mit dem Faustcitat schloß: „Schafft einen Bohrer an."

[2] Die Partitur des Königsmarsches ist nie zu Stande gekommen.

6¼ Uhr Abends lag ich zu Bett, schwitzend, um heute früh (es ist jetzt ½9) wieder Probe halten zu können.

Eben ennüirt mich der Postbote mit einem Paket (Werth 40 M.) von Wolfrum [1] aus Bamberg. Natürlich Annahme verweigert. Erkläre, ich bitte Dich, mein selbst von meinen nächsten Bekannten nicht begriffenes non possumus dem Betreffenden.

Glaubt Ihr, ich schüttele, was ich thue, nur so aus dem Ärmel und musizire wie ein Expedient expedirt? Sonderbare Menschen, die mich für einen Übermenschen halten und vermeinen, ich habe nichts Anderes zu thun, als für alle jungen ambitiösen Musiker Vorsehung zu spielen.

Meine immer noch schlechte Gesundheit würde sich längst gebessert haben, wenn mich die sogenannten „Nächsten" in Ruhe ließen, mich nicht fortwährend aus der Tonwelt, d i e i c h m e i n e, herausrissen durch lumpige Allotria.

Hatton geht vortrefflich vorwärts, ist auch bei der Prinzeß, der er Unterricht gibt, sehr beliebt.

Klavierspielen kann ich — 3 mal unberufen — Gottlob wieder. — —

Lebewohl, besser als Dein sehr freudlos gegen alle Hindernisse innerer und äußerer Natur — unent„stumpf"wegt kämpfender

treuer Ex-Sklave.

— — Nb. Wolff kam gestern von Hamburg zum Conzerte, reiste nach demselben direkt wieder dorthin zu Rubinstein.

49.   M e i n i n g e n, 10. November 1880.

— — Entschuldige mich, ich bitte, bei Wolfrum. Ich habe kaum Zeit, die amtlichen geschäftlichen Briefe zu lesen, zu erwidern, geschweige u. s. w. Wäre nicht der prächtige Herzog und die Beethovenmission, ich könnte gelegentlich der Versuchung

---

[1] Philipp W., geb. 1854, seit 84 Universitätsmusikdirektor, seit 98 Professor für Musikwissenschaft in Heidelberg.

nicht mehr resistiren, ein Billet nach) — Nirwana — zu lösen. —
Einstweilen werde ich die mir sehr erfreulichen Statuten der Anti-
semitenliga im Bette lesen — als Entreakt zur Beeth.-biographie
von Thayer. Es freut mich, daß der Componist des Tristan mit
dem Darsteller [Vogl] zufrieden ist — das ist eine nachträgliche
(1869!) Revanche für mich).

50. Meiningen, 1. December 1880.

— — Ich will „christlich" sein und Deine Neugier befriedigen.
Meine Unterschrift unter der Antisemitenadresse bleibt: ἃ γέγραφα,
γέγραφα sagte Pontius P. — Mein Telegramm lautete:

„Ersuche ergebenst um Unterlassung fernerer Aus-
„beutung (nicht Mißbrauch) meines Namens in Zeitungen.
„Agitation geziemt mir nicht."

Intendant von Bülow.

Sapienti sat! Wenn die — — blätter die Sache ent-
stellen, v e r lügen — was kann ich dazu thun, als verschlimmernd
einwirken?

Nb. Ich lese keine Zeitungen (ist auch keine Zeit dazu da)
außer b a y r. Vaterland und franz. Figaro. — —

51. Meiningen, 8. December 1880.

Bist Du Deinen Keuchhusten loser als ich den meinigen
(Husten)? Ferner — bist Du von hellem Kopfe, mäßig mit
D e i n e n Affairen beschäftigt, und hast Du Zeit und ernstes
Interesse für m e i n e (bekanntlich immer nur sehr unpersön-
lichen) Interessen?

In diesem Falle lies beifolgende privatissima epistola, die
Du allerdings ohne Glossen nicht verstehen kannst, und frage erst
Dich selbst, dann antworte mir, ob Du Dir die Fähigkeit zu-
traust, Deiner Qualität als kgl. b a y r. u n d herzogl. sächs.-
meining. Hofmusik-verleger völlig zu entsprechen. Habe keine

Angst, daß ich Dir viel aufbürden werde. Es handelt sich nur um rasche Förderung und Erleichterung meiner Pläne.

Genug; ich muß eine Castagnetten- und Tambourinstimme zum Derwischchor der Ruinen von Athen aufzeichnen, die Beethoven gewünscht hat aber nicht besorgt. Ferner habe ich noch Probe mit 2 Fagotten und Contrafagott, später mit Alt- und Sopran-Weibern.

Nach dem 16. Januar mache ich mich frei. Wofür, ist jetzt noch nicht zu definiren, da Alles vom Gesundheitszustande abhängt. Doch wende ich mich mit Vorliebe einer alten Idee, die Du angeregt hast, zu:

Gratisconcerte in geistlichen Seminarien u. dgl. in Bayern (Freising u. s. w.).

Hast Du Neigung, eine solche originelle Tournée zu ent-werfen und zu dirigiren? Mit Vergnügen werde ich Deine Reisespesen u. s. w. übernehmen. Bitte um gefällige Rück-äußerung.

Eben telegraphirt mir Stadttheater in Leipzig Direktion der IX. Sinfonie für 1000 M. Honorar. Ich fühle mich stolz und glücklich, absagen zu können.

Doch ad rem, daß Du Dir nicht den Kopf zerbrichst. Hoheit wird Majestät das Geschenk anbieten, ihm zur Vorführung Beethoven'scher Sinfonien in „mustergültiger Weise" — privatim, so unsichtbar als gewünscht wird, seine Hofkapelle unter meiner Leitung, wo, wann immer, auf einige Tage zu senden. Ob acceptirt wird — poco monta. [1]

Ist Dir die Sache unklar, ev. „nicht geheuer", so bitte ich die Botschaft in den Papierkorb zu werfen, mir den Brief jeden-falls bald zu retourniren. — —

Pereat Judaeus!

Vivat S. J.!

---

[1] Das Anerbieten wurde vom König Ludwig II. nicht angenommen, mit des Cabinetssekretärs v. Bürkel Motivirung, es wären vorläufig nur für Wagner's Musik Sympathien vorhanden.

52. An Max Schwarz (Frankfurt a/M.)

Meiningen, 13. December 1880.

Geehrter lieber Herr Schwarz!

Schön — viel Zeit kann ich Ihnen nicht versprechen, weil ich zu Weihnachten mich à peu près in demselben Zustande befinden werde, wie Sie nach den Manövern Ende September. Doch stelle ich gern zur Verfügung, was von mir übrig geblieben sein wird. — —

Gestriges letztes Concert war vielleicht das allerglänzendste. Frau Dr. Merian aus Weimar wohnte bei und schien sehr befriedigt. Diese Woche macht mir noch entsetzlich viel zu schaffen, und leider gibt's so viele erbärmliche Schreibereien, Personalien u. dgl., so daß, wenn ich die Neunte nicht vollkommen im Kopfe hätte (incl. Herz), ich der Aufführung mit viel Unruhe entgegen sehen würde.

Ich komme auch hier in Meiningen wieder einmal nicht auf meine Kosten — —.

Ich habe Herrn Tappert neulich die Anfrage gestellt, ob er Courage habe, die Allg. deutsche Musikztg.[1] zu einem prononcirt antisemitischen Musikorgane zu machen, welchen Falls ich meine möglichste Unterstützung leihen würde.

Es thut Noth, daß w i r u n s G h e t t o s bauen! Vielleicht geht er darauf ein.

Anderes mündlich. Sie haben sehr Recht, sich vor den auweihnächtlichen Indigestionsversuchungen aus dem Staube zu machen.

Hatton hat sehr gut, sicher und fein gespielt.

53. An Frau Herrmann-Rabausch (München).

Meiningen, 26. December 1880.

Für telegraphischen Antheil herzlich dankend, sendet der Vielgeplagte statt Briefes mit besten Festtagsgrüßen und

---

[1] „Gegenwärtiger Redakteur der Ztg. ist Otto Leßmann, früherer und mir ergebener Schüler." An Spitzweg 28. 12. 80.

Neujahrswünschen die „höchst merkwürdige" Reliquie der Handschuhe, „in denen" er die erste Doppelaufführung der Neunten
dirigirt hat. [1]

54. An Frau Jessie Hillebrand (Florenz).

Meiningen, 28. December 1880.

Illustrissima, Riveritissima, Dilettissima!

Bist Du's Aliprandina Aliprandi? Dann nimm meine
devoteste Fußbeugung entgegen. Macte Virtute Tua! [2] Auch
ich habe Größeres im letzten Quartale dieses scheidenden anno

---

[1] Der Bülow'sche Gedanke, die IX. Sinfonie in einem Concert — mit
einer halbstündigen Pause — zweimal aufzuführen, fand bekanntlich viel
Widerspruch. Auf einem Notizenzettel für Hermann Wolff (wohl aus
d. J. 1886) findet sich Folgendes zu der Frage als „Vortheile" citirt:

„1. Mehr Zeit zu sorgfältigem Einstudiren und somit raffinirtere Aufführung.

2. Leichtere Insinuation neuer Auffassung und Gewöhnung der Hörer
daran."

Auch einzelne Werke von Brahms gab Bülow in den Meininger Jahren
als Doppelaufführung mit ihn befriedigendem Resultat; so schrieb er am
5. 2. 84 an Wolff: „Das Concert vom 3. mit der III. [Sinf. v. Brahms]
bis hat über mein Erwarten eingeschlagen! Brahmsverehrer aus Naum-
und Merseburg, die's doch so bequem haben, die Sinfonie übermorgen in Leipzig
zu hören, sind wegen des verdoppelten Genusses hierher gereist. Sie wissen,
mit welchem Zeitverlust sich hierher wallfahrtet!" Und an Max Schwarz
30. 10. 85 über die Vierte v. Brahms: „Einmal hören will freilich wenig
sagen." Daß eine Abschwächung des Eindrucks — eines der Hauptargumente
gegen Bülow's Vorgehen — nicht nothwendig ist, wenigstens unter ihm
und damals bei der Neunten nicht stattgefunden hat, beweist folgender Brief
der Freifrau von Heldburg: „Sonntag Abend. Im Elysium geschrieben.
Einziger Meister! Ich weiß zwar gar nicht, wo ich Worte hernehmen
soll, um Ihnen auch nur ein bischen zu sagen, was wir für Sie fühlen,
was Sie heute Abend aus uns gemacht haben, aber schreiben muß ich
Ihnen doch. So viel wie heute Abend habe ich der Kunst noch nie verdankt, und das Andenken an diese Stunden, der Dank für Sie wird nie in
mir verlöschen. Möchten Sie einen Lohn für so viel Aufopferung, Hingabe und Liebe in dem Bewußtsein finden, viele Selige gemacht zu haben.
Liebster Unique, schlafen Sie wohl, wenn Sie können — wir können's nicht,
wollen's aber auch gar nicht. — Das ganze Schloß r a s t vor Entzücken! —
Gute Nacht! Ihre bis an's Ende von ganzem Herzen dankbare
E. v. Heldburg.
Georg.

[2] Frau H., hatte unter dem Pseudonym Gio. Alibrandi einen „Manuale
di Musica" — für Lehrer u. Schüler — veröffentlicht (Torino, Loescher
1880, Nuova Ediz. 1891).

sceleratissimo geleistet, als alles Bisherige, was Du noch bei
Querchen applaudirt hast.

Gestern war das 9. Beethovenconcert mit meiner dazu
sklavisch dressirten Kapelle. Die Leute haben geschluchzt und
gejubelt. Mehr kann der Anstifter nicht verlangen. Hatton
war leider nicht dabei, weil er sich schonen mußte — er arbeitet
nämlich beinahe so pferdemäßig wie sein Lehrer. Hoheit sollen
und wollen ihm nach dem 16. Jan., wo er „webern" wird —
den Hofpianistentitel geben. Sta contenta?

Allerherzlichste Glückwünsche zum Geburtstag und zum
neuen Jahre. Bleibe mir, ich bitte, gewogener als es Dein
Gemahl demjenigen sein dürfte, dessen überzeugungsstarrste
Parole ist: écrasez l'infâme — aber im antivoltaireschen
Sinne. — —

55. An die Mutter.
Meiningen, den 6. Januar 1881.
Meine theure Mama!

— — Bezüglich des Schreibens von Briefen bin ich wie
Du selber, anregungsbedürftig. Es muß auf den Knopf ge-
drückt werden: erst dann läutet's.

Dank dem schönen, klaren, trocknen Wetter, das mit dem
ersten Tage des neuen Jahres [eingesetzt], befinden sich meine
Nerven in einem — dreimal unberufen — zur Zeit so con-
venablem Zustande, daß es mir möglich ist, Dir einen frischen
Brief zu schreiben, zu dem als besondere Veranlassung das
übermorgige Datum meines Geburtstags mir den nöthigen
Wink gibt. Meine geliebte Mutter! Dieses letzte Jahr meines
Lebens war kein verlornes, namentlich sein letzter Abschnitt;
ich habe meinem Namen, der Mutter, die mir ihn gegeben, ich
habe der Kunst Ehre gemacht, ich habe noch niemals so Bedeuten-
des geleistet, einen solchen Wirkensextrakt so zu sagen — zu-
sammengebraut. Nur durch die höchste Anspannung aller
Kräfte — was bei zwar Tag für Tag sich mindernben, aber doch

immer noch beschwerlichen und häufig störenden körperlichen
Leiden nicht immer leicht war — nur durch weder nach links
noch nach rechts abzulenkende Concentration meines Kopfes
und Herzens, ist dieses Große — Viele sagen: Epochemachende
— zu erreichen gewesen. Vetter Woldemar, der zweimal her-
kam, noch mehr seine sachkundigere Frau, die von mir jetzt
vollkommen eroberte Livia, werden Dir berichtet haben.[1] ——

Die Reise um Beethoven in 80 Tagen (so
viele waren es gerade nach der erstmaligen — überhaupt in der
Welt — Doppelaufführung der IX. Sinfonie), so nannte
ich scherzweise in meinem Dankepiloge an meine treue Kapelle
das vollbrachte Werk. Zum Theil war es eine Entdeckungs-
reise: durch mein zum ersten Male — — praktizirtes Proben-
und Studiensystem, gemäß dem Motto „in der Kunst gibt's
keine Bagatelle — die kleinste Kleinigkeit ist etwas Wesent-
liches" — sind ganz neue Wirkungen erzielt worden, bisher
ungekannte Schönheiten und Feinheiten sichtbar, d. h. hörbar
geworden. Kapellmeister Lassen sagte mir, er habe seit 30 Jahren
niemals etwas so Vollendetes gehört, nur die Pariser Conser-
vatoriumconcerte seien vergleichbar bezüglich des Technischen,
dagegen inférieurs bezüglich der geistigen Wiedergabe. — Doch
halt — meine Feder geht durch — Du willst ja auch noch Andres
von mir hören, als Reinmusikalisches — ich sende Dir ein paar
Dankbriefe, die ich empfangen habe. — —

Die Beziehungen zu dem trefflichen liebenswürdigen Fürsten
und meiner alten Schülerin und Freundin, seiner Frau, waren
und sind (wieder dreimal unberufen — ich habe Aberglauben
von Dir geerbt, und dieses Erbe wächst mit der Zeit immer
mehr an) natürlich höchst angenehm und quasi intim. — Aus
Hermann Grimm's sehr empfehlenswerthen Vorlesungen über

---

[1] Livia Frege schrieb u. A.: „Sieht man ihn seiner Aufgabe gegenüber,
ganz verbunden mit Geist, Seele, Körper, nur mit und bei dem Werk, so
liegt etwas Übermenschliches in seiner Erscheinung! Gott schütze, behüte,
erhalte ihn! Mir kommt's dann vor, als läge die Welt mit allen ihren
tiefen Schmerzen, für ihn weit, weit unter ihm."

Goethe habe ich gelernt, daß Goethe mit seinem Serenissimus, trotz aller Versuchung zum sich gehen lassen, ängstlich stets die angemessene respektvolle Distanz beobachtet habe. Diesem Beispiele nachzufolgen bemühe ich mich. Häufig besucht mich der Herzog: mehrmals hat er mich unter Dankesthränen (ja, ja!) über den empfangenen Kunstgenuß umarmt und geküßt; an vielen Tagen, selbst nachdem wir nach einer Probe, deren er vielleicht einigen vierzig beigewohnt hat, zusammen spazieren gegangen waren, bekam ich noch Briefe von ihm, die ich ausführlich zu beantworten hatte, da er sich für jedes Detail interessirt und bei aller Neigung, den Mäcen nicht gratis oder auf Anderer Kosten zu spielen, wie z. B. der Weimarische Großherzog thut, durch die Geringfügigkeit seiner Geldmittel auf äußerste Sparsamkeit angewiesen ist. In letzterem Punkte habe ich mir seine vollste Zufriedenheit nicht minder erworben; ich habe finanziell für ihn jedenfalls viel besser gewirthschaftet, als jemals für mich selber.

Mit dem Vater des Herzogs, der sehr musiksinnig — —, stehe ich auf recht gutem Fuße, habe ihm auch einmal eine Kammermusiksoirée arrangirt und vorgespielt; die beiden alten Hoheiten besuchen die Concerte, da ihnen die von mir auch wegen der Bahnverbindung für die fremden Besucher gutliegend fixirte Nachmittagszeit (Sonntags von 4—6) besonders convenirt. Vielleicht habe ich zur Anbahnung freundlicherer Harmonie zwischen beiden Hofstaaten durch meine Musik Einiges beigetragen. — Erbprinz und Erbprinzessin (letztere noch ein wenig Backfisch) sind ebenfalls sehr artig für mich gewesen, haben vielen Proben mit Bewunderung beigewohnt; bei Gelegenheit der IX. Sinfonie besuchte mich der Erbprinz im Hotel, wo ich ganz leiblich, ruhig, wenn auch nicht so billig als z. B. in Hannover, wohne. — —

Ah — Eines muß ich hier doch noch einreihen: eine sehr interessante Bekanntschaft, nämlich die des Cardinal Hohenlohe, der den Herzog auf der Durchreise besucht hat. Nach einer längeren Orchesterprobe soupirte ich mit ihm im Schloße und spielte ihm allerlei vor. Nb. er selbst spielt sehr hübsch. Er schien sehr befriedigt und machte mir ein so schmeichelhaftes Compliment, daß ich ganz verlegen erröthen mußte. Er sagte nämlich: mein Freund Liszt kommt mir am Claviere vor wie Michel Angelo, Sie aber wie Raphael. Nur der Mutter erzähle ich so etwas wieder.

Wie Du siehst, habe ich in diesen ersten Tagen (nur der Neujahrstag war sehr aufreibend) etwas mehr Muße. Ich gehe täglich, da das Wetter prächtig für mich paßt, in der reizenden Umgegend spazieren, wenigstens eine gute Stunde, halte nur kurze Proben, übe aber allerdings stark Clavier, da ich den Pianisten in den Vordergrund stellen muß. Vermuthlich gehe ich nach Österreich, jedenfalls nach Pest, wo ich eine alte Schuld an meinen Meister bezahlen muß, eine Lisztsoirée, wo ich nur Originalcompositionen Liszt's seinen Landsleuten vorspielen will. Da ich meiner Neigung zufolge mich jetzt nur auf Bach, Beethoven, Mozart, Brahms, Schubert, Chopin dressirt habe, so macht mir diese Metamorphose einigermaßen zu schaffen. Aber es muß sein, schon weil ich Liszt'sche Orchesterwerke hier nicht aufführe. [1]

Doch die nächste Gegenwart wird Dich vielleicht mehr interessiren. Da diese Pläne feststehen, so ist's mir auch leichter, darüber zu reden. Nächsten Sonntag, d. 9. spiele ich hier in der Kammermusiksoirée, für die ich auch z. B. die Streichquartette persönlich einstudire. Montag darauf gebe ich zum Besten der Großherzogl. Orchesterschule in Weimar einen Beethovenabend und damit dem Großherzoge eine Generositätslektion. Dienstag spiele ich in Erfurt für mich oder vielmehr für meine hohen Steuern. Mittwoch bin ich wieder hier und probire für das

---

[1] An Spitzweg berichtet B. 15. 1. 81 über angestrengtes Üben für den Liszt-Abend: „Ich habe nicht mehr die ‚Jugend‘ dazu und muß mich künstlich begeistern. Ach, wann werde ich mir meine Freiheit erkämpft haben? (Antwort: sobald ich sie zu gebrauchen unvermögend geworden.)“

Abonnementconcert am 16., dessen Programm ich beilege. Dann werde ich mit der Hofkapelle einige auswärtige Beethovenconcerte geben, in Coburg, Bamberg, Nürnberg, Erlangen. Das ist ein Präludium für spätere großartige Projekte. Hierbei muß ich natürlich gleichzeitig den Impresario für die Hofkasse spielen, was nicht ohne Mühe und Witz zu leisten ist. Übrigens habe ich trotz der großen Kosten neulich von Eisenach, wo wir einen kolossalen Triumph gefeiert, dem Herzoge 600 Mark rein abgeliefert. Noblesse oblige. Nicht wahr, Du hast einen ganz tüchtigen Sohn zur Welt gebracht und mit unsäglicher Mühe, aber nicht unverdienstlich, am Leben erhalten!

Meine geliebte Mutter! Jetzt fängt an, meiner Feder der Athem auszugehen. Auch ist es mit dem Schreiben nicht ohne häufige Unterbrechungen abgegangen.

So viele, viele Fragen um dich, Dein Befinden, Deine Stimmung schweben mir auf den Lippen. Aber Deine Abneigung gegen den Verkehr durch Diktiren ist ja unüberwindlich, und somit auf erwünschte Erwiderung verzichtend, erspare ich Dir die Lektüre der Fragezeichen.

Wünschen von ganzem Herzen (das weißt Du ja) das Beste, das Möglichste zur Ertragung des Daseins, das thue ich jeden Tag in Gedanken. Ach, gäbe es doch ein Mittel, die Gedanken schneller auf's Papier zu werfen!

Ende April, so wie mein amtliches Geschäft nur zum Beschlusse gelangt ist, besuche ich Dich, wenigstens auf eine Woche, erzähle Dir vor, lese Dir vor, spiele Dir vor — auch z. B. die eine kleine Sonate, auf die Du einmal im Gespräche anspieltest und die ich, daran zurückdenkend, zwischen einer und der anderen Orchesterprobe mir jetzt in Kopf und Finger gebracht habe, (die Sonate von Beethoven mit dem schönen melodischen Menuett aus F moll). Für jetzt lebe wohl, geliebte Mutter, denke freundlich am 8. d. Deines treuen Sohnes, der sich in diesem Jahre als Correspondent bessern will, und wie figura zeigt, muthig heute den Anfang dazu gemacht hat.

4*

56. An Hermann Wolff[1] (Berlin).

Meiningen, 12. Januar 1881.

Geehrter Herr Wolff!

Hierbei erlaube ich mir, Ihnen 10. p. c. des Honorars meines gestrigen Concerts in Erfurt zu senden. Darf ich bitten, den Rest von 20 M. zum Abonnement auf die Musikwelt wie auf die Bock'sche Musikzeitung verwenden zu wollen, beide Blätter jedoch, da mich ihr Anblick übler Laune macht, an Herrn Kammermusikus Abbas, Bibliothekar der herzogl. Hofkapelle adressiren zu lassen. — —

Ich bringe am Anfang jedes Jahres gern wenigstens alle meine „temporellen" Affairen in Ordnung, und die Regulirung z. B. meines Soll bez. der Neruda-Détournée Ihnen vis à vis hat sich bereits mehr als hinlänglich vertagt.

57. Meiningen, 19. Januar 1881.

— — Gemäß meinem Prinzip, nichts halb zu thun, will ich mein Guthaben bei B[ote] & B[ock] an Herrn Hofkapellmeister Prof. Müller-Hartung zum Besten der großh. Orchesterschule verwendet wissen.

---

[1] Der bereits in den Briefen v. 8. 3. und 8. 11. 80 erwähnte Concertagent (geb. zu Köln a. Rh. 1845, gest. Berlin 1902), eröffnete seine von Freund und Feind als ungewöhnlich erfolgreich anerkannte Laufbahn, nachdem er bei Kroll und Wuerst seine Musikstudien absolvirt, sich auch als Componist versucht hatte, Redakteur der Bock'schen „Neuen Berliner Musikztg." dann der „Musikwelt" gewesen war, als geschäftlicher Vertreter von Rubinstein und Bülow. Durch seine späteren Unternehmungen in den größten Städten Deutschlands, seine weitverzweigten Verbindungen auch im Auslande und die von ihm gegründete „Concertdirektion" wurde er von weittragendem Einfluß auf die Gestaltung der modernen Concertverhältnisse. Seiner persönlichen Eigenschaften wurde bereits gedacht (vergl. Vorwort). Ein charakteristisches Beispiel für seinen Witz und seine Geistesgegenwart ist seine Antwort an Liszt, als der Großmeister bei einem Besuche in Meiningen in Bülow's Zimmer Wolff's Eintritt mit den Worten begrüßte: „Siehst Du, das ist der große Menageriebesitzer, der Euch Löwen alle in einem Käfig hat. Habe ich nicht recht mit meinem Vergleich, mein lieber Wolff?" „Vollkommen, nur mit dem Unterschied, daß die Löwen m i c h füttern und nicht ich die Löwen."

Der Großherzog hat mich neulich durch das Commandeur=
kreuz seines Hausordens vom weißen Falken distinguirt [1] — das
legt mir eine Verpflichtung auf u. s. w. (ich hasse Insolvenz).
Würden Sie, Ihrem freundlichen Anerbieten gemäß, die Güte
haben, 911 RM. an die bezeichnete Adresse senden zu lassen,
den Postschein meiner Quittung gleich achtend?

58. An die Mutter.
Nürnberg, 24. Januar [81].

— — Ein starker Katarrh — — ist la part du diable auf
meiner kleinen Triumphreise. Wir haben drei Concerte gegeben,
nur Beethoven'sche Musik, in Coburg, Bamberg und gestern in
Erlangen. Volle Säle, beinahe jubelnder Enthusiasmus.
Meine 42 Leute haben sich brav gehalten, dem Herzoge, der
durch mich eine wirklich culturhistorische Mission erfüllt, alle
Ehre gemacht. Trotz der grimmigen Kälte reist das Publikum
mit, Bamberger kommen nach Erlangen, Erlanger nach Nürn=
berg und umgekehrt, da wir mit den Sinfonien und Concerten
abwechseln. Nur — sehr charakteristisch und erfreulich — die
Juden enthalten sich aller Theilnahme, da, wie Du wohl schon
vor Längerem gehört hast, ich den für einen Musiker extra=
ordinären Muth gehabt habe, die antisemitische Petition an
den Reichskanzler öffentlich zu unterzeichnen — was mir, bei=
läufig, allerlei Unannehmlichkeiten eingetragen hat, aber:
noblesse oblige.

Der Herzog ist Feuer und Flamme; ich nähre diese Flamme
nach Kräften und bin ihm jetzt nicht mehr entbehrlich. — —
Abgesehen von der künstlerischen Seite suche ich auch gute Ge=
schäfte zu machen, da ich die Ambition habe, dem Herzoge die
außergewöhnlichen Opfer zu ersetzen, die er für die Vervoll=
ständigung der Kapelle und was sonst noth that, gebracht hat. — —

---

[1] „Das hat der treffliche Meister Liszt immer für mich durchzusetzen
versucht, aber ohne Erfolg: mir ist es lieber so. Dir auch, nicht wahr?"
berichtet Bülow 11. 1. 81 seiner Mutter; auch, daß das Concert „über
1000 Mk. rein eingebracht hat für die Großh. Musikschule".

59. An Dr. jur. Karl Kliebert[1] (Würzburg).

Nürnberg, 24. Januar [1881].

Verehrter Herr Kliebert!

Vortrefflich — ganz einverstanden mit Ihrer Rhythmisirung. Aber ums Himmelswillen nicht c̄ sondern ā wie ja auch die Partitur der Leonorenouvertüre No. 2, abweichend von No. 3, certifizirend bringt.

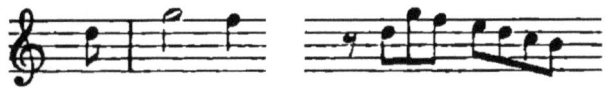

Dominantenharmonien!

Und dann à la Wagner, poco a poco accelerando, nicht gleich mit der presto-Thüre in das Haus der Klimax fallen! Endlich: nur 2 Viol. bis Takt 6 drittes Viertel, dann ein Pult mehr; Takt 8 ein weiteres, bei den Sekundgeigen item jeden Takt ein Pult mehr. So machen es die Meininger. Mein aufrichtiges hochachtungsvollstes Compliment übrigens für den „blutigen Ernst", mit dem Sie die Sachen anpacken.

— — Ich pflege übrigens erst vom 9. Takte ab zu taktiren.

60. An Eugen Spitzweg (München).

Meiningen, ult. Januar 1881.

Mein lieber Freund,

In Sonneberg hatte ich Malheur — mußte nach dem übrigens ganz Nürnbergischen Concert zu Bett und zwei Tage — unter sehr guter Pflege — selbiges hüten. Leichte Rippenfellentzündung durch chronische Eisbeutel rechtzeitig in Entwickelung gehemmt. Gelegenheit macht nicht blos Diebe. Die Spielwaaren in Sonneberg sind „bohrerhaft" berühmt: ich gestattete mir, Deinem Stammhalter, der keine Cigarettenkasten von mir mehr zum Spielen hat, drei Surrogate unter Deiner Adresse zu senden, als „Onkel". — —

---

[1] Als Kgl. Hofrath, Direktor der Kgl. Musikschule gestorben 23.5.07.

61.   Meiningen, 2. Februar 1881.

Condolire. Es muß Dir schlecht gehen — bei so s ch l e ch t e n Witzen! Weil Du keinen großen Gewinn machen kannst, willst Du das compensiren durch eine große Anzahl kleiner (?) Verluste. Und B e ch st e i n zu L i e b e druckst Du W[olfrum]?

— — G. hat nicht genug gelernt um meine Partitur [Nirwana] zu verstehen und ist zu faul, sich im Arrangiren zu üben. — —

Klindworth ist weit gescheidter als wir beide, er schreibt keine Briefe. Nb. nach zehn Klavierstunden täglich pflegt er meistentheils noch ein paar Seiten Schumann zu bearbeiten. Zehn Takte auf Notenpapier ist ihm werthvoller als eine Briefseite. Tadeln wir ihn nicht! — —

2. April IX. Sinfonie (bis) zu Hoheits G e b u r t s t a g. Spitzweg wird telegraphiren.

10. April. Palmsontag. Athalia von M e n d e l s s o h n und Chöre und Ouvertüren von W a g n e r. Mit dieser Pointe werde ich die Saison schließen und einstweilen auch diesen Brief.

62.   B u d a p e st, 17. Februar 1881.

— — Gestern Abend hatte ich bei Ihrer Excellenz der verwittweten Minister v. Eötvös eine reizende Überraschung. Die Dame des Hauses spielte mit dem Meister und den H. H. Mihalovich (Componist) und Johann v. Vegh g a n z k o l o s s a l effektvoll ein von letzterem bearbeitetes a ch t h ä n d i g e s A r - r a n g e m e n t meines K ö n i g s m a r s ch e s (deßhalb war wegen Partitur an Dich telegraphirt worden). Herr v. Vegh (auch Aristokrat und Regierungsbeamter) hat ein famoses huit-mains der Liszt'schen Dantesinfonie bei Härtel's edirt. Wenn es Dir convenirt, bitte ihn um die Bülowbearbeitung — müßtest aber s e h r höflich schreiben und seine Bedingungen zu wissen verlangen, indem Du sie von vornherein acceptirst. Doch — halt — Wolfrum hat Dich ja bereits wieder einmal ruinirt. — —

Der gestrige 8 händige Effekt hat mich zum Instrumentiren (es war nöthig) so sehr angeregt, daß ich in Meiningen am 1. März sofort beginne.

NB. Acceptirt Vegh, d. h. acceptirst Du ihn, so wäre (nb. nicht sofort mit Thür in's Haus — erst beim vierten Briefe) er der richtige Mann für Nirwana vierhändig. G. bleibt eben doch ein Bärmännlicher Stumpfbayer.

In aller Eile — wenn Du mir antwortest, bitte nichts Unangenehmes — ich möchte gern einmal eine möglichst un= gemischte frohe Stimmung genießen, welche Dank trefflichem Wetter, himmlischer Kost und allem sonstigen Lebenscomfort, seit Abreise von Meiningen — unberufen — anhält!

63. An die Mutter.

Pest, 18. Februar 1881.

Meine geliebte Mutter,

Ich habe mich verrechnet, indem ich glaubte, nachdem ich, wie Bismarck sagt, „meinen Schwerpunkt nach Osen verlegt habe", ich würde Zeit finden, Dir ein halbes Stündchen zu widmen. Die ungarische Gastfreundschaft ist aber — Dank Meister Liszt — so unablehnbar, daß ich vor lauter Diners und Abendgesell= schaften gar nicht zu mir selber, geschweige an den Schreibtisch komme. — —

Meine Erfolge hier und in Wien haben alle früheren in Schatten gestellt. Ich werde gefeiert, so, daß mir Angst wird — selbst die Presse, auch die Judenpresse behandelt mich mit exqui= siter Hochachtung. Vielleicht dürfte Dir eine kleine Recension des Meisters über seinen Schüler Spaß machen (nicht wahr — ein origineller Akt?), die in der heutigen Gazette de Hongrie steht und die ich Dir beifüge.

Morgen muß ich nach Wien zurück, wo ich noch zweimal (ein Mal für Wohlthätigkeit) spiele. — —

Nur sieben Concerte im Ganzen während beinahe vier Wochen. Ich kann diese Reise eigentlich als Erholungstour betrachten, zu der ich mir das Reisegeld eben e r spiele, was besser, wenn auch nicht so vornehm ist als das V e r spielen. — —

Heute Abend spiele ich hier Beethoven — etwas gewagt für ein so antideutsches Terrain, aber ich darf schon allerlei wagen, ja, man verlangt dieß eigentlich von meiner Reputation. Über Meister Liszt habe ich mich sehr gefreut, nämlich über seine extraordinäre Geistesfrische. Du weißt, er wird im Oktober d. J. 70 Jahre alt, und er verbraucht eigentlich jeden Monat Lebenskraft für ein Jahr. — —

Das erwähnte Schreiben Liszt's lautet:

Cher Monsieur et ami,

Vous me demandez mon impression sur le concert Bülow, d'hier soir. C'est la Vôtre, et celle de tout le public intelligent d'Europe. Disons la brièvement en deux mots: admiration, enthousiasme.

Sous le rapport musical, Bülow était mon élève, il y a de cela vingt-cinq ans, comme j'étais vingt-cinq ans auparavant l'élève de Czerny, mon très honoré et cher maître. Mais, Bülow a l'étoffe nécessaire pour mieux combattre et endurer que moi. Son admirable édition Beethoven m'est dédiée comme »fruit de mon enseignement«. Là, le professeur n'avait qu'à apprendre de son disciple et Bülow continue d'apprendre au monde, — tant par sa prodigieuse virtuosité au piano que par son immense savoir musical, et maintenant, par son étonnante direction de la chapelle de Meiningen, — ce qui en est du progrès musical contemporain.

Cordial dévouement.

Budapest, mardi le 15 Février 1881.   F. Liszt.

Aus Wiener[1] Zeitungen über Bülow's Vortrag der 5 letzten Sonaten von Beethoven.

Max Kalbeck beginnt sein Feuilleton in der Wiener Allg. Ztg. vom 13. Februar 1881 mit folgender Charakteristik:

„Unter tausend Alltagsköpfen, die sich auf einem Platze zusammen-

---

[1] „Sagen Sie nichts gegen die Wiener"! schrieb B. an seine Münchner Schülerin Frau Herrmann-Rabausch (9. 12. 84). „Vermuthlich haben Sie nicht das Richtige und Wesentliche gelesen (alte Preße, Neue Freie

drängen, sticht der Kopf eines Mannes hervor, dessen charakteristische Physiognomie nie wieder vergessen wird, wer sie einmal gesehen. Die hohe, ausgearbeitete Stirn spricht von ungewöhnlichem Verstande und eiserner Willenskraft; aus den tief liegenden, halb geschlossenen Augen blitzt das reiche Innenleben einer mächtig erregten Phantasie hervor, und dem malitiösen, von einem verschmitzten Henri-quatre eingerahmten Munde sieht man es an, daß er viel zu erzählen und noch mehr zu verschweigen weiß, jeden Augenblick aber bereit ist, eine boshafte und treffende Bemerkung zu machen. Dieser Kopf ruht auf einem zierlichen und nervösen Körperchen, das mit geschmeidiger Eleganz und doch auch mit großer Entschiedenheit aufzutreten und trotz seiner winzigen Figur sehr wohl zu imponiren versteht. Den Stürmen des Schicksals, die sich vergebens mit ihrer Wuth an ihm versucht haben, bietet es klugerweise nur eine kleine Fläche dar, und wo starke Eichen und riesige Tannen längst gebrochen am Boden lägen, grünt die zähe Stechpalme lustig fort. Aristokrat, Gelehrter und Künstler in Einer Person, vereinigt Dr. Hans v. Bülow alle edlen Qualitäten dieser drei von einander so verschiedenen Stände und tritt der Welt als Musikdespot von eigenen Gnaden entgegen, um sie entweder gegen sich aufzubringen oder zu unterwerfen. — — So erscheint Bülow als der incarnirte Inbegriff des modernen musikalischen Bewußtseins, und doch ist es vielleicht nur Wenigen gegenwärtig, wie viel ihm die Kunst unserer Zeit zu verdanken hat. — — Ein Idealist vom reinsten Wasser, verwechselt er nur zu gerne das Unbedingte mit dem Bedingten, das Reich der Gestalten mit dem der Körper, und da er die Menschen nach seinem Geschmacke nicht umzubilden vermag, gewährt es ihm eine Art von misanthropischer Genugthuung, wenn er sie wenigstens äußerlich zur Anerkennung des Guten zwingt, wobei er ihnen indirekt zu verstehen gibt, wie gering er von ihnen denkt. Er maßregelt sie durch künstlerische Gewaltakte und gibt die Vernunft, welche sie wie eine bittere Medicin verschmähen, ihnen nicht mehr in Löffeln ein, sondern gießt sie ihnen lieber gleich in Eimern über den Hals. Dann schütteln sie sich wie gebadete Pudel und lecken ihrem gefürchteten Erzieher dankbar die strengen Hände. Es ist ein Schauspiel, des Gelächters

Deutsche, offizielle Wiener u. s. w.) sondern nur die Fiaker- und Getreidewuchererorgane. Glauben Sie mir, bei aller Achtung für's Hofbräu — an der schönen blauen ist man denn doch um einige Jahrzehnte musikalisch vorwärtser, als an der weder schönen noch blauen Isar. Brahms weiß, warum er dort sein Zelt aufgeschlagen: gar zu gerne folgte ich seinem Beispiele."

der Unsterblichen werth, zu sehen, wie das Erhabene und Immaterielle,
welches keinen Curs an der Börse des gemeinen Lebens hat, einmal
gewaltsam in sein Recht eingesetzt wird und so imponirend und nieder-
werfend auftritt, daß jede Opposition erschrocken verstummt."
Nun folgt zwar kein Ausspruch wie der C. Band's im Dresdner Journal (Mitte März 1879), der Vortrag der fünf Sonaten sei „eine Grau-
samkeit gegen das Publikum, die für unser Zeitalter der Humanität
wenig paßt" — aber doch eine theoretisch gegen die Zusammen-
fassung der fünf Sonaten in einen Abend Stellung nehmende längere
Ausführung. Man spräche doch auch „immer nur von e i n e r Stunde
der Erbauung", damit sei „das richtige Maß für die Dauer eines
erhobenen Seelenzustandes bezeichnet. — — Es war uns eine große
Beruhigung zu sehen, daß weder der Künstler noch einer seiner Zuhörer vom Nervenschlage getroffen worden ist. — — Für die Verbild-
lichung jener tönenden Gestalten reicht die gewöhnliche Phantasie
nicht mehr hin; keine Scenen des realen Lebens oder der stofflichen
Natur liefern den erwünschten Text zu ihren metaphysischen Klängen.
— — Hans v. Bülow erschien uns thatsächlich wie das Medium Beethovens. — — Für den musikalischen Vortragsmeister stehen die thema-
tische Deutlichkeit, wie sie besonders die fugirten Sätze bedürfen, die
dynamische Schattirung der mannigfaltig wechselnden Grund-
stimmungen und die richtige Phrasirung der einzelnen Perioden in
erster Reihe. Ihn in diesen Aeußerlichkeiten zu controlliren, wird
Vielen, die, mit einem vollwichtigen Exemplar der Beethoven'schen
Sonaten gerüstet, im Concertsaal erschienen waren, ein unschätzbares
Vergnügen gewesen sein. Noch höheres Interesse gewährte es, mit
dem Künstler von Angesicht zu Angesicht sich in die labyrinthischen
Gänge der Beethoven'schen Musik zu vertiefen. Man konnte in
seinen beweglichen Mienen lesen, wie in einer Partitur. Gleich
einem vom Katheder herab dozirenden Professor hat Bülow die eigen-
thümliche Angewohnheit, sein Auditorium im Auge zu behalten,
um die Aufmerksamen noch mehr zu fesseln, die Unaufmerksamen
anzuspornen und mit scharfen Blicken zu verfolgen. Zuweilen, wenn
ihn der Gegenstand seines Vortrages hinreißt, zieht er sich ganz in
sich zusammen und scheint in das Clavier förmlich hineinzukriechen,
so daß beinahe nichts mehr als die Frackschwänze von ihm zu sehen
sind. Kleine Sonderbarkeiten eines großen Mannes!"
Ebenfalls im Grunde g e g e n Bülow's Unternehmung einge-
nommen, wie fast alle damaligen kritischen Stimmen von Gewicht,
enthält Eduard Hanslick's Artikel (N. Fr. Presse 12. 2. 81) folgendes
Bemerkenswerthe:

„Zu den interessantesten und geistreichsten Persönlichkeiten der musikalischen Gegenwart gehört ohne Frage Hans v. Bülow. Zieht er in eine Stadt ein, so spannt freudige Erwartung alle Musikseelen, denen es um mehr als liebliche Unterhaltung zu thun ist. Wir sind gewiß, von Bülow immer etwas Neues zu lernen. Was die Meisten spielen und Alle kennen, das interessirt ihn nicht, und was ihn selbst nicht interessirt, das erzählt er auch keinem Andern. Sein rastlos funkelnder Geist, seine rücksichtslose Energie fahren allerwärts wie ein Nordwind, scharf und erfrischend, durch die brütende Gemächlichkeit unseres musikalischen Alltagslebens. — — Sagen wir es ihm gleich rühmend nach, daß die Begeisterung für Wagner, dessen bedeutendster Apostel er ist, Bülow nicht blind oder ungerecht gemacht hat für die Vorzüge anderer Tondichter. Gerade er, dessen nahes persönliches Verhältniß zu Wagner und Liszt eine bis zur Ungerechtigkeit eigensinnige Vorliebe am ehesten entschuldigen könnte, unterscheidet sich in diesen Punkten von den so wüthend um sich beißenden Bayreuther Fanatikern. — — Er hat die beiden vornehmsten antiwagnerischen Componisten, B r a h m s und R u b i n s t e i n , in begeisterten Aufsätzen öffentlich gepriesen. Von Bülow rührt das erste (wol zu hoch gegriffene) Lob der Rubinstein'schen Oper „Nero", von Bülow die vielcitirte, nicht unbedenkliche Bezeichnung von Brahms' C dur-Sinfonie als „die zehnte Sinfonie" schlechtweg. — — Bülow hat seit Kurzem die Oberleitung der herzoglichen Kapelle in Meiningen übernommen und diese neue Stellung auch sofort mit einem echt Bülow'schen Experiment eingeweiht. Er beschloß nämlich einen Cyklus von Beethoven-Concerten, in welchen er das Orchester zu ungeahnten Thaten und Siegen geführt haben soll, mit einer zweimaligen Aufführung der IX. Sinfonie. Man verstehe wohl: Bülow ließ in einem und demselben Concert die ganze IX. Sinfonie von Beethoven zweimal nacheinander spielen! Wir können diese väterliche Maßregel, das begriffsstützige Publikum zum Verständnisse eines kolossalen Werkes zu führen, nur schwer begreifen; es bleibt immer eine ästhetische Roßcur, bei welcher der Patient draufgehen kann. — — Allerdings kann man daraus den feurigen Glaubenseifer erkennen, mit welchem Bülow das Beethoven-Evangelium predigt und die Ungläubigen gleichsam mit Feuerspritzen tauft.

Mit einem rationelleren, aber doch ähnlich seltsamen und gewagten Experiment hat sich Herr v. Bülow gestern in Wien eingeführt. Er gab, ganz allein, ein Concert, in welchem er die fünf letzten großen Sonaten von Beethoven hinter einander spielte. Nichts weiter.

Diese letzten Sonaten gehören bekanntlich zu den sublimsten, für die Ausführung wie für das Verständniß schwierigsten Werken Beethoven's. — —Erst in neuerer Zeit haben maßgebende Künstler, wie Clara Schumann und Brahms, einzelne dieser Sonaten hier öffentlich vorgetragen. Doch blieb es eine Seltenheit. Alle fünf Sonaten jedoch auf einem Sitz zu spielen und zu hören, hätte man bis gestern für eine Unmöglichkeit gehalten. Herr v. Bülow hat dieß Abenteuer heldenmäßig bestanden und — was nicht minder merkwürdig — das Publikum auch. Schon der Anblick des gedrängt vollen Saales hat uns, offen gestanden, überrascht. Vom Standpunkte des Vergnügens konnte doch kaum Jemand, der etwas von der Sache weiß, gekommen sein; man mußte Bülow's Soirée aus didaktischen Zwecken besuchen, als eine musikgeschichtliche Vorlesung in Beispielen, Illustrationen ohne Text, was uns in der Kunstgeschichte jedenfalls lieber ist, als das Gegentheil. Mit Ausnahme von zwei bis drei Zuhörern von schwachen Nerven oder starkem moralischen Muthe, blieben alle bis zur letzten Note der letzten Sonate andächtig sitzen. — — Wer sich nicht eigenhändig mit diesen letzten Beethoven'schen Sonaten abgeplagt hat, der vermag eigentlich Bülow's außerordentliche Leistung gar nicht zu würdigen. Soll man sein Gedächtniß, seine physische Ausdauer, seine Technik oder seine geistige Elasticität mehr bewundern? Tiefer und feiner ist kaum je ein Pianist in die verborgensten Falten Beethoven'scher Claviermusik eingedrungen, als Bülow. — — Der ganze Vortrag währte über zwei volle Stunden und darf als ein Ereigniß in unserem Concertleben bezeichnet werden."

Auch Schelle in der „Presse" (25. 2. 81) gesteht „sehr wenig Vertrauen gehabt zu haben bei dem bekannten leichtlebigen Charakter des Wiener Publikums — — und siehe, wir haben uns gründlich geirrt. — — Die Darstellung Bülow's hat in der That einen ganz eigenthümlich bestrickenden Reiz; — —er assimilirt das Werk, das er gerade unter seinen Händen hat, nicht seiner Individualität und drückt ihm nicht die Marke der eigenen Persönlichkeit auf, er gibt vielmehr sein Selbst an den Meister, den er interpretirt, und spielt diese Sonaten lediglich nur aus Beethoven, aber ganz im Geiste Beethovens, heraus, ohne auch nur den Schatten einer Nüance hinzuzufügen, die mit dem Stile nicht vollständig harmonirte."

„Aber auch für Viele" berichtet F. Gehring in der Deutsch. Ztg. vom 12. 2. 81 „denen die rein musikalische Seite des Unternehmens fern lag, bot der gestrige Abend einen großen Reiz durch das Ungewohnte und gewissermaßen Großartige einer solchen Produktion, von der sich der nur einigermaßen erfahrene Concertbesucher im vorhinein sagen mußte, daß etwas Ähnliches Niemand außer Herrn v. Bülow bisher gewagt habe. — — Er muß sich vorkommen wie der Prediger in der Wüste, denn bisweilen nehmen seine Züge während des Spielens einen so charakteristischen Ausdruck von Energie und Spannung an, als ob er dem Publikum sagen wolle: ‚Seht, aus mir spricht Beethoven, geht in Euch und thut Buße!‘ — — Der Empfang der ihm gestern zu Theil wurde, war ein enthusiastischer. Ein großer Theil des Publikums erhob sich von den Sitzen und wurde nicht müde, immer neue und neue Beifallssalven erschallen zu lassen. — — Die stählernen Gesichtszüge Bülow's wurden von einer Anmuth und Zartheit überstrahlt, die sonst bei dem energischen Künstler nicht zu finden sind." Rossini's Ausdruck von einem „Künstler mit einem Helm" lasse sich auf Bülow vortrefflich anwenden. „Es ist aber nicht die Gewalt der Tapferkeit, das heroische Element, das aus seinem Wesen zu uns spricht, es ist die Schlagfertigkeit der Dialektik, das Selbstbewußtsein einer stets kampfbereiten Überlegenheit, einer im guten Sinne des Wortes offensiven Natur, welche das Recht, für dessen alleinigen Schildknappen sie sich hält, mit drakonischer Strenge sofort proclamiren will."

Die Standhaftigkeit, mit der er dem Verlangen nach Zugaben widerstanden, wird gerühmt. „Was hätte er auch nach diesem stimmungsvollen Schlusse bieten sollen?" Gegen „plötzliche Tempoänderungen" wird leiser Einwand erhoben; doch heißt es alsbald: „Man darf indessen einem Manne, der sorgfältig jede kleine Arabeske der Beethoven'schen Ornamentik studirt und ihre Bedeutung erforscht hat, wohl das Recht einräumen, etwas freier und unabhängiger das Zeitmaß zu behandeln, als sonst gewöhnliche Menschenkinder damit zu verfahren pflegen." Übrigens walte „auch in dem Tempo rubato des Künstlers ein gewisses System" ob. Erwähnt wird sein Präludiren mit den Anfangstakten der kleinen A dur-Sonate Op. 2 vor der A dur-Sonate Op. 101 als eines „witzigen Einfalls, der bei den Zuhörern die Erinnerung wachrufen mochte, wie großartig sich Beethoven's Genie entwickelt habe, seit er jenes Jugendwerk componirte". Derselbe Autor hebt ein Jahr später ein ähnliches Beispiel von Bülow's beziehungsvollem Präludiren hervor. Eine in den Beethoven'schen Variationen Op. 34 „vorkommende charakteristische Phrase diente dem offenbar gut gelaunten Concertgeber als Thema zu einem kurzen Präludium, das er der großen C moll-Phantasie von Mozart vorausschickte, worin diese Phrase bereits vorkommt".

„Der großen B dur-Sonate ließ Bülow den Beginn der in Miniatur stimmungsverwandten Op. 22 voraufklingen"; (L. Hartmann, Mitte März 79). „Der As dur Op. 110 gesellte sich ein Anklang aus der As dur Op. 26, der letzten C moll-Sonate ein Motiv der Pathétique". (Bayrische Ztg., Corresp. aus Nürnberg).

Die Berliner „Tribüne" (Ende Januar 79) ergeht sich ebenfalls in einer Schilderung dieser „spezifischen Begabung" zu solchen Zwischensätzen und Präludien:

„Ein prägnantes Zeichen seiner musikalischen Souveränetät gab B. diesmal häufiger als sonst. In seinen Verschlingungen der Accorde und Them* leitete er unmerklich aus einer Composition in die andere über, die neue Tonart und zugleich den neuen Gedanken vorbereitend."

Aus einer ausführlichen, begeistert auf die Einzelheiten im Vortrag aller Sonaten eingehenden Schilderung der Wiener „Abendpost" stammt der Absatz: „Das Scherzo [von Op. 106], meisterhaft vorgetragen, war insbesondere merkwürdig durch die Art, mit welcher Bülow in dem Trio in B moll die in dem Parte der rechten Hand als je erste Triolennote implizirte, von Beethoven merkwürdiger Weise nicht einmal durch dynamische Vortragszeichen markirte Melodie hervorhob. Dieses — so zu sagen — aus der rechten Hand heraus destillirte Thema, welches in der linken Hand unverhüllt in Viertelnoten und in Oktavgängen auftritt, wird hierdurch zur kanonischen Sequenz, da das Thema in der Rechten dem Thema in der Linken das ganze Trio hindurch stets um drei Viertel gleichsam nachhinkt. Dieser merkwürdige Canon implicitus wurde also von Bülow geradezu entdeckt. In dem Schlußsatze (fuga a tre voci con licenza) ging Beethoven wohl hart an die Schönheitsgrenze. Um so mehr muß man der vortragenden Meisterleistung Bülow's volle Bewunderung zollen. Die herrliche D dur-Lase spielte Bülow in merklich langsamerem Tempo, nach den vorhergegangenen Stürmen gleichsam wie selig verloren."

Mit Freuden stellt der Berichterstatter fest, „daß hier ein Mann von wahrhaftiger künstlerischer Tapferkeit dem Vorurtheile die Denkerstirne geboten hat, eine Persönlichkeit, welche, die Schablone des modernen Concertirens mit apollinischem Stolze verachtend, nur seinem reinen künstlerischen Ideale für alle Zeit folgen will. Und zur allergrößten Ehre unserer Wiener sei es gesagt: die Kopfschüttler hatten unrecht; denn als nach der Geisterstille, die den Vortrag der Arietta con Variazioni begleitete, ein Beifallssturm von seltenstem Enthusiasmus erbrauste, da durfte sich Hans von Bülow mit freudigem Stolze sagen: ein Wissender habe zu Berufenen und Auserwählten gesprochen."

Ganz besonders fiel es damals auf, daß Bülow sein Riesenprogramm „im Charakter einer genialen Improvisation" ohne vorliegende Noten aus dem Gedächtniß spielte. Nicht als äußerliches Kunststück wurde es gerühmt, sondern als bedeutende Erhöhung der unmittelbaren Wirkung. Einige Jahre später nennt Louis Köhler in einem Aufsatz „Aus der letzten Epoche Beethoven's" (Tägl. Rundschau 15. 9. 85) Bülow den Mann, „mit Kraft im Arme, Licht im Kopfe, Muth im Herzen. — — Er kann, ein Ritter vom Heiligen Geist auf dem Clavier, mit Hutten das Motto adoptiren: ‚Ich hab's gewagt.‘ — — Jetzt ist's aber nachgerade kein Wunder mehr, die fünf letzten Sonaten öffentlich zu spielen."

Über den kurz nachher von Bülow gegebenen Liszt-Abend lauten die Wiener Pressestimmen ähnlich übereinstimmend. „War es Bewunderung für den großen Künstler, der eine Auswahl Liszt'scher Originalcompositionen mit staunenswerther Energie und Präcision aus dem reichen Schatze seines musikalischen Gedächtnisses hervorzauberte," sagte die Deutsche Ztg. 5. 3. 81 „war es Begeisterung für den Componisten, dessen Erfindungsgabe den Clavierspielern bis in die neueste Zeit hinein durch glänzende und geistreiche Einfälle stets neue Überraschungen bereitet und ihnen ungeahnte neue Wege weist, kurz, die Ovationen wollten kein Ende nehmen, selbst dann nicht, als Herr v. Bülow eine der berühmten ungarischen Rhapsodien von Liszt zugegeben hatte. — — Nur ein Künstler wie Bülow, dessen Spiel consequent deutlich, überzeugend und hingebungsvoll ist, von dem Moment an, in welchem er beginnt, bis zum Verhallen des letzten Tones, durfte es wagen, ein solches Lisztprogramm aufzustellen und auszuführen. Eine solche Reichhaltigkeit von Liszt's künstlerischem Schaffen, wie sie von Herrn v. B. hier entwickelt wurde, zwingt Jedermann zur Bewunderung, mag man sich mit Allem, was geboten wurde, einverstanden erklären oder nicht. — — Wenn durch die Bülow'sche Soirée die leidenschaftslose Abwägung des Für und Wider gefördert worden ist, so dürfte einer ihrer Hauptzwecke erfüllt sein. Sicher aber ist, daß Bülow's Spiel die wahren Vorzüge Liszt'scher Claviercompositionen in das richtige Licht stellt. Pianisten und Pianistinnen, Groß und Klein, geben dieselben in ihren Concerten zum Besten — aber wie muß man staunen, wenn man nach solchen Versuchen dieselben Stücke von Bülow spielen hört! Nichts war lehrreicher in dieser Beziehung als sein Vortrag der großen Polonaise und der Etüden („Irrwisch", „Waldesrauschen" und „Gnomenreigen").

Man glaubte diese oft gespielten Stücke zum ersten Male zu hören; erst durch Bülow haben wir erfahren, wie einheitlich dieselben componirt sind, und wie ihre technischen Schwierigkeiten sich natürlich aus der Idee des Ganzen entwickeln."

Als der Jubel gar kein Ende nehmen wollte — berichten die Zeitungen — brachte der Concertgeber ein Hoch auf Liszt aus, in welches die Anwesenden begeistert einstimmten, und da das Publikum, trotzdem Bülow drei Stunden gespielt hatte, den Saal noch nicht verlassen zu wollen schien, sagte der Künstler lachend: „Der Preis der Unermüdlichkeit, meine Verehrten, gebührt gewiß nicht mir, sondern Ihnen."

64. An F. Fleischhauer (Meiningen).

Wien, den 10. Februar 1881.

Sehr geehrter lieber Herr Concertmeister!

— — Am 1. März Vorm. 10 Uhr scheint es mir noch rechtzeitig zu sein für die Tournée zu studiren, wenn Sie und Herr K.-B. Hilpert, den ich herzlichst zu grüßen bitte, mit Geigen und Bässen die heikligen Passagen der „Vierten" u. s. w. vor-revidiren.

Einstweilen möge der musikalische Stillstand fortschritt-förderlich auf Ihr Streichquartett wirken! (Smetana.) Ihr „College" Grün hat sich theilnehmendst nach Ihnen erkundigt und mich zu Grüßen ermächtigt. Er soll des Fremdenblatts Anathem: Grün ist wohlthätig für's Auge, nicht für's Ohr, eifrig weiter rechtfertigen. In der Oper hat mir das Saiten-orchester wiederum sehr imponirt: die Bläser leisten aber an Geschmacklosigkeit, Unfeinheit und Nachlässigkeit wahrhaft „Berlinisches". Sänger lumpig. Gericke als Dirigent tüchtig. — Erdmannsdörfers „sondershausiren" bis dato ohne Erfolg herum. — —

65.

Wien, den 20. Februar 1881.

— — Die Heimkehr würde mir r e c h t s c h w e r werden, wenn ich nicht meine trefflichen Adjutanten wiederzusehen mich freute. Am 1. März wollen wir in guter Laune und Gesundheit wieder fröhlich in Beethoven schwelgen.

Es ist mir lieb, daß ich Smetana am Donnerstag in Prag die angenehme Kunde bringen kann, daß Sie sein Quartett heut über acht Tage spielen, und daß Sie's mit Vergnügen studirt haben.

Doch wir müssen ja von Geschäftlichem reden. Schlagen Sie Tietz die VIII. Sinfonie vor statt der IV. oder V. — Herrn R. wollen wir dießmal nicht dem Schooße seiner Familie entreißen. Wollen wir Herrn Secondo mit F dur-Romanze noch intercaliren? Ich überlasse Ihnen die Entscheidung. Schade, daß nicht an andre Ouvertüren angebissen zu werden scheint! Ich fürchte, die Hofkapelle bekommt sie satter als nöthig ist — ausgenommen für Herrn Boas — nämlich die Coriolan und Egmont. Das dreimalige F dur — Sinfonie, Romanze, Egmont — wird den Gothaern wohl Wurst sein. Eventuell könnten wir uns ja im Transponiren üben, um die Monotonie zu pfeffern.

Wegen Preciosa haben mir S. H. neulich geschrieben, und ich habe geantwortet, daß wir vermuthlich mit Nürnberg 21. schließen werden, somit den 23. schon Orchesterprobe stattfinden könne.

Mögen diesen Nachmittag keine Hornkieger Mehül's Grab dérangiren! Daß mir die Anordnung des Menüs im Übrigen ganz so gut gefällt, wie Ihnen, brauche ich nicht besonders zu betheuern.

Über die hiesige Kapelle mündlich Näheres und zwar für u n s und unsre (resp. des Herzogs) Pläne und Ehrgeiz Erfreuliches.

Ich rüste mich jetzt zum Concerte, von dem ich Ihnen Programm beilege. Nb. Stephan spielen wir im Ganzen besser. Aber ein famoser Contrafagott ist da (nicht theuer — 120 fl.) — wenn Herr Tr. eventuell ihn bewältigen könnte, acquirire ich einen.

66. An Frau Pauline Erdmannsdörfer-Fichtner[1] **(Wien).**

Mortadellopolis [Gotha] li 5 Marzo 1881.

Gentilissima Signora,

— — Soll ich Ihnen condoliren, daß Sie Budapest haben aufgeben müssen? Soll ich mein nicht vorhandenes Haupthaar ausraufen, daß mir die Schuld daran von dunklen Ehrenmännern aufgehalst wird? Nein, lassen Sie sich lieber von Herzen Glück wünschen, d. h. herbeiwünschen zu heute über acht Tage und selbstverständlich besten Erfolg des Trios Ihres schönstens zu grüßenden Gemahls erhoffen. Aber warum Lacerta? Na — vielleicht spielen Sie das lumpige Ding so schön, daß es das Glück hat, den Zweck zu erfüllen, Ihr jeu perlé im schönsten Lichte leuchten zu lassen. Widerwilligen Dank dafür!

Daß Sie die Pflicht gegen Ihr lange nicht genug gewürdigtes Talent geübt haben, fleißig zu sein, freut mich sehr. Ich hab's Niemandem verschwiegen, daß ich Sie zu den weißen Räbinnen, die eine Beethoven'sche Sonate aufzufassen und wiederzugeben im Stande sind, in erster Linie rechne, und bei meinem großen Verkehr habe ich reichliche Gelegenheit, mich im Nichtverschweigen zu üben. A propos — gelegentlich bringen Sie sich Senff doch einmal in Erinnerung und senden ihm ein recht hübsches Bild „damit er Sie wiedererkenne, wenn sie ihn demnächst besuchen" — er ist, wie alle älteren Herren, mich selber natürlich eingeschlossen, kleinen Schmeicheleien sehr wenig unzugänglich.

Also — es bliebe wirklich dabei, uns in ungefähr 14 Tagen wiederzusehen? Ce serait charmant! [Tournée.]

Si le Grand-Duc me fait la conversation, je glisserais un mot sur ma »nouvelle amie«. Puissent Vos charmantes oreilles tinter! Je suis charmé d'apprendre que ma venue

---

[1] Ein von Frau E. unterzeichnetes Feuilleton: „Bülow-Episoden" erschien 2. 10. 1901 in den „Münchener Neuesten Nachrichten".

à Vienne a fait faire de si grands progrès a Mr. Epstein —
dans la Presse. Cependant j'envie beaucoup plus encore
Mr. Door le 12. de ce mois!

Ich küsse Ihnen freundschaftlichst das Handgelenk als Ihr
devotissimo servo e fratello in Bösendorfer. — —

67. Meiningen, 30. März [1881].

Charmant, charmant, charmant, charmant, charmant, charmant ÷ ÷ sage ich in umgehendster Erwiderung Ihrer liebenswürdigen pattes de mouche.

Max hat das Pulver erfunden: die Direktion des Wiener
Concerts bringt ihn in Relief, so günstig als nur zu erdenken.
Muß nur gehörig in allen Zeitungen austrompetet werden!

Doch jetzt zu Br. = Bw.

Ich reise am 5. (Dienstag) von Weimar Nachm. 3¹/₂ Uhr
ab, bin 5⁴⁶ in Leipzig (Prusse), gehe mit Ihnen Abends in's
Theater — andern Tags studiren wir Brahms. Um 9¹/₂ Abends
brauche ich erst abzudampfen, um am 7. früh in Prag einzutreffen. Cela vous convient-il, très chère, aimable (adorable)
et spirituelle amie? — —

68. An Hermann Fernow [1] (Berlin).

Meiningen, den 4. März 1881.

Geehrter Herr,

In Ihrer Eigenschaft als Vertreter des Herrn Wolff während
seiner vermuthlich noch einige Zeit ausgedehnten spanischen
Reise, beehre ich mich, Sie hierdurch um Arrangement eines
L i s z t - A b e n d s in der Berliner Singakademie zu ersuchen.

Zeit: z w i s c h e n 20. u n d 30. A p r i l. Möglich, daß
dieß ungünstig spät, aber ich habe eben keine andere Wahl, und
übrigens verantworte ich sogar den äußeren Erfolg, wenn rechtzeitig organisirt wird. In erster Linie ist es jedoch ein

---

[1] Während mehr als 20 Jahren Mitarbeiter Hermann Wolff's, trat
H. Fernow nach dessen Tode an die Spitze der Wolff'schen Concertdirektion.

Pietätstribut, den ich meinem großen Meister zur Feier seines 70. Geburtsjahres entrichte, und ich glaube nicht, daß Berlin hinter Wien zurückstehen werde. — —

69.   Meiningen, Id. Mart. 1881.

Da ich bis dato nur Ihnen von meinem Projekt eines Lisztabends in Berlin Mittheilung gemacht, so können die hieran sich knüpfenden Enten der sogen. „Musikwelt“ und „Post“ von meiner Nibelungensüchtigkeit nur — wenigstens indirekt — durch Sie ausgebreitet worden sein. Ich bitte um freundliche Rektifikation dieser mir sehr unangenehmen Notiz. Erstlich bin ich weder gewillt noch bemüßigt das Viktoriatheater [1] zu besuchen; ferner habe ich andere Ambitionen, als die Rolle eines Lepidus in dem Triumvirat zu spielen, in welchem zwei Großmeister die gebührenden ersten Geigenparthien haben. Abgesehen — was Ihnen doch nicht ganz unbekannt sein kann — daß gewisse Privatverhältnisse (zu jenen Großmeistern) — — zu allerlei schnöden Evomitionen Stoff geben dürften. Sollte die Berichtigung nicht möglich sein, so ersuche ich höflichst, das Concert rückgängig zu machen.

70.   Meiningen, den 29. März 1881.

Auf Ihre gefälligen Zeilen vom 28. erwidre ich mit dem Ersuchen, das bereits eingeleitete Concert (Liszt=Abend) 27. IV. weiter arrangiren zu wollen. Ich würde Ihnen verbunden sein, wenn Sie dabei jedoch „unter die Leute“ bringen möchten, daß ich an den sonstigen lokalen Festtäglichkeiten zu Ehren von Meister Liszt und seinem Eidam Meister Wagner keinerlei, weder aktiven noch passiven Antheil zu nehmen gesonnen sei, da „auswärtige Verpflichtungen mir ein längeres Verweilen in Berlin nicht gestatteten“. [2] — — —

---

[1] Wo Angelo Neumann Wagner’s Ring zum ersten Male in Berlin aufzuführen beabsichtigte.

[2] Ein Artikel von C. A. Barry „Some personal reminiscences of H. v. Bülow“ (The Musician 1, 8, 15 Sept. 1897) zeigt ebenfalls (S. 331), wie tief Bülow jede Berührung dieser Lebenswunde empfand. „Why should

71. An Eugen Spitzweg (München).

Meiningen, 30. März 1881.

Auch ich, lieber Freund, möchte ganz gern Königsmarsch bevierhänden: gib mir aber doch gefälligst an, wie ich mir die Zeit jetzt dazu stehlen könnte? Hm? [Daten.]

Sei vernünftig, und verlange nicht wie ein Weib das absolut Unmögliche von einem Menschen, den Niemand unter die Faulenzer rechnen kann, denke ich. — —

Z. hat Petition an Hoheit eingereicht — um Hofmusikhändlertitel. „Zappeln lassen" war meine Antwort auf Befragung. Zwei Concerte arrangiren, die sich von selber machen, das ist doch noch keine Leistung, die eine außerordentliche Belohnung beanspruchen kann! Ähnlicher Betteleien kommen jede Woche 3—4 vor. Gratissingenwollende Sängerinnen, die Medaille für Kunst und namentlich Wissenschaft ambitionniren. Hol der Teufel all das zeit- und launeraubende Gesindel!

Habe in Nürnberg die Schwäche gehabt, altes Lisztportrait vom sel. Creling zu kaufen, damit es nicht in profane Pfoten gelange: werde es nach Budapest senden.

Levi war nicht in Regensburg. Faulheit hat Neugier besiegt.

Bring doch meinen guten Witz in die Münchner Blätter: die christliche Oper R. W.'s wird statt von Klindworth vom falschen [Josef] Rubinstein arrangirt und statt von Richter vom ächten Levi dirigirt. Quellenangabe gestattet.

Wie gehts „Zendenten" mit 4 und 5 Been? Das Räthsel zwischen zwei Geschäftsbriefen zu lösen traut Dir zu Dein [u. s. w.]

I hear the Ring" hätte Bülow auf Barth's Frage geantwortet. „I think, I know it as well as any one else, and besides, I am surprised that you, knowing my present relations with Wagner, should allude to such a subject." Barth schließt aus Bülow's Erregung, es müsse ihm ein Berliner Witzblatt, das damals Liszt Arm in Arm mit seinen beiden Schwiegersöhnen darstellte, vor Augen gekommen sein.

72. An E. W. Fritzsch[1] (Leipzig).

Meiningen, 1. April 1881.

Geehrtester Herr Redakteur!

In der schon empfangenen Nummer 14 Ihrer geschätzten Musikzeitung sehe ich auf Seite 171, Spalte 1, als Anmerkung einer Correktur im ersten Satze von Beethoven's IX. Sinfonie Erwähnung gethan, die meinerseits eine Aufklärung erheischt, da ich dieselbe wegen meiner Initiative zu verantworten habe.

Die betreffende Stelle findet sich in Takt 217 (Takt 54 von der Herstellung der D moll-Vorzeichnung ab gerechnet), und zwar in den Stimmen der Hoboen — nicht Clarinetten, wie Ihr Referent meint. Ich behaupte, daß es für jeden einigermaßen logisch denken könnenden Musiker auf der Hand liegen muß, daß der Autor hier einen **Lapsus** calami verewigt (?) hat. Die Stimmen der Hoboen befinden sich im schreiendsten h a r m o - n i s c h e n Widerspruche mit dem Streichquartett (Violino II & Viola), wie im dilettantischsten m e l o d i s c h e n Widerspruche mit dem Contrapunkte der Fagotte und Clarinetten. Indem ich die Hoboen in Übereinstimmung mit den Mittelstimmen der Bogeninstrumente gebracht habe, vermeine ich, keinen „Mord", sondern nur eine „Reinigung" vollzogen zu haben. Als ich mir im Jahre 1865 zu München erlaubte, mit dem kgl. bayr. Generalmusikdirektor Hrn. Franz L a c h n e r über die Stelle in Rede zu biskutiren, erwies diese c o n s e r v a t i v e A u t o r i t ä t mir die Ehre, meine Änderung zu billigen und bei einer Aufführung unter seiner Leitung zu adoptiren. Demgemäß vermag ich über die Druckfehlertraditionsweisheit des berühmten Componisten des „Manfred"-Zwischenaktes [Reinecke] kaum die Achseln zu zucken: muß ich doch überhaupt bedauern,

---

[1] Redakteur des „Musikalischen Wochenblattes" (in dessen No. 15 Jahrg. XII obiger Brief abgedruckt ist), Gründer eines Musikverlags, in dem u. A. Wagner's und Nietzsche's Schriften erschienen (1840—1902).

mich bezüglich des Dogmas der gewandhauspäpstlichen Unfehlbarkeit seit dem Tode des Cardinals Ferdinand David, ihrer
letzten Stütze, nur absolut ketzerisch verhalten zu können.

73. An Alexander Ritter (Würzburg).

100thürmige Stadt [Prag], 10. April 1881.

Theurer Freund!

Hojotoho! Durch Deine Güte habe ich nun das 3. Exemplar
der Beust'schen Broschüre erhalten und kann damit Propaganda
machen, als wäre es eine antisemitische Pille!

Gestern ausverkauftes Concert, wie's das Conservatorium,
das „alle Achtung" verdient (lauter Knaben, wenigstens bart-
lose Jünglinge, haben die Schumann'sche Sinfonie so trefflich
gespielt, daß ich sie mit Plaisir angehört habe) — seit Jahren
nicht gehabt. Somit bin ich sehr vergnügt und reise — auf
meine Kosten zu kommen — heute Abend —nach Boïto's
Mephisto [1] — wieder nach M. zurück, wo ich über Euren Montag
Blaues nachträglich zu hören hoffe. Lisztabend in Weimar
ebenfalls sehr gut ausgefallen. [2] Gestern Abend hat der Großmeister in Wien B dur Op. 97 gespielt, ungarische Rhapsodie
(solo) und Chopin-Duo mit Fürstin Czartoryska. Entrée 20 fl.
Zwei Juden mußten auch dabei sein. — —

Kennst Du Marie Lehmann? Ihr Gesang hat mich total
bezaubert. Natürlich habe ich sie gestern Abend begleitet, sogar
ein Lied von Taubert (Märznacht), welches da capo gesungen
werden mußte. Denkwürdiger Tag für mich, daß ich einmal
etwas von Taubert öffentlich gespielt!

Wie hat Dir mein „Liebesgruß" an Mlle. R[einecke] im
Fritzsch gefallen? — —

[P. S.] Neunte am 22. Mai in Leipzig, wenn die Leute
meine Bedingungen erfüllen! [3]

---

[1] „Entsetzlich" notirte Bülow in seinem Musiker-Kalender.
[2] Ebendaselbst Notiz vom 3. 4.: „Hugenottenvorstellung Nachmittags
4 Uhr. Endlich einmal richtige Tempi unter Lassen's Leitung."
[3] Bülow verlangte die Mitwirkung seiner Concertmeister Fleischhauer
und Hilpert, damit diese das Leipziger Orchester mit seiner Auffassung

Halt! Dr. Kliebert möge so freundlich sein, ein paar Exemplare der Statuten der W[ürzburger] Musikschule an Professor Bennewitz (interimistischer Direktor) einzusenden. Reformen werden beabsichtigt und sind auch nöthig.

Vorgestern im Palais Waldstein gespeist (prachtvoll! Du weißt, der Palast stammt vom „Friedländer") — heute wieder. Hoffe beim Tellerwechsel Allerlei durchzusetzen. Die Mäcene treiben zu viel Bescheidenheit. Mittel so beschränkt, daß Direktor des Conservatoriums nur 1900 fl. bezieht!

74. An die Baronin D.

Meiningen, ce 29 Avril 1881.

Chère noble amie!

Je ne fais que pleurer encore. Que n'êtes Vous point là, près de moi, prendre part aux émotions de mon cœur prêt à éclater? Merci, merci de tout cœur de toutes les preuves de précieuse affection que Vous m'avez données ces derniers jours!

Si Daniela est vraiment ma fille, elle doit être retournée chez Vous par instinct. Donnez m'en des nouvelles, donnez moi des Vôtres! Que ne puis-je changer mes larmes en perles et Vous les offrir en retour!

Je voudrais Vous écrire davantage — mais j'ai le frisson, et n'ayant pu dormir la nuit passée, aussi peu que la précédente, je me sens faible à ne pouvoir conduire ma main sur le papier.

75.   Wiesbaden, 4th May [81].

Best thanks for your kind albeit very short note. I have no news from my daughter nor any photograph of hers; I asked her for one, but did not get as yet an answer.

It would be better you would direct yourself to her. — —

verschiedener Stellen der Neunten und der von ihm gewünschten Art der Bogenführung bekannt machten. Das Orchester, das, bereits durch die gegen ihren Vorgesetzten Reinecke gerichtete Spitze im Briefe v. 1. April verletzt, in einer Eingabe protestirt hatte, lehnte Bülow's Bedingung als kränkend ab. Daran ist das Aufführungsprojekt gescheitert.

Der Musiker-Kalender trägt aus jenen Tagen die Notizen:

27. April. „8—11 bei Bechstein geübt. Um 11 Wiedersehen nach 12 jähriger Trennung mit meiner Tochter Daniela. Große tiefe Ergriffenheit. — Je rends grâces à DIEU. — Lisztabend sehr glücklich, trotz einiger drawbacks."

28. April. „Besuch Danielas. Lunch bei Gräfin Schleinitz. Versöhnung. — Mit Liszt und seiner Enkelin Daniels Grab auf dem kathol. Kirchhofe (gest. 1858) besucht. — Besuch bei B. Petrefakten-Geister. Abends mit Liszt abgereist. Schmerzlich süße Trennung."

29. April. „Sehr gebrochen heimgekehrt. Ennuis, Plack- und Packerei. Unwohl. Arzt gibt Bromkali. Besuch des Herzogs, der sehr lieb, als ich ihm vorheule. Briefe an Frau Wagner und an Daniela."

30. April. „Orgelbauer Dinse aus Berlin übernimmt den Bau der Orgel, die ich der katholischen Gemeinde schenke. Baar bezahlt: 3000 Mark."

1. Mai. „Reise nach Frankfurt. Unterwegs interessante Gespräche mit Maler Graf Kalckreuth. Raff am Bahnhofe. Angenehmer Abend."

2. Mai. „Spaziergang nach dem Kirchhofe, Arthur Schopenhauer's Grab. Abends mit Frau Raff und Tochter im Circus."

3. Mai. „Nach Wiesbaden. Mutter weniger krank als gefürchtet. Louise v. Bülow [Stiefmutter]."

4. Mai. „Widme viel Zeit meiner armen Mutter, suche meine Nerven zu beherrschen. Lebhafter Abend mit Louisen bei Mama."

7. Mai. „Meinen beiden Müttern Clavier vorgespielt. — — Abends allein soupirt, da Nerven sehr angegriffen."

8. Mai. „Brahms' Concert eifrig studirt. Matinée musicale für meine beiden Mütter."

12. Mai. „Meiner Mutter vorgelesen und vorgeplaudert."

13. Mai. „Besuch von Mr. Hatton (nervenkrank). Oho! Ein bischen Ruhe für mich, if you please!"

17. Mai. „Ich war unvorsichtig. Nun betteln die Katholiken! ‚Alles Ein Deibel!'"

18. Mai. „Mit Hatton dinirt, soupirt und parlirt. (Er wird immer gescheidter.)"

22. Mai. „Allerhand Diplomatie, wozu die Umstände passenden Anlaß geben. An Daniela geschrieben, 24. Juni nach Weimar beordert!"

23. Mai. „Allerlei Ärger über undisciplinable undankbare Geschöpfe. — —O Nebenmenschen, die ihr mir alles Schöne vergällt! Die ihr mein besseres Ich hemmt, ja verwüstet!"

26. Mai. „Schlechte Nacht wegen schwülen Wetters. Während der Mutter vorlese, kommt Bodenstedt, spricht und rezitirt recht interessant."

29. Mai. „Letzte Lektion der Prinzeß gegeben. — — unglaublich! Die Hoheit gratis unterrichtet; dafür gibt sie dem kathol. Altarverein 20 Mark."

30. Mai. „Großer Aufwand von Selbstüberwindung bei schlechter Gesundheit. O Rücksicht! Es geht schließlich zu Ende. I have done my best."

31. Mai. „Abreise" [nach London].

76. An Fräulein Helene Arnim (London).

Wiesbaden, 9th May [81].

My dear, dear friend,

— — Bless the Lord that you have left at last the land, where one lunches with poached crocodile-eggs, and have reappeared as sweet Ellen in the Fogs.

Now listen. I had abandoned already the plan of going to L. for a few weeks, in order 1) to witness the first performances of the Mein. Cart, 2) to hear Rubinstein, 3) to introduce my English pupil Mr. Hatton „*Hofpianist*", who is to make his début on the 13th of June at Richter's. Why — I have been a spendthrift and have rather no money in my purse; then I am tired of the Mein. company and many other objects of public and private amusement; finally and mostly: my mother is ill and wants my nursing and driving with her, playing, reading for her and — alas — chitchattering with her. There is a remarkable improvement now since six days, but her illness being old age, which is to be radically cured by no other physician than that, whose name is „Sexton" — one does not know, whether she is still to live as long as the Emperor of Germany or to be extinguished suddenly. In every case I wait, until my sister is coming from Switzerland, to replace me at my mother's side. I think that may happen at the month's end.

Now — as you are longing for me, I like to avow that

so I am for you, and that in spite of all „mais" I made up
at once my mind and have decided in that very hour, that
I will come to see you for a fortnight, as soon as soon can
be, viz: in the last days of this month, or the first of next. — —
Rewrite soon, dear, true friend!

77. An Frau v. Lehemer (Wiesbaden).

Wiesbaden, 17. Mai 1881.

Gnädigste Frau!

Indem ich die Ehre habe, Ihrer Aufforderung zu einem
Beitrage für den guten Zweck [1] hiermit zu entsprechen, muß
ich eine für mich beschämende Entschuldigung wegen dessen
Geringfügigkeit hinzusetzen. Die in jüngster Zeit der katholischen Gemeinde Meiningens von mir gemachte Spende, — die
drängend war — hat mich genöthigt, meine voraussichtlichen
Einnahmen des nächsten Winters zu anticipiren. (Ich lebe
nämlich von meinem Erwerbe.) Sollte ich dagegen der von
mir heilig gehaltenen Sache (trotzdem, oder — weil ich akatholisch
erzogen worden bin) durch mein Talent und den mittelst desselben erworbenen Ruf hier nützen können, so bin ich gern er-
bötig, mich b i s z u m 30. d. M. — zu einem v o n S e i t e n
eines k a t h o l i s c h e n D a m e n - C o m i t é s zu arrangirenden
Concerte zur Verfügung zu stellen, so ängstlich ich im Übrigen
aus äußeren und inneren Gründen vermeiden m u ß, mich in
der Sommerzeit hören zu lassen.

78. An die Mutter.

London, Picadilly 213, Pfingstsonntag [1881].

— — London gefällt mir sehr wenig; ich hätte große Lust
in den nächsten Tagen mich schon wieder auf und davon zu
machen. Rubinstein habe ich gehört. Sein finanzieller Erfolg
ist größer als sein künstlerischer, sein Spiel, wie stets, sehr ungleich.
Bach und Mozart würde er auch Dir nicht zu Danke gespielt

---

[1] Errichtung einer katholischen Nothkirche.

haben. Aber eine gewaltige Individualität bleibt er doch, und ein großer Colorist. Jedenfalls ist mir's eine nützliche Studie, ihm zuzuhören. [1] Nur bis zu einem gewissen Grade kann ich das Nämliche von Richter als Dirigent behaupten, der immer noch Sensation macht, aber bei seiner Bequemlichkeit sich in die Zahl der sinkenden Größen einreiht. Seine Direktion einer Mozart'schen Sinfonie war gut, die der Brahms'schen unzureichend. — —

Ich lebe sehr ruhig und mäßig. In den Theatern ist die Luft so schlecht, daß ich mich nach dem ersten unglücklichen Versuche krampfhaft von dergleichen fernhalte. Dagegen besuche ich fleißig die höchst interessante Hundeausstellung im Crystallpalastgarten; wie gern würde ich mir da einen vierbeinigen treuen Freund aussuchen, aber es macht gar zu viel Umstände auf Reisen, und ich ziehe die großen Hunde den kleinen bei weitem vor. — —

79. An Hermann Wolff (Berlin).

München, d. 19. Juli 1881.

Geehrter Herr!

— — Leider hat sich durch Ihre business und meine illness in London die erforderliche mündliche Verständigung nicht herbeiführen lassen. Ich werde suchen, Ihnen in klarer Kürze die nothwendigen Daten mitzutheilen, die ich ergebenst bitten muß festzuhalten, um Ihnen und mir unnöthige Briefwechselei zu ersparen.

I. Die herzogl. sächs. Hofkapelle hat vom 1. Oktober bis 15. April Dienst — vom 15. April bis 1. Oktober Ferien, in deren Benutzung, Verwerthung jedes einzelne Mitglied unbeschränkt ist. Wie Sie wissen, ist die Besoldung schlecht und die Möglichkeit einer Verbesserung und damit verbundenen Dienstzeitsverlängerung nur durch außerordentliche Einnahmen

---

[1] „Rubinstein spielt Schumann's Concert geistvoll (aber mit Dampf)." steht im Musiker-Kalender.

mittelst auswärtiger Concerte gegeben. Dennoch darf das Institut niemals zum Objekte geschäftlicher Spekulation herabgewürdigt werden. Bei der bewundernswerthen Vielheit von Individualitäten, deren Interessenvertretung Sie auf dem musikalischen Markte übernommen haben, kann ich es Ihnen gar nicht übel nehmen, wenn Sie im Claviervirtuosenpunkte keinen Unterschied zwischen mir und „Collegen" — in der Dirigentenprofession zwischen mir und Herrn Bilse z. E. machen; ich aber fühle mich meinerseits bemüßigt und berechtigt, einen solchen Unterschied wesentlich zu markiren.

II. Vom 1. Oktober bis ult. December sind Hofkapelle und deren Dirigent an die Meininger Scholle gebunden. In diesen 90 Tagen wird studirt und probirt, wird die lokale Concertsaison — erledigt.

Projektirt habe ich von Anfang Januar bis etwa (nicht länger) 25. Januar: Produktionen der herzogl. Kapelle in Leipzig und Umgegend, vom 1. März bis 25. März (nicht länger, da 2. April Höchster Geburtstag durch eine wohlvorbereitete Aufführung zu feiern) desgl. in Berlin und Umgegend. Wenn diese beiden Pläne künstlerisch und finanziell glücken, bin ich zufrieden. Qui trop embrasse, mal étreint (manque le train).

III. S. H. der Herzog haben mir volle Macht in diesen Stücken zu ertheilen geruht, unter der „selbstverständlichen" Bedingung des Correlats voller Verantwortlichkeit. Letztere fasse ich so auf, daß ich resultirende Passiva als Intendant zu tragen habe. Wer nun glaubt, das sei mir gleichgültig, weil ich mich zum Rentier emporgeklimpert, irrt sich. Also cautissime = Parole. — —

Concessionen an den großen Haufen werden in meinen Programmen nicht gemacht. — —

An diesen Andeutungen werden Sie wohl genügenden Anhalt finden, um zu ersehen „was gemacht werden kann". Hieraus wiederum mögen Sie ermessen können, ob Sie's der Mühe

werth finden, das management der auswärtigen Concerte der
Hofkapelle zu übernehmen. — —

Bei Überlesung Ihres Briefs sehe ich, daß es sich um meine
pianistische Mitwirkung in Kassel handelt. Da die dortigen
Abonnement-Concerte zum Vortheile der Hofkapelle stattfinden, so müßte ich umsonst spielen oder gegen Erstattung
der Reisekosten — außerdem zu einer Probe mich hergeben;
zu dergleichen bin ich nicht mehr frisch genug, habe ferner nicht
die geringste Verpflichtung, mich für Orchesterinteressen, nachdem ich so viel Undank für viele derartige Opfer geerntet,
außerhalb Meiningens ferner zu fatiguiren. Also — »non
possumus«.

Darf ich bitten, als terms für jede Einladung das minimum
von 1000 frcs. (800 RM.) für mich festzuhalten? Für „distan-
tere“ Orte z. B. Hamburg, Bremen würde diese Summe mir
übrigens nicht genügen. „Es kostet mich selbst mehr“ — nämlich viele Stunden Klaviergymnastik. — —

80. An die Baronin O.

M u n i c h, ce 20 Juillet 1881.

Chère excellente amie!

En ce moment même je reçois Votre aimable poulet
du 30 juin. J'avais défendu qu'on m'envoyât les lettres de
Meiningen à Weimar, où mon séjour avec ma fille auprès
de son grand-père a été triste au-delà de toute description[1].

---

[1] „Böse, trübe, gramvolle Tage“ steht im Musiker-Kalender vom
27. Juni bis 1. Juli, dann 3.—8. Juli: „Jeder Tag in Weimar altert mich
um einen Monat. So scheint mir. Was (Wer) wird mich »in integrum«
restituiren? Nemo.“

An Spitzweg schreibt Bülow am 2. 7.: „Hier sehr viel Wirrwarr
und Unabhängigkeitsbeschädigung. Daher doppelte Sehnsucht nach relativer Ruhe an eigenem Schreibtische.“ Dann am 8. 7.: „Großmeister
nicht unbedenklich krank gewesen: seit gestern Zustand fortschreitend be-
ruhigender. Doch er gönnt sich stets das Maximum von Unruhe, alias nicht
einmal das Minimum von Schonung: deßhalb müssen sich seine Anhänger,
Bewunderer, Freunde — grämen, weil sie absolut nichts helfen können.“

Puis, la chaleur tropique m'a rendu malade — à force de précautions et de repos j'espère avoir prévenu le retour de cette affreuse névralgie de l'an passé. Aussitôt que je me sentirai un peu plus fort, j'irai en Suisse (probablement à Interlaken) pour me rétablir sérieusement, devant être à Meiningen vers le 1. septembre. — —

Je Vous expédierai quelques opuscules de Votre serviteur (pas grand' chose) et un charmant volume d'un auteur presque inconnu, quoique vieillard. Les »Nouvelles asiatiques« du Comte Gobineau m'ont distrait le plus agréablement du monde de maintes tristes désillusions. C'est aussi amusant que honnête, aussi original de pensée que parfait de style. Mais peut-être les connaissez-Vous déjà? — —

Johannes Brahms an Hans von Bülow.

[Juli 1881].

Geehrtester Herr Baron und verehrter College,

Ich muß Ihnen mit einigen Worten sagen, daß ich derzeit viel an Sie und an Ihren freundlichen Vorschlag denke, gelegentlich in Meiningen gründliche Proben zu halten. Die Gelegenheit wäre da, aber es ist ein Clavierconcert, das diese Proben nöthig hätte! Da kommt mir aber zu etwaigen andern bescheidenen Bedenken noch die bedeutende Scheu, gerade Ihnen solches Stück „vom Blatt" vorzuspielen.

Sie kennen ein wenig mein etwas sonderbares Verhältniß zum Clavier und als Clavierspieler, jedenfalls aber kennen Sie auch meinen Respekt vor Ihnen!

Damit dieser mich nun nicht verführt, ganz stillschweigend an Ihrem schönen Anerbieten vorbei und in das nächste Abonnement-Concert zu fahren, schreibe ich diese Zeilen. Ganz einfach wäre jetzt die Sache, wenn Sie sagten, ein Clavierconcert wäre gegen die Abrede und interessire Sie nicht!

Meine Adresse ist Preßbaum bei Wien.

In herzlicher Hochachtung
ergebener
J. Brahms.

81. An Johannes Brahms (Wien).

Meiningen, Sächſ. Hof, 15. Auguſt 1881.

Höchſtverehrter Meiſter!

Erſt geſtern bei Rückkehr von verfehlten Erholungsreiſen empfing ich Ihren Brief vom vorigen Monate.[1] Haben Sie beſten Dank, daß Sie ſich des Anerbietens erinnern, durch deſſen Annahme Sie uns jederzeit eine Ehre erweiſen werden. **Jederzeit** — wenn das herzogl. Orcheſter zu meiner Verfügung ſteht. Das iſt nun leider nur einen Theil des Jahres der Fall. Die Herren Mitglieder ſind ſo — dürftig honorirt, daß man ihnen den Nebenerwerb in Badeorten während des Sommers geſtatten muß, wenn man ſich nicht dem Fluche ihrer Zukunftswittwen und waiſen ausſetzen will. — Am 3. Oktober iſt die Kapelle hier wiederum vollzählig verſammelt und ſteht Ihnen bis Ende des Jahres jeden Vormittag zu Dienſten, für welches Experiment Sie wollen. Wünſchenswerth wäre es mir freilich, Sie ließen uns erſt zwei Wochen Zeit, muſikaliſche Toilette zu machen. Das wird ebenſowohl für die alten Mitglieder unerläßlich ſein, als insbeſondere auch für die Streichquartettverſtärkung, die ich erſt Ende September erlangen kann. Sagen wir alſo: von **Mitte Oktober** an. — Da würde ich auch im Stande ſein, Ihre beiden Sinfonien vorher gründlichſt wieder zu probiren, um deren Ausführung Ihrem Urtheile und Ihren Correcturen unterwerfen zu können. An dieſer Ihrer Reviſion wäre mir umſo dringender gelegen, als die Hofkapelle bei ihren nach Neujahr anzutretenden Concertreiſen

---

[1] „Der Paſſus in Ihrem Brief von ‚verfehlten Erholungsreiſen‘ hat mich — etwas heiter — denken laſſen, was Sie wohl darunter verſtehen? Ich meine, Sie möchten keine Sprache mehr gefunden haben, die der Mühe des Lernens lohnt, oder Sie möchten von einer wundervoll zweifelhaften, oder gar fehlerhaften Stelle eines Klaſſikers doch haben zugeben müſſen, ſie ſei wohl ſo gemeint wie ſie daſteht?!" (Brahms an Bülow).

An Spitzweg berichtet Bülow (26. 7. 81), doch lieber nach Meiningen zurückkehren zu wollen „wo ich am eheſten Friede und Muße finde, am eheſten unfruchtbare Ausgaben unterlaſſen kann in krampfhaften Bemühungen um ein geeignetes Erholungsplätzchen. Welcher Wahnſinn im Grunde!" Der Sommer als Jahreszeit erſcheint ihm „eine hölliſche Erfindung".

neben ihrer Spezialität von Beethovenconcerten auch zwei bis
drei Brahms=Abende — wenigstens in den größeren Städten
(Leipzig und Berlin) — geben können soll. Wegen der An=
ordnung der Programme dieser letzteren darf ich mir wohl
später Ihren gütigen Rath erbitten? — Mit den herzlichsten
Wünschen für Ihr Wohlergehen bin ich in aufrichtigster Be=
wunderung·und Verehrung Ihr vollkommen ergebener

Hans v. Bülow.

82. An Hermann Wolff (Berlin).

Meiningen, den 26. August 1881.

Geehrter Herr Wolff!

Nachdem ich dieser Tage mit Sr. H. dem Herzoge eine längere
Conferenz über die Hofkapell=Angelegenheit gehabt, habe ich
die höchste Genehmigung zu zeitweiliger Verstärkung des Streich=
quartetts behufs auswärtiger Concertgastspielreisen erhalten
und zur Übertragung des Arrangements letzterer an Sie —
unter Zustimmung zu Ihren Bedingungen (5% in Berlin,
10% anderwärts von der Nettoeinnahme).

— — Jede dieser beiden Tournéen — (nicht über $2^1/_2$ Wochen
auszudehnen, nb. es muß täglich gespielt werden, wegen der
sehr bedeutenden Personalerhaltungskosten, pro Tag circa
560 M.) dürfte meiner Ansicht nach eine größere Stadt
(Leipzig — Berlin) zum Operationscentrum wählen, wo, sei
es an aufeinander folgenden Tagen, oder durch kleinere
nachbarliche Ausflüge unterbrochen (wie z. B. von Leipzig nach
Dresden — Altenburg u. dergl.) eine größere Anzahl bezw.
ein Cyklus von Concerten gegeben werden könnte. Auf die
Wichtigkeit gut akustischer Säle habe ich Sie schon früher
aufmerksam gemacht, da wir nicht durch Quantität der Spieler
oder durch Stradivarietät der Instrumente wirken können —
sondern unsere Prätension, mit in dieser Beziehung weitaus
superieuren Hofkapellen (incl. Bilse) zu rivalisiren, anderweitig
zu — entschuldigen — angewiesen sind.

Wir haben 10 erste, 8 zweite Geigen, 6 Bratschen, 4 Celli,
4 Bässe ins Feld zu stellen, und dieses Contingent reduzirt sich
leider bei Stücken, die, wie die Finales der V. und VIII. Beethoven-
Sinfonie, Leonorenouvertüre Nr. 3 u. a. m., drei Posaunen,
Piccolo und Contrafagott erheischen.

Diese Lücken suche ich tant bien que mal zu verdecken —
optisch und akustisch — muß aber in letzterer Hinsicht auf besondere Gunst des Raumes zählen. [1]

Daß meine Hauptsorge bei dem Unternehmen das finanzielle
Resultat — in Anbetracht m e i n e r Verantwortung gegenüber
Sr. H. dem Herzoge — sein muß, werden Sie unschwer begreifen. Zwar habe ich an Höchster Stelle genügend explizirt,
daß Risiko Risiko bleibt, daß man chance haben müsse, daß kein
Bläser z. B., oder gar in mehreren Exemplaren erkranken
dürfe u. s. w. — allein um so vorsichtiger, um so anti-abenteuer-
licher muß nach andren Richtungen hin procedirt werden. Bei
den erheblichen Reisekosten für 50 Mann (incl. Orchesterdiener
und Hofkassenbeamter, excl. meiner Wenigkeit und do. Trans-
portlasten von Instrumenten und Pulten u. s. w.) können immer
nur kleine Touren von 2 bis höchstens 4 Stunden ausgeführt
werden. Alle diese und ähnliche Rücksichten machen die Aufgabe des management zu einer c o m p l i c i r t e n, p e i n -
l i c h e n, und deßhalb möchte ich, Sie überlegten sich die Sache
noch einmal gründlich, bevor Sie sich zur Übernahme definitiv
bereit erklären. Vor 8—10 Tagen brauche ich keine Antwort. — —

83.   M e i n i n g e n, den 1. September 1881.

— — Es laufen bereits Anfragen wegen der Concertreisen
ein, für deren Beantwortungs a b l e h n u n g ich künftig a u c h

[1] An Musikdirektor Max Brode in Königsberg i. Pr. äußerte sich Bülow
(7. 12. 89) wie folgt: „Nein — mit Ihrer kann meine Gewissenhaftigkeit
nicht concurriren! Da hätte ich ja nie den römischen Carneval [Berlioz]
machen können, wenn ich auf die au moins 15 premiers hätte warten wollen.
10 (12) genügen, 8 (10) zweite, 6 Violen, 6 Celli, 4 Bässe — enfin, was Sie
sonst geben können".

nicht die nöthige Zeit haben werde. Das beifolgende Schreiben
habe, da mit dem Absender persönlich bekannt, mit dem Hinweis
auf eine bevorstehende Annonce Ihrerseits erwidert.

Bei diesem Anlasse möchte ich doch nicht unerwähnt lassen,
daß S. Hoheit der Herzog — abgesehen von den größeren
Städten Berlin, Dresden, Leipzig, wo man sich quasi zu
octroyiren genöthigt ist — nicht wünschen, daß unsrerseits
Anerbietungen gemacht werden, sondern Nachfrage dem An-
gebot vorziehen. Doch — das brauche ich Ihnen ja nicht erst
zu sagen.

Noch Eines. Ich glaube — nach reiferer Erwägung —
daß 15 Concerte das maximum wären, welches wenigstens im
Januar den immerhin aus Reiseungewohnheit schwerfälligen
Kapellmitgliedern ohne wirkliche (oder vorgebliche) Über-
müdung zugemuthet werden könnte. Eventuell wäre ein ballon
d'essai zwischen 15 und 22 December (falls diese Vorweihnachts-
zeit nicht zu concertungünstig) für kleinere Städte, wie z. E.
Cöthen u. a. m. in Meiningens Nähe zu verwerthen. Es hätte
den Vortheil, etwaiges Lampenfieber vor dem Auftreten in
einer größeren Stadt im Januar zu calmiren. — —

84.   Meiningen, 2. September 1881.

Sie haben wohl die Güte, meinem heute gegebenen Beispiele zu folgen: nämlich unsere Correspondenz in den beiden
Materien a) Concertengagements für den Pianisten Bro b) Angelegenheiten des herzoglichen Hofkapellintendanten — getrennt
zu halten. Heute, wie Frankomarke statt Amtsstempel zeigt,
handelt es sich für mich um Personalien.

— — Es versetzen mich extraordinäre Ausgaben in die Lage,
bequeme Concertengagements im November, jedesmal in den ersten Wochentagen — Donnerstag muß
ich hier zurück sein wegen der Vorbereitung des Sonntags-
Abonnementconcerts — nicht von der Hand zu weisen, falls
man sich auswärts dieserhalb an Sie wendet.

„Bequeme" muß ich erläutern. Ich verstehe hierunter solche Ausflüge, die mir eine höchstens zweitägige Abwesenheit von hier auferlegen. — —

Die extraordinären Ausgaben, die mich zu dieser unfreiwilligen Willensänderung bestimmen, beziehen sich auf den Zwang, mir hier eine Wohnung einzurichten, da der Aufenthalt im Hotel mit überaus störenden Widerwärtigkeiten verbunden ist.

Nun wäre ich zwar lieber (namentlich wenn gesünder) in Barcelona als in diesem Residenzdorfe, wie Sie wohl begreifen — bei Ihrem spanischen Antrage hatte mich die Opernthätigkeit vor Allem zurückgeschreckt — auch denke ich mich hier auf keine Weise f ü r d i e D a u e r zu binden (eventuell verlasse ich M. nach Ostern 1882) — allein so l a n g e ich hier weile, m u ß ich ein halbwegs comfortables Heim oder Absteigequartier haben, und die für diesen Luxus zu bringenden Opfer belasten mich mit der Bemühung um Einnahmenerhöhung. — —

85.   Meiningen, 3. September 1881.

— — Bez. Reiseplans ganz andrer Ansicht. Geht mir viel, viel zu weit. Die Leute halten das nicht aus, könnten eventuell zu streiken anfangen (nicht unmöglich). — —

Am 11. Dec. muß hier das letzte Abonnement-Concert, am 14. die letzte Kammermusiksoirée stattfinden. Dergleichen ist nicht zu ändern. Darum habe ich für ballon d'essai 15.—22. Dec. vorgeschlagen, darum ist Ihr Vorschlag 10.—17. unausführbar. Bitte dringend, halten Sie meine Mittheilungen nicht für unüberlegter als sie sind, und zwingen Sie mich nicht, in alle Details hinabzusteigen. Ich kann's nicht prästiren.

Städte, wo nicht sicher 1500 M. (resp. 1350, 10% Abzug) einzunehmen sind, dürfen nicht berücksichtigt werden — denn ich habe schließlich die Verantwortung.

Meine pianistische Betheiligung wäre in mehrfacher Beziehung ein Opfer, das ich nur in Ausnahmefällen — quasi zur Rettung oder Verminderung von Defizits — mich zu bringen entschließen könnte.

Sie beurtheilen mich falsch: Sie vermuthen in mir eine Dirigentenvirtuosen-Ambition, die nicht mehr vorhanden ist, da sie ja bereits häufige — mir genügende — Befriedigung gefunden hat. Indem ich mich für 5000 M. Gehalt ziemlich den ganzen Winter dem herzoglichen Dienste widme, hiermit auf allen persönlichen Concerterwerb verzichtend, scheint es mir, als ob ich das Hinreichende in Selbstlosigkeit leistete. Wenn ich Clavier spiele, soll dies für m e i n e n Beutel geschehen.

Fortf. folgt.

86.   M e i n i n g e n , 4. September 1881.

Nach nochmaliger genauer Durchsicht Ihrer letzten Briefe, komme ich zu dem Schlusse, daß Sie noch im Unklaren sind, was wir hier wollen, bez. können, daß Mißverständnisse über die Basis der projektirten Hofkapellconcerte auswärts ob-walten. — —

Meine Absicht — ermuthigt durch die Erfolge der Beethoven-concerte vorigen Jahrs in thüringischen und fränkischen Städten — war und ist auch noch, in zwei Musikmetropolen, Leipzig und Berlin, unsere Leistungen (Resultat von gründlichen Spezial-studien, durch welche hinwiederum eine andere als die gäng und gäbe Interpretation Beethoven's und Brahms' sich ergeben hat) einem größeren competenteren Kreise von „Kennern und Liebhabern" vorzuführen, resp. zu vergleichender Beurtheilung zu exponiren.[1]

Also in Leipzig und Berlin m ö g l i c h s t c o m p l e t t e

---

[1] Einem Ersuchen: in Nürnberg statt der VII. die VI. Beethoven'sche Sinfonie zu bieten, entgegnete Bülow am 13. 1. 81: „Die Intentionen Sr. Hoheit des Herzogs bei Ermächtigung seiner Hofkapelle zu Ausflügen sind übrigens vorzugsweise auf das ‚Wie' der Ausführung gerichtet, und demzufolge erscheint es kein Nachtheil für die Verständißbildung des Provinz-Publikums, wenn demselben das bereits Bekanntere in, wie ich zu sagen wage, kunstwürdigerer Weise vorgeführt wird, als es gemeinhin bei dem krassen Dilettantismus, der mit Beethoven getrieben wird, der Fall zu sein pflegt."

Vorführung der Beethoven'schen sinfonischen Werke, je vier,
fünf, sechs oder noch mehr Concerte.

Da aber solche Cyklen von täglichen Produktionen auf dem
Concertgebiete nicht wie auf der Bühne möglich sein werden
(dieses zu untersuchen ist eben Aufgabe der technischen Leitung)
— da ferner die Kapelle täglich concertiren muß wegen des
Kostenpunktes — — auch um sich in Athem zu erhalten, d. h.
in fortwährender Übung — Rasttage werden erfahrungsgemäß
zu Rosttagen — so sollen erwähnte Beethoven-Concert-Cyklen
— — in den Rahmen von 14—16 Tagen vertheilt werden.
[Daten, Städte.]

Zu einer Modification dieses Schemas fühle ich absolut
keine Neigung; auch würde dieselbe Sr. Hoheit dem Herzoge
gar nicht genehm sein, der von mir weiß, daß ich mit dem Hof-
schauspieldirektor Herrn Chronegk in keine Rivalität zu treten
gesonnen bin. Das Schauspiel ist darauf angewiesen, sich selbst
durch Gastspiele zu souteniren; das würde bei der nur 6¹⁄₂ Monate des Jahres dienstverpflichteten Kapelle ein Ding der Unmöglichkeit sein, selbst wenn sie sich durch meine Drillung
während eines gehörigen Zeitraumes schon einen so extraordinären Ruhm erworben hätte, daß sie in der Lage wäre,
denselben erheblich zu — versilbern, daß sie ernten könnte.

So weit sind wir nicht: wir haben erst zu säen — letzteres
soll ohne Defizit vor sich gehen. — —

Haben Sie die Güte, die Gesichtspunkte, welche für das
Meininger Wander-Hoftheater oder Hof-Wandertheater maß-
gebend sind, für die Verhältnisse der Hofkapelle gänzlich außer
Anwendung zu lassen. Die einzige von mir statuirte Analogie
soll in der Vorzüglichkeit der Leistungen (Vertiefung in die
Aufgabe, Ausarbeitung aller Details und Ensembledisziplin
— „Schule" —, Fleiß = Talent) bestehen, in ihrem anti-
bilettantischen Charakter.

Tournéen (chronische Gastspiele sind bei einer Kapelle nicht
möglich) à la Bilse, Laube, Weinlich's Damenorchester verwerfe

ich absolut. „Massen bewegen sich übrigens langsam" — für
einen 50köpfigen Collectivvirtuosen können Concertreisen nicht
in der nämlichen Weise arrangirt werden, wie für einen 1 oder
1½ köpfigen Claviervirtuosen. Zudem ist mir das Zigeunerische
in jeder Couleur von Tage zu Tage widerwärtiger; nur im
extremsten Falle greife ich für meine Person dazu, wenn der
Zweck das Mittel, wenn nicht heiligt, doch — säubert (Bayreuth
u. dergl.). Als Zigeunerhauptmann jedoch zu figuriren convenirt mir nicht, auch finde ich es mit der Würde der Hofkapelle,
so lange sie unter meiner Leitung steht, nicht verträglich. — —

Haben Sie die Güte, m i r   n i c h t   m i t   u m g e h e n d e r
Post zu antworten, sondern dieses mein non ultra in Erwägung
zu ziehen, damit für etwaige weitere Mißverständnisse Grund
und Vorwand hinweggeräumt sei. — —

87. Meiningen, 11. September 1881.

— — Was halten Sie von dem beifolgenden Scherzo? [1]
Vielleicht doch die original=frechste Zumuthung unter den
unzähligen, welche meiner exponirten „Berühmtheit" täglich
von den Landsleuten geboten werden!

[P. S.] Das Parfüm des blauen Buches ist mir denn
doch z u stark!

88. An Eugen Spitzweg (München).

Meiningen, [Anfang September 1881].

Liebster Freund!

Dank für schnelle Nachricht. Äußerst fatal! Meine Mutter
ganz blind, kann ihren Namen bei ihrer nervös zitternden Hand
kaum leserlich mit Bleistift unterzeichnen. Ich sende sofort das
Document [2] — vielleicht findet sich ein Moment nöthiger Energie.

---

[1] Bitte einer Hannoveranerin in schlechten Verhältnissen, ihr „durch
eine Kleinigkeit" regelmäßigen Theaterbesuch zu ermöglichen.
[2] Depositenschein, der bei Erhebung einer im Jahre 1869 von Bülow's
Mutter einer Münchner Bank übergebenen Kiste mit Hausgerät weit-
läufige Correspondenzen verursachte, da die Bank die Unterschrift wegen
ihrer Unähnlichkeit mit der früheren nicht anerkennen wollte.

Andernfalls — bitte, sei so gütig, mir hierin mit Rath zu helfen! Meine zwölfjährige Wandererexistenz ohne Heim, ohne Wurzeln, ohne Stütze fällt mir in ihren zahllosen widrigen Consequenzen und Resultaten jetzt besonders schwer auf die kranke Leber. Dazu die von mir unvorhergesehenen Miseren einer kleinen Stadt — doppelt schwer überwindlich für einen unpraktischen Menschen, der sich niemals die erforderlichen Verkehrskenntnisse (mit Möbelhändlern, Hauswirthen u. dergl.) anzueignen Gelegenheit gehabt hat. Und doch m u ß das scheinbar Unmögliche von mir bis Mitte Oktober bewältigt werden. — —

Bis zum 21. muß ich hier ausharren, trotzdem jeder Tag meinen Spleen vermehrt. Wie wird's enden?

Wie, wäre eigentlich gleichgültig. Auf's Enden kommt mir's an: ich sehne mich brünstigst nach einem E n d e dieser freudlosen, leid- und lastreichen Existenz. Käme ich doch in ein radicales Eisenbahnunglück hinein! Kopf und Unterleib sind in einem status, daß ich nicht weiß, welcher von beiden das „edlere" Organ.

Merkwürdig, daß Du Tischler Rieneck nennst! Mit dem bin ich gerade seit einigen Tagen in Verhandlungen. Ich muß einen Theil, den wesentlichsten aber kleineren kaufen: ich hoffe, daß er sich, bisher h i e r nicht üblich gewesen, für das Andere zur Vermiethung entschließen wird.

Sei froh, daß Du fern von mir; lebtest Du in demselben Dorfe, ich würde Deine Freundschaft arg auszubeuten versuchen. — —

89. An Johannes Brahms.

M e i n i n g e n, den 13. September 1881.

Höchstgeehrter Herr und Meister!

Von Montag 17. Okt. ab steht die herzogl. Hofkapelle, welche in den ersten Wintermonaten jeden Vor- und Nachmittag (Sonntag ausgenommen) unter meiner Leitung übt, zum Probiren Ihres neuen Clavierconcertes nach Ihrem Belieben zur Verfügung. Man wird sich allerseits möglichste Mühe geben, den ehrenvollen Vorzug, den Sie uns für Ihr Experiment zu Theil werden lassen, zu verdienen. Die Bläser dürften Sie vollkommen befriedigen; Streichquintett anlangend muß ich im Voraus Ihre gütige Nachsicht beanspruchen: infolge mehrfachen Mitgliederwechsels bedarf dasselbe erst wochenlanges unausgesetztes Ensemblestudium, um auf das erwünschte Niveau wieder gebracht zu werden. Sie haben vielleicht die Gewogenheit, unsre Methode zu adoptiren: die Begleitung zuvörderst separat (Bläser allein, Streicher allein) lesen, resp. studiren zu lassen, bevor die Prinzipalstimme hinzutritt. — Der, obwohl nicht mehr ganz neue, doch noch sehr taugliche (bequem in Spielart, edel im Klange) Flügel von Bechstein wird keinesfalls aus Hochmuth wegen kleinstädtischen Concurrenzmangels sich sträuben, auf einen modus ludendi mit Ihnen einzugehen. — Anbei erlaube ich mir, Ihnen ein Programm für unsere lokale Concertsaison — kurz aber „dicht" — zu Weihnachten müssen wir der Komödie das Feld einräumen — vorzulegen, damit Sie einen ungefähren Begriff erhalten, wie's bei uns „ausschaut". — Bezüglich der Exploration von Thüringens Naturreizen können Sie sich jedoch an keinen unkundigeren also ungeeigneteren Führer oder Rathgeber wenden als an Ihren in hochachtungsvollster Bewunderung ganz ergebenen

Hans v. Bülow.

90. An Hermann Wolff, (Berlin).

Meiningen, 16. September [1881].

Geehrter Herr Wolff!

Danke für Hamburg. Time is money. 900 M. sehr extra, zugestanden — kostet mich aber vier Tage. Woher die nehmen? Dergleichen ganz unmöglich. Ich widerrufe hiermit also meine Bitte, mir über jede Einladung zu referiren. Der Probenarbeitstage vom 1. Oktober bis 14. December sind kaum 75. Ich brauche deren jeden, wenn die Berliner Feuerprobe künstlerisch einigermaßen glücken soll. Es thut mir schon leid, Mainz für 14. Oktober angenommen zu haben. — — Sie kennen das hiesige Saisonprogramm, zu jedem Concert brauche ich eine Woche Spezialproben — macht sechs Wochen: vier Wochen für Recapitulation des Beethovenconcert-Stoffs reichen mit k n a p p e r N o t h aus. Deßhalb müssen meine Privatinteressen zuvörderst ganz in den Hintergrund treten. Man kann nicht Apollo und Merkur gleichzeitig dienen — will man nicht zum Ganz- oder schlimmer noch Halb-Lumpen werden. Das Talent hierzu trauen Sie mir ja nicht zu? — —

Da Sie die Güte haben, an meiner Privatmisère Antheil zu nehmen — so bin ich Ihnen die Erklärung schuldig, daß ich mich resignirt habe, zu meiner Aufbesserung erst im Februar durch eine österreichische Tournée mit Freund Bösendorfer zu schreiten, daß ich jedoch besonderes Gewicht lege auf die letzthin mit Ihnen verabredete s k a n d i n a v i s c h e Tournée vom 16. April (erst an diesem Tage kann ich von hier abreisen) unter Ihrer „technischen Leitung". Qui trop embrasse, manque le train. „Quod licet Antonio, non licet Joanni." Wäre ich Nanaturalist, so sagte ich: il ne faut pas vouloir . . . . . plus haut que . . . . . Außerdem steht mir der Erwerb von Gesundheit — problematisch genug bei der Last, die ich mit der Kapelle auf mich geladen — weit näher als der Erwerb von Werthpapieren, um so mehr, als ersteres Gut das nothwendige Requisit für's letztere bildet.

Nb. Die öffentliche Generalprobe in Hamburg, wenn auch in Hinsicht auf die Honorarhöhe als ein zweites Concert zu berechnen, ist mir dermaßen gegen den Strich, daß ich mich nie dazu verstehen werde. Andre Künstler mögen's auch nicht; deßhalb bieten die Philharmoniker mir so hohe terms, damit ich e i n B e i s p i e l gebe. Das ist m e i n e Erklärung, die mich nicht abhält, mich darüber zu freuen, daß Sie sich freuen, daß mein Concertname auf der Star-Börse so günstig notirt ist. Besten Dank hierfür. — —

Über Anderes später. Ich habe heute Geiger zu prüfen, Instrumente zu revidiren, kurz, allerlei amtliche Genüsse zu schlürfen, deren jeder einzelne mir laut verkündet, welch ein — Weiser ich bin.

91. Meiningen, 20. September 1881.

— — Heutige Concurrenzprüfung sehr ungenügende Er-gebnisse eingebracht. Zweifle, (obwohl noch nicht „ver") ob auswärtige Concerte im Januar überhaupt möglich, wenn wir nicht noch Succurs bekommen können. Die Beschränktheit der Mittel hindert mich in allen Stücken. Point d'argent point de violon, basse, alto, cor u. s. w. Nur erst die Praxis, die Studien im Oktober können Belehrung, eventuell Ermuthigung bringen. Bis 1. November muß ich die ganze Sache als offene Frage behandeln können, — darf ich also bitten, sich und uns nicht zu tief zu engagiren? Ich kann für nichts einstehen.

Kiel. Wenn 1200 geboten wird, muß mindestens 1600 ver-langt werden. Gibt's kein Defizit bei solcher Excursion, so muß doch die verbrauchte Kraft, die Ermüdung durch Reise u. s. w. der Kapellisten in Anschlag gebracht werden.

Ich wünschte, Sie sähen in gewisser Art die Angelegenheit etwas greisenhafter an, wie es mir ohne besondere Mühe ge-lingt. [Aufzählung nächster Aufgaben].

Tolle Wirthschaft! Mit Alle dem fertig zu werden, wie sich's gehört, reichten kaum zwei Kerle mit demselben guten Willen und doppelt fester Gesundheit aus.

„Hapert's" mit der Kapelle und deren Januarconcerten — versitzen mag ich mich durchaus nicht darauf — nur aus sachlicher Anständigkeit (des Anständigen kann „man", d. h. ich, in dieser Zeit des universellen Lumpenthums nie zu viel thun) — behalte ich das Ziel im Auge — so entschädigen Sie sich durch die „technische Leitung" einer Pianistentournée in der Schweiz, und mich ebenfalls.

92. Meiningen, 23. September 1881.

Mein Pessimismus behält leider Recht. Soeben wird mir der e r ste * Hoboer contraktbrüchig. Natürlich: hat eine bessere und gesichertere Stellung gefunden. Könnten Sie rasch Einen aufgabeln, der qualifizirt wäre? — — In Berlin gibt's ja eine Musikantenbörse, deren „ehrlichste Makler" Ihnen nicht unbekannt sein dürften. Finde ich keine so wichtige Primadonna für meine Bläser — so schließe ich die Bude.

Wenn Sie eine Ahnung hätten, was ich mich in dieser Woche schon geärgert und abstrapazirt!

In angustis. Ihr ergebenster H. v. Bülow (bald ausge-„bülowt").

[P. S.] * Könnte auch ein z w e i t e r sein, da der andre hier nicht untüchtig.

93. Meiningen, den 27. September 1881.

Seien Sie mir nicht böse, wenn ich Sie dringend bitte, mir die ethischen Wirkungen der Kapellconcert-Annonce einstweilen ästhetisch zu verschweigen. Es macht mich über alle Maßen nervös zu hören, daß Göttingen, Freiburg und ähnliche Nester auf ein Beethoven-Concert reflektiren möchten. — —

28. September. Eben kommt Ihr Brief an — „Zittau—Potsdam" — Ach Gott! Seien Sie mitleidig!

Gleichzeitig Brief aus Mainz. Sans reproche: — — wenn ich mit den Concertdirektionen auch noch selbst zu correspondiren habe, „woher" oder „woso" dann Zeitersparniß durch Vermittlung Ihrer gefälligen technischen Leitung? — —

[Absage Mainz.] Selbstverständlich bleibe ich in Ihrer Schuld mit 10% des gebotenen Honorars: 80 RM. — —

94. Meiningen, 3. Oktober 1881.

— — Sie haben mich nach Kräften persuadirt, am 14. Oktober zu kommen. Ich habe Ihnen zugesagt mein Bestes zu thun, dieß zu ermöglichen. Dieß ist mir aber nicht gelungen, weil —

ich mir keinen Urlaub ertheilen kann, ohne meine Berufs=
pflichten als Chef der Kapelle bedeutend zu schädigen.

Dieser sehr einfache Thatbestand muß den Herren genügen
können, sich gegen die Angriffe der Lokalpresse — was geht
d i e ſ e Nichtmainzer an? — zu schützen. — —

Meine neuliche »suggestion« übrigens, Sie nicht in Mitleiden=
schaft zu ziehen für diese nothgedrungene Absage, war ganz
ernsthaft gemeint, und wie Alles, was mir mein simples Billig=
keitsgefühl diktirt, ohne jede läbirenwollende Absicht[1], by Jove,
wie der Engländer ſagt. **Basta. Pur troppo.**

Erfreulicher könnte sich ein P.S. gestalten, wenn ich meinem
— Unglück weniger traute. Die heutige erste Probe mit den
alten Zurückgekehrten und den neuen zusammenrekrutirten
Fremdlingen ging nämlich viel besser als ich anzunehmen be=
rechtigt schien. — —

95.   Meiningen, 7. Oktober 1881.

— — Hamburg. IX. Sinfonie. — Unsinn! Orchester
würde quantitativ nicht genügen. Chöre hätte ich erst meiner
Auffassung gemäß zu drillen — woher Zeit (time = money)
nehmen? Außerdem keine Lust zu — Experimenten. Also
bitte, dergleichen Extravaganzen, die in den Dilettantismus
münden, dem wir ja gerade den Krieg erklären, „rundeſt" ab=
zuweisen. — —

Wenn man bei dieser Witterung den Sim=„Rock" auszieht,
kann man sich leicht „verkühlen"! Das Violinconcert[2] finde ich
nach längerer Bekanntschaft sehr kurzweilig — im besten
Sinne. — —

---

[1] Demselben „Billigkeitsgefühl" entsprang eine andere Antwort, die
Bülow einmal einem Verleger gegeben hat, auf dessen Vorschlag, einen
Clavierabend für 1000 M. zu kaufen: er sei einverstanden, aber wenn
die Reineinnahme weniger ausmache, so würde er das Fixum keinesfalls
annehmen. Bülow selbst erwähnte gelegentlich (9. 2. 75 aus London) „ich
bin nun einmal ohne alle kaufmännischen Anlagen und ohne ditto Chancen,
welche zuweilen vortheilhaft den Mangel der Anlagen ersetzen können."
[2] Von Brahms. Wolff hatte es in der „Neuen Berl. Musikztg."
1879 S. 332 abfällig besprochen.

96. Meiningen, den 12. Oktober 1881.

Trotz aller neuen Hindernisse (Contrabassistenseuche, Bläser-
lippen und Streicherfinger defekt) sage ich Ihnen heute doch:
ich will und muß können. **Nubibus invitis.** Belegen Sie nur
l'académie des singes für die ersten g ü n s t i g e n Januar-
tage — ich meine dreimal hintereinander, damit man sich selber
und Zuhörer einspiele. — —

Meister Brahms hat sich für Montag 17. angemeldet mit
neuem Clavierconcert (B dur) — —. Mehr Schrecken als
Freude hierüber. Doch Schrecken hat sein Heilsames. Wir
probiren sofort krampfhaft Brahms' Sinfonien und Sere-
naden — — damit der Autor eine leidliche Meinung von uns
erhalte. — Diese Unterbrechung der Beethoven-Studien hat
übrigens nichts Zweckwidriges. — —

Ich hätte allerhand zu schreiben — komme aber aus dem
Notentaumel — bei heftiger Grippe — — kaum zur Besinnung. — —

Schützen Sie mich vor Defizitsperspektiven![1] (Muß so
wie so mehr an herzogliche Casse appelliren, als Anfangs
glaubte. Reservecontrabassist muß herbeigeschafft werden, da
chronische Kränklichkeit eines der unsrigen seine Reisefähigkeit
ganz in Frage stellt.) Also bitte in Provinz u n e r s c h w i n g -
l i c h e Forderungen zu stellen. Bekanntlich ist das das einzige
sichere Mittel Steuerkraft zu erhöhen!

97. An Johannes Brahms.
Meiningen, Charlottenstr. 4.—11. Oktober 1881.

Verehrtester Meister!

Da ich gestern eine Privatwohnung bezogen habe, so wird
es mir nicht schwer fallen, Ihnen im sächsischen Hof Zimmer

---

[1] „Defizitsperspektiven, verehrtester Herr v. Bülow, erblassen, wenn
Sie in den Provinzen hier und da ein Beethoven'sches Concert spielen.
Was Sie davon halten, weiß ich wohl, aber ich rapportire gewissenhaft,
was man aus sehr vielen Städten mir ausdrücklich schreibt und als Wunsch
zu erkennen gibt." Wolff an Bülow 13. 10. 81.

von den meinigen entfernt zu bestellen. — — Nun ergeht aber
meine inständigste Bitte an Sie: packen Sie in Ihren Reisekoffer Ihren ganzen Vorrath von Wohlwollen und Nachsicht.
Ich habe nämlich mit meiner Kapelle sehr viel Pech gehabt.
Die Ergänzungsengagements — — sind nicht sehr glänzend
ausgefallen, sondern den glanzlosen Honoraren angemessen.
Ferner sind gleich beim Beginne der Proben Krankheitsfälle
ausgebrochen, von denen der zweier Contrabassisten
zugleich als ein besonders störender betrachtet werden muß,
namentlich, da der eine E-Streicher zugleich Baßposaunist, was
Ihr neues Clavierconcert freilich nicht touchirt, wohl aber die
von mir Ihnen vorzuführen beabsichtigten Sinfonien. Wären
Sie geneigt, trotz dieser eventuellen Lücken — vielleicht wirkt
die gute Botschaft Ihrer Ankunft ein medizinisches Wunder —
sich Ihre Werke dennoch anzuhören? Auch die A dur-Serenade
möchte ich Sie bitten, „perfektionniren" zu helfen. — Die Ehre,
die Sie uns erweisen, hat uns bereits Neider eingetragen, von
denen einzig jene mir soeben im Berliner Tageblatt begegnete
Notiz stammen kann — aber wie ist die Sache in die Öffentlichkeit gedrungen? — welche ich sofort in geziemender Weise berichtigen werde. — Es hieß (ebenso perfid als lächerlich): Sie
kämen hierher, um „bei mir Ihr Clavierconcert zu studiren";
ich erwidere einfach, Sie kämen her, um unsere Studien Ihrer
sinfonischen Werke zu corrigiren. So, denke ich, ist der richtige
Standpunkt hergestellt. Mit bestem Danke im Voraus Ihr
hochachtungsvollster Bewunderer. (Mit welchem Zuge treffen
Sie ein?)

98.   Meiningen, 13. Oktober 1881.
        Höchstgeehrter Meister!

S. Hoheit der Herzog, welcher zur Zeit (in der Regel stets
während d. Oktober) auf einem kleinen Jagdpavillon Kissel bei
Liebenstein residirt, möchte gar zu gern die Freude haben, Sie
kennen zu lernen. — Ich soll ihm berichten, ob Sie Montag

früh oder Nachmittags eintreffen. — Er will hiernach seine Rückkehr nach Meiningen einrichten und ein Paar Tage hier zu-
bringen, wie es scheint. — Sie werden gute Zimmer im sächs.
Hof finden, auch erträgliche Kost, aber ein zwar neues, doch
recht plebejisches Pianino. Sie schlagen mir doch nicht die er-
gebenste Bitte ab, Sie hier als meinen Gast betrachten zu
dürfen? — Bläserstimmen zu Ihrem zweiten Clavierconcert und
der Schiller'schen Nänie sind gestern von Wien eingetroffen. —
Würden Sie vielleicht des großen Opfers fähig sein, auch Ihr
erstes Concert einmal in einer Probe zu spielen, damit wir
wissen, wie es gehen soll? In dieser kühnen Hoffnung bereite
ich es vor; bezüglich des zweiten kann ich den Bläsern nur ihre
Stimmen mit der Ordre, sich zu orientiren, einhändigen, da
mir zu einer Vorprobe das wichtigste Requisit mangelt: „Direk-
tionsstimme". — Aus Gewissenhaftigkeit halte ich mich für
verpflichtet, Ihnen die Gewissenlosigkeit zu beichten, welche
ich begangen habe, indem ich auf die beifolgende Depesche aus
Marseille erwidert, die Sache sei eine Zeitungsente. Ich
denke — Publikum brauchen wir nicht bei unseren Proben;
selbst der Herzog wird so diskret sein, nur dann beizuwohnen,
wenn's Ihnen genehm ist. Mir ist erzählt worden, Sie hätten
einst in Basel (1867) Ihre Wirthin Frau R. in die Kemenate
zurückgewiesen, als Sie Herrn M. D. Walter Ihr Requiem
im Manuscript vorgespielt. — Von diesem, dem Requiem,
findet Montag Abend die erste Ensembleprobe von Männern
und Frauen statt, zu der Sie in Ihrem Interesse höflichst ausgeladen sind. [1] Ich weiß nicht, ob ich Ihnen berichtet, daß Herr
Hilpert seinen durch mich angeregten Chorverein erst im September vorigen Jahres gegründet hat. Nach 13 Monaten
häufig unterbrochenen Studiums Ihr Requiem aufführen
zu wollen, ist eine Tollkühnheit, die nur ein Kleinstädter mit der
erforderlichen Milde beurtheilen kann. Übrigens — kann sie

[1] Im Musiker-Kalender 1879 steht verzeichnet unter 11. April:
„Deutsches Requiem von Brahms. Erhebender Genuß!"

gelingen. Am 20. November ist die Aufführung, und es wird
viermal wöchentlich geprobt. — Entschuldigen Sie das unnütze
Geplauder — Resultat von Vielgeschäftigkeit und Eilfertigkeit. —
Auf baldiges Wiedersehen.

99. Meiningen Abends, 15. Oktober [1881].

Hochverehrter Meister!

Die Ehre Ihrer Mitwirkung ist schon verschiedene Dérange-
ments unsererseits werth. Ich acceptire also den von Ihnen
vorgeschlagenen 27. November statt des 11. December für
das Brahms=Concert. 1) Trag.=Ouv. 2) Neues Clavierconcert, 3) Haydnvariationen, 4) C moll=Sinfonie — letztere
hoffentlich unter Ihrer „persönlichen" Direktion. Paßt es
Ihnen so? — In großer Eile — leider in noch so schadhaftem
Gesundheitszustande, daß ich mich wieder in die horizontale
Lage begeben muß.

100. An Hermann Wolff, (Berlin).

Meiningen, 20. Oktober 1881.

Geehrter Herr Wolff!

— — Anwesenheit von Dr. Brahms füllt laufende Woche
bis zum Rande. Sein neues Clavierconcert ist aller aller aller
ersten Ranges, klingt wundervoll — nb. er spielt's unnach=
ahmlich schön — mit einer Klarheit, Präzision und Fülle, die
ihm bekanntlich die „Kritik" nicht zuerkennen will, die mich aber
um so mehr überrascht haben. Enfin — er hat Aller Eroberung
im Sturme gemacht, auch als Dirigent der beiden Ouvertüren
und der kleinen Serenade für Bläser, Bratschen, Celli und
Bässe, die wir auf unser Repertoire stellen werden. — —

Wir scheinen Brahms auch zu gefallen. Wenigstens spricht
er sich mit ungewöhnlichem Wohlwollen und ditto Nachsicht über
unseren guten Willen und Eifer aus. — —

Will doch nicht vergessen, Ihnen für Ihren freundlichen
Rath, „mich zu schonen", zu danken. Ihre Theilnahme an

meinem wirklich nicht beneidenswerthen Kampfe gegen innere und äußere Hemmnisse ist mir wohlthuend. Gern befolgte ich den Rath, aber — „ratire" ich nur ein paar Tage in diesem Quartale, so ist's mit allen schönen Plänen im Januar u. s. w. futsch. Es heißt also „durch" jusqu'à extinction de chaleur naturelle[1].

101.   Meiningen, 27. Oktober [1881].

Ich bin fünf Tage bettlägrig gewesen und müßte eigentlich damit fortfahren, wenn ich mich ernstlich herstellen wollte. Habe weder in der Kammermusikaufführung spielen, noch die Cherubini'sche [Krönungs-] Messe zur Einweihung der katholischen Kirche dirigiren können. Hatton und Hilpert haben mich ganz befriedigend in Beidem vertreten. Seit gestern bin ich mit Proben doppelt beschäftigt, zunächst zum ersten Concerte (Mozart) — wo ich leider unersetzlich bin. Die Sache scheint persönlich wie sachlich — schiefgehen zu wollen. Außerdem steht dieser Tage noch eine geschäftliche Überraschung bevor: Petition der Kapellisten um Erhöhung der eventuellen Reisediäten. Ich lasse die Sache herankommen und en dernier lieu natürlich Hoheit entscheiden. Aber mir ahnt — als ob alle ambitiösen Pläne doch noch scheitern könnten an den recht mannigfachen Klippen, die a l l e zu signalisiren, allzu weitläufig, übrigens nutzlose Tintevergeudung sein würde. — —

Die Tageskosten werden sich auf 750 (nicht, wie früher angenommen, 550) M. belaufen. Somit werden E x c u r - s i o n e n, die nur 1500 M. einbringen, auszuschließen sein.

Was denken Sie davon, Singakademie gleich für sechs Abende zu miethen? Da fielen doch gleich die Transportfrais weg. Kurz, denken Sie, i c h   b i t t e   d r i n g e n d, bei allen weiteren Schritten an den nervus rerum gerundarum. Der Herzog

---

[1] Der Musiker-Kalender trägt den Schmerzensruf aus den letzten Oktobertagen: „Immer entsetzlicher, die Belästigungen mehren sich in's Unglaubliche, die Arbeitshindernisse häufen sich. Ich ersticke. — — Erlösung aus den gräulichen Banden! Erlösung! Erlösung!"

wird endlich übermorgen **dauernd** hierher übersiedeln, und es wird dadurch der höchst lästige schriftliche Verkehr mit ihm durch den expeditiveren mündlichen ersetzt. Die Krankheitsfälle in der Kapelle succediren sich chronisch: es ist als ob der Teufel im Spiele wäre. Sie können sich vorstellen, welche Arbeitserschwerung, welche unerquickliche Penelopeweberei hierdurch bewirkt wird. Ich habe das Talent, Glück zu haben, diese Saison eingebüßt. — —

Deßhalb — bitte — in Aller Interesse: gehen Sie so vorsichtig als möglich vor. Ich bin leider finanziell zu abgebrannt, als daß ich — ohne Sicherheit auf pianistische Einnahmen in zweiter Winterhälfte — daran denken könnte, dem Herzoge, wie ich möchte, die für Verstärkung der Kapelle gemachten Extraausgaben zu restituiren. Doch läßt mir dieser Gedanke keine Ruhe, und ich muß auf Mittel zur Realisirung meines sich jeden Tag krampfhafter steigernden Wunsches sinnen, mich mit möglichstem Anstand aus dieser Affaire zu ziehen, mich überhaupt von Meiningen loszu — eisen (Eisen im Sinne von chaîne, nicht von glace); ich gehe hier zu Grunde, so weit dieß nicht bereits perfekt geworden ist.

Meister Br[ahms] hat uns viel Ehre erwiesen aber auch empfindlich im Arbeiten gestört. Die zweite Woche des Monats mußte seinen Werken ausschließlich gewidmet werden (³/₄ der Kapelle verbummelt, ¹/₄ neu, grün, undisciplinirt), um Meiningen nicht in seinen Ohren zu blamiren; die dritte Woche verweilte er hier, jeden Tag war er in der Probe, spielte und dirigirte, dreimal dem Herzog vormusizirend. Das war nicht zu ändern; ich hatte ihm in optimistischem Taumel (Februar — Wien) die Besuchseinladung gemacht, konnte ihm keine uns besser gelegene Zeit bestimmen, sondern mußte seine Meldung respektiren.

Er schien sich zu gefallen, sprach sich — mit abwechselnd scharfen Sarkasmen — häufig nicht blos lobend, sondern sogar entzückt aus, dinirte dreimal bei Hofe, empfing Komthurkreuz,

was ihm ebenfalls zu behagen schien: wie er sich anderwärts
äußert, fürchte ich beinahe zu hören, denn ich halte ihn an
Genie, wie an „Herz", R. W. ebenbürtig.

Sein Besuch hat uns für's Studium seiner Werke natürlich
genützt; aber es störte doch einen logischen Fortgang unsrer
Exercitien und — genug. Sie mögen das Weitere zwischen
den Zeilen lesen, was Ihnen Ihre Mittel ja erlauben. — —

Entre deux répétitions.

102. Meiningen (ominöses Possessiv), ult. Oktober [1881].

Le concert c'est moi — leider. Deßhalb muß ich mit einem
persönlichen Bülletin präludiren.

Also: nach vier Tagen Mozartproben versagte meine
Maschine; ich mußte Generalprobe und gestriges I. Concert
— — zu dirigiren überlassen, dem's gelungen ist, die Sache
zu ruiniren.

Zwei Ärzte — ein zweiter mir leider von Sr. Hoheit octrohirt
— quälen mich zur Zeit und zwar nicht immer homophon.
Darin jedoch vereinigen sie sich, mir auf acht Tage absolute Ruhe
zu verschreiben; von dieser Vorschriftsbefolgung versprechen
sie sich, oder mir vielmehr, entschiedene Besserung. Tritt
eine solche nicht in dem Maße ein, wie es mein Geschäft erheischt — dann wird mir der Herzog die dringend erbetene
Dienstentlassung gnädigst ohne Phrase sofort „verleihen". In
diesem Falle übernehme ich Ihre Auslagen auf mein Conto,
suche den Claviervirtuosen wieder anzuziehen, um nach ge-
heilter Haut auch die Portemonnaie = Wunden zur Vernarbung
zu bringen. — —

Wäre ich gesund, ich erstickte unter dem Kehrichthaufen un-,
ja antikünstlerischer Lappalien. [1]

---

[1] „Mit Spannung sehe ich Ihren weiteren Mittheilungen über das
Orchester entgegen. Lassen Sie mich Ihnen nur heute nochmals wiederholen,
daß i ch von einem Alp befreit sein werde, wenn Sie von Meiningen befreit
sind. Jede Stunde macht mir es unfaßbarer, daß sich Hans v. Bülow da
herumplackt und so nothwendige Kräfte vergeudet." Wolff an B. 28. 10. 81.

103.　　　　　　　　　M e i n i n g e n , 6. November [1881].

Nein, geehrter Herr Wolff, — ich spiele nicht. Tant pis
wenn's ohne mein „Claviertalent" nicht zum talentvollen Saal
kömmt. Wir haben einen Hofpianisten, der für die Clavier=
soli mitreist. Zudem geht so ein Beethoven-Concert weit besser,
wenn ich das Orchester dirigire und ein Schüler von mir meine
Auffassung des Clavierparts wiedergibt: dadurch kommt eine
Sinfonie zu Stande, wie es eben noch nicht dagewesen ist mit
dem landesüblich genialen (d. h. lüderlichen) Schlendrian, wo
Solist und Dirigent jeder mehr oder minder seinem penchant
nachgeht und die glücklichen Falls erzielte Einheit einem parla-
mentarischen Compromiß gleicht.

Das heutige Concert erregte großen Enthusiasmus: ich habe
unendlich viel auszusetzen gehabt. Namentlich die Streicher
waren so nüchtern, trocken, auch technisch so unreif! Es ist
übrigens eine Misère mit den deutschen Geigern. Ensemble=
strich, Wärme, Geschmack ist eigentlich nur zu finden in der
belgischen und der französischen Schule. Überhaupt — das
sogenannte deutsche Element in der reproduktiven Tonkunst —
kann mir eigentlich gestohlen werden. Weiß der Henker, ob
ich in sieben Wochen so viel zu Stande bringe, daß wir mit
Ehren in Berlin bestehen.

Hoffentlich — sind's die Reichshauptstädter noch schlechter
gewohnt — sonst . . . . .

Nachtrag zum Eingange. Das Doppelschwitzen als Dirigent
und Cembalist vertrage ich in meinen Jahren nicht mehr; das
überlasse ich jetzt — nothgedrungen — jüngeren Herren.

Schön wär's, Sie blieben noch am 28. November hier und
hörten sich einige Beethoveniana an, als Musiker, um ein,
sei es er= oder entmuthigendes Gutachten über unsere Sing-
akademische Reise zu geben. — —

Mein Plan für Berlin II. [Cyclus] wäre 1) Mendelssohn-
abend, 2) Brahmsabend, wo Er Concert II spielt, 3) Brahms=
abend, wo Er Concert I, von mir gespielt, dirigirt. Das scheint

mir eine Idee, für die ich, falls Sie sie praktisch heißen, Ihre diplomatische Vermittlung am 27. d. hier mit Brahms beanspruche. Brauche ich Ihnen zu erwähnen, weßhalb dieselbe meine Phantasie besonders reizt? Haute école u. s. w. Sapienti sat! Pfui!

Bezüglich Mendelssohn erbitte ich mir in acht Tagen Ihr definitives Gutdünken. Es müßte nämlich das Studium des heutigen Programms mit ebenso viel Pedanterie als Raffinement fortgesetzt werden. — —

Gibt's denn sonst gar kein gut=akustisches Concertlokal in Berlin? Freilich, wo Bilse und Laube gehaust, schickt sich's nicht für uns.

In Eile — concertaufgeregt und genöthigt, für morgende Mozartprobe mit Bleifeder und Blaustift zu präludiren!

Johannes Brahms an Ferdinand von Hiller.[1]

[Oktober 81.]

Geehrtester Freund,

Allerdings sind Hanslick und ich die Rädelsführer, und allerdings mochte ich nicht gerade von Meiningen aus telegraphiren. Über meine „Bülow=Fahrten" aber denkst du wohl, wie Andre, nicht einfach genug.

Ich war in Meiningen, um vor Allem ein neues Clavierconcert in Ruhe und ohne die unbehagliche Aussicht auf ein Concert spielen und probiren zu können.

Das kann ich sonst nirgendwo haben. Nirgendwo sonst aber hätte man es sonderbar gefunden, und hätte ich mir den größten Esel von Musikdirektor ausgesucht.

Warum denn hier und bei B., der freilich ein sehr eigengearteter, ein sehr streitlustiger, aber doch ein geistreicher, ernster und tüchtiger Mann ist? Du mußt Dir auch vorstellen können, wie ganz eminent seine Leute eingeübt sind; kommt nun Unsereines dazu und musizirt mit ihnen, wie ihm um's Herz ist, so weiß ich nicht, wo er es vortrefflicher haben kann.

Ich versichere Dich, daß ich den Winter oft — wenn so beiläufig die Noten herauskommen und die Leute Wunder meinen, was sie

---

[1] Autograph im Besitze von Dr. Erich Prieger in Bonn.

ſchon gearbeitet und a[uch] geleiſtet haben — mit Sehnſucht jener wirklich fleißigen Leute und ihrer ſchönen Leiſtungen denken werde!

Nun aber ſage ich nachträglich noch meine beſten Grüße und Wünſche — wir präpariren auch ſchon für den nächſten Jubeltag, jetzt folgen ſie immer dichter.

104. An Johannes Brahms.

Meiningen, 16. November [1881].

Höchſtverehrter Meiſter!

Das iſt prächtig, daß Sie Wort halten wollen. Der Herzog wird den princeps einladen, ſeinem Range gemäß, d. h. im Reſidenzſchloß zu wohnen — alſo im ächteren „Sächſiſchen Hofe“. Vermuthlich haben Sie zur Zeit ſchon das Telegramm empfangen.

Nun ein Wort über's Programm. Nach dem Gaudeamus iſt der erſte Satz der C moll für „unſer“ Publikum nicht gut möglich. Seien Sie alſo nicht unwirſch, daß ich die Akademiſche Ouvertüre doch nach der Sinfonie aufgeſtellt.

Erſter Theil beginnt alſo mit der tragiſchen Ouvertüre, dann B dur-Concert, endlich St. Antoni-Variationen, damit Sie Zeit haben, ſich von der Handarbeit zu erholen. Zweiter Theil C moll-Sinfonie und zum Schluſſe Akademiſche Ouvertüre. Fängt ja doch auch in Moll an, contraſtirt ſomit gegen den Schluß der Sinfonie. [1] — Das Requiem, an dem wir fleißigſt probiren, wird nicht bloß anſtändig, ſondern ſogar recht anſtändig gehen. — Verzeihen Sie dieſe kleine Renommiſterei Ihrem ſehr ergebenen (leider noch immer recht unbäßlichen) Bewunderer.

105. An Hermann Wolff, (Berlin).

Meiningen, den 1. December 1881.

Geehrter Herr Wolff,

— — Die Beſchränktheit des Concertraums wie die Erheblichkeit unſerer Koſten, deren Spezifikation Sie ſelbſt

---

[1] Laut Programm vom 27. 11. 81 blieb es dennoch bei Brahms' Vorſchlage: erſt Akademiſche Ouvertüre, dann Sinfonie. „Nach dem luſtigen Stück läßt ſich ein jedes Publikum ſchon gern eine kleine Mißhandlung

vielleicht befremden dürfte, zwingen meine amtliche Verantwortlichkeit, in diesem Punkte [Freibillette] von aller herkömmlichen
Liberalität abzusehen. Ich vermag Sie nur zum service de
la presse zu autorisiren und muß Sie sogar ersuchen, sich
hierin, wenigstens vorläufig, auf das nothwendigste Minimum
zu beschränken. So lange unsere Reisespesen, Tageskosten nicht
durch den Ertrag der ersten Concerte gedeckt sind, betrachte ich
jedes Billet als „baar Geld" und dessen Verschenkung somit als
eine Beschädigung der herzogl. Hofkasse, für welche ich persönlich nicht in der Lage bin, einstehen zu können. — —

106. ··   2. December 1881 Abends.

— — Möglich daß die M[endelssohn]'schen Stücke den
Berlinern zu abgeleiert sind, obwohl wir es uns speziell zur
Aufgabe gemacht haben, dieselben nicht herkömmlich zu „leiern".
Enfin — entscheiden Sie. Nur lassen Sie mich Entscheidung
in circa zehn Tagen wissen, damit ich der Kapelle eventuell
die Revision von Mendelsohn ersparen, die Zeit anders verwenden könnte. — —

Haydn wird gut gehen — dagegen bangt mir vor Schumann,
um so mehr, als ich den Solisten unzählige Separatauditionen
widmen muß, um die schwierigen Piècen spiel- und hörbar zu
machen. 't is a damned business. Keine Spur von Einfällen,
von Initiative bei diesen tudesques — höchstens Gelehrigkeit
bei ebenso gutem als schwerfälligem Willen. Das Fleisch ist
willig, aber der Geist schwach.

Können Sie mir nicht — zur Unterbreitung an Höchster
Stelle (durchaus nicht überflüssig) — eine Voranschlagung
der Vorkosten zu den Berliner Concerten aufzeichnen? Nach
Ihren optimistischen Äußerungen an der Tafel im Real-Sächs.
Hof scheint Muthmaßung sich festgesetzt zu haben, es könne

gefallen. Noch eben in Pest hatte ich den lebhaften Eindruck, wie gut
angeregt Orchester und Publikum sich in b. ⁶/₈ stürzten!" antwortete
er Bülow — „Wirklich, lassen Sie es dabei, sonst klingt die Ouvertüre
wie ein schwaches d. c. des Finales."

„ein Geschäft gemacht werden". Ich heiße aber bekanntlich
nicht Chronegk (scandaleux).

107. 5. December 1881 Abends.

In meinem heutigen Nachmittagsbrief habe ich einen
Rechnungsfehler begangen — vermuthlich infolge Schumann'-
scher Synkopenindigestion — den zu rektifiziren eile. In der
Stadt mit den zwei Requiems à 1400 M. können wir des großen
Meisters Mitwirkung nicht zwei Abende brauchen, da uns die
Mittel fehlen. Ich habe Ihnen schon gesagt, daß ich's als
Minimum von Anständigkeit (leider Maximum von Möglichkeit)
betrachte Dr. Br[ahms] 300 M. per Abend als Reiseentschädigung
zu offeriren. Das kann in Kiel nur einmal statthaben. Darf
ich übrigens bitten, diese leidige (namentlich für mich, sowohl
quâ Bülow als quâ Intendant) Frage Ihrerseits mit Dr. Br.
schriftlich auf trockenem, geschäftlichem Wege zu ordnen und
baldmöglichst.[1] — —

108. Meiningen, den 8. December 1881.

— — „Populäre classische Concerte?" Nein. Populär
schmeckt nach „um damit zu räumen"; außerdem hasse ich das
Fremdwort im einheimischen Begriffe besonders. — —

109. An die Mutter.
Meiningen, 6. November Abends [1881].

Meine geliebte Mutter,

— — Das Verständigste wäre, hier Alles aufzugeben, ein
besseres Klima aufzusuchen, Ruhe zu haben, nur der Herstellung
seiner Gesundheit zu leben. Leider ist dieses Verständige
nicht auch das Anständige. Ich kann mich nämlich mit Anstand
jetzt nicht aus meinen Verpflichtungen herauswinden. Der Herzog

---

[1] „Wenn nicht Brahms gerade noch ein überflüssiger und extra Gefallen
erwiesen werden soll, dann scheint es mir gar nicht nöthig, daß er mehr wie
das zweite Concert spielt und das erste birigirt", antwortete Wolff, der schon im
September berichtet hatte: „Was Berlin anbetrifft, wo man classische Musik
längst ‚verspielt' hat, so würde Ihnen ein Aufenthalt von zwölf Stunden beweisen, auf welch gierigem Boden Ihre Idee gefallen ist."

hat, auf meine im vorigen Jahre bewiesene Opferkraft [hin],
bedeutende Opfer für Verstärkung seiner fragmentarischen
Kapelle gebracht. Diese bedeutenden Opfer sind jedoch ungenügend an sich und können nur durch eine ganz aufreibende
Thätigkeit meinerseits ergänzt, wirksam gemacht werden, um
künstlerische Resultate zu erreichen. Übrigens habe ich mit
meinen Anwerbungen ein unaufhörliches Pech gehabt, wie im
vorigen Jahre Glück. Es sind bei den beschränkten Mitteln nur
junge Leute ohne Routine gekommen, denen man durch un-
ausgesetzte Schulmeisterei selbst noch Elementares einrichten
muß. Ich bewähre eine Geduld, Ausdauer, ein solches Gegentheil von Arbeitsscheu, daß jeder Andere — außer einem h o h e n
H e r r n, der nicht in die Küche geht, sondern sich nur ergötzt
an dem, was man ihm servirt — mich nicht blos bewundern
müßte, sondern für verrückt halten, mich zu alle dem herzugeben.
Genug. — —

Heute habe ich zum ersten Male dirigiren können, ein Mendels-
sohn-Concert, das recht glücklich abgelaufen ist: aber nach dem
Ende (es fing um 4 Uhr an und dauerte bis 6) habe ich mich vor
Abspannung hinlegen und ausruhen müssen. Um 8 Uhr habe
ich mich durch Thee gestärkt, und jetzt bin ich im Stande Dir
zu schreiben. Wollte Gott, ich könnte das etwas frischer und
liebenswürdiger, aber ich muß mich ungeheuer schonen. Denn
morgen früh um 9 Uhr gibt's Probe bis 1 Uhr, Nachmittag
von 3 bis 5, Abends von 8 bis 10 mit dem Gesangverein. — —
Meine Ansiedlung in diesem Neste, wo man keine Droschke hat,
keinen Schneider und Schuster, die ihr Handwerk verstehen —
war vielleicht der allerdümmste Streich, den ich in meinem an
dummen Streichen doch so überreichen Leben noch begangen
habe. Auch die über alle Maßen kostspielige Einrichtung
einer Wohnung[1] war ein Irrthum, denn der Schattenseiten
sind da viel mehr als der Annehmlichkeiten. — —

---

[1] Bülow hat damals brieflich so oft über den „Luxus einer Wohnungs-
einrichtung" geklagt, daß leicht der Eindruck entstehen könnte, er hätte sich

Nun, alles nachträgliche Jammern hilft nichts. Ich habe mir die Suppe eingebrockt und muß sie ausessen. In der guten Freundin, des Herzogs Gemahlin, habe ich mich bei dieser Gelegenheit ebenfalls stark getäuscht. Sie — — hat eigentlich nur die Komödianten im Kopfe; übrigens ist sie meistentheils unpäßlich. Der Herzog, das muß ich gleich bemerken, zieht die Musik dem Theater bedeutend vor; — — er wünscht, daß die Kapelle sich im Januar in Berlin producire mit Beethovenconcerten, wünscht, daß diese Concerte ihm, wenn möglich, (woran ich sehr zweifle) theilweise die Kosten der Kapellverstärkung einbringen. Wenn die Sache, die leider vollständig eingeleitet ist, nicht gut geht, so setze ich meinen künstlerischen Ruf auf's Spiel. Also heißt's: Durch, durch, durch! — —

Etwas Erfreuliches könnte ich Dir melden. Das war vor 14 Tagen der Besuch von Brahms. — — Er hat versprochen, am 27. dieses in einem hiesigen Abonnementconcerte sein nagelneues Clavierconcert zu spielen. Damit kann natürlich Meiningen und der Herzog billiger Weise renommiren. Das ist eine große Auszeichnung. — —

Daß Daniela ihren Großvater nach Rom begleitet hat und ihn dort im Verein mit Frl. v. Schorn pflegt, wird Dir wohl bekannt sein. Der alte Maestro hat es sehr nöthig, daß sich Jemand seiner annimmt. Seine Unbehilflichkeit und körperliche (wie leider auch geistige) Schwäche ist in so hohem Grade Tag für Tag zunehmend, daß ihm ein wirkliches Malheur zustoßen könnte, wenn er sich selbst überlassen bliebe. Zudem hat ihn

eine seinen Jahren, seiner Stellung und seiner schlechten Gesundheit angemessene, bequeme, behagliche oder gar mit künstlerischem Geschmack gewählte Einrichtung gegönnt. Nichts wäre irrthümlicher. Die paar an sich hübschen Räume enthielten nur billige Fabrikware, alte Ladenhüter einer ärmlichen Kleinstadt, vor deren Erwerbung den in praktischen Alltagsfragen ganz Hülflosen der Beistand erfahrenerer Freunde hätte schützen können. Dürftig, nüchtern sah es aus, ohne den leisesten Hauch einer Beziehung zu dem großen Künstler, der dort litt und arbeitete; der, so natürlich es ihm schien, bei jeder Gelegenheit Tausende für gute Zwecke herzugeben, ordentlich empört war, auch einmal für seinen persönlichen Gebrauch ein paar tausend Mark ausgeben zu müssen.

sein letzter Diener betrogen und endlich verlassen, da seine frechen Gagenerhöhungsansprüche nicht bewilligt werden konnten. Ach, es ist überall ein Jammer und ein Elend; vergeblich suche ich nach einem Lichtpunkte, an dem man sich, nur zur Abwechslung, im Geiste erholen könnte! — —

Gelesen habe ich nichts. Hier gibt's auch keine Buchhandlung, sonst hätte ich Dir etwas geschickt. Ich lebe hier auf einem Dorfe. [1]

110. Meiningen, 8. December 1881.

— — Am 14. ist die letzte Kammermusiksoirée (die sechste) die ich alle habe einstudiren müssen. Vom 15. ab beschäftigen wir uns nur noch mit den Aufgaben für die Concerte in Berlin; da gibt's noch viel zu thun, aber es ist doch Alles aus dem Gröbsten herausgearbeitet, (was ich dießmal in Ermangelung eines brauchbaren Kapellmeisters Alles habe selbst besorgen müssen) und ich kann mich wieder in meinem Elemente bewegen, dem der Verfeinerung. Der Höhepunkt unserer Musiksaison war, wie im vorigen Jahre die IX. Sinfonie, dießmal Brahms, der gespielt und dirigirt hat und sehr gefeiert wurde. Der Herzog hat ihn vielfach ausgezeichnet, wie ich ihn darum ersucht. — — In Rom nimmt man mir diese Brahmsallianz natürlich sehr krumm; das läßt sich nicht ändern. Ich habe mein Leben lang genug für meinen verehrten Meister gewirkt, nicht immer zu persönlichem Vortheile.

Bis 3. Januar [Daten] bin ich hier vollständig gefesselt.

---

[1] An die Baronin O. schreibt Bülow (25. 10. 81): »Sous peu je serai obligé de déménager définitivement de ce néfaste Meiningen, auquel il m'est impossible de m'acclimater, ni de corps ni d'âme.« Und am 3. 11. 81: »Ma demeure est solitaire et froide au delà [de] toute expression; je ne vois que de crétins, je suis servi par une vieille mégère qui cuisine à l'allemande — enfin, même avec plus de santé ou moins de souffrances je ne pourrais que broyer du noir, bâtir ,des cachots en Espagne'.« An Spitzweg 14. 12. 81: „Entweder mühselig oder zum Sterben leben ist meine hiesige Existenz — — das fortwährende Kochen von Musik verdirbt Einem die Eßlust daran! Und nulla dies sine repetitione bis Neujahr, und dann!" An Frau Hillebrand 6. 12. 81: „Der Mensch lebt doch nicht allein von Orchesterproben und corrigirbedürftigen Noten (Fiedel- und Tut-Noten)."

Ich darf nichts unterlassen, die Musiker bis zu bombenfester Sicherheit einzupauken — denn unser Erscheinen in der sogenannten Reichshauptstadt ist, d. h. wird betrachtet, als ein Angriff; somit wird's nicht an Krittelcien, selbst Schmähungen fehlen. Aber der Herzog hat Ambition und glaubt an einen Sieg. Vielleicht! Glück gehört dazu, z. B. keiner der Musiker darf mir krank werden, vor Allem ich selbst nicht. Nun, wir werden sehen. — —

111. An Hermann Wolff, (Berlin).

Meiningen, 13. December 1881 Abends.

Bitte Eines vor Allem, mit Hamburger Matinée d. 15. Theater zu bedenken: Akustik. Die erforderlichen Aufbau=Arbeiten *) auf der Bühne müssen natürlich vom Direktor auf eigene Rechnung besorgt werden, müssen zufriedenstellend ausfallen. Klingt unser bekanntlich nicht zahlreiches Orchester matt und mager, so gibt das ein unreparirbares Mißlingen! Ich erinnere mich, daß bei Herrn A. R[ubinstein]'s Matinée im Theater der Klang — von einem günstigen Sitze aus — sehr fadenscheinig war, und, wenn ich nicht irre, gab es da mehr als 10 Primviolinen, 8 Sekund= u. s. w. — —

*) Aber wie findet sich Zeit, eine Stellprobe zu machen?

112.   14. December 1881 Nachm. 3 Uhr.

— — Die gegenwärtige Ausfeilungsarbeit geht ziemlich glatt vor sich. Wenn ich bedenke, wie die nämlichen Leute vor zwei Monaten fidelten und tuteten! Es war eben eine solche anderwärts unerhörte Orgie von Büffelei erforderlich.

Meine Brahmsmatinée [Clavier] soll mir Reisegeld schaffen, daß ich mir's bequem machen kann. So enthüllt sich als kolossaler Materialist Ihr [u. s. w.].

113.   Meiningen, 21. December 1881.

— — Ich habe statistische Untersuchungen angestellt und „spiele" die Stücke, welche binnen 100 (resp. 70) Jahren die geringste Zahl der Aufführungen erlebt.

Sinfonie No.			Ouv. Lenore		
Sinfonie No. 1.	19 mal	†	Ouv. Lenore 2.	17 mal	
2.	47 „		3.	66 „	
3.	72 „		4.	20 „	
4.	62 „		Namensfeier	17 „	?
5.	71 „		Weihe d. H.	39 „	
6.	40 „	†	König Stephan	5 „	†
7.	70 „		Prometheus	8 „	†
8.	55 „		Egmont	43 „	
9.	45 „		Coriolan	47 „	
Ouv. Lenore 1.	19 „	?			

Imponire ich Ihnen? Nb. die † spielen wir besonders gut; stimmt ein — fallend. — —

114. An Verleger Fritz Simrock (Berlin).

Meiningen, den 4. December 1881.

Sehr geehrter Herr,

Genehmigen Sie den Ausdruck meines verbindlichsten Dankes für das freundliche Wohlwollen, welches Sie mir bezüglich der Leistungen der hiesigen Hofkapelle im Brahmsconcerte vom 27. November in deren Beurtheilung geäußert haben. Ich betrachte dasselbe als eine überaus schätzbare Ermuthigung für die bevorstehende, auf Wunsch Sr. Hoheit des Herzogs zu unternehmende Excursion nach Berlin. — —

Ihr gütiges Anerbieten, mir Dvořák's neue Sinfonie zur Ansicht zu senden, gestatten Sie mir wohl, vorläufig dankend abzulehnen. Die mir bis Anfang kommenden Jahres noch obliegende Orchesterschulmeisterei absorbirt meine Zeit gänzlich; außerdem fürchte ich, durch gewaltsame Versuche der Einführung neuer Eindrücke mich der Gefahr einer — Gehirnindigestion auszusetzen.

Mit der Bitte, unserer Hofkapelle bei den Berliner Concerten Ihr freundliches Wohlwollen bewahren zu wollen [u. s. w.].

115. Meiningen, 18. December 1881.

— — Zur Complettirung — so weit dieß möglich — der zwei Brahms-Concerte am 8. und 9. Januar beabsichtige ich Sonntag 8. eine Matinée für Brahms' Claviermusik zu geben. Die Concurrenz der Opernhausmatinée zu gleicher Stunde

beirrt mich nicht. Hie Wohlthätigkeit — dort Wohlklang-
thätigkeit.

Mein Programm ist jetzt festgestellt, und hoffe ich, neben
meinem einstigen Schüler Herrn Barth aus Potsdam damit
bestehen zu können.

1. Sonate Op. 2. Fismoll.
2. Ballade aus Op. 10, wahrscheinl. No. 2.
*3. Bar. über ungar. Lied Op. 21b.
*4. Zwei Rhapsodien Op. 79.
*5. Acht Clavierstücke Op. 76.
6. 15 Bar. u. Fuge Händel'sches Thema Op. 24.

Zu dieser Matinée vermag ich, als nur mir selber dafür ver-
antwortlich, billets de faveur in erheblicher Anzahl (ohne Land-
sturmaufgebot immerhin) zu vergeben.[1]

Es gereicht mir [zu] großer Genugthuung, Ihnen bei dieser
Gelegenheit zu sagen, daß mein Orchester in den letzten Proben
bedeutende Fortschritte für den Vortrag der Haydnvariationen
bekundet hat. Die A dur-Serenade No. 2 (senza Violini) hoffe
ich ebenfalls noch bis zu solch relativer Vollkommenheit ausfeilen zu können, daß sie sich bei Berlinern, wie bei Hamburgern
und Kielern (denen ich sie gleichfalls reservire) sofort dauernd
insinuirt. Betreffs des Adagio's ist diese Aufgabe etwas schwer,
wenn man des Componisten Tempo durchgängig respektirt.
Vom 2. Concert darf ich Sie wohl höflichst ersuchen, mir einen
der ersten Abzüge zu — verehren; ich fühle mich Gottlob letzter
Zeit genügend „bei Fingersatz", um dieser Aufgabe gewachsen
zu sein. — —

116. An Eugen Spitzweg (München).

Meiningen, 22. Oktober 1881.

Lieber Freund,

— — Clavierstücke von R. Str[auß] haben mir gründlichst
mißfallen — unreif und altklug. Lachner ist ein Chopin
an Phantasie dagegen. Vermisse alle Jugend in der Erfindung.
Kein Genie nach meiner innigsten Überzeugung, sondern

---

[1] Simrock hatte um eine Anzahl Freibillette für die Concerte der
Meininger Kapelle in Berlin gebeten.

höchstens ein Talent, wo 60 auf's Schock gehen. Ich dränge diese Ansicht Niemandem auf, beantworte nur Deine Frage.[1]

117. Meiningen, 19. December 1881.

— — Meine Nerven sind furchtbar erregt — ich sehne mich nach der Zeit, wo ich keinen Ton hören noch sehen werde. Außer Brahms interessirt mich a b s o l u t nichts mehr — die Classiker natürlich ausgenommen.

Die ersten drei Berliner Beethoven-Concerte bereits ausverkauft. Ähnlich scheint's in Hamburg zu gehen. — —

Jeden Vormittag Probe behufs Ausfeilung und Sicherstellung aller gefährlichen Stellen. — Was hinter den Coulissen spielt — davon später — mit factis, nicht mit verbis. Nb. den 20. Januar Concert in Leipzig, nur Eines. Fühlung. Vermuthliche Fortsetzung daselbst im März.

Entschuldige Müdigkeit — es ist mezza notte. Schlaf besser als mir jetzt zu Theil wird. Ich träume von Hornkixern, Oboenumschlägern, platzenden Quinten u. s. w.

118. Meiningen, 24. December 1881.

Mir ist zwar gar nicht schreibselig zu Muthe (habe mir zudem einen „Wolf", nicht Hermann, gespielt), ich muß Dir aber doch melden, daß Kiste richtig angekommen und für prompte Sendung danken. Die vorgestrige Abendzeile betrachte als non avenue.

---

[1] Die ersten Aussprüche über R. Strauß werden Vielen überraschend sein, da die Annahme verbreitet ist, daß Bülow's später so kraftvoll sich bekundende Sympathie für ihn von Anfang an bestand. Daß dies nicht ganz der Fall gewesen, mußte hier genau so klargelegt werden, wie B.'s Verhältniß zu a l l e n musikalischen Erscheinungen seiner Zeit in a l l e n Theilen dieses Werkes zum Ausdruck gekommen ist: im Dienste historischer Wahrheit und ohne jegliche Rücksicht darauf, ob einzelne von B.'s Urtheilen sich mit den Gegenwarts-Strömungen decken oder nicht, ob sein kritisches Ansehen bei der heutigen Generation dadurch steige oder sinke.

Wir haben gesehen, welche Hindernisse sich durch die Überbürdung mit künstlerischer und administrativer Arbeit in B. einer unbefangenen Beurtheilung von Straußens Erstlingen entgegenstellten. Die Erinnerung an die beharrliche Feindseligkeit seines Vaters, dem als Hornist hochangesehenen Mitglied des Münchener Hoftheaterorchesters, gegen Wagner's Werke, fügte wohl der Überreizung noch ein Moment persönlicher Voreingenommenheit hinzu. Bei dieser Gelegenheit sei hervorgehoben, daß die Anforderungen

Hurrjeh! Es wurde mir ganz „69erig" zu Muthe bei dem Auspacken der Herrlichkeiten, deren Aufbewahrung bei der Hypothekenbank so „schönes" (gutangewandtes natürlich) Geld gekostet hat. Tragikomödie des Daseins! Hm!

Heirathe, lieber Freund, eine wohlhabende — am besten — Wittwe, aber laß Deinen Stiefel Herr sein über ihren Pantoffel.

Ja! — Man [kann] — freilich bist Du um so viele Jahre jünger als ich, felicissime, — das Alleinsein doch auf die Dauer schwer vertragen, wie ich z. B. jetzt besonders merke, nachdem ich circa 100 Tage meinen Thee mit kaltem Aufschnitt solissimus einzunehmen gepflegt (oder gepflogen?). Freilich München und Meiningen — kolossaler Unterschied! Hier gibt's kein Kaffee=haus oder Restaurant, das mir zu besuchen möglich. Heute Abend habe ich bei Herzogs acceptirt aus Furcht vor über=mäßiger Melancholik oder Melancholera. — —

an Bülow's Kraft und Bereitwilligkeit seitens seiner componirenden Zeit=genossen in's Ungemessene gingen. So natürlich dieser permanente Ansturm sich auch aus seiner autoritativen Stellung erklärte, so litt doch seine gütige Natur nicht weniger empfindlich unter der Unmöglichkeit, ihm Stand zu halten. Schwoll dann zu Zeiten die Fluth der Manuscripte bis zur Unerträg=lichkeit hoch an, so ergriff er seine Zuflucht zu Inseraten, wie z. B. auf S. 304 d. J. 1879 der N. Berl. Musikztg. oder in den Signalen No. 55 d. J. 1887:

„Nothgedrungene Erklärung.

Nachdem ich durch die Güte derjenigen Herren Componisten, welche ihre Werke in den von mir geleiteten Orchesterconcerten auf=geführt zu haben wünschen, mit einer größeren Anzahl von Novitäten versehen worden bin, als ich bis Ende laufenden Jahrhunderts zu berücksichtigen in der Lage wäre, muß ich jede fernere Musikaliensendung von jetzt ab zurückweisen."

Dann versuchte er es wiederholt mit lithographirten Formularen: in den meisten Fällen jedoch blieben sie unbenützt, da die berüchtigte Bülow'=sche Grobheit oder Rücksichtslosigkeit nie eine überlegte war, sondern stets explosiv erfolgte. Der letzte Nothwehrversuch dieser Art stammt aus d. J. 1885, trägt als Motto die auf S. 18—19 Bd. IV variirte Stelle aus Goethe's „Wanderjahren" Cap. IV und lautet:

„Ew.   wohlgeboren

schwer zu rechtfertigende Beanspruchung meiner bei vorgerücktem Alter mir stets kostbarer werdenden Mußestunden bedauere ich, auch aus Mangel an für die betr. Sache erregbarem Interesse, nicht befriedigen zu können. Wohl wüßte ich jüngere Collegen zu nennen, welche sich durch Begabung, Erfahrung u. s. w. zur Erfüllung der ausgesprochenen Wünsche besser qualifizirten, doch unterlasse ich dies, um mir den Vorwurf der Uncollegialität zu ersparen."

119. An Hermann Wolff, (Berlin).

28. December 1881.

— — Die herzogl. Kapelle spielt schließlich doch sicherer unter meiner Führung, die — worauf ich sehr entfernt bin, mir etwas Apartes einzubilden — eine wirkungsvollere Insinuation der Br.[ahms']ischen Werke beim Auditorium ermöglicht. Allerdings — sollten Sie in persönlicher Leitung seitens des Componisten eine nothwendige Attraktionskraft zur Füllung des Saals voraussetzen, — so würde ich dann „mit Vergnügen" majori cedere, den Taktstock an den Componisten abgeben. — —

120. Meiningen, 31. December 1881.

Wann kann Stellprobe in der Singakademie Mittwoch Vormittag stattfinden?

Vorbedingungen: Saal gesäubert, geheizt, Instrumente ausgeladen und aufgestellt. Da nicht alle Kapellisten im Rome logiren und das plötzliche Zusammentrommeln Schwierigkeiten haben könnte, möchte ich schon hier (oder in Eisenach) die Stunde fixiren. 11 wohl zu zeitig? Aber 12 Uhr?

Mein schottischer 78/79 Trick ist Ihnen doch bekannt? Wäre derselbe brauchbar für Leipzig? Suffrage universel — die Hörer (zahlenden) wählen zwei Sinfonien und zwei Ouvertüren von Beethoven. Stimmenmajorität entscheidet. I., III., IV., V., VI., VII., VIII. Sinfonie (nicht II. und IX.), Ouvertüren mit Ausnahme von Lenore 2 und Ruinen von Athen.

Eulenburg ist vielleicht minervös genug, diese Idee mit Enthusiasmus aufzuschnappen und zu verwerthen. — —

121. ult. December 1881.

Was soll ich mit dem naiv-unverschämten Briefe des Festcommiß? Beantworten etwa? Ich? Habe ich das ominöse Lokal proponirt? Zum Krautz[1] mit dergleichen. Behelligen Sie mich gütigst nicht auch noch mit solchen Dingen. Meine

---

[1] Scharfrichter in Berlin.

Minimum-Portion guter Laune, wie sie zu der ganzen Tournée indispensable, darf mir nicht noch mehr limitirt werden.

Ich spiele nicht — wenn ich dirigire! Ich huste (leider auch nieße) auf Alle, die das verlangen, wozu ich jeden Schein von Berechtigung bestreite! O Publikum! Babies! — —

122. An die Mutter.

Meiningen, 31. December 1881.

Meine theure Mutter,

Eine schöne, kühne Idee hatte ich: Dich zwischen Weihnachten und Neujahr auf einen Tag zu besuchen. Aber eine im letzten Concerte geholte neue starke Grippe hat die Ausführung unmöglich gemacht. In wenig Tagen beginnt nun die große Concerttournée mit der Hofkapelle in Berlin, wo wir einem entschiedenen Kampfe entgegengehen, in welchem wir keine Niederlage finden dürfen. Da habe ich jeden Tag Revisionsproben zu halten gehabt[1], also keine Zeit mich zu schonen, somit keine Möglichkeit, die beabsichtigte Excursion zur That werden zu lassen. — —

Ich glaube, Dir nichts Besseres als étrennes versprechen zu können, als einmal einen Besuch bei Dir mit meiner Tochter in der schönen Jahreszeit. Vielleicht erfrischt Dich diese Hoffnung auf einen Moment — was gibt es denn Besseres als Hoffnungen?

[P. S.] Könnte ich in Berlin nichts besorgen? Die Zeit ist zwar knapp, aber ein paar Stunden kann ich für Mama schon verwenden.

Aus deutschen Zeitungen über die Meininger Orchesterconcerte.

„In dem Paulinischen Wort ‚Der Geist ist es, der lebendig macht‘ ist der Schlüssel zum Geheimniß der überwältigenden Erfolge der Meininger zu finden." Dieser Ausspruch der Leipziger Nachrichten v. 22. 1. 82 ist das Thema, welches die deutsche

---

[1] »Nous sommes tous dans un grand ‚excitement‘. Je répète tous les jours avec ma *banda*, tâchant de perfectionner, de polir, de vernir, de colorer en tout sens ce que nous allons jouer.« (An die Baronin L. 22. 12. 81.)

Presse ihren Schilderungen des ersten Erscheinens von Bülow an der Spitze des Meininger Orchesters in unzähligen Variationen zu Grunde legt. Auch die ihm nicht geneigten Stimmen in ihr spiegeln gleichsam wider Willen den tiefen Eindruck wieder. „Mit größerem Erfolge, als jüngst der Kanzler durch seinen Sohn zum Volke", sagt A. Moszkowski im Deutschen Montagsblatt v. 9.1.82, „ist hier Beethoven durch seinen Apostel zu einer empfänglichen Gemeinde von Musikern herabgestiegen. Ob es sich um Elegisches oder um Heiteres, ob um düster Tragisches oder weich Zerfließendes handelte, überall herrschte weises Maß, richtige Vertheilung der Stärkegrade, noble Phrasirung im Einzelnen, Geschlossenheit im Ganzen; in jedem Takt steckte Stil und Charakter."

Bülow's ehemaliger Gegner aus den „Grenzboten" A. Riccius (Hbgr. Nachrichten 11.1.82) spricht von einer „Vermählung des Beethoven'schen mit dem Bülow'schen Geiste" und des letzteren „höchster Versinnlichungskraft, Empfindungs- und Schönheitsvermögen" und fährt fort: „Freilich, das als heilige Tradition hingestellte taktfeste Handhaben, die nur mechanische, aber ganz gewissenhafte Beachtung aller Vortragszeichen, die sanktionirten Zeitmaße berücksichtigt Hans von Bülow wenig und hebt sich vielleicht manchmal in seiner Souveränetät darüber hinaus; aber dieses willkürliche Verfahren wird niemals zur leichtfertigen Prahlerei und Selbstverherrlichung. Überall tritt der strenge Dienst für den Meister entgegen. — — Und darum wird dieser Bülow'sche Beethoven ein ganz anderer, als der gewöhnlich und auch unter den besten Bedingungen gehörte; die vorgeführten bekannten, der mittleren Schaffensperiode angehörenden Orchesterwerke schienen neue zu werden. — — Das Meininger Orchester besitzt nur das Nothwendige, aber die gute Zusammenschulung verhindert das Übergewicht des einen Orchesterfaktors über den andern. Die Klarheit des Vortrags blieb überall gewahrt; das Forte klang kräftig, aber nicht grell und hart, das Piano stieg nicht herab zu ungesundem Säuseln, die Mittelstärke athmete Gesundheit, das Accentuiren einzelner Noten und Phrasen, das Abnehmen und Zunehmen des Tons, das Vorwärtsdrängen und Zurückhalten in der Bewegung erfolgten, als ob sie von Einem Manne ausgingen. Hans von Bülow spielt sein großes Orchester-Instrument mit derselben Virtuosität, künstlerischen Nervosität und demselben durchgeistigten Können, wie sein Clavier. — — Wenn in den Solostimmen des [Tripel-] Concerts dessen Schönheit und Lieblichkeit klar wurde, so erhellte die Poesie desselben noch mehr aus der künstlerischen Auffassung des Ganzen durch den Dirigenten und durch die Art und

Weise der Behandlung der Tutti, die nun nicht mehr
als bloße Ausfüllungen erscheinen, sondern einen integrirenden Theil
des symphonistischen Organismus des Werkes bilden. Die Discretion in der Begleitung, das selbständige Aussprechen des allein
waltenden Orchesters, das Zusammenschmiegen beider Faktoren reizen
zu höchstem Lobe." — —

Die Aufführung und Wirkung der Egmontouvertüre wird
beschrieben: „Dieses klare Darlegen der Motive, die herausgeholten
Contraste, die mit feinem Verständniß zuwege gebrachten Beziehungen
des scharf accentuirten Mittelmotivs mit der schweren, unheilkünden-
den Phrase des einleitenden langsamen Satzes deuteten auf den Geist
und die Poesie des Erklärers."

Über die Eroica: „An die gewohnte Vortragsweise schlossen sich
enger an die Marcia funebre, die allerdings einen erhöhten Glanz
erhielt durch einzelne hinein getragene, gewaltig wirkende dramatische
Steigerungen, und das Scherzo, das in geforderter graciöser Leicht-
füßigkeit ohne überhastete Bewegung und mit vorzüglichem und wohl-
thuendem Gelingen der Solostelle der Hörner im Trio vorübereilte.
Im ersten Satze erquickte die klare Darlegung der thematischen Haupt-
phrase, wo und in welcher Combination sie auch auftritt. Einige
Rubatos in dem sanfter anklingenden Mittelmotive lassen sich annehmen und auch vertheidigen, weil sie den Reiz des Empfindungs-
lebens erhöhen. Die kaum merkliche Pause nach den sechs schweren
Orchesterschlägen überraschte, aber verletzte nicht. Das Finale war
eine Prachtleistung; in seinen Anfängen, in der allmäligen Aus-
weitung zu einem gesanglichen Thema, in den wunderbaren Com-
binationen, die auf den höchsten Gipfel der Leidenschaftlichkeit hinauf-
klimmen und sich darauf wieder bis in die innersten Tiefen der Seele
versenken, spürte man, wie Bülow seinen Beethoven ausgeforscht
hat und wie sehr ihm daran gelegen war, ihm die höchste Verherr-
lichung angedeihen zu lassen."

Sehr häufig wird diese Bülow'sche Kunst der Steigerungen
hervorgehoben. So zwei Jahre später in Wien (N. W. Tagblatt
21. 11. 84): „Die Steigerung, zu der sich die Meininger in der Cmoll-
Sinfonie emporarbeiteten, war ganz merkwürdig und imposant,
wie es überhaupt zu den interessantesten Momenten gehört, wenn
Bülow ein Thema gewissermaßen bei seiner Wurzel packt und es
vor unseren Sinnen allmälig emporhebt bis zu seiner höchsten Spitze."

Eine andere Wiener Stimme (Abendpost November 84) sagt:
„Der Allegro-Satz der Egmont-Ouvertüre wurde von Bülow in
klar gegeneinander gestelltem zweifachen Zeitmaße aufgeführt. Nach

dem schnelleren (aber auch langsamer als sonst üblich gespielten) Hauptsatze in **F moll** staute Bülow in den mit dröhnender Wucht sich aufbäumenden **As dur-** und **Des dur**-Accorden das Tempo, und zwar zu kolossaler dramatischer Wirkung. Daß die weichen Terzen der Holzbläser, welche in **A dur** dem harten Trotze der Streicher antworten, durch das verlangsamte Zeitmaß zu so schönem seelischen Ausdrucke gebracht werden konnten, war eine entzückende Folge des zurückgehaltenen **Tempo.** Eine ganz zauberische Wirkung erzielte Bülow in den letzten Takten des Dreiviertelsatzes, bevor der triumphatorische Schlußsatz mit dem Wirbel der Pauke anhebt. Hier verstand Bülow durch ein Ritardando und durch die wunderbare Beseelung des Tones in den langgehaltenen Accorden der Holzbläser, deren letzter in **C dur** so geheimnißvoll in das C der siegreich beginnenden Geigen hinüber verklang, einen Schatz zu heben, der bisher im Verborgenen geruht hatte."

„Jetzt, wo das fertige Werk uns gegenübertritt" (Berl. Cour. 5. 1. 82) „erinnert freilich nichts an den mühseligen Weg, den Bülow und seine Musiker schwer durchmessen mußten, ehe sie erreichen konnten, was ihre Leistungen uns jetzt darbieten. — — Das Concert begann mit der Coriolanouvertüre, es brachte alsdann die **C dur**-Sinfonie, die Egmontouvertüre und die **A dur**-Sinfonie. — — Das Innerste dieser Kunstwerke wird uns durch eine Ausführung wie die gestrige enthüllt; ihr ganzes Wesen wird in eine andere Beleuchtung gerückt, und überall entdecken wir Schönheiten, Eigenthümlichkeiten, die wir bisher nicht kannten; was früher aus ihnen wie verheißungsvolle Ahnung zu uns sprach, das wird plötzlich entzückende Gewißheit. Diese Feinheit der Nüancen, die sorgfältige dynamische Schattirung, der innige Zusammenklang der Instrumente, diese vollendete Präcision, diese völlige Überwindung alles Handwerksmäßigen, dieser Wohlklang, diese Zartheit im Piano — — übten eine völlig berauschende Wirkung auf das Publikum aus. Wenn wir aus der prächtigen Gesammtleistung einzelne besonders markante Vorzüge hervorheben wollen, so müssen wir betonen, daß d i e C d u r - S i n f o n i e, die uns früher nie als ganz vollgiltiger Beethoven erschien, in dieser Wiedergabe einen entzückenden Eindruck machte; ja ganz besonders möchte die Art und Weise zu erwähnen sein, in der die Einleitung zum F i n a l e gespielt wurde. Während der I n t r a d e läßt B. den Taktstock ruhen; er kann's, denn in entzückendem Einklang wird dieselbe von den [4] ersten Geigen ausgeführt."

Der Vortrag dieser Sinfonie gestaltete sich zu einem der schönsten Triumphe der Meininger. „Da ist kein Pünktchen, kein Bogenstrich,

der nicht auf's Gewissenhafteste zu Gehör gebracht wird" (Die
Post, 6. 1. 82): „mit philologischem Spürsinn werden die feinsten
Nüancen aus den todten Buchstaben der Partitur in's Leben erweckt.
Der fugirte Eingang des Andante aus der ersten Sinfonie war ein
wahres Meisterstück des Vortrags, ebenso die kurze Einleitung zum
Finale — —, die genau nach Beethoven's Vortragszeichen ausge-
führten, dynamischen Schattirungen entlockten dem Publikum laute
Rufe des Entzückens." „Höchst humoristisch" nennt das Deutsche Tage-
blatt 6. 1. diese Wirkung; „aber warum soll man bei Beethoven
nicht auch einmal lachen?" „Ein musikalisches Meisterstück, wie wir
Alle es noch nie gehört hatten. Ein nur halb unterdrückter Ausruf des Staunens ging dabei durch den Saal." (Norbd. Allgem.
8. 1. 82.) „Ein Kabinetsstück von Ausführungskunst" (Berl.
Fremdenbl. 6. 1. 82). „Wie reizend in der I. Sinfonie im Trio des
Scherzo die Holzbläser in ihren C dur-Accorden plötzlich diminuirten,
gleichsam den Achteln der Streicher das Wort ertheilend" (Wiener
Abendpost November 1884). „Ein Ausfeilen jeder Einzelstelle bis
zur Spitzenfeinheit" hebt H. Ehrlich (Berliner Tagebl. 6. 1. 82)
hervor, „den erstaunlichen Tonfärbungs-Sinn des Dirigenten. — —
Einige Momente waren überraschend schön herausgedacht, wie z. B. das
kleine singende Ritardando in der Coriolan-Ouvertüre vor dem
jedesmaligen Eintritte des Mittelthemas, das prächtige Hervortreten
der Bässe am Ende des 1. Satzes der Siebenten, wo Beethoven einige
Noten des Themas so tief liegend ertönen und von den Flöten und
Violinen oben beantworten läßt, das glänzende Crescendo ebendaselbst im Trio des Scherzo, nach welchem die breite feierliche Haltung der Trompeten eine blendende Wirkung erzeugte."

Man freut sich, wie später in Wien, die Coriolan ouvertüre
in einem pathetischeren Tempo zu hören. „Anstatt der gewohnten
Eile der Streicher hörten wir zum ersten Male die Achtel des Haupt-
motives in dem erhabenen Schritte der Tragik einherwandeln und nicht
— wie üblich — daherlaufen. — — Noch eine — allerdings bereits
von dem Florentiner Quartette geübte — Neuerung hat Bülow eingeführt: er wiederholt nicht die ersten Theile der ersten und
letzten Sinfoniesätze. Eine gute Folge hat diese Emancipation von
alter Form entschieden; es läßt sich nämlich nicht läugnen, daß durch
den Wegfall der Repetition die Sätze gedrungener, frischer wirken"
(Wien, Abendpost November 1884).

Auch die Breslauer Ztg. (28. 3. 82) sieht die Coriolan-
ouvertüre als ein Beispiel an „mit wie großem Erfolg Bülow selbst
an Stellen, welche scheinbar unübersteigliche Schwierigkeiten bieten,

eingreift, um der Idee des Componisten gerecht zu werden. Clarinette und Oboe haben dort einmal mitten in einem zum Fortissimo
gesteigerten großen Crescendo des Streichorchesters eine melodische
Phrase mit klagendem Ausdruck höchst einbringlich zu bringen, und
erreichen dieß in der That durch eine außergewöhnlich volle Tongebung, ohne daß die Färbung des Streichorchesters um einen Grad
schwächer, als verlangt ist, schattirt erscheint. Die Ouvertüre zu
König Stephan möchte das Virtuosenstück des Orchesters an
diesem Abend genannt werden dürfen. Wenn auf eine Nummer, so
paßt auf diese zur Charakterisierung des Vortrags das Epitheton
‚brillant‘. Ein Glanz, eine Verve ohne Gleichen umstrahlte und
durchzuckte dies allerdings besonders prächtig instrumentirte Stück.“

Auch A. Blaßmann in der Dresdner Ztg. (17. 3. 82) sagt: „Ich
habe die König Stephan-Ouvertüre in dieser feurigen Auffassung
und dabei präcisesten Wiedergabe noch nicht spielen hören; sie glich
einem zeither lethargischen und nun vom langen Schlaf erwachten,
neu und frisch auflebenden Menschen.“ Das Leipziger Tagebl.
(22. 1. 1882) bemerkt, diese Ouvertüre müsse „sehr schwer sein,
machte sich aber ganz prächtig, so daß man nicht begreifen kann,
warum das Werk im Gewandhause so lange geruht hat.“

Die oben citirte Breslauer Ztg. hebt hervor, „wie doch alle
Musik, und gerade die innigsten Weisen Beethoven’s, auf den Urquell
aller melodischen Laute, auf die herrliche Menschenstimme
zurückzuführen sei. Daß Bülow jeder Spur davon in des Meisters
Werken so eifrig horchend nachgeht und seinen Instrumenten den
Beethoven’schen Singeton so trefflich zu entloden versteht, das macht
gewiß einen Hauptreiz seines Vortrages aus. Die große Leonoren-
Ouvertüre war der gewaltige Abschluß des nun seit vorgestern
der Breslauer Musikgeschichte angehörenden Beethoven-Cyclus der
Meininger. — — Wie wohlberechnend Bülow zu Werke geht, bewies
die subtil vorbereitete Steigerung der berühmten Geigen-Unisono-
stelle; hier besorgten erst zwei der Herren Violinisten die Anfangstakte,
schlossen sich dann weitere zwei an und so fort, bis die ganze Masse
der Streicher eingegriffen hatte und der Strom bis zur Hochfluth
angewachsen war. Die bekannte Trompeten-Fanfare läßt Bülow
nicht außerhalb des Saales sondern aus dem Orchester blasen, und
zwar das erste Mal mit zu Boden gekehrtem Schalltrichter, wodurch
der Effekt der Ferne fast erreicht wird, die Wiederholung offen
und frei.“

Ein Bremer Berichterstatter fand das Trompetensignal „rascher,
keder, weniger sentimental als wir es gewohnt sind“, und rühmt

den Meininger Künstler, daß er es jedesmal „in einem Athem"
gegeben habe. Die Wiener „Presse" (4. 12. 84) schildert: „Was
Andere unbeachtet beiseite gelassen, glaubt er umso nachdrücklicher
restituiren zu müssen. Einige Stellen, deren Ausführbarkeit wir
bezweifelten, haben wir von seinem Orchester überhaupt zum ersten
Male klar und deutlich gehört, so, um nur zwei Beispiele zu erwähnen,
die fünfte Wiederholung des Hauptthemas im Andante der Beethoven'-
schen Cmoll-Sinfonie, wo die Bässe in Zweiunddreißigsteln die
Melodie führen, während sämmtliche andere Instrumente in stark be-
tonten Sechzehntelschlägen begleiten, und den kühnen Contrapunkt,
mit welchem Brahms seine Fdur-Sinfonie beginnt. Ganz in seinem
Element ist Bülow im Romantischen und Humoristischen. Die
Ouvertüren zu ‚Freischütz' (Weber), ‚Corsar' (Berlioz) und ‚Faust'
(Wagner) kann man nicht lebendiger, ausdrucksvoller und natürlicher
wünschen; sie sahen aus wie transparente, illuminirte Stereoskop-
bilder. Beethoven's achte und die schnellen Sätze seiner I. Sinfonie
athmeten eine Frische, Ursprünglichkeit und Laune, die Alles mit sich
fortriß. Aber auch im ausgelassensten Übermuth vergaß der Dirigent
seines Lehramtes nicht. Die pizzicato ausgeführte zweite Violin-
stimme im Allegretto scherzando der achten Sinfonie machte ein
so pfiffiges Gesicht, als wollte sie dem Zuhörer sagen: Du hast mich
bisher für eine bloße harmonische Figur gehalten, Du siehst: ich bin
mehr als ich scheine! Und bei dem folgenden Satze wurde die Über-
schrift tempo di minuetto dreimal unterstrichen. Wie sollten auch
Hörner und Trompeten am Schlusse des Menuett ihr gravitätisches
Ansehen behaupten, wenn das Tempo überstürzt würde? Ein aus-
gestreckter Finger wies dabei auf Analogien in der Esdur-Sonate
Op. 31 und im Esdur-Trio Op. 70 hin."

„Noch nie dürfte ein Orchester in dem Sinne der Polyphonie
seine Aufgabe so erfaßt und dem Zuhörer so klar dargelegt haben als
dieses Meininger es thut", sagt Sigismund Blumner (Dresdner Ztg.
20. 4. 81) bei Gelegenheit der IX. Sinfonie in Meiningen. „War
es doch dem Zuhörer, als sei sein geistiges Auge plötzlich mit
einem Fernglas versehen, durch das eine fern im Nebel liegende
großartige Landschaft bis in die kleinsten Theile vollkommen erkennbar
würde, ihn erfreute, mit Grausen erfüllte, und wieder entzückte, und
doch zugleich als Ein, vollständig harmonisches Bild auf seine Seele
wirkte. — — Ein Blick in die Ewigkeit", schließt der Bericht.

Norddd. Allgem. 6. 1. 82: „Die feinsinnige Behandlung des
Tempos, das sich so viel als möglich und ohne die Einheit
des Ganzen zu zerstören, dem Charakter der jedesmaligen

melodiſchen Figur anzuſchmiegen ſucht", damit wird u. A. erklärt,
warum unter Bülow in dem altbekannten Beethoven ſo vieles als
gänzlich neu wirke. „Er vergißt es nie, daß er kein Metronom iſt,
ſondern ein lebendiger Führer, und die Compoſitionen ein Organismus, deſſen Puls bald beſchleunigter, bald verlangſamt, bald voller,
bald leichter klopft."

Die Wiener Abendpoſt Ende November 1884 ſagt: „Daß Beethoven ſelbſt mit ſouverainſter Freiheit ſeine eigenen Werke auf dem
Claviere vorgetragen und am Dirigentenpulte geleitet hat, iſt durch
das Zeugniß der vertrauenswürdigſten Zeitgenoſſen zur Kraft einer
hiſtoriſchen Wahrheit erhärtet. Es nützt daher dem muſikaliſchen
Philiſter nichts, wenn er in ſeiner beſchränkten Empfindung, welche
in dem Kapellmeiſter nur den Uhrpendel und in dem Tonwerke lebig-
lich eine Anzahl von ſo und ſo viel Takten erblickt, ein lautes Weh-
geſchrei über den Frevel Bülow's anſtimmt. — — Eine ganz beſondere
Eigenthümlichkeit iſt das verlangſamte Zeitmaß, in welchem
Bülow die Allegro-Sätze der Beethoven'ſchen Werke auszuführen
pflegt."

Auch den Pauſen — „die für die Muſik eine ähnliche Bedeutung
haben, wie die Scheidezeichen für die Rede", ließe die Kapelle „die
ſorgfältigſte Beachtung angedeihen", ſagt die Nationalztg. (6. 1. 82)
und ſchildert weiter: „Stets wogte dem Ohr die friſcheſte Fluth
geiſtigen Lebens entgegen, nirgends wurde es gelangweilt und geärgert
durch jene Kälte und Starrheit, durch jenes die verſchiedenen Individualitäten des Orcheſters wie Orgelregiſter behandelnde Ableiern,
darin ſich Routine und Schlendrian ſo ſehr zu gefallen pflegen. Wie
B. am Clavier das innerſte Nervengeflecht jeder Compoſition, die
künſtlichſten und geheimnißvollſten thematiſchen Verſchlingungen ſinn-
fällig bloßlegt, nicht anders ſeine Kapelle."

Bonner Tageblatt 25. 11. 85: „Ein großer Jemand hat einmal
geſagt: der Rhythmus ſei die Seele der Muſik; iſt dem ſo,
dann iſt das Bülow-Orcheſter der Körper, der dieſe Seele in all
ihren wechſelnden Erſcheinungsformen zu ſchönem, erquickendem
und erhebendem Ausdruck bringt. — — Das Verdienſt, dieſem Körper
den Gebrauch ſeiner Glieder gelehrt und ihn zu einer einzig daſtehenden,
idealen, faſcinirenden Individualität erhoben zu haben, muß einzig
und allein Bülow zugeſchrieben werden. Es iſt nicht das ſchlechteſte
dieſes kühnen, tapferen Muſik-Strategen."

„Da fehlt nichts, nichts!" ſagt die Freiburger Morgenztg.
10. 11. 84: „Jedes einzelne Inſtrument als ſolches leiſtet Niege-
hörtes, Unvergleichliches auch an den kitzlichſten Paſſagen. Da

klingen zehn erste Geigen in der höchsten chromatischen Skala, im flüchtigsten Staccatogang jeden Augenblick wie **eine**, um keine Schwebung differirend was Reinheit oder Takt anlangt, da springt keinem ein Ton über auf der G-Saite, die in einem Gange von unten bis ins C in Anspruch genommen wird — der Musiker weiß, was das heißt, für zehn G-Saiten. Wie rein ist allenthalben die Intonation, wie wunderbar ist das Piano der Blechbläser, wie weich und rund der Ton der Bässe — kein Instrument dominirt unzeitgemäß, und doch ist jedes jeden Augenblick in voller Deutlichkeit hörbar, erhebt sich, wo der Dirigent es wünscht, zur unglaublichsten Steigerung seiner Trag-gewalt, von der schneidendsten Energie der Geigen bis zum zer-springendsten Fortissimo der Pauken und Trommeln."

Die ins Einzelne gehende Beschreibung der neun ersten Berliner Concerte — 6 Beethoven, 2 Brahms, 1 Mendelssohn — wie wir sie in den damaligen Zeitungen vorfinden, hier wiederzugeben ist un-möglich. Wer musikalische Wunderthaten nicht selbst erlebt hat, wird durch Worte doch nur eine schwache Vorstellung von ihnen bekommen. Ja, solche Zusammenstellungen von Superlativen haben sogar leicht etwas Ermüdendes, ohne auch nur einen Schimmer Dessen herauf-zubeschwören, was in der Erinnerung des Ohrenzeugen noch nach Jahren freudig nachzittert. Immerhin ist aus der Genauigkeit, mit welcher auch der Äußerlichkeiten gedacht wurde, der Grad der Wir-kungen nach allen Richtungen hin zu entnehmen. So schildert Th. Krause (Tribüne 6. 1. 82) den ersten **optischen Eindruck**: „Natürlich dirigirt der größte Gedächtnißvirtuose Alles auswendig. Auf dem Pulte liegt nur der Hut, die letzte Fessel für den scharf gezeichneten, etwas eckigen, geistvollen Kopf. Plötzlich, ohne hör-bares Avertissement, blitzt der weiße Taktstock auf, ruht einen Moment in der Luft und hat die elektrische Kette mit dem Orchester geschlossen. — — Neben schwarzen, mit Gold hübsch verzierten Pulten liegen die Reserveinstrumente. Eine platzende Saite entschuldigt den Musiker nur so lange, als er nöthig hat, ein anderes, fertiggestimmtes Instrument zu ergreifen. — — Über jedes Musikstück gibt das Pro-gramm durch vollständige Überschrift, Opus- und Jahreszahl, Über-schrift oder Tempo der einzelnen Sätze u. s. w. in dankenswerther, bei uns oft vermißter Weise ausführlich Kunde."

Breslauer Ztg. 28. 3. 82: „Das Meininger Orchester spielt stehend, eine Einrichtung, welche der energischen Handhabung der Instrumente und somit der Tonerzeugung nur förderlich ist. Der gesättigte Ton und die wuchtigen Accente, welche eine Beethoven'sche Symphonie verlangt, sind von einem sitzenden, kleineren Orchester bedeutend schwerer herauszubringen. Und die Steigerung in der Tongebung ist es gerade, wodurch die Bülow'sche Schaar so große Wirkungen erreicht, wie sie z. B. das Finale der A dur-Sinfonie in stetig vom einfachen bis zum dreifachen Forte anwachsenden Perioden wahrhaft sturmartig über die Zuhörer ergehen ließ."

Dresdner Ztg. 7. 12. 84: „Er handhabt den Stab selten lange in regelmäßiger Bewegung, bald gibt er nur den ersten Takt-theil an, bald durchschneidet er, um alle Kraft zu entfesseln, mit beiden Armen die Luft; hier scheint die Gestalt mit dem weit ausholenden Crescendo zu wachsen, dort duckt sie sich, ironisch lächelnd, nieder oder begibt sich — wie beim Schlusse der C moll-Sinfonie von Beethoven — völlig der Direktion und tritt mitten in's Orchester, um voll stiller Genugthuung den fest gefügten, von seinem Geist be-seelten Organismus zu beobachten, dem leisesten Pulsschlag des Orchesters zu lauschen."

Neue Freie Presse 28. 11. 84 (Hanslick): „Ein erfinderischer und experimentirender Geist, hat Bülow auch in seinem Orchester wirksame Neuerungen eingeführt, die anderen Dirigenten nicht ein-fallen. Dahin gehören die fünfsaitigen Contrabässe, welche das tiefe C geben, während die üblichen viersaitigen bekanntlich nur bis in's E hinabreichen;" [anderwärts heißt es: „Mancher wird mit Erstaunen im Adagio der IX. Sinfonie das tiefe Des vernommen haben."][1] „ferner die sogenannten Ritter'schen Altoviolen, die, von stärkerem Baue als die gewöhnlichen Bratschen, diese an Ton-fülle übertreffen und den allzu weiten Abstand dieser Geigenklasse von den Violoncells vermindern; schließlich die chromatischen

---

[1] An den Erfinder, C. Otho in Leipzig, hatte Bülow folgenden im „Clavier-Lehrer" 15. 3. 1881 abgedruckten Brief geschrieben: „Durch Ihre Erfindung eines fünfsaitigen Contrabasses C, E, A, D, G sind Sie in meinen Augen ein Wohlthäter der musikalischen Menschheit geworden, jedenfalls derjenigen Dirigenten, denen daran gelegen ist, z. B. vor Allem Beethoven's Sinfonien in vollkommener Treue gegen den Geist (somit auch gegen dessen sinnliches Merkmal, den Buchstaben) ihres Schöpfers zu reproduziren. Das vorzügliche Instrument, welches Sie mir geliefert haben, hat sich durch seinen ungewöhnlichen Wohlklang, sowie durch seine Tonfülle den ungetheiltesten Beifall erworben, außerdem hat sich seine Construktion als so praktisch er-wiesen, daß Herr Kammermusiker Ebert hier nach mehrwöchentlicher Ein-übung schon im Stande gewesen ist, dasselbe öffentlich mit Sicherheit zu spielen. Jedes auf künstlerische Respektabilität Anspruch erhebende Orchester sollte es sich nach meiner Ansicht angelegen sein lassen, von Ihrer sinnreichen Erfindung nach Kräften Gewinn zu ziehen. Mit meinem freudigen Glück-wunsche zu derselben verbinde ich den Ausdruck meiner aufrichtigen Hoch-achtung."

Pauken, welche während des Spiels durch einen Pedaltritt sofort umgestimmt werden können." M. Kalbeck (Presse, 27. 11. 84) erläutert: „so, daß der Pauker die ganze Skala schnell hintereinander anschlagen kann. Im ersten Satze der Beethoven'schen C dur-Sinfonie erwies das Instrument seinen neuen Humor, und der Zuhörer machte ein verblüfftes Gesicht. Beethoven würde an mancher Fortissimostelle seiner Sinfonien die Pauken haben mitgehen lassen, wenn die Harmonie, oder vielmehr die Widerspenstigkeit des schwer umzustimmenden Instruments es ihm erlaubt hätte." Ähnlich berichtet die Württemberg'sche Landesztg. v. 17. 1. 84 und seufzt in demselben Artikel: „Bülow ist schon oft ein musikalischer Autokrat genannt worden, — — ach, wenn wir nur viele solcher Autokraten auf dem Gebiete unserer Kunst hätten, d. h. solcher Autokraten, die von dem stählernen, gesunden Geiste Bülow's sind. — — Ein solcher Künstler vermag die Werke unserer Meister w a h r h a f t p o p u l ä r zu machen."

„Fleißig sein, Proben halten, nicht auf eitlen Künstlerstolz pochen!" mahnt die Straßburger Post 8. 11. 84. „Und wenn die deutschen Kapellmeister auch nicht sämmtlich Bülows sein können, ihm nachzufolgen sollen sie doch trachten. Wie haspeln sich doch manche unserer Kapellmeister bei den sogenannten ‚schwierigen Einsätzen' ab; gerade an solchen Stellen steht Bülow ruhig da, hebt kaum den Stab und beherrscht mit einem Blick mehr, als die anderen mit zwei Händen, von denen jeder Finger einen Taktstock darstellen möchte!" Dagegen meint der Bremer Courier (14. 3. 82): „Man lege aber der Mehrzahl von Proben und den technischen Hülfsmitteln, die dem Orchester in einigen neu construirten Instrumenten zur Verfügung stehen, auch nicht allzu viel Gewicht bei! Mehr und mehr tritt es zu Tage, daß Alles ohne eine Inspiration, wie sie Bülow dem Corps einzuflößen vermag, nur todtes Material sein würde. Durch sein eminentes Direktionstalent fördert er Schätze zu Tage, die man am Lichte zu begrüßen kaum mehr gehofft hatte, die man höchstens noch in der Phantasie hegte. Schon die Art und Weise, wie er den Taktstock führt, gibt davon in gewissem Sinne öffentlich Zeugniß. Bülow dirigirt ungemein beweglich und folgt der Tonfluth mit dem ganzen Körper. Nun weiß man, welch' große Gefahr darin liegt. — — Aber bei Bülow wird die Beweglichkeit zum größten Vorzug, und man ist kaum einmal versucht, über ein Allzuviel zu l ä c h e l n. Er verfügt über hunderterlei Nüancen, für den charakteristischen Tonausdruck die bezeichnende Geste zu finden. Auf das Sprechendste illustrirt er alle Einzelheiten des Orchesterwerks, und schließt man von dieser

bewunderungswürdigen Reichhaltigkeit der Mittel zurück, so begreift
man, wie sehr er im Stande sein muß, seinen Musikern den Geist
der darzustellenden Schöpfungen zu erschließen. Es kommt bei dieser
Cardinalkunst schließlich wenig darauf an, ob man mit dem Dirigenten
über diese Fermate oder jenes Ritardando zu rechten hat; er gibt in
der That manchmal Grund zu berechtigter Opposition; hie und da
wird die Intention allzu absichtsvoll markirt — aber er besitzt das
A und O seiner Kunst."

Ähnlich scheint der schon einmal citirte Bonner Enthusiast zu
denken, der sogar versichert, 25. 11. 85: „Man brauchte gar nicht
hören zu können — selbst für einen tauben Musikfreund müßte
der Anblick der Thätigkeit dieser Elitetruppe ein Hochgenuß sein.
Dieses einheitliche, wie von einer elektrischen Strömung geleitete Auf-
und Abbewegen der Bogen, diese gleichmäßige, dem Auftreten eines
kampfbereiten Kriegercorps vergleichbare, uniforme Haltung und
Costümirung der Musiktruppen — dazu der geschmeidige, keck geführte,
einer Damascenerklinge gleichende Taktirstock und die commandowort-
athmende Geberdensprache des Dirigenten — wirklich, die Genüsse, die
man bei diesem Orchester empfängt, müßten selbst den bloßen Zu-
schauer begeistern."[1]

Indeß wird auch wiederholt der Bescheidenheit rühmend
gedacht, womit der Dirigent zurücktrete (z. B. Prager Tagbl. 4. 12.
84). Seine Arbeit, die so recht eigentlich das Hirn des Ganzen
ist, bleibe dem Publikum verborgen. „Und darum liegt auch eine
sehr feine Ironie in dem Gestus, mit dem er den Beifall des
Publikums seinem Orchester zuweist" (Weserztg. 12. 3. 85). Doch
wird die Zurückhaltung mitunter auch anders ausgelegt: „Eine
gewisse Eitelkeit ist es unbestritten, wenn Bülow, auf die unwandelbare Festigkeit seines Orchesters pochend, gerade in jenen Stellen,
wo sonst die Kapellmeister Kraft und Aufmerksamkeit verdoppeln
müssen, den Taktirstab ganz sinken läßt und sich gegen die Zuhörer
wendet, als wollte er sagen: ‚Seht, so haben wir studirt!'" Dieser
Bemerkung läßt die Prager Politik (9. 12. 84) folgende hübsche
Schilderung vorangehen: „Man sieht es ihm an, wie er als

---

[1] Was hier klingt wie eine Übertreibung, wird von der Herausgeberin
absichtlich eingefügt, weil es ihr selbst stets unbegreiflich war, wie man diese
einzig beredte Mienen- und Geberdensprache Bülow's beim Dirigiren —
man erinnere sich z. B. der humoristischen Momente bei Haydn — als etwas
Äußerliches hat auffassen können, während es nur der durchaus unwillkürliche
Reflex der starken inneren Empfindung war, die dann auch diese unvergleichlich ansteckenden Wirkungen auf die Zuhörer hervorzurufen pflegte.

Dirigent eines Werkes dieses m i t g e n i e ß t. Wenn jetzt gleichsam jede Fiber des Mannes das Forte der Kraftstellen gebietet und sein Taktirstab die Accente gleichsam aus den Instrumenten hervorholt, so horcht schon im nächsten Augenblicke die über das Pult gebückte Gestalt gierig auf den Gesang eines Blasinstrumentes, und gleich darauf zeigt die lächelnde Miene seine Freude über die schönen, mit tadelloser Reinheit und Schönheit von einer Stimme auf die andere sich übertragenden Imitationen."

Gleich nach dem ersten Erscheinen in Berlin fehlte es nicht an laut geäußerten Wünschen. „Vielleicht gibt dieser Erfolg gewissen Kreisen Veranlassung, dem großen Dirigenten ein anderes Pult anzuweisen wie in Meiningen. Wir brauchen uns wohl nicht erst deutlicher auszudrücken." (Berl. Ztg. 6. 1. 82). Gustav Engel in der Vossischen Ztg. 8. 1. 82 beklagt, daß die kgl. Kapelle unter Taubert ihre Sinfonie-Abende mühsam dem strengen Alltagsdienst abringen müsse. „Da regen denn solche Heldenthaten wie H. v. B. sie mit einer aus bescheidenen Kräften bestehenden, fast nur in den Blechinstrumenten vollständig befriedigend versehenen Kapelle verrichtet, dazu an, darüber nachzudenken, ob sich nicht ein Modus ersinnen ließe, den vielfältigen Ansprüchen des Tages und den idealsten Forderungen der Kunst in gleichem Maße zu genügen."

„Das R é s u m é der Bülow'schen Beethovenconcerte" sagt E. E. T a u b e r t in der Post (6. 1. 82) „wird für einen verständniß-vollen Zuhörer das sein, daß ihm die Ausführung der gehörten Orchesterstücke als Maßstab für alle folgenden gelten wird, gerade wie es bereits in der That mit den von Bülow gehörten Claviersonaten der Fall ist. Möglich, daß ein Künstler einmal die eine oder die andere Stelle mit etwas mehr sinnlichem Reize, mit mehr Klangphantasie vortragen kann: im Hinblick auf den Totaleindruck ist mit der Auffassung Bülow's, welche eigene geistige Schärfe mit den Resultaten der Liszt-Wagner'schen Schulung verbindet, der einzig richtige Weg gegeben, auf dem der wahre Stil für eine würdige Vorführung unserer Klassiker gefunden werden muß."

„Die in der Stille der thüringischen Residenz gewonnenen Resultate" (A. Moszkowski, Deutsches Montagsblatt 9. 1. 82) „haben durch ihr Ertönen in unserer Mitte bei Laien und Kennern, in Publikum und Presse, ein Echo geweckt, welches noch lange nach dem Verklingen dieser Orchesterconcerte hallen wird, sie haben uns ein reiches Maß edlen und nachhaltigen Genusses geboten und werden sich durch die Fülle der gegebenen Anregungen zweifelsohne als folgenschwer er-weisen. Seit längerer Zeit schon stellte sich unser Concerttreiben

unter dem Bilde eines der Stagnirung zustrebenden Gewässers dar;
wie mit einem neptunischen Dreizack hat Hans v. Bülow mit seinem
Taktstock die ebene Fläche aufgerührt und eine wogende Brandung
heraufbeschworen, die sich, wie wir hoffen, nicht allzubald wieder
glätten wird."

123. An George Davidsohn (Berlin).

Kiel, 13. Januar 1882.

Verehrtester Herr!

Mißverständnisse zwischen uns — oder vielmehr eine Ver-
kennung meiner Ihrerseits — würde mir sehr nahe gehen, weil
ich Ihnen so herzlich dankbar ergeben bin für Ihre mir stets —
in angustis (wie auch in faustis) so reich bewährte treue be-
ständige = beiständige Theilnahme.

Erlauben Sie mir eine A b bahnung dieser Mißverständnisse
zu versuchen.

Hat Ihnen unser unvergeßlicher gemeinsamer Freund Tausig
niemals seine Verehrung für Brahms' Genius offenbart?
Fragen Sie — die excellente Excellenz [Gräfin Schleiniz]:
sie wird Ihnen bestätigen, wie sein edles Künstlerherz — nicht
getheilt war, sondern doppelt schlug für diejenigen beiden
größten „Hirnbesitzer" (mit Beethoven zu reden) unter den
Tonkünstlern dieses Säculums, welche vor zehn Jahren circa
vom Capitel des Maximiliansordens gleichzeitig zu Rittern
geschlagen worden sind, ein wahrhaft erhebendes Faktum im
Parteienhader-Charivari. — Und zu Tausig's Lebzeiten war
Br[ahms] doch bei Weitem nicht der KERL, der er heute ist!

Nun wohl — ich habe Tausig's Erbschaft angetreten; sein
plötzlicher beklagenswerther Tod hat mich, der ich an Leib
und Seele gebrochen war, zunächst zur Wiederaufnahme meiner
Virtuosencarrière veranlaßt, die zunächst den Zweck der Erfüllung von Vaterpflichten, wie Sie wissen, verfolgt und erreicht hat; er ist mir zum Segen geworden! Und dann — na
nu is jut. — Nein, lieber verehrter Herr, von Apostasie kann
bei dem keine Rede sein, der in den letzten Jahren so „Erkleck-

liches" (Lankow's term) für Bayreuth zusammengeklimpert hat. Übrigens — hat W[agner]'s Genius keinen eingefleischteren Bewunderer als Br. Fragen Sie ihn, fragen Sie verschiedene seiner Freunde, von denen er mit einigen darob sogar „auseinander gekommen ist."

Doch ich bin nicht bei Feder. Überzeugender wirkt bei Ihnen vielleicht das verflucht gescheidte Wort, das ich gestern Abend in der h i e s i g e n Zeitung (sic — hoho!) gelesen: voilà.[1] — —

Einstweilen vollziehen sich allerwärts, wo ich mein schneidig-schmeidiges Richtschwert schwinge, unblutige (?) — Exekutionen, und so dürfte ein eingeweihter Anhänger der bonne cause schon betiteln einen „idealen Krauts"

Ihren

treuergebenen [u. s. w.].

124. An Marie Schanzer (Hamburg).

K i e l, 13. Januar 1882.

Verehrtestes Fräulein,

Bin ich nicht furchtbar albern gewesen, in Worten, in Manieren, in allen Kundgebungen meiner „künstlerischen" Persönlichkeit? D e r Gedanke quält mich unablässig, seitdem Sie so liebenswürdig gegen den vormaligen Freund gewesen! Ich

---

[1] Die „Kieler Ztg." vom 12. 1. 82 hatte einen Privatbrief aus Hamburg an den Dichter Klaus Groth über die Meininger Concerte abgedruckt. Die Hauptsätze daraus sind:

„Für mich war die Leitung ein musikalisches Ereignis, das Resultat einer überlegten und ausgeführten Tat, welche mit dem Mut der individuellen Meinung und Empfindung ans Werk gegangen ist; der Meinung nämlich, daß neben dem Klassiker Beethoven auch der Romantiker Beethoven voll zur Geltung zu bringen sei. — — Und Beethoven, dem es nur mit dem ganzen Aufwand seiner Riesenkraft gelungen, das nicht musikalische, das seelische Element seines Schaffens, das ihm den größten Widerstand leistete, in das enge Bett der klassischen Form zu zwingen, wird noch lange der Markstein bleiben, an dem die Entscheidungskämpfe um den Grenzstreit geschlagen werden. Wenn man sich lange danach gesehnt hat, den in die Form gebannten Geist, wie den Funken aus dem Stein zum Leben erweckt zu sehen, so ist man für den Augenblick von der Freude darüber so ergriffen, daß man

war überrascht, daß Sie meinen Besuch überhaupt empfangen
haben. Fast wünschte ich, hoffte ich, Sie würden sich entschuldigen lassen. Aber als ich Sie wiedersah, überkam mich
der alte Zauber, mein Herz lächelte — bis zur Grimasse. Sie
sind mir immer noch ganz so furchtbar — sympathisch. Daß
man in meinem Alter noch den Masern ausgesetzt ist! Bon —
Ausrufungszeichen wie . . . . . .

La joie fait peur heißt's: mich machte sie dumm. Na —
Sie sind eine zu vornehme Natur, um sich an diesem Ihrem
Triumphe — vermuthlich keinem überaus seltnen — auf meiner
Selbstliebe Kosten zu weiden!

Mögen Sie mich Sonntag wiedersehen wollen? Darf ich
um 5 kommen, Sie nach Altona im Wagen begleiten? Bin ich
so weit amnestirt? Ich verspreche auch, recht geistreich zu sein,
ohne jede Bosheit (was bekanntlich schwer), jedenfalls so wenig
albern, als meine Mittel erlauben.

„Dummheit ist eine Gabe Gottes, man soll sie aber gleich
anderen Gottesgaben nicht mißbrauchen" pflegt mein früherer
Freund Intendant v. Bronsart zu sagen. Hätte mir der betreffs Ihrer meinen Willen gethan — die ganze Musikgeschichte
hätte einen andern Weg genommen. Ja, ja, ja. Nun sagen

nicht daran denkt, ob vielleicht auch die Form hie und da einen Schaden
erlitten; ob überhaupt die Wirkung ganz ohne Opfer zu erreichen ist. — —
Zu einer so eingehenden und in gewisser Weise kühnen Interpretation
Beethoven's bedurfte es nichts Geringeres, als der Combination eines
Künstlers wie Hans von Bülow und des Instituts der Meininger Kapelle.
Wer Hans von Bülow nur aus seiner scharfen Interpretation der Beethoven'-
schen Clavierliteratur kennt, kann kaum auf den Charakter dieser Erscheinung
vorbereitet sein. Daß ihm diese Aufgabe zufällt und wohl allein zufällt,
erklärt sich aus seiner Stellung zwischen den beiden End-Polen Brahms
und Wagner, deren diametral entgegengesetzte Ausgangspunkte sich freilich
nicht mit zwei Worten bezeichnen lassen.
Da sich hier eine Wieder-Erweckung der Subjektivität Beethoven's
aber durch eine andere Subjektivität vollzieht, so ist es selbstverständlich, daß
dieselbe einer Reihe widerstrebender Meinungen begegnen muß. Ob nun
bei dieser Wiedergabe Übergriffe und Angriffe auf die Objektivität des
Kunstwerks vorliegen; ob es möglich ist, dieselben an einem Durchschnitt
der jetzigen Reception von Kunstwerken auf ihre Berechtigung zu messen:
dieser Frage bin ich glücklicherweise noch nicht näher getreten."

9*

Sie auch Ja, und senden Sie mir diese zwei Buchstaben Sonntag früh in Moser's Hotel. Gottes beste Oberregisseure seien stets mit Ihnen!

Ihr treuergebener Diener.

125.   Halberstadt, 19. Januar 1882.

Meine verehrte Freundin!

Verstehen Sie Englisch? Sie sollten es, da ich Sie als einen Engel betrachte. — „Pfui, wie trivial!" Aber in diesen fortwährenden Tonschwelgereien und öffentlichen Aufregungen — auch Gefeiertwerden, wenn man selber nicht feiert, ermüdet — müssen auch die correktesten brieflichen „Umgangsformen" verkümmern" — also Nachsicht mit dem gutmeinenden — Oheim!

Wenn Sie w o l l e n, s i n d Sie in Meiningen engagirt.[1] Ob Ihnen die Bedingungen u.s.w. passen werden, das ist eine andere Frage. Aber das ließe sich ja — arrangiren. Nächsten Sonntag Abend bin ich bei „Herzogs" und da — lege ich für Sie meine ganze Beredtsamkeit in die Wagschale der Diskussion. Sie vergeben mir doch, daß ich Ihre moralische Photographie (Ihren liebenswürdigen Brief) der physischen an die Baronin Heldburg beigefügt habe? Der Erfolg rechtfertigt meine Kühnheit, da man „beide Bilder" bezaubernd findet. — —

Werde ich morgen eine Zeile von Ihnen in Leipzig finden? Sie wissen, ich bin Fatalist. An die Erfüllung d i e s e r Sehnsucht knüpfe ich Hoffnungen anderer Erfüllungen. Glauben Sie wirklich, daß es nur reiner Zufall — unsere Wiederbegegnung? — —

---

[1] Auf Bülow's Anfrage, wie mir meine damalige Stellung am Hamburger Stadttheater unter Pollini gefiele, hatte ich geantwortet, daß der Mangel jeder künstlerischen Leitung im Schauspiel die Arbeit zu einer so unfruchtbaren und unerfreulichen mache, wie es mir in meiner Erfahrung bis dahin noch nirgends vorgekommen wäre. Am 16. Januar hatte mir Bülow geschrieben: „Der Theaterkalender weiß von keinem Schauspielintendanten in Meiningen. Ich darf schon Usurpation treiben, jetzt, wo mein oder vielmehr des Herzogs Weizen, den ich gesäet, blüht."

126. [Halberstadt, 19. Januar 1882]
Donnerstag Abend 9 Uhr.

Theuerstes Fräulein,

— — Sie müssen nach Meiningen. Wir müssen uns
kennen lernen, ich Sie in Ihrer ganzen Liebenswürdigkeit, Sie
mich in meinem ganzen Gegentheil. — —

127. Leipzig, 20. Januar [1882].

— — Küß die Hand für die eben empfangene kalte und
doch erwärmende Douche!

Verehrtes Kind, manche Frage vermag ich absolut nicht zu
beantworten. Das Statiren u. dergl. stellen Sie sich schlimmer
vor, gewiß! — —

Ach — was kam nicht Alles nach der ersten Seite vor! Verzeihen Sie, daß ich heute so wenig an Sie denken kann: heute
ist nämlich die musikalische Entscheidungsschlacht in der Metro-
pole der Zöpfe, Perrücken, die vom Romantiker Beethoven nichts wissen. Heute müssen wir siegen: heute muß
jeder meiner 50 lebenden Finger über sich hinauswachsen,
Unglaubliches leisten in Adel, Feinheit, Innigkeit, Leidenschaft und sonstiger — Schminke. Können Sie nicht für uns
beten, Maria? — —

Carmen ist meine Leib-Lieblingsoper. Die Hamburger
Aufführung gehörte zu den weitaus besseren, die mir überhaupt
vorgekommen. Vor Allem habe ich Frl. W. sehr gerne, weil
sie so verteufelt „herzig" musikalisch ist. Toreador böhmischer
als spanisch, Wolff recht — christlich; kleine Parthien, auch Chor
ganz charmant. Dagegen Orchester grob, schwunglos und
unrein; der Kapellmeister ist nur in Bezug auf seine Gattin
des Beinamens „Finder" [Sucher] werth. — —

In Bezug auf Meininger Verhältnisse, meine theure Nicht-
Nichte, kann ich Ihnen aber noch keine Auskunft geben. Warten
Sie erst Chronegk ab. Die zwei gestrigen Briefe aus Halberstadt haben sich heute Mittag doch hoffentlich zu einem Ganz-
städter zusammengeballt! — —

128.   Cöthen, 21. Januar [1882].

Meine verehrte Freundin!

Nachdem die gestrige musikalische Entscheidungsschlacht mit einem ungetrübten vollkommenen Siege geendet und mir das heutige letzte (19.) Concert natürlich nicht mehr „die geringsten Kopfschmerzen" macht, konnte ich Ihrem neulichen Wunsche ernstlich nachkommen: ich habe überlegt nach allen sechs Würfelseiten; der genommene zweistündige Bummelzug war dazu recht geeignet. Ja — wie soll ich das Resultat dieser Überlegungen nur recht kurz, präcis und womöglich elegant zusammenfassen?

Darf ich mit einer Frage beginnen? Sind Sie Egoistin, starke Egoistin? Der, obwohl Jesuitenfeind (ich bin's nicht) doch beinahe heilig zu sprechende große Pascal sagt „le moi est haïssable". Das meine auch ich, und nicht blos theoretisch, wie ich durch dreißigjährigen Künstlerkrieg meines Lebens nachzuweisen vermag. Die Menschen, die Iche sind sterblich, die Ideen sind unsterblich. Erstere zählen überhaupt erst, wenn und insoweit sie letzteren dienend, hingebend in ihnen aufgehen. Selbsterhöhung ist der Lohn solcher Selbstentsagung: mein „Ruhm", meine „Popularität" sind Frucht meiner sogenannten Opfer. Opfer ist Tribut, nicht Raub. Enfin, ich bin ein Idealist, das Gegentheil nicht des Materialisten, sondern des Egoisten.

Wäre ich schöpferischer Künstler, wie mein verehrter neuer Freund Brahms, ich wäre nicht blos berechtigt, nein verpflichtet, Egoist zu sein, verpflichtet, Anderes und Andere zu verneinen, um mein großes Selbst, eine fleischgewordene Idee, zu bejahen.

Also: ich will bei mir nicht aus der Noth eine Tugend machen; meine ganze Tugendhaftigkeit besteht eben darin, daß ich dies nicht thue.

Weiter. Ihr Ich ist ein so liebenswerthes, bezauberndes, daß ich Ihnen ebenfalls das Privileg zuerkenne, Egoistin zu sein. Aber es frägt sich nur „bis zu welchem Grade"?

Die Meininger Prinzipien stellen das Drama, den Dichter über den Darsteller, das Ensemble über den Einzelnen. Ich gestehe gern zu, sie gehen hierbei bis in's Extrem. Der Herzog und seine urgescheidte, herzensgute Frau (Baronin v. Heldburg) wissen dabei aber doch hervorragende Individualitäten zu respektiren, ihrer Entfaltung nicht blos kein Hinderniß in den Weg zu legen, sondern nach Möglichkeit Vorschub zu leisten. Bei dem hohen Curse wegen der Seltenheit von wirklichen künstlerischen Individualitäten sind sie bis jetzt aber nur selten in den Fall gekommen, das Letztere zu praktiziren. — —

Sie, meine theure Freundin, wären meiner Ansicht nach berufen, die ganze Gesellschaft durch Talent und Bildung adeln zu helfen. Würde diese Mission Sie so weit reizen können, daß Sie — anfänglich — der Sache zu Lieb — des Beispiels wegen — sich unter das Ganze unterordneten?

„Wie?" Das muß die Praxis ergeben. Wenn Ihnen Einiges schwer fiele — würde Ihre Freundschaft für mich hinreichen, sich in einiges Schwierige zu finden? Daß Sie zu dem Ihnen Unmöglichen nicht gemartert werden sollen, dafür bürgt Ihnen mein Gefühl für Sie. Und bleiben Sie denn gebunden?

Ich glaube, ich habe des Guten zu viel gethan. Sie wollen lange Briefe (leider reimt sich das nicht auf meine Muße), und ich schreibe Ihnen einen, der viel länger ist, als er aussieht, weil er so pedantisch ernst ist. Ich habe deßhalb auch gleich rosa Papier genommen, fürchte aber, daß diese Farbe den Sinn der Federstriche nicht aus seiner Grauheit erlöst. In welchem Momente wird sie dieser Brief treffen? Darauf kommt so viel an für die Wirkung beim Empfänger. Eine Stunde Unterschied in dem Erscheinen des Briefträgers — wie folgenreich bisweilen! Antwortet man vor dem Schlafe in gleicher Ton- und Taktart wie nach demselben? Bei uns nervösen Menschen besonders! Sie kommen aus dem Theater nach Hause: was Sie gespielt haben, mit welchem Erfolge,

der Charakter Ihrer Begegnungen mit „Collegen" auf der
Bühne, der Inhalt der Privatconversationen in den Coulissen,
ein Costümmalheur, eine Ungeschicklichkeit der Garderobière,
der Grad von Nüchternheit, in welchem sich der Lenker Ihrer
Heimdroschke befindet, endlich eine „blakende Lampe", ein über-
heizter Ofen oder das Gegentheil, die mehr oder minder glückliche Zubereitung Ihres Soupers, dessen Harmonie mit dem
jeweiligen Appetite — Himmel, bin ich denn ein Feuilletonist
geworden! — das Alles sind Faktoren, welche mitwirken bei
der Aufnahme eines Briefes, von denen zuweilen ein einziger
den entscheidenden Ausschlag für die Antwort gibt.

Ja, ja, wir Menschen sind recht sterblich, nur die Ideen sind
unsterblich!

Wollen Sie vielleicht meine Idee werden (idée fixe sind
Sie schon), und was könnte ich zunächst für meine neue Idee
dann thun?

Der Ihrige von Herzen.

129. An Johannes Brahms.

Meiningen-Deiningen, 25. Jänner 1882.

Hoher Meister! Theurer Freund!

— — Darf ich Dir das Neueste mittheilen? Wir haben
Leipzig am 20. d. im Sturm genommen. Mitte März lege
ich die Schlüssel E: 🎼 der eroberten Stadt zu Deinen Füßen
nieder, oder in Deiner Abwesenheit Sim[rock]. Glaube nicht,
daß Dein Verleger noch in Sorge sei: Excellenz Koch haben ihm
seine Dir geliehene zweite Silbe richtig restituirt. — — Wäre
es möglich, Du kämest Mitte März nach Leipzig, mir
das Op. 15 wieder zu dirigiren und was Du sonst
magst? Programm wie 15. Januar in Hamburg. — Das Dedi-
kätzchen von Op. 79[1] hat neulich so reizend zugelauscht, ich

---

[1] Frau Elisabeth v. Herzogenberg, deren Briefwechsel mit Brahms
(Verlag der Deutschen Brahmsgesellschaft 1907) veröffentlicht ist, berichtet

blidte häufig auf sie hin, dachte dabei an Dich, und nun gings noch einmal so flott und nett. **Res severa u. s. w.** — S. Hoheit Unser Herzog hat Deine Photographie sehr schön von einem Stuttgarter in Lebensgröße herstellen lassen. Hab's noch nicht gesehen, nur davon gehört, daß es famos.

Basta. Sende mir gelegentlich einen freundlichen Gruß (wenn Du auf dem Schiedamme bist) per Adr. Bösendorfer. Treulichst der durch Dich aus der Wotan & Co.-Sansara erlöste Knipperdolling jun. genannt Bülow.

130. An die Mutter.

M e i n i n g e n , 26. Januar [1882].

Meine theure Mutter,

— — Ja was soll ich Dir denn sagen über diesen Monat, den erfreulichsten, glücklichsten, erfolgreichsten meines ganzen bisherigen Lebens? Die Triumphe, die . ich gefeiert habe, entziehen sich jeder Schilderung. Sieg überall, wo ich mit meinen 50 Leuten, statt wie früher nur meiner 10 Finger hingekommen! Wahrlich, ich glaube, muß glauben an eine Mission, muß Gott danken, daß er mir die Kraft verliehen hat, sie so glänzend [zu] beginnen, darf zur Vorsehung hoffen, daß ich sie fortsetzen, daß ich sie vollenden werde. Berichte hast Du ja wohl empfangen. — — Willst Du mehr, so soll's besorgt werden.

(I S. 172) über den am 14. 3. 82 in Leipzig stattgehabten „Brahms-Abend": „Rasch muß ich Ihnen sagen, wie herrlich es gestern war; so habe ich Ihre Sachen noch nie gehört. Eine Ahnung von der Wirkung haben wir ja überhaupt immer nur bei der ersten, von Ihnen geleiteten Aufführung gehabt. Das, was folgte, war ja nur ein liebloses Notenablesen. Aber auch als Sie da waren, wieviel konnten Sie denn in den kurzen Proben herausbeißen? Hier kam alles zu klanglich sinnlicher Wirkung, alles war da, was gewollt wurde, und vor allem ging ein Zug echter warmer Begeisterung durch das Ganze, der denn auch seine Wirkung nicht verfehlte und das Publikum endlich einmal aus seinem Gewandhäuschen brachte. Denken Sie nur, am Schlusse der C moll wußten sie sich gar nicht zu fassen vor Jubel! Der Spektakel war so groß, daß wir uns wirklich fragten: Sitzen wir eigentlich im Gewandhaus, und sind das dieselben Menschen?" Diese Äußerung ist um so bemerkenswerther, als ihr keinerlei Sympathie zu Grunde liegt; es finden sich sonst fast nur schroffe Urtheile über Bülow in den Briefen.

Übrigens im März geht's wieder los, und ich denke, noch eclatanter.
Morgen reise ich über Dresden nach Wien, wo ich am 2. Februar
mit einer Brahmssoirée debütire. Seit dem 8. Januar duzt
mich der große Meister, worauf ich nicht wenig stolz bin. Ich
habe ihn mir erobert und erobere ihm einen Theil der Nation,
der noch nichts hat von ihm wissen wollen, trotzdem der Mann
48 Jahre alt ist und so vieles Hohe, Meisterliche, Unsterbliche
geschaffen hat. Ja, es wird mir gelingen, ihm eine Nachwelt
schon in der Mitwelt schaffen zu helfen. — —

Herzog und Baronin sind im siebenten Himmel durch die
Erfolge.

131. An Hermann Wolff (Berlin).

Meiningen, den 26. Januar 1882 9¼ Uhr.

Wenn Sie nur nicht so hitzig wären, liebster bester Herr
Wolff! Ein Glück, daß mein Alter mich vor der Ansteckung, vor
der Gefahr schützt, mit Ihnen durchzugehen! — —

1. Wir hätten nicht so reüssirt, wenn wir nicht am Hauptorte
B.[erlin] so lange Station gemacht hätten. Das Risiko der
Lokomotion ist nicht hoch genug in Rechnung zu bringen. Be-
denken Sie das bisherige seßhafte Leben der meisten unsrer
Leute, verschiedener im „Kraut gedünsteten" (im Dienst er-
grauten) Râcleurs und Pousteurs. Heute hier, morgen dort —
das geht nicht. Lieber einen Rasttag mit quasi Defizit —
Diätenauszahlung ohne Ersatz. Der Transport von Mensch
und Instrument kostet nicht bloß Geld, sondern verzehrt Kraft.
Frankfurt a. O. u. dergl. muß prinzipiell écartirt werden. — —

Zwischenakt. Jetzt feierliche Versammlung im Probesaal.
Probe der Neunten im Frack. Allocutionen des Herzogs be-
vorstehend. Nachmittags weiter. — —

Herzog wie Schreiber dieses haben schöne Reden gehalten
und die Kapelle (mit zwölf neuen) hat fehlerlos und schwung-
voll die ersten drei Sätze der Neunten heruntergespielt. Es war
so zu sagen erhebend. — —

Haben Sie Paul Lindau in der Kölnischen [21. 1. 82] gelesen? Hm. Ist Reclame. Überhaupt, wenn wir keinen Selbstmord begehen, die Gefahr des Todtgeschwiegenwerdens ist nicht mehr zu befürchten. — —

Großes Leichenbegängniß: Kapellmeister, Concertsäle, Kritiker, Impresarii u. s. w. — wie viele haben wir nur in die Luft gesprengt? Hoffentlich gib's eine artige Todtenschau im nächsten Eichberg. — —

132. D r e s d e n , 29. Januar [1882].

— — Die Neunte probirt; Alles sitzt Gottlob bombenfest. Brahms' erste große Serenade Op. 11 studirt, die meiste Zeit aber verwendet auf M e l u s i n e [Mendelssohn]. Die spielen wir aber auch jetzt hors de concours himmlisch, und mit diesem Ideal von sinfonischen Dichtungen will ich den Leuten die Schuppen von den Augen reißen, mit ihm die Krämer aus der Kunstsynagoge definitiv hinaus — peitschen! Sic!

In ein paar Minuten kommt Ries, mich zur katholischen Kirche abzuholen. Mittags bei Wüllner. Nachmittags Circus Herzog. Abends zwei Akte von Genoveva, dann Residenztheater Lustiger Krieg; um Mitternacht nach Vindobona.[1] Bin ich nicht ebenso entreprenant als entreprenable?

Herzog hat jedem Kapellisten Concertanzug und Lackstiefel gewährt, also doch eine Summe von ca. 4000 Mark.

Oscar Paul h e u t e Wissenschaftliche Beilage Leipziger Zeitung f a m o s über 20. Januar.[2]

133. W i e n , Hotel Meißl, 2. Februar [1882].

Es ist wirklich nicht hübsch von Ihnen, und ich hab's nicht um Sie verdient, daß Sie mich so gottsträflich ennüyiren mit

---

[1] An demselben Tage schrieb B. an die Baronin O.: „Je penserai à Vous à la messe, où j'ai peur de prendre froid. Je penserai à Vous à l'opéra, où j'ai peur de m'endormir; hélas, le temps me manque pour penser à Vous à la galerie des tableaux, où j'aimerais tant repasser nos toiles favorites!"

[2] Nach einer eingehenden Würdigung von Brahms, Rubinstein, dann des ersten Concerts der Meininger, schließt der Artikel mit der Frage, ob es

Dingen, die ich als undiscutirbar hingestellt, (oder sind Sie wirklich bereits Intendant meiner Kapelle geworden?) und zwar an einem wichtigen Concerttage, wo mich Liszt's plötzliche Anwesenheit noch verwirrt, Brahms spielend! Auch vernasche ich nicht gern in Telegrammen, sintemal ich meine Auslagen mir nicht zurückerstatten lasse, wie Sie wissen.

Freilich verstehe ich die Schwierigkeit Ihrer Lage: servitore di due padroni! Wohl — ich selber bin Polytheist und verlange deßhalb um so weniger vom Nächsten Monotheismus. Allein Ihr Überwindungsversuch — der Schwierigkeit — indem Sie sich als servitore A. R.[ubinstein]'s zum padrone der Meininger machen wollen . . . . . paßt mir nicht.

Leipzig ist Centrum der Märzoperationen, das habe ich Ihnen bereits im September gesagt. Voilà le point de départ. Berlin — Neunte u. dergl. steht in zweiter Linie. Machen Sie doch nicht Nebensachen zur Hauptsache! Lübeck (was haben Sie da für eine sonderbare Passion?) kommt lediglich in Betracht als Lückenverstopfungsmörtel zwischen Hamburg und Hannover oder dergl. Solchen Städten octrohirt man das Datum oder . . . „is nich".

T e c h n i s c h heißt allerdings auch so viel als a r t i s t i s c h. Dennoch muß ich mir die a r t i s t i s c h e Leitung bis zum Moment, wo ich Mannstädt etwa für mich dirigiren lassen würde, ausschließlich reserviren. — —

Ich glaube, Sie lesen meine Briefe sehr oberflächlich. Es thäte mir leid, wenn bei der großen Mühe, die mir die Correspondenz macht, nur imbroglio herauskäme. — —

Que le citoyen Freycinet Vous ait en sa „sainte" et „digne" garde. Verstimmtest Ihr ergebenster H. v. Bülow.

2. April Herzogs Geburtstag. Sechs Tage vorher muß die Kapelle zurück sein. Combien de fois me forcez-Vous de rabâcher cela?

nicht möglich wäre, Bülow für Musteraufführungen von Don Juan und Fidelio in Leipzig zu gewinnen.

Rechnen Sie doch mit den positiven Thatsachen! Ohne das ist's allerdings leichtes Spiel, Pläne zu construiren.

Bülow gab damals in Wien seinen ersten ausschließlich Brahms gewidmeten Clavierabend. Wieder schwirrte in den Zeitungen das Wort „Wagniß" umher, da von einem „Brahmscollegium" ein „amüsantes Concertvergnügen" kaum zu erwarten sei. Sogar Hanslick, Brahms' wärmster Anhänger, fand es (7. 2. 82) „anstrengend", sechzehn — mitunter sehr umfangreiche — Clavierstücke von Brahms anzuhören, so „unzweifelhaft werthvoll für ernsthafte Zuhörer solche monographische Concerte auch wären. — — Ja, wenn man die Clavierstücke mit Trios, Quartetten und Gesängen abwechseln ließe! — — Für Bülow's Geschmack scheint jedoch das stärkere Gewürz den Ausschlag zu geben. — — Die Haltung des Publikums blieb bewunderungswürdig."

Das N. Wiener Tagblatt (13. 2. 82) glossirt, Bülow sei „im Handumdrehen und ganz urplötzlich zum Dolmetsch Brahms'scher Musik geworden, und zwar zu einem Dolmetsch, der seine Aufgabe mit einer gewissen Art verbissener Leidenschaft löst. Diese interessante Wandlung, die in zukünftigen Monographien wahrscheinlich als eine ‚Entwicklungsperiode' figuriren dürfte, ist der einstigen kunsthistorischen Untersuchung vorbehalten." Trefflich antwortet darauf die Deutsche Zeitung in ihrem Feuilleton vom 14. Februar. Aller Welt wäre es bekannt, sagt sie, mit welch eiserner Consequenz, Energie und Selbstverläugnung Bülow für Wagner und Liszt gekämpft hätte. Nun schiene sein Wirken für Brahms einen auffallenden Contrast dazu zu bilden. „Doch ist dieser Contrast nur scheinbar, und blos für Denjenigen vorhanden, der die betreffenden Verhältnisse nur nach der Erfahrung der allerletzten Jahre beurtheilt. Jeder, der unserm Musiktreiben seit längerer Zeit nicht fernsteht, weiß wohl, daß schon im Jahre 1872, also vor ungefähr zehn Jahren, Bülow für Brahms gerade so begeistert war wie heute,[1] und dasjenige, was ihm gewisse überschlaue Leute als Inconsequenz auslegen möchten, ist gerade ein neuer Beweis von jener Zähigkeit, die Bülow in künstlerischen Dingen charakterisirt. Vor zehn Jahren gab nämlich Bülow hier in Wien im November eine Reihe von Concerten, deren erstes

---

[1] Brahms selbst erinnert sich in einem Brief (November 1888) „daß Du der Erste warst, der ein Stück von mir öffentlich spielte — — die [C dur] Sonate war noch gar nicht erschienen, Du hattest Dir einen Abzug verschafft und spieltest sie auswendig."

einen großen (und dazu den wichtigsten) Theil der Compositionen von
Brahms brachte, welche er an dem jüngsten Brahms-Abende im
Bösendorfer-Saale spielte. Gerade wie jetzt machte er auch damals
Furore mit den Variationen über ein Händel'sches Thema.[1] — —
Der Kreis der Brahms'schen Werke hat sich seit jener Zeit bedeutend
erweitert. Es mußte daher wohl interessiren, eine Art Rundschau
über die verschiedenen Etappen des Brahms'schen Schaffens, so weit
es das Clavier betrifft, zu halten. Einen ganzen Abend Brahms und
nichts als Brahms, hat man tadelnd bemerkt. Freilich, zum Amüse-
ment stimmt eine solche Einseitigkeit wenig oder gar nicht. Wer sich
jedoch an guter Musik modernster Art recht herzhaft laben und andererseits sich durch Bülow's wunderbar klaren Vortrag belehren lassen
wollte, der konnte keine bessere Gelegenheit als diesen Brahms-Abend
finden. — — Bülow spielte mit hinreißender Verve: welche Be-
herrschung des Tonmaterials, und welche Leichtigkeit in dem An-
einanderfügen der heterogensten Clavier-Manipulationen bekundete
er! Mit welcher Begeisterung muß man diese außerordentlich schwierigen Stücke studirt haben, um sie so vortragen zu können!"

Auch der Bülow unfreundlich gesinnte S p e i d e l (Fremdenblatt
18. 2. 82) bewundert die Energie, womit sich Bülow „auf ein
so wenig dankbares Feld geworfen. Und seine Bosheit vollends,
mit welcher er den Beifall des Publikums durch die buchstäbliche
Wiederholung langer Brahms'scher Kompositionen bestraft! ‚Ich will
euch, ihr Heuchler!' scheint er sich zu denken, und fängt wieder zu
spielen an. Mit Vergnügen sah man Bülow in den nächsten Concerten
auf einem weiteren Felde der Claviermusik, die er ja in ihrem ganzen
Umfange beherrscht. Wir, die wir ihm noch für die eminenten Beet-
hoven-Vorträge im vorigen Winter Dank schulden, sind ihm neuen
Dank schuldig geworden. Er ist doch ein Mann für sich."

Dieser Ansicht ist auch C. S c h e l l e (Presse 22. 2. 82): „Bülow
läßt sich nicht mit den Concertisten, wie sie die Welt kennt, in
Reih und Glied stellen. Er ist kein Mann der Tournée, der seine
Kunstfertigkeit nur verwerthen und für den Genuß, den sie bereitet,
Beifall und Geld eintauschen will. Er hat sich eine höhere Aufgabe
gestellt; die Produktion ist für ihn in der Regel das Mittel, dem Publi-
kum ein getreues, erschöpfendes Bild irgend eines unserer großen
Tondichter vorzuführen."

---

[1] Vergl. Programm v. 18. 12. 81 Brief 115.

134. An Fritz Simrock (Berlin).

Wien, 3. Februar 1882.

Sehr geehrter Herr!

Empfangen Sie meinen herzlichsten Dank für Ihr freundliches Glückwunschtelegramm. Auch der im allerbesten Wohlsein von Arnheim gestern heimgekehrte Componist der X. und XI. Sinfonie hat sich darüber gefreut.

Es war ein glücklicher Abend. Wie im vorigen Jahre Brahms meinem Lisztconcerte mit liebenswürdigster Theilnahme zugehört hatte, so that es dießmal Liszt (auf Durchreise von Venedig nach Budapest) für die Brahms'schen Werke. Liszt, der sonst in jedem Concerte einschläft, leuchtete gestern mit Auge und Ohr. Beide Phänomene hatten — Gott sei gelobt — eine sehr freundliche Begegnung im Künstlerzimmer während der Zwischenpause. Das Publikum — nun, Sie hätten Ihre Freude gehabt — war von unerhört tropischer Wärme. Ich habe dacapiren müssen: (hear, hear!)

1) Var. Op. 21b. 2) Op. 79 No. 2. 3) Op. 76 No. 2.

Das hier noch gänzlich unbekannte 1) wird einer der gangbarsten Artikel werden. Sind Sie zufrieden?

Ich werde es auch am 10. in Budapest, am 12. in Preßburg spielen. Nach Rumänien gehe ich „heuer" nicht. Die Fatigue ist zu groß — ich muß mich für die Orchestertournée im März schonen — Brahmsconcert in Leipzig — —

hochachtungsvoll freundschaftlich Ihr

hero-worship-fellow.

135. An Hermann Wolff (Berlin).

Graz, 5. Februar [1882].

— — „Das Hintereinander hat sein Mißliches" sagen Sie ungefähr. D'accordissimo. Das Nichthintereinander hat noch mehr Mißliches, sage ich, vom Standpunkte meiner Untergebenen aus. Entre deux maux il faut choisir le moindre. — —

Breslau ist unwesentlich, fügt absolut nichts zu unsrem

Ruhmeskapital hinzu. Und dieses Kapital allein läßt sich finanziell später ausbeuten.

Ne me forcez donc point, cher Monsieur „Agneau", de Vous débiter ces lieux communs! — —

Beim Diner überlegt: besser Berlin fallen lassen. Die Leute müssen sich nach uns sehnen, und Würdigung wächst durch Nichtbefriedigung von Sehnsucht. Hier für Ihr liebes Beuthen, dessen 600 Rm. Ihr Herz bis zum Kopfverluste begeistert. „Entente"u.s.w.

Breslau kriegt einmal Salzgurke (5 letzte) einmal Pfeffergurke (Brahms) — Compot steht zur Zeit nicht auf der Clavierspeisekarte.

136. Wien, 8. Februar [1882].

— — Sie schreiben mir zweimal am selben Tage, bedenken nicht, daß die Post beide Briefe zuweilen nicht anders als gleichzeitig bringen kann. Aus dem Inhalt — in nervösester Eile und deßhalb viel zu weitläufig — kann ich, der ich meine Musik im Kopfe habe, nicht klug werden, welcher von beiden Briefen der frühere. Ist das so raffinirt, auf den zweiten Brief Datum und Stunde zu setzen, oder eine römische II?[1] — —

Am 2. haben Sie mir, natürlich unabsichtlich (absichtlich kann mir Niemand etwas anthun) Übles gethan. Von andrer Seite war ich schon im höchsten Grade nervengereizt; Ihre Feuerlärmdepeschen machten das Maß übervoll, und ich habe — Gott verzeih's den Schuldigen — bei weitem nicht so spielen können, wie ich's im Stande gewesen wäre. Denken Sie, meine Nerven (was habe ich denn sonst?) seien Schiffstaue? Liszt's unerwartetes Eintreffen Tags vorher, Brahms' noch unerwarteteres eine Stunde vor dem Concert in meinem Zimmer: ein Wunder, daß ich nicht noch schlechter gespielt habe![2]

---

[1] „Wenn er doch datiren wollte" seufzt Bülow am 18. 3. 84 in einem Brief an Fernow.

[2] Im Mus. Kal. notirte Bülow am 4. 2: „Kurzer Besuch bei Lacerta, die das Fragefieber hat. Hm! — Im Hotel mit Brahms gemüthlich.

Denkwürdige Entrevue zwischen Liszt und Brahms bei Ersterem. Letzterer benimmt sich vornehm, b. h. sehr artig."

Hoffentlich kommt heute keine Attentäterei. Nun noch
Eines. Die Leute haben auf die Programme zu warten, bis
mir's beliebt, d. h. bis ich das jeweilig Richtige gefunden, wozu
ich Information bedarf. Die lüderliche Drehorgel- oder Circus-
Methode Rubinstein's, Heymann's, Grünfeld's, Joseffy's u. s. w.
ist nicht meine Sache. Zudem zieht mein Name, nicht die Speise-
karte. — —

Überschätzen Sie mich nicht mehr; mein Kopf hat fortwährend fürchterlich zu arbeiten; ich bin keine genialische Natur
wie Heymann und Rubinstein, welche das Material ihrer Erfolge
nur so aus den Ärmeln schütteln — von Adonai's Gnaden.
„Ich liebe das Clavier ja nur wie meine Großmutter" sagt
Moszkowski[1], und mich dünkt beinahe, er hat recht, wie ja die
Presse immer recht hat, vielleicht sogar der größte aller Schw —
ärmer, der Redakteur der „Musikwelt".

Nichts für ungut: bisogna sfogarmi.

137. Wien, 9. Februar Vormittags [1882].

— — A propos: frankiren Sie lieber nicht, als ungenügend.

— — Hören Sie mal: die fünfte G moll [Rubinstein] kann
mir gestohlen werden. Tschaikowsky und Napravnik, von
Dvořák zu geschweigen, machen's mindestens ebenso gut.
Hoffentlich geht's dem russischen Beethoven-Wagner gesundheitlich so wohl, daß zu hoffen steht, er werde seine letzten

---

[1] Gelegentlich einer Besprechung von A. Grünfeld's Concert im
„Deutschen Montagsblatt" v. 6. 12. 1880: „Um das Verhältniß Grünfeld's
zu anderen großen Vertretern des Pianofortefachs zu charakterisiren, möchte
ich mich an ein von Heine gebrauchtes Gleichniß anlehnen. Dieser sagt:
,Der Franzose liebt die Freiheit wie seine Braut, der Engländer, wie
seine Gattin, der Deutsche, wie seine alte Großmutter.' Ich will dies
Gleichniß dahin paraphrasiren: Bülow liebt das Clavier wie seine alte
Großmutter: treue Liebe ohne Leidenschaft; Rubinstein, wie seine
Gattin: souveräner Besitz, hohe ernste Liebe, gelegentliche Zerwürfnisse;
Grünfeld liebt das Clavier wie seine Braut: eitel Gekose, sorgenlose
Wonne."

Werke überleben. Der „Ocean" bleibt doch das interessanteste Ungeheuer, beim heiligen Bartholf! [1] — —

138.   W i e n , 13. Februar Nachmittag 5 Uhr [1882].

— — Zur Abbahnung von Mißverständnissen: es ist mir nie im Traume eingefallen, Ihre Mühewaltung zu unterschätzen oder dieselbe gar als eine unzureichende zu bezeichnen. Aber ich habe stets in Ihren Briefen das vermißt, was der Engländer business-like nennt, und was ich im höheren Grade als Sie zu besitzen glaube. Außerdem haben Sie mich durch die fieberhafte Hast Ihrer „missives" häufig recht peinlich berührt. Doch genug. Da ich selbst häufig zu desultorischem nervösem Treiben durch die lieben Nebenmenschen veranlaßt werde, die mir die Concentration, deren ich dringendst bedarf, um der zu sein, der ich sein kann, behemmschuhen — so will ich m e i n e r Splitter oder Bälkchen eingedenk bleiben. — —

139. An die Mutter.

K r a k a u , 17. Februar [1882].

Meine theure Mutter!

— — Der Wiener Aufenthalt ist mir leiblich sehr gut bekommen: herrliches Wetter, gute Luft, gutes Essen, lustige Menschen; der freundschaftliche Verkehr mit Brahms und der immer noch überaus reizenden und liebenswürdigen Gräfin Dönhoff, die wegen ärztlicher Behandlung ihres langwierigen Leidens, das sie noch ans Zimmer fesselt, in Wien, hat mir geistig so wohl gethan, wie nichts Andres es vermocht haben würde. Prinzeß Marie Hohenlohe, auch die Prinzeß Reuß, Gemahlin des Botschafters, Tochter des Großherzogs von Weimar, habe ich bei Gräfin Dönhoff mehrmals gesehen und angenehmes, ungenirtes Geplauder mit ihnen gehabt. Einladungen zu Soirées und Diners habe ich zum Heile der Nerven meines Kopfes und Magens stets beharrlich refüsirt.

[1] B. Senff, Rubinstein's Verleger. Am 29. 1. 84 bestätigt Bülow diese Meinung (an Wolff): „‚Verlornes Paradies‘ bleibt mit ‚Ozean‘ das gesammterfreulichste Produkt des Autors. Ja."

Daß Meister Liszt sich seit dem für ihn unglücklichen vorigen Sommer um ein Jahr verjüngt hat, wird Dir vielleicht aus den Zeitungen vorgelesen worden sein. Er begleitete mich neulich von Pest nach Preßburg, wo er stark gefeiert wurde, wozu ich durch allerlei Einlagen seiner Compositionen Anlaß gab. (Den Ertrag des Concerts schenkte ich dem Hummel-Denkmal.) Liebe Mutter! Meine Zeit ist abgelaufen. Es haben sich Besuche angemeldet von unabweisbaren Lokalkünstlern — Polen natürlich, keine Juden. Ich muß den Liebenswürdigen spielen und meine Lungen anstrengen; dieses Organ leidet am meisten bei mir durch die unzähligen Ansprüche an Gebrauch. Aber — Sklave muß man nun einmal sein — seiner Mitmenschen, wenn man nicht Eremit werden will. — —

140. An die Baronin O.

Hambourg, ce 18 Mars [1882].

Pity! Saint-Saëns here, conducts to-morrow night 3rd performance of his Samson. Great success! Il est si gentil, si charmant, si fiévreux! Comme Vous devriez regretter de ne pas faire sa connaissance moyennant Votre trop fidèle

»admirateur!«

141.

Hambourg, ce 20 Mars 1882.

Pauvre chère Romaine!

Je ne me plains plus — ce n'est plus que Vous que je plains. Ces deux jours étaient — splendides. Succès indicible — crowded room in spite of the lovely spring. Saint-Saëns dans l'enthousiasme. Je Vous fais cadeau de son petit billet d'hier for your autograph-collection.

Son opéra [Samson] très beau, très beau — l'exécution peut se rêver bien meilleure; la plus grande faute en est à lui: il ne sait pas conduire du tout.

Vendredi Saint je dirigerai ici au théâtre Brahms »Requiem«, l'auteur having declined to do [so]. Hein? — —

10*

142. An Bernhard Pollini[1] (Hamburg).

Breslau, 22. März 1882. Oca d'oro.

Verehrtester Herr Direktor!

Nicht irren wäre unmenschlich: deßhalb könnte ich mir selber schon die Täuschung verzeihen, wenn ich Ihre Empfänglichkeit für Nichtdagewesenes überschätzen sollte.

Br.'s Requiem spielt knapp ⁵/₄ Stunden, also kürzer denn der dritte Akt der Meistersinger. Geben Sie's zweimal hintereinander, mit Zwischenpause von einer halben Stunde, damit das Publikum wechseln kann; erstreben Sie eine doppelte Einnahme, dann können Sie selbige auch erzielen.

u. s. w.

Freilich die Vorfrage, daß der hammonische Harmonienmeister mich als Stellvertreter genügend beglaubigte, wäre zubörderst zu erledigen.

143.[2] An Alexander Ritter (Würzburg).

Meiningen, 4. März 1882.

Mein theurer Freund,

Leider (für Dich) hast Du Zeit Briefe zu schreiben, Gottlob (für mich) habe ich deren nicht zur Beantwortung. Deine Epistel hat mich aufrichtigst betrübt: wollte der Himmel, es wäre nicht absolut unmöglich, mich zu einer Entgegnung zu bemühen, die Dich erfreuen könnte.

Amice! Entweder man hat die Macht zu bewirken, daß sich die Dinge (incl. Nebenmenschen) in Einen schicken, oder man hat die Noth, sich selber in die Dinge zu schicken. Tertium non datur; somit, wenn man sich im ersten casus nicht befindet,

---

[1] Eigentlich Baruch Pohl, geb. 1838 in Köln, erst Sänger, dann Opernimpresario, Direktor des Hamburger Stadttheaters von 1874 bis zu seinem Tode 1897. Das Notencitat ist aus Binder-Kalisch's Tannhäuserparodie, der Text dazu: „Wenn das nicht gut für die Wanzen ist, u. s. w."

[2] Ein Bildniß von Brahms schmückt den Briefbogen.

im zweiten nicht befinden will, auch kein modus vivendi sondern nur ein modus moriundi. Darin hättest Du leider recht. — —

Willst Du in der Osterwoche auf ein paar Tage herkommen, mein Gast sein, wirst willkommen sein. — —

144. Meiningen, 2. April 1882.

Mein lieber Freund!

Non possumus — den alten Schulkameraden u.s.w., nicht den „Componisten" Alexander Ritter habe ich eingeladen. Die herzogl. Hofkapelle ist nicht für Experimente da; ich gehe selbst mit dem Beispiele voran; auch i ch hätte der Hofkapelle Manuskripte vorzulegen, werde sie jedoch dazu nicht ge- d. h. mißbrauchen, d. h. die Kapelle.[1] Klassische Meister* sind, werden wir nicht.

Wenn Dir's möglich ist, laß d i e Grillen „unbedingt er-gebener" Freund und komme zur Besprechung von Deinen Angelegenheiten mit mir.

*) Selbst für Berlioz wird, als Nichtklassiker, keine Aus-nahme gemacht, so sehr ich ihn immer noch l i e b e.

Dein bedingt ergebener

H. v. Bülow.

145. An Édouard Colonne[2] (Paris).

Meiningen (duché de Saxe), 30 Mars 1882.

Monsieur,

Ne veuillez point repousser, je Vous en prie, l'humble offrande ci-jointe d'un musicien tudesque, pour le monument

[1] Auf das falsche Gerücht hin: die auswärtigen Concerte der Meininger Hofkapelle hörten auf und es fänden nur Übungsproben statt, in denen auch Werke gespielt würden, die außerhalb des Rahmens der Concertprogramme lägen, hatte A. Ritter Bülow gefragt, ob er einige seiner Compositionen mitbringen dürfe, da er sonst keine Gelegenheit fände, sie zu hören. Daß Bülow's Zurückhaltung auch in Betreff seiner eigenen Werke nicht etwa nur einer vorübergehenden Stimmung entsprang, beweist u. A. folgende Brief-stelle (an Wilhelm Langhans, Hamburg 25. 1. 88): „Das von Ihnen be-zeichnete Musikstück auf die Berliner philharmonischen Programme zu bringen, gestattet mir mein musikalisches Gewissen gerade so wenig, wie z. B. die Nirwana, welche Sie die Güte hatten, mir ebenfalls einmal warm zu em-pfehlen; beide Nummern gehörten in das so überreiche Gebiet der — sagen wir höflich — problematischen Musik."

[2] Orchesterdirigent. Dem Brief waren 500 Francs beigefügt.

de Votre grand compatriote Hector Berlioz, dont Vous Vous
êtes constitué le noble instigateur. Je puis revendiquer
l'honneur d'être compté parmi les enthousiastes »de la veille«
du Michel-Ange de la musique française, ayant été initié à
ses principales œuvres par mon illustre maître Franz Liszt,
dès 1852, à Weimar. Depuis lors, je n'ai point discontinué,
dans la mesure de mes faibles moyens, de faire la propagande
de mon admiration, tant par des articles de journaux que
par la direction de ses œuvres dans des concerts donnés
ad hoc, et je crois avoir contribué à élargir le cercle de ses
adhérents dans ma patrie.

146. An Eugen Spitzweg (München).

Meiningen, 31. März 1882.

— — Als Zwischenaktsmusik (beim Schreiben) las ich
Wolfrum's Op. 2 durch, und es gefiel mir en bloc besser als seine
anderen vierstimmigen Gesänge, wegen guter Deklamation und
sangbarer, wenn auch häufig geschraubter, unnütz figurirter,
Mittelstimmen. Dabei recapitulirte mein Gedächtniß einige
haften gebliebene Stellen aus der Manuscriptouvertüre,
und ich komme nun zu dem Resultate, mein gestriges
Nein dahin zu modifiziren, daß, wenn Du Geld zu verlieren
hast, dieß durch Verlegung des Opus auf anständigere Weise
geschehen kann, als vermittelst des grünen Jungen Strauß
oder des grauen Alten Zenger. Eine entschieden männliche
Natur, die Wolfrum's. Wenn er nur aus der Kleinstädterei,
die heutzutage nicht frommt, wie im vorigen Saeculum, herauskäme! [1] — —

Suche doch für Leßmann's Zeitung Propaganda zu machen;
wenn sie anfängt, als mein Organ „Meininger Blätter" zu
gelten, so hoffe ich, wird's in Schwung kommen. Solltest selbst
aus München hineinreferiren. Cur non? Überhaupt, man

---

[1] „Er müßte in Wien leben, nicht in Bamberg." (An Spitzweg
30. 3. 82.)

emanzipirt sich nur von Dem, was Einen bekümmert, indem man sich um etwas Unpersönliches kümmert, in den Dienst einer Idee tritt. Experto crede Ruperto!

Suche doch von Th. Kirchner was zu ergattern. Allerdings die Honorare werden in N.-Deutschland extravagant. Simon hat F. L[iszt] für den beispiellosen Schmarren Romance oubliée 1500 Rm. gezahlt! Wie wird Dir? — —

147.   Gründonnerstag 1882.

— — Es ist nicht Alles so ganz rosig, oder so blau wie der schöne Frühlingshimmel. Ich bin à la Bismarck in Kämpfen gegen oben und unten. Hoheit wollen die Kapelle (die wieder zu engagirenden Mitglieder) möglichst spottwohlfeil haben; die Mitglieder steigern ihre Ansprüche, ermuthigt durch die Erfolge und die Gewißheit, daß ich gern das tüchtig eingeschulte „Material" conserviren möchte, mich dispensiren, nächste Saison wieder von Frischem zu drillen. — —

Mittlerweile hatte während Bülow's Abwesenheit mein Gastspiel in Meiningen stattgefunden.[1]

Die Sorgfalt, die bis in's Kleinste sich offenbarende Theilnahme, mit welcher der Vielbeschäftigte, von Stadt zu Stadt Wandernde, vom Wirbel täglich wechselnder Eindrücke Erfaßte der jungen Künstlerin den Boden in Meiningen zu ebnen suchte, bilden Charakterzüge, auf die nicht verzichtet werden konnte. Sie sind unentbehrlich, ebenso wie die Berührung meiner eigenen Erlebnisse in Meiningen, soweit sie in Bülow's Leben eingreifen.

Winke vor meinem Debüt:

148.   Titulaturen (wichtig!)

Herzog: Hoheit. (S. H. sprechen zuweilen etwas rasch, undeutlich — haben's nicht gern, unverstanden zu bleiben.)

---

[1] Freifrau von Heldburg berichtete an Bülow am 10. 2.: „Gestern Minna [v. Barnhelm] vortrefflich gespielt und auch gut ausgesehen. — — Wir bieten ihr 5000 M. und auf den Gastspielen doppelt, also ungefähr 7000, in Hamburg hatte sie im Ganzen 8000. — — Jedenfalls haben wir durch Ihre Masern einen neuen Grund Ihnen dankbar zu sein, denn sie ist eine ganz vortreffliche Schauspielerin, wie es wenige in Deutschland gibt."—

Gemahlin: Gnädigste Frau (Baronin ad lib.). — —

Frau X: (talentvolle, gänzlich ungebildete, meist böse, wilde Kaße) gnädige Frau, wofür sie fürchterlich dankbar sein wird. — —

Anständige Mitglieder sind: [folgt Charakteristik derselben].
II. Hotel!

Nicht an Table d'hôte speisen! Eine Ecke Komödianten, andere Offiziere, Mitte reisende Handlungscommis. Viel neugierige Blicke — Gaffer = Kaffer — stört den Appetit. — —

Könnte meinen Diener zur Verfügung stellen, aber — da er als solcher sehr bekannt, muß ich erst anfragen, ob genehmigt. — —

Shakespeare, Kleist, Schiller (Molière, Grillparzer) sind die Hauptgötter. Doch hält man sich fern von Exclusivität, freut sich unbändig, wenn ein neuer Gegenstand der Begeisterung lohnt.

Freifrau v. Heldburg an Hans v. Bülow.
Meiningen 10th of March 1882.

Dear friend!

You can fancy how thunderstruck we were by your last news, and although I have, as you say „*alle Köpfe voll zu thun*", I can think of nothing and nobody but you! I have not yet spoken to your lady-love, because I dare not — I should perhaps not be able to hide from her my anxiety, my fear for your happiness, and who knows what would come of our interview. No, I dare not take that responsability on myself. I am thunderstruck, I cannot deny it, at your earnestly thinking of marrying again — not her only, but anybody. I think marriage in any case such a risk that, to tell you the truth, I cannot understand anybody's running it a second time, let the result of the first have been, as it may.

And you, such a difficult person to live with (there, it is out, don't be vexed with me) I cannot help being dreadfully afraid for you! As to „love", that has less to do with a happy marriage, I think, than one usually believes — people may love each other devotedly, and yet make each [other]

desperately unhappy — living together happily depends
on so many things — on nerves that do not jar on each other,
on tastes — but here I am preaching about married life to
you! Of course, if you are smitten so deeply, all reasoning
will be useless. Only one thing we beg of you — don't
m a r r y her, don't make it irrevocable in a h a s t e , judge
for yourself, more than you can have done in two or three
evenings. If it is for your happiness, all right, but do not
bind yourself irrevocably in a hurry — engagements may be
broken off without any great harm to either party, but
marriage — oh dear, oh dear!! — —

„Gefällt es Cäſar aus Güte gegen Cäſar mich zu hören, ſo rath'
ich ihm, es gut mit ſich zu meinen, und ſich Zeit zu laſſen!" — —

Dieſe durchaus begreiflichen, begründeten und von aufrichtigſter
Sorge eingegebenen Warnungen der „furchtſamen alten Freundin" —
ſo unterzeichnete Freifrau von Heldburg ihren Brief — blieben ver=
geblich, mußten es bleiben. Als Bülow im Jahre 1874 in ähnlicher
Gemüthsverfaſſung ſich um eine junge Ruſſin, die er liebte, zu bewerben
im Begriffe ſtand, theilte er ſich dicht vor dem entſcheidungsſchweren
Schritte einem Freunde in Charkow mit. Vermuthlich waren es ähn=
liche Einwendungen, wie die obigen, denen Bülow zur Antwort gab
(8./20. April): „Gerade die Erfahrung hat mich gelehrt, daß in den
wichtigſten Lebensangelegenheiten Überlegung vom Übel iſt — Ent=
huſiasmus der einzige richtige Leitſtern und Rathgeber."

149. An Marie Schanzer (Meiningen).

Sonntag, 5. März 1882.

Verehrteſtes Fräulein,

S. H. der Herzog haben mich ſo eben zum Diner 2 Uhr
befohlen. Erlauben Sie mir um 4 Uhr zu kommen, zu welcher
Zeit ich vermuthlich entlaſſen ſein werde? Sehr bedauert habe
ich, geſtern Ihre Frau Mutter nicht angetroffen zu haben: i h r
galt mein Beſuch — ich muß dieß leider hinzufügen, weil . . . . . .
Bei dieſer Gelegenheit laſſen Sie Sich ſagen, daß der alte Wahl=
ſpruch meiner Familie lautet „Alle Bülow'n ehrlich", und daß
ich wenige Traditionen reſpektire, dieſe wenigen aber um
ſo mehr.

150. Dresden, 16. März 1882.

— — Wie leben Sie? War der Kaplan Pfarrer Roth bei
Ihrer Frau Mutter? Fangen Sie an, mich zu verstehen, falls
Sie's, was allerdings sehr offene Frage, überhaupt der Mühe
werth finden, mich verstehen zu wollen?

Ich brauche ein Lebenszeichen Ihrerseits, oder ein Todes-
zeichen für mich.

Ihr Sie zuweilen ganz unerhört leidenschaftlich liebender
Bülow.

151. Letzten März 1882 Abends 11 Uhr.

Geliebte Freundin,

Schlecht werde ich's Ihnen sagen, aber ich muß es Ihnen
sagen: entzückt haben Sie mich als Hermione heute Abend! — —

Haben Sie Dank für die stolze Freude, die es mir gewährt
hat, Sie so aufrichtig bewundern zu können!

Meine beiden Logen-Mitbrüder, der Flügeladjutant und
der Oberstallmeister haben meine Bewunderung getheilt. Das
klingt kleinstädtisch, miniaturhöfisch, nicht wahr?

Wissen Sie übrigens, daß die ganze Darstellung des Winter-
märchens hier etwas wirklich Großartiges, ganz Extraordinäres,
beinahe Unvergleichliches ist? Ich möchte wohl wissen, was
Ihre Frau Mutter dazu gesagt hat? War sie nicht davon erschüttert? Wie sehr ich dieses wünsche, das können Sie Sich
nicht denken, weil Sie Sich nicht denken können — so scheint's
— wie sehr u.s.w. u.s.w.

Um 11 Uhr — also in 12 Stunden sehe ich Sie endlich
wieder!

Tout à Vous de tout coeur.

Ich habe mein letztes lyrisches Opus[1], das ich in Ihren Händen
— auf Ihrem Klavier — wissen möchte, in zwei Exemplaren
kommen lassen für den Fall schwesterlicher Entführungsab-
sichten.

[1] „Abend am Meer". Vergl. Fußnote S. 26.

152. Hamburg, Donnerstag früh [13. April 1882].

MARIE!

Meine Feder zittert, wie Dein Eigenthum, meine Hand und mein Herz! Schier will's zerspringen! Sagen kann ich Dir nichts — ich könnte Dir nur singen, was ich Dir sagen möchte:

Verstehst Du's? Wenn nicht, so ist's nicht Deine Schuld sondern meines Stammelns. — —

153. Hamburg 13. April 1882.

— — Das Concert ist vorüber. Meine Marie war dabei, nämlich Ihr Bild und Ihr erster Brautbrief. Es
hat mich ein wenig angegriffen, vielleicht weil ich längere
Zeit nicht öffentlich gespielt, auch wohl des häßlichen naß-
kühlen Aprilwetters wegen. Aber denke, die kuriose Enttäuschung: der kleine Saal nur halb voll. Aber lauter Crème.
Auch Rosa [Sucher], Mary [Meyer], Gura's u. s. w. waren
da und hielten bis zur letzten Note aus. Ja, der Prophet darf
nichts daheim gelten; das hat sich bei Brahms heute noch mehr —
also nach Verdienst — bestätigt, als neulich bei Deinem Bülow
in Elbflorenz. Letzterer ist aber, bei allen reichlichen Schattenseiten, doch ein zu anständiger Patron, um nicht vor einem
kleinen Publikum womöglich (ist möglich) noch besser zu spielen
als vor einem großen. So hat er sich denn nach Kräften bemüht, seine Pflicht als Brahmsapostel zu erfüllen. Galt es
doch auch nebenbei sein Debüt als „fiancé“, galt es, seiner
Braut etwaige spätere Vorwürfe zu ersparen, als sei seine große
Liebe zu ihr vielleicht das Grab seines kleinen Talentes, das
tiefe Grab seines seichten Talentes — um mich noch affektirter
auszudrücken — geworden. Diese Absicht dürfte als erreicht
anzusehen sein.

Nun bin ich aber müde, mehr an Hand als an Hirn. Letzteres
möchte sich ruhig, ohne Handbewegung, mit IHR beschäftigen,
„träumen“ von goldnen Tagen des Wiedersehens. — —

154. Hamburg, 14. April 1882.

Ist's nicht wunderseltsam?

Gestern mit nämlicher Post sandte ich einen Brief nach Wien
an meinen vermuthlichen Schwiegervater, dasselbe von ihm
erbittend, was ich in einem Briefe nach Acireale meinem vermuthlichen Schwiegersohne auf sein Gesuch gewährte!

Kennst Du eine romanhaftere Romansituation?

Glaube mir, es kostet mir jetzt zuweilen Mühe, meine

Gedanken in militärischer Disziplin, meinen Kopf commandir-
fähig zu erhalten! Das schwirrt und zirpt durch einander wie
ein Heimchenconcert auf einer frischgemähten Wiese bei Sonnen-
untergang! Und Du, Deine Augen, Deine Lippen, nach denen
meine Phantasie überall hascht, wie ein Kind nach Ostereiern!
Alle guten Geister loben den Herrn! Eben kommt Dein
Brief, ein Ideal von Brief, alle meine kühnsten Hoffnungen
so reichlich erfüllend, daß mir — gar nichts zu hoffen übrig
geblieben ist. Wie soll ich Dir danken, Du feine Künstlerin?
Denn nur eine Künstlerin vermag es, sich selbst so ganz, so
entzückend ganz in einem Schreiben wiederzugeben. — —

Engel aller Engel, Du besseres Herz meiner selbst!
Ja, es wird Alles gut, schön werden: dieser Dein Brief ist mir
Bürgschaft, er stärkt, er hebt mein Vertrauen zu mir, zu Dir,
zu unseres Bündnisses Zukunft! — —

Es kommt mir eigentlich profanirend prosaisch vor, meine
Briefe an Dich mit Erzählungen der Tagesereignisse weniger
zu würzen als zu spicken. Und doch, ich habe solche Sehnsucht,
Du möchtest dies Deinerseits thun — — daß ich glaube, mit
gutem Beispiele vorangehen zu müssen. — —

155.   Kiel, 15. April [1882].

— — Hier habe ich schon Billet für heute Nacht gelöst,
auch eine Kajüte belegt. Der Dampfer heißt Freia! Möge
er mir — uns — Glück bringen! Um $\frac{1}{2}$1 geht es fort, um $\frac{1}{2}$11
morgen früh bin ich in Kopenhagen, um 2 Uhr daselbst Orchesterprobe. Nicht wahr, das klappt, das flect?

Ob Du mir täglich schreiben „sollst", meine Marie? Wenn
Du mich glücklich, d. h. trostvoll machen willst, gewiß! Ich liebe
Dich rasend, so rasend, daß ich nächstens Alles hassen werde
was nicht Du bist, also die ganze Menschheit, natürlich nicht
in gleichem Grade. Die Ausnahmen verzeichne selbst auf eine
Liste, die ich im Voraus als von mir contrasignirt anzunehmen
bitte.

Habe ich nicht schon einen recht ansehnlichen Vorsprung im „Epistoliren" vor Dir errungen? Sage, gefällt Dir mein Plaudern, oder soll ich's einschränken? Was ennüirt Dich dabei? Welche Stoffe soll ich zurücklegen? Oder wäre meine holde Braut geneigt an Allem theilzunehmen, was meine Theilnahme findet, oder hervorruft, oder gegen meinen Willen erzwingt?

Dein — Du — o mein Gott — es macht unaussprechlich glücklich Den, den Du wieder zum Menschen, zum Liebenden hast auferstehen machen!

Dein, Dein, Dein!

156. Kopenhagen, 18. April [1882].

— — Warum sagst Du mir nicht, w i e D u mich zu nennen wünschest? Soll es bei dem zweideutigen, oder meinetwegen vieldeutigen „Freund" bleiben? Das ist mir nicht individuell genug. Wenn Du mir einmal böse werden solltest — weiß Gott, ich werde mir die erdenklichste Mühe geben, es Dir zu erschweren, wenn nicht unmöglich zu machen — dann könntest Du ja gar die ganz glaubwürdige „Lesart" aufstellen, die lieben, lieben Briefe seien gar nicht an mich gerichtet gewesen, seien durch Zufall, Irrthum, Betrug in meine Hände gelangt. Ein wahrer Regenwettergedanke! — —

157. Aarhus (Jütland), 21. April 1882.

— — Laß Dich von Deinen trefflichen Freunden nur verwöhnen, genieße den heutigen Sonnenschein — wer weiß, welche Sorten schlechten Wetters Du noch einmal unter meinem vielleicht gar nicht für zwei Personen — noch dazu ungleicher Größe, im umgekehrten Verhältnisse zur Altersungleichheit — ausreichenden Regenparasol durchzumachen haben wirst! — —

Dein Styl ist gut, ja; ich liebe Dich eigentlich nur Deines Stiels wegen, obgleich mir die Blume, das holde Köpfchen, ebenfalls stets recht anmuthend erschienen ist. Es wäre aber arrogant, Meister Sp[ielhagen]'s Urtheil contrasigniren zu wollen, denn mich wird er nicht für competent halten, da meine

Schreibweise stets die eines Notendenkers bleiben wird, und zu Selbsterziehungsversuchen die nöthige Muße fehlt. — —

158. Aarhus, 21. April [1882].

Nochmals, Geliebte! Ja — mir ist so leicht, so wohl, ich habe noch Vormittag meinen Artikel[1] fertig gemacht. — — Gottlob, daß dieser Alp von mir. Jetzt kann ich wieder mein Herz in Tinte tauchen, statt meinen Verstand.

Du wunderst Dich über die Strapazen, die ich mir auferlege, in kleinen Städten, die sich's bei der schönen Jahreszeit kaum verlohnen, umherzuklimpern? Erlaube mir, meine Gründe vorzubringen. Erstens sorge ich einmal doch für Verbreitung guter Musik, wie meine Programme bekunden. Ferner, in Kopenhagen könnte ich trotz der 250 000 Einwohner doch nicht Tag für Tag spielen. Da ich aber Geld brauche, und dessen einzunehmen verdiene, weil ich's anständig auszugeben weiß, so sind diese, meine Nerven durch Übung stählenden Excursionen in jeder Hinsicht nützlich. Ich habe Dir schon gesagt, ich muß ein kleines Nebenkapital von 2500 fl. ö. W. zusammenfingern, weil ich mich in Prag den böhmischen Aristokraten, die das Conservatorium fördern — mit 100 fl. jährlichem Beitrag — anzuschließen beschlossen habe. Da werde ich auch nach meinem Tode noch als musikalischer Wohlthäter (Übelthäter in anderen Dingen) figuriren. Käme einmal meine Tochter, meine Wittwe (Du) in späteren Jahren nach Prag, dem Vater, dem Gatten zuliebe wäre sie gewisser Artigkeiten sicher. Hm? Wenn Du nach Nürnberg (vor mir, leider) kommst und das Haus Sachs-Denkmal siehst, wird Dir's vielleicht auch nicht gleichgültig sein, Dich zu erinnern, oder daran erinnert zu werden, daß Dein „Liebster" vor etwa 12 oder 11 Jahren seine 3—4000 fl. redlich dazu beigesteuert hat. Hm? — —

159. Kopenhagen, Sonntag 23. [April 1882].

— — Ich wollte Dir gestern Abend nach dem Concerte noch schreiben; der Geist war willig aber — der Körper war

---

[1] „Scandinavische Concertreiseskizzen". „Schriften" S. 408—437.

nahe daran zusammenzubrechen. Tropische Hitze. Volles Haus
aber ohne Hof — die Herzogin von Cumberland, die Frau des
Hannover-Prätendenten, Tochter der schon ziemlich bejahrten
Königin, war — vermuthlich sehr ermüdet — angekommen;
aber diese Majestätenabwesenheit hat den „Glanz" des Abends
wenig getrübt. Ich war mit mir zufrieden: ich habe meinen
letzten Tropfen Ton-Blut gegeben, wie etwa Sarah Bernhardt,
die mir, obwohl Jüdin und Humbughelbin, wegen dieser ihrer
seltenen Begeisterungsverschwendung so ehrwürdig erscheint.
Meister Gade kam zum Schlusse auf die Bühne, machte mir
die herzlichsten Complimente, von denen mich das am meisten
rührte: „ich habe nie gedacht, Sie könnten so schön schwärmerisch
spielen bei aller logischen Verständigkeit; Sie haben gewiß an
Ihre schöne Braut gedacht, wenn die Zeitungsnachricht wahr
ist, wozu ich dann bestens gratulire". Ja, er hat es errathen:
meine Gedanken waren bei Dir; beinahe hätte ich mich ein
paar Mal geirrt — nämlich zur Stunde, wo Du gestern Abend
aufgetreten sein wirst. Könnte ich doch gleich etwas erfahren,
per Draht! — —

160.   Kopenhagen, 23. April 1882.

— — X. ist ein Cyniker und Materialist. Ich bin das
erstere auch zuweilen, aber nur mit, d. h. gegen die zweiten.
Nützt Dir's, zu ihm in Gesellschaft zu gehen, so thue's, unbe-
schadet meiner tiefen Antipathie gegen ihn. — —

Glaube mir, grausam empfinde ich die körperliche Trennung,
weit mehr wohl als Du. Aber, aber — kommen wir uns durch
unseren brieflichen Gedankenaustausch und Gefühlswechsel
geistig nicht vielleicht viel näher, als durch Gespräch? Mir sind
Deine Briefe hochbeglückend und — es wäre auch bei weniger
Selbstbesinnungspraxis, als mir des Lebens stachelige Schule
eingepaukt, zu leugnen unmöglich — zugleich eine reiche Quelle
musikalischer Gefühlsentwickelung. So mailich, wie jetzt,
habe ich noch in keinem meiner 52 Aprile Klavier gespielt!
Deine Neigung gibt mir Gesang, erhöht sicher die — mir

mehr anerzogene als angeborne — Stimme. Du machst mich
erst zum richtigen Melodiker. — —

161. Kopenhagen, 24. April [1882] Morgens.

War's Dir nicht gestern Abend, so gegen ¹/₂11 Uhr (Kopen-
hagener Zeit freilich) meine Theure, als ob von rückwärts ein
leiser Kuß, ein starker Hauch Dein Haar streifte, als Du Nesper
[Wallenstein] in Eger gute Nacht zu wünschen eintratest? Wohl
— das war ich. In einer kleinen, äußerst netten Gesellschaft —
nur eine Dame, die Hauswirthin (reizend — ich habe mit ihr
unsere ungarischen Tänze vierhändig gespielt, also, wie Du
Dir wohl denken magst, ungeheuer lebhaft an Dich gedacht) und
fünf Mitglieder des sogenannten starken Geschlechts — gab ich
plötzlich keine Antwort, erschien wie geistesabwesend, provozirte
die Frage, ob mir was fehle (ja ja, es fehlt mir was ganz Be-
deutendes, aber schon seit 285 Stunden!), das Anerbieten
Kölnischen Wassers oder Dänischen Aquavits (ausgezeichnet!) —
ich weilte ganz einfach in Berlin, Schumannstraße, bei Dir!
Aber die Wiederholung der Frage schnitt den Visionsversuch
unbarmherzig ab, ich wurde um — wie viel Kilometer und
Knoten sind's doch gleich? — eine respektable Distanz zurück-
geworfen bis Nörregade 23 III zu Herrn Angul Hammerich
und sah kein schwarzes Haar mehr, sondern nur noch blondes,
in allen möglichen Nüancen. — —

162. 25. April 1882.

— — Ist Gräfin Terzky eine dankbare Rolle? Du hast
sie erst nach und nach zu einer dankbaren (im höheren Sinne)
zu gestalten. Gut Ding will Weile. Wie lang studire ich an
einer Beethoven'schen Sonate? 25—30 Jahre. Gräfin Terzky
ist eine Schiller'sche Sonate, „Judith" in Uriel Acosta dagegen
gehalten, eine Thalberg'sche Opernfantasie. — —

163. 27. April 1882.

— — Bin ich nicht „nach näherer Bekanntschaft wohl zu
leiden", wie sich schon Rob. Schumann in einem Briefe an

Franz Brendel im Jahre 1849 (!) über mich ausgedrückt
hat? — —

Morgen liesest Du hoffentlich meinen großen Reiseartikel
in der Musikzeitung; sage mir, ob er Dir gefällt. — Gerade jetzt,
wo sich die Leute einbilden möchten, ich schriebe nur Liebes-
briefe an Dich, sollen sie sich „verrechnen" und starr werden
über meine — Vielseitigkeit. — —

164.   28. April 1882.

— — Wäre der Himmel nur nicht heute so aschgrau! Sobald die Sonne scheint, bin ich in ganz anderer Stimmung;
um Dir „nett" zu schreiben, müßte ich Gasflammen im Zimmer
anzünden können, die Fensterladen verschließen. Ist diese
Disposition, diese Wetterabhängigkeit nicht lächerlich, vielleicht
für Lebensgenossen sogar recht bedenklich? Unvorsichtig bist
Du doch gewesen, theure Marie! — —

165. An Eugen Spitzweg (München).
Kopenhagen, 17. April 1882.

Mein lieber Freund!

Erstes Concert im kgl. Theater heute Mittag 1 Uhr —
vorüber. Colossalster Erfolg. Haus voll, Königin
präsent bis zum letzten Ton.

Programm sehr originell:

Beethoven: Viertes Concert mit Orchester Op. 58.
     „   Sonate Op. 57 F moll.
     „   Fünftes Concert mit Orchester Op. 73. — —

Hast Du Allg. Deutsche Musikztg. Nr. 15 gelesen, nämlich
meinen Artikel „ein ominöser Dreckfuhler"? Hat ihn Rheinberger gelesen und was sagt er dazu? Hoffentlich hat's ihm
Freude gemacht! „Oder nich?"

Dr. H[ennings] ganz reizender, prächtiger Mann! Seine
Frau famose, elegante Actrice. Morgen daselbst zu Tische.
(Sprach sehr hübsch über Dich) Gade urfreundlichst für mich.

Aachner Aufklärung thut mir sehr leid. Möchte Dich gern verheirathet, nb. gut verheirathet wissen. Kann ich Dir die Sache nicht zurecht machen? Ich selbst ...... davon später. Wenn aber Fama Dir ein darauf bezügliches Gerücht zuträgt, darfst Du's diesmal ausnahmsweise glauben.

Vierhändiges Arrangement von Marsch erst möglich wenn instrumentirt, da allerhand interessante Mittelstimmen natürlich noch hineinkommen. — —

Abel, fürchte ich, wird an meiner Lacerta zum Kain. — —

166. Upsala, 28. April 1882.

Aus Upsala (16 000 Einwohner — 1500 Studenten — sehr originelle Stadt, prachtvoller alter Dom, Bibliothek von 240 000 Bänden — codex argenteus, Ulfilas'sche Bibel 4. Jahrhundert u. s. w.) hast Du Dir einen Brief einmal erhalten zu können wohl niemals träumen lassen [Concertbericht.]

Besten Dank für Deinen Gratulationsbrief, so philisterhaft er auch war.

Was Du Dir einbildest! Daß Du mich so schlecht kennst!

Meine Frau wird bei der Bühne bleiben, als Frau Schanzer spielen, mit den Meiningern reisen, während ich in Meiningen probire und umgekehrt. Wir werden so wenig „nach deutscher Unsitte" auf einander hocken, daß wir gar nicht unter Einem Dache wohnen, uns über die Hälfte des Jahres gar nicht sehen werden.

So verstehe ich die — Künstler-Ehe. — Erhole Dich von Deinem Schreck! Condoliren „is nich".

Fängt Lacerta zu gehen an? — —

Neulich sehr komische Scene bei Hansen. „Warum haben Sie nicht wenigstens complett nachgedruckt, weßhalb Vorrede ausgelassen?" Verlegenstes Stammeln. „Haben mich arg beschädigt." Versprechen, es nicht wieder zu thun. (!) Hierauf Wolff: „Sie haben ja jetzt gar keinen Stoff mehr. Es muß Ihnen wieder eine Weile vorkomponirt werden, bevor

Sie auf's Neue nachdrucken." Gelächter von allen Anwesenden.

NB. Er hat jetzt gute Originale: Slovakische Tänze à 4 mains
von Neruba, 3 Stücke für Clarinette und Klavier, und 24 Präludien von Aug. Winding (sehr hübsch) — dänische Oper Drot
og Moosk (König und Hofmarschall) von Heise, verstorbener
dänischer Componist von entschiedenem Talente.

Wie heißt die Aachnerin? Deine Anschauungen bringen
mich auf die Vermuthung, Du seiest der heimliche Großvater
Deines Papa's! Entschuldige diesen absurden Scherz: ich bin
müde, habe zu viel Pilsener Bier (ausgezeichnet ist Alles hier
und spottbillig) getrunken.

Leb wohl, und laß bald wieder von Dir hören!

Treulichst Dein alter, sehr verjüngter   H. v. B.

167.   Kopenhagen, 12. Mai 1882.

— — A propos — willst Du, kannst Du Propaganda für die
Leßmann'sche Zeitung machen? Ich bedarf eines Organs für
meine Ideen: genanntes Blatt ist relativ das independenteste,
durch keine persönlichen Rücksichten (höllischer Begriff!)
gebunden. Ergo. Ich möchte die Opfer an Zeit, die schon
dafür gebracht, nicht mehr als nutzlos zu betrachten haben,
sintemal meine Jahre, wenn nicht vielleicht meine Monde
schon gezählt sind. Memento mori sollte der erste Morgenruf
desjenigen sein, der das Leben nicht für eine faule Kneiperei
ansieht.

Fürchterliche Stürme heute. — —

168. An Marie Schanzer (Berlin).

3. Mai 1882.

— — Der Zustand in welchem ich mich befinde, seitdem
ich 80 Stunden jeder Nachricht von Dir entbehre, ist ein exquisit
scheußlicher.

Die schwärzesten Gedanken ranken sich um mich, wie Spinne-
weben im Herbste um einen welken Haselnußstrauch. Ich habe

furchtbar viel Feinde, wie Sand, wie Koth am Meere. Und diese Feinde mehren sich. Ich kämpfe, und in diesem Kampfe gebe ich weder noch nehme ich Pardon. Weißt Du das nicht? — —

Du armes Kind! Vielleicht sind Dir meinetwegen schon allerhand Kränkungen zugefügt worden — weil Du eine — Schauspielerin bist, eine „bürgerliche". — —

Aber noch habe ich Zähne zu Beißen, Klauen zum Zerfleischen, und wer sich zwischen mich und Dich stellt, wehe Dem! Es gibt für mich keine Rücksicht, absolut keine!

»Celui qui veut le bien, a le droit d'être audacieux, inébranlable, inflexible« hat der schöne edle Jüngling Saint-Just 1794 gesagt und drauf los guillotiniren lassen, bis er selbst dem Mob zum Opfer fiel, dem reaktionären Mob. Diesen Saint-Just habe ich stets zärtlichst geliebt, und Du wirst ihn auch lieben, wenn Du sein Bild siehst: ich fühle mein Hirn und Herz mit ihm verwandt. Nur solche Verwandtschaft ist respektabel: Blutsverwandt heißt Dreckverwandt.

Einen Shakespeare'schen (Lear) Fluch auf Alle die, welche Dich hindern zu schreiben (oder Dich dabei unterbrechen) an Deinen   recht sehr verzweifelten
                                                    Bülow.

169.   4. Mai 1882.

— — Viel Besuche gemacht, d. h. nicht gerade so viele, als sehr lange. Bei dem sehr interessanten Componisten Johann Svendsen verbrachte ich eben über zwei Stunden.

Ibsen ist von den meisten Norwegern höher geschätzt als Björnson, trotzdem man auch auf letzteren sehr stolz ist. Aber B. concentrirt sich zu wenig und treibt namentlich zu viel Politik, wühlt bei den Bauern auf dem Lande, reisepredigt Demagogie in einer hier und da recht bedenklichen Weise: vielleicht sperrt man ihn gelegentlich einmal ein — zum Vortheile seines Dichtertalents. — —

170.   5. Mai Morgens [1882].

Ja, Du haſt recht, meine Phantaſie iſt gar zu exotiſch. Da
ſteht auf dem Corridor eine Statue des erſten Napoleon, für
den ich von Jugend auf einen recht unpatriotiſch leidenſchaft-
lichen Cultus pflegte; ſeine grandioſen edlen Züge kamen mir,
als ich wieder in's Bett ſtieg, beinahe ſo lebhaft in den Sinn,
wie vorher Dein lichtes Bild, und ſie wollten nicht weichen.
Hierzu raiſonnirte mein Gedächtniß, dieſe berüchtigte Geiſtes-
waffe Deines Hans: das iſt ja ganz natürlich; der 5. Mai iſt
ſein Todestag, heute ſind 60 Jahre darüber hingegangen. — —

Sei ruhig — ich werde Dich nicht bonapartiſiren wollen,
Dich, meine „buona parte". Es läuft aber ſo vielerlei Viel-
geſtaltiges zuweilen ameiſenhaft in meinem Kopfe herum, das
Entfernteſte ſtößt an einander — kurz, es gährt und kocht in mir.
Vielleicht wird's anders, wenn Dein perſönliches Regiment
— ſagen wir — Deine perſönliche Mitregierung beginnt. Vielleicht darf ich dann auch noch ſagen:

Du biſt die Ruh, der Frieden.

Komme ich Dir manchmal nicht etwas allzuſpaniſch vor?
Und da ich Dir das gar nicht verſprochen, Du mich gar nicht
darum erſucht haſt, ſo muß es Dich dann gar etwa mißfällig
überraſchen. Ja, es kommt zuweilen anders als man denkt.
Zu Anfang — d. h. ſchon nicht mehr zu Anfang dieſer Ent-
ſcheidungsſaiſon, taxirte ich meine Liebe zu Dir als dem Genre
Egmont zu Klärchen angehörig. Und nun hat ſich die Goethe'ſche
Leichtlebigkeit in Schiller'ſches — Schwergeſchütz von Pathos
verkehrt. Wie mein vorgeſtriger toller, hoffentlich bei Dir nicht
mehr fatal nachwirkender Zornesbrief exemplifizirt, trete ich
zu Dir in ein Verhältniß wie Ferdinand zu Luiſe. Sehr alt-
modiſch? Und doch — Du haſt einen ſo innig rührenden Blick,
unbewußt oder mit Abſicht, daß ich häufig habe daran denken
müſſen, ein ſolcher Blick habe bei der Schöpfung dieſer idealen
Mädchengeſtalt unſerem — nicht wahr? — deutſchen Lieblings-
dichter (trotz Iphigenia) vorgeſchwebt. — —

171. Christiania, 5. Mai 1882.

— — Heute Nachmittag habe ich Etwas gethan, wozu ich erst durch Dich — sehr mittelbar — veranlaßt oder gereizt worden bin.

Christiania ist durch einen der wildesten Pietismusse infestirt, wie sonst kein zweites puritanisch-lutherisches Land — Schottland eingeschlossen. Höre: vor sechs Tagen stirbt hier, kaum 34 Jahre alt, am Brustkrebs die erste Schauspielerin, ebenso beliebt als geachtet in allen Kreisen, außer den pfäffischen. Gestern großes feierliches Leichenbegängniß, (nb. man wartet mit der Bestattung 5—6 Tage) an dem sich Tausende betheiligen, Hoch und Gering. Der Pastor — Heßelberg nennt sich der Brave — entblödet sich nicht, sie in Gegenwart des am Grabe weinenden Gatten und des 14jährigen Sohnes „eine große Sünderin" zu schelten, die „ein satanisches Gewerbe getrieben", „der aber Gott die Gnade habe zu Theil werden lassen, eines schmerzhaften Todes zu sterben, um bereits hienieden einen Theil ihrer Sündenlast dadurch abzubüßen, durch welche Buße sie sich vielleicht dem göttlichen Erbarmen genähert und der Verdammung zur verdienten ewigen Höllenpein hoffentlich als entronnen zu betrachten sei." 1882! Hat man so was erlebt! Die Entrüstung soll übrigens allgemein sein. Nur aus Respekt vor der geweihten Todesstätte haben sich die dem Redner zunächst Stehenden zurückgehalten; die Entfernteren haben vermuthlich nichts verstanden.

Nun wohlan: ich habe dem Herrn Pastor meine Visitenkarte gesendet mit den deutlichen Worten: avec l'expression de sa plus profonde indignation comme homme, comme chrétien et comme artiste. Als vom „Löwen" des Tages-(Wochen-)gesprächs ausgehend dürfte diese Erklärung dem würdigen Herrn doch vielleicht einen kleinen Eindruck verursachen. Was meinst Du dazu? — —

172. 6. Mai 1882.

— — Gottlob, endlich meinen vierten Reisebrief beendet und expedirt. Die werden eine höllische Aufregung hervor-

bringen: reine Dynamitpillen, aber sehr gesund für die, welche
sie nicht einnehmen. Nr. IV lesen wir am 19. zusammen vom
Blatt, oder vielmehr Du liest ihn mir vor. Nächste Woche liefre
ich noch Nr. V für den 25. Mai. In Berlin schreibe ich dann,
wenn Du Probe hast, an den „brennenden Fragen" (Concert-
unwesen) weiter. Die Leute werden sich freuen, wenn wir
getraut sein werden: sie denken, dann hört's mit dieser Bräu-
tigamslyrik auf. Könnten sich auch irren! — —

173. Stockholm, 8. Mai 1882.

— — Liebste, theuerste, schönste Marie! Du mußt mir
auf's feierlichste versprechen, nie in Deinem Leben, nie wieder
eine Commission an mich zu übernehmen. Wie würde man
Dich mißbrauchen, falls das „einrisse", und was riskirtest Du
nicht bei mir, was riskirte nicht vielmehr ich bei Dir! Nicht wahr,
Du lehnst ein für allemal jeden Dir zugemuthet werden könnenden Auftrag rund ab, sogar eckig, wenn's rund nicht geht. Gib
mir **ta parole d'amour** darauf!

Ich hätte das kleine[re] Couvertchen gleich öffnen sollen!
Schade, daß solche Lectionen, wie die Geschichte von Porzias
Freiern an unser Einem „Fabrikwaare der Natur" so unver-
werthet vorübergehen! — —

174. Stockholm, 9. Mai 1882.

Ob's wohl wahr, daß ich mich gestern Abend „selbst" übertroffen? Mein Bestes that ich, aber immer dachte ich daran:
hättest Du doch lieber anstatt aller der Schweden — die Eine
Polin Deiner Wahl, Deine Marie zur einzigen Hörerin und
spieltest ihr Deine — hoffentlich nächstens auch ihre — Lieblingssonate Op. 81 b „Les Adieux, l'Absence et le Retour" vor! — —

Deinetwegen habe ich besagte Sonate niemals auf's Programm gesetzt. Du sollst sie nach vielen Jahren zum ersten
Male wieder von mir hören. — —

Der Hof war nicht im Concert; S. M. lieben nicht „Klassik"
— Kronprinzeß harrt eines baldigen Geburtstags — — Du weißt

nicht, erräthst vielleicht nicht, warum ich dieses „Haus" nicht leiden kann; da der weiland Advokat, dann siegreiche General Bernadotte für seinen Verrath an seinem Wohlthäter Napoleon I. mit einem Throne belohnt worden ist, und ich dem Corsencäsar mit Liebe zugethan bin — so liegt die Erklärung auf der Hand. — —

175. (Vorletzter.)

Kopenhagen, 12. Mai Nachmittags [1882].

Soll ich's Dir gestehen? Mir bangt vor der Rückkehr, das Wiedersehn ist mir etwas unheimlich. Wie so? Entfernung verschönert die Dinge, Trennung verklärt die Personen. Sehr möglich, daß, wenn Du mich erblickst, ich Dich begrüße, Du Dich selber frägst: „ist das Der, an den ich geschrieben, an den ich so viele Tage mit Sehnsucht so lebhaft gedacht?" Kurz — Du findest Dich enttäuscht, ernüchtert, quälst Dich, mir diesen Eindruck zu verbergen .... und meine unselige Scharfsichtigkeit unterstützt Dich gar nicht bei diesem barmherzigen Bestreben — wir fühlen uns beide verlegen, unbehaglich ... weg mit diesen Vorhölle schaffenden Grillen! Man riskirt, daß sie sich in Runzeln übersetzen — d. h. ich riskire es.

Das furios stürmische Wetter — ohne Regen — macht mich heute so nervenaufgeregt. Ich weiß gar nicht, ob ich der Aufgabe des Abends gewachsen sein werde, mir einzubilden, Gott Beethoven höre mir zu, passe mir auf und „überlege", ob er mich nicht vielleicht desavouiren solle, mich meines Missionärpostens entheben. Ach — wärst Du hier, mich zu trösten, mir Muth einzuflößen, wenn auch nur mit beredten Blicken!

13. Morgens.

— — Es ist mir doch sehr lieb, daß die Concertorgien zu Ende gehen. Die Maschine hat seit Januar wirklich das Menschenmöglichste geleistet, und ich glaube, es wäre nicht gefahrlos, ihr noch mehr zuzumuthen. — —

176. „Es ist { D
{ mein letzter"

Kopenhagen, 13./14. Mai 1882.

— — Das Wetter ist wieder schön geworden; heute bangt mir weder vor dem Weg noch vor dem Ziel. Vertraust Du mir? Habe ich Dich überzeugt, nachdem ich Dich überredet, daß wir zusammengehören?

Sonntag 14.

Das letzte Concert ist vorüber. Respiro.

Alles in Allem war es aber doch die befriedigendste Tournée, die ich je gemacht, künstlerisch die harmonisch glänzendste. Ärger hat niemals Übergewicht gehabt. Freilich war meine Stimmung auch nie eine so vorherrschend rosige; das habe ich Dir zu danken, Deinen himmlischen Briefen, deren ich freilich zuweilen nicht genug bekommen habe, aber immerhin. — —

Na, vielleicht kommt Mittags ein Briefchen von Dir, ich meine bestimmt, es müßte eines kommen; ich habe mir in den Kopf gesetzt, wenn keines käme, so ginge es mit uns Beiden doch wieder auseinander. Kannst Du mich, wenn Du mich liebst, über 48 Stunden ohne Nachricht lassen?

Kein Brief für mich, Portier? „Nein, Herr v. B., an Ihnen ist nichts gekommen", sagt mir der mit Spreewasser getaufte Deutschbäne. Es scheint, er hat Recht; „an mir ist nichts für Dich," da von Dir nichts an mich kommt. Adieu! — —

Deine Gleichgültigkeit verdirbt mir den ganzen letzten Tag und macht mich Alles verfluchen!

Sei nicht böse — Du bist nicht unter den Verfluchten. Niemand — nur meine trobbelhafte Eselei, geglaubt zu haben, ich sei noch jung (hoho!) genug, daß Du mich lieben könntest.

177. An Camille Saint-Saëns.

Christiania (Norvège) ce 4 Mai 1882.

Cher illustre confrère!

Je viens de recevoir Vos gracieuses lignes, et je suis charmé d'apprendre que j'ai failli Vous être agréable. Je profiterai volontiers de mes loisirs cet été pour Vous faire plaisir, en prêchant à mes compatriotes un petit bout de Laloïsme. Mon admiration pour Votre digne ami ne date point depuis hier; ma lettre de l'autre jour à Mr. Colonne, accompagnée d'une légère contribution pour le monument du grand Hector en fait foi de même. — —

Permettez-moi de Vous demander, si Mr. Pohl Vous a enfin remis le manuscrit de mon dérangement de l'air de Dalila (commencement du IIème acte) pour l'orchestre de Badin-Badin (sans guet), et si cela ne Vous a point par trop déplu?

Maintenant, pour l'étude à faire sur Mr. Lalo, il me faudrait avoir des notes biographiques, catalogue de ses compositions inclus, afin de ne pas commettre de bévues.

Vous seriez bien gentil de me les fournir Vous-même en personne au festival d'Aix-la-Chapelle. (28, 29, 30 Mai.)

C'est si près de Paris, peut-être trop près, si Vous êtes à Londres alors. Enfin — cette proposition, ou cet espoir ne peut guère Vous offenser?

Excellents auditeurs que ces Scandinaves, pas froids, mais pas froids du tout! Je croyais être applaudi à Vienne.

Bien des amitiés!

178. An Frau Angul Hammerich[1] (Kopenhagen).

Meiningen, 23 Mai 1882.

Madame,

Comme Vous auriez raison de me reprocher d'une façon si délicate de ne pas avoir appris le danois pendant mon séjour en Danemark — si Votre charmante lettre, dont je Vous remercie de tout coeur, ne prêtait point un charme tout particulier, un parfum «suédois» (pour citer l'illustre Gade) à votre maniement du français. Ce n'est point à moi, étranger, qu'il sied de critiquer Votre français: s'il n'est

---

[1] Vergl. „Schriften". S. 420, 421.

pas aussi académique que Vous semblez l'ambitionner, tant mieux pour moi, qui ne raffole pas du tout de ce qui est académique.

Quant à moi — croyez-Vous qu'il soit encore temps d'apprendre au moins le norvégien? L'occasion serait charmante à Hambourg en Septembre: Vous m'enseignerez le danois, en revanche du doigté que je crayonnerai sur n'importe quelle Sonate de Beethoven ou de Brahms, qu'il Vous plaira de jouer pour moi.

Si Meiningen n'était pas la campagne, je pourrais Vous envoyer d'ici les morceaux de Brahms que Vous me faites l'honneur de me demander à Vous recommander. Mais je quitte après-demain pour Aix-la-Chapelle. Là, j'espère trouver, et je m'empresserai de Vous expédier ce que Vous désirez avoir, espérant avoir la chance de deviner Votre goût particulier. — —

179. An Frau Pauline Kaiser (Hannover).

Meiningen, 23. Mai 1882.

In a hurry

Verehrteste Frau!

Es wäre eine Rücksichtslosigkeit gegen mich selbst — gegen welche Sorte sich auch der Rücksichtsloseste zuweilen sträubt — ließe ich, trotz besonders acuten Mußemangels Ihren liebenswürdigen Gratulationsgruß, der mich sehr erfreut hat, unbedankt. Sie kennen mich gut genug, um zu wissen, wie Einem ein Schritt, der Glückwünsche provozirt, die bei einigem Aberglauben als Versuche „den Tag vor dem Abend zu loben" vorkommen, beinahe dieser Folgen wegen verleidet wird; Sie können Sich also vorstellen, wie knurrend (nicht wahr, liebes Vierbein — wie heißt's doch eigentlich? Da läßt mich mein berüchtigtes Gedächtniß wieder im Stich!) ich die meisten ähnlicher Gelegenheitszeilen geöffnet und halbgelesen dem Papierkorbsabgrunde überantwortet habe.

Aber Sie waren stets für mich eine Ausnahme; und Sie werden es bleiben. Ihre Antheilnahme an meinem Miß- und Wohlergehen ist mir keine gleichgültige, sondern eine wahrhaft werthvolle.

Dank also, h e r z lichen Dank. Das „herzlich" ist hier keine Phrase. Denn mein Herz ist von der Dame meiner Wahl — wie soll ich sagen — wieder ausgegraben, neu entdeckt worden und erweist sich als so lebensfähig, daß vorläufig noch kein Condolenzanlaß für Fräulein Marie Schanzer sich darbietet. Erinnern Sie Sich ihrer noch vom Gastspiel in Hannover? Julia, Maria Stuart, Minna von Barnhelm — sie reüßirte nicht. Hätte man sie engagirt, wer weiß, welche Wendungen dann das Fatum — improvisirt haben würde!

Ich möchte Ihnen ein gutes Bild von ihr beilegen — sehen Sie, so ernsthaft, und damit dankbar, glaube ich an Ihr freundschaftliches Interesse! — aber ich habe kein besseres zur Hand, als das beigeschlossene. Compensire ich seine Ungenügendheit durch die Zugabe meines neuesten? Darüber müssen Sie entscheiden; jedenfalls anerkennen Sie mein Eingehen auf Ihre Provokation.

180. An Johannes Brahms.

M e i n i n g e n, 24. Mai [1882].

Hoher Freund!

Du hast mir durch Deinen gütigen Brief eine große Wohlthat erwiesen. Er gestattet mir, Dir gewissermaßen menschlich näher zu treten, ohne Deine Hühneraugen, falls Du deren hättest, zu incommodiren. Und hierzu, nämlich zu dem Ersteren, empfinde ich ein herzliches Bedürfniß.

Ein eigenthümliches Geschick läßt mich nach der Pause eines Vierteljahrhunderts wiederum an einem rheinischen Musikfest Theil nehmen, wiederum in Aachen. 1857 spielte ich Liszt's Es dur-Concert — ich „fürchte" — schlecht, denn F. v. H[iller] hat mich damals gelobt — im August darauf wurde ich sein

Schwiegersohn, Liszt's nämlich. 1882 beabsichtige ich Dein
D moll g u t zu spielen, wenigstens thue ich mein Möglichstes
dazu, habe meine Braut in Berlin verlassen, um mich einige
Tage hier zur Vorbereitung einzuschließen. Vermuthlich im
August — wiederum — nehme ich eine Lebensgefährtin, die
sich zur ersten ungefähr verhält, wie die beiden Clavierconcerte
zu einander. Das klingt sehr pathetisch, aber es ist doch mehr,
als ein bloßer Widerhall mailicher Situationsgefühle. Marie
Schanzer (Tochter eines Oberdirektors im Kriegsministerium
in Wien) ist bereits seit vier Jahren der Gegenstand meiner
Herzensschwärmerei. Am Tage unsrer Hamburger Matinée
15. Januar explodirte der Zündstoff: als wir uns Abends in
der Oper wieder trafen, kam ich von Altona, so zu sagen, als
Kryptobräutigam her. Der 30. März, als sie mir das erste „Du"
gewährt, sanctionnirte das intime Ereigniß durch das Zusammen-
spiel — vorher hatte sie nicht den Muth gehabt — der neuen
Hefte Deiner ungarischen Tänze, welche Du mir beim Abschiede
von Wien geschenkt hattest. Es ging sehr flott und flößte mir
Vertrauen in die Zukunft ein.

Wie wär's, theurer Meister, wir hörten uns zu Drei den
Parsifal gegen Ende August an? Ich würde meine Tochter
Daniela um eine Empfehlung bitten, uns gute Plätze sichern
zu lassen. Was meinst Du zu dem ♪ ?

Doch — betrachte diesen Wunsch nicht als ein behelligendes
Verlangen. Die Rolle, welche Du im letzten Drittel oder
Viertel meines Lebens spielst, legt Dir keinerlei persönliche
Repräsentationskosten auf. Mein Respekt vor Dir, das weißt
Du ja, ist ebenso groß, als meine innige Verehrung und Liebe
für Dich. Der Neophyt darf hierin dreist mit Deinem glück-
licheren ältesten Freunde J. J.[oachim] concurriren, auch im
Verständniß Deines ganzen Werthes, worüber ich Dir noch
Proben abzulegen habe. Doch die sollen nicht ausbleiben,
glaube es mir.

Belächle nicht diese Herzensergießungen, welche so kurz

zu fassen, ich mir Gewalt anthun muß. Gedenke meiner freundlich, wenn Du meiner gedenkst: ich bin dessen nicht unwürdig.
Mach Dir keine Sorge wegen einer Mißdeutung Deines Aus-
bleibens am Comer See, aber sende meiner Braut Deine
neuen Lieder mit einem Federstrichgruße. Ich — will sie in
Simrock's Interesse nicht „geschenkt" haben. Fräulein S.
bleibt übrigens als Frau S. bei der Bühne: sie hat ein wahres,
großes Darstellungstalent, sie ist Künstlerin von G. G.

Vom 1. Juni bis 15. Juli hat sie Dienst in Nürnberg, wo
ich sie dann besuchen werde, wenn's meine anderen Verpflichtungen, z. B. der Besuch bei meiner armen blinden Mutter,
die mit dem Jahrhunderte geht, gestatten.

Lebe wohl, genehmige die herzlichsten Wünsche für reiche
Erfüllung aller der Deinigen von Deinem

treu eigensten Verehrer
Hans v. Bülow.

W[üllner] in A[achen] werde ich von Dir grüßen; er ist Dir
sehr dankbar für Deine Theilnahme an dem tragischen Ausgange
„seiner Liebschaft mit dem Theater".

181. An Marie Schanzer (Berlin).

Meiningen, [23. Mai 1882].

— — Ich kann Dir nicht sagen, wie centnerschwer die
nächste Trennung auf mir lastet, und mit welchem wahren
Entsetzen ich an die Tage in Aachen, dann die in Wiesbaden
denke! In Skandinavien — blieb ich Herr meiner Gedanken
an Dich: jetzt treten so viele graue antipathische Tagesgespenster
zwischen Dich und mich. — — Weißt Du was, lassen wir das
Meiningen ganz und gar. Begeben wir uns nach Skandinavien,
lassen wir die Leute uns nachblicken, wenn sie mögen; wir drehen
uns aber nicht nach ihnen um, nicht wahr? Es erfaßt mich eine
krampfhafte Wuth, wenn ich bedenke, daß Du heute und alle
anderen Maiabende im Cäsar Statistendienste leisten sollst. Es

ist eine Schändlichkeit, Du, Du, meine Seele, mein Leben, als ein Fragment todten klassischen Pöbels verkleidet! — —

182.   Dienstag Abend [Meiningen, 23. Mai 1882].

— — Ach, Geliebte, wenn's Dir möglich ist, theile und stärke meinen Glauben an eine übermenschliche, an eine höhere Intervention in meinem Leben! Es hat dieser Glaube ein so Tröstendes über die Vergangenheit, ein so Ermuthigendes für die Zukunft! Laß mich keinen abgedroschenen Gemeinplatz sagen, wenn ich Dich m e i n e n E n g e l nenne!

Habe ich Dir schon erzählt, daß mir Brahms heute geschrieben hat, aus freien Stücken? Das kommt selten vor — darauf kann ich mir was einbilden. Aus Christiania hatte ich ihm zum Geburtstage gratulirt — per Draht natürlich, nicht weils so effektvoller, sondern weil ich meine Feder für Deinen Dienst zu reserviren hatte. Ich gebe Dir seinen Brief, als eine Kostbarkeit.

— — Was ich von Brahms halte — weißt Du: nach Bach und Beethoven der Größeste, der Erhabenste unter allen Tondichtern. Seine Freundschaft halte ich nach Deiner Liebe für mein werthvollstes Gut. Sie bezeichnet eine Epoche in meinem Leben, sie ist eine moralische Eroberung. Ich glaube, kein Musikerherz in der Welt — selbst das seines ältesten Freundes Joachim nicht — empfindet so tief, hat sich so tief in die Tiefen seines Geistes eingetaucht, wie das meinige. Oh seine Adagio's! Religion!

Dein Wesen ist Enthusiasmus, wie auch das meinige. Die Rezensentenbosheit, mit der ich so viel „aufwarte", ist nur die Kehrseite, die natürliche Ergänzung. Als Weib hast Du das Privileg, dieses revers entbehren zu können. „Ihr" (d. h. für mich lediglich Du) habt die Schwingen; bei uns, die wir im Kampfe sie schonen müssen, erscheinen sie, wenn vorhanden, häufig in ein Futteral eingepackt, das genau so aussieht, wie ein Buckel. Bucklige sind aber bekanntlich boshaft. Hinkt dies Gleichniß? Das thun sie alle. Ich könnte es übrigens besser formuliren. Doch nein — versuch Du's. Ich möchte Dich so gern zur Mitarbeiterin gewinnen. Du hast einen großen Vorrath von Anmuth und Geschmack, dessen Umfang Dir selber noch gar nicht zum Bewußtsein gelangt ist. Gar häufig begegnet mir in Deinen Briefen ein Wort, eine Wendung, die ganz einzig, ganz individuell sind und mich deßhalb entzücken, mit freudigem Stolze erfüllen. — —

Mittwoch Mittag.

— — Was „unser" Meiningen macht? Über alle Begriffe öde und wüst, troß frischem Grün. „Unsere" Wohnung möchte ich gern gegen eine andere, bessere vertauschen, aber . . . . es findet sich zur Zeit nichts, und um das Eckhaus zu kaufen sind wir zu arm. — —

183. Donnerstag früh [25. Mai 1882].

Schlechtes Erwachen. Ich kann den rechten Arm kaum heben. Die nächtlichen Senfpflaster haben nichts genußt. Hm — wie wird das werden?

Denke Dir, mir graut vor der Begegnung mit Daniela! Sie ist so furchtbar verwöhnt durch das luxuriöse Leben im Hause ihres — Stiefvaters, wird große Ansprüche machen und allerlei Unbequemlichkeiten. Mir war — durch Dich — zu wohl, da bin ich übermüthig geworden, habe mir eine Last auferlegt, die, namentlich wenn ich körperlich wieder leidend werden sollte, über meine Kräfte gehen wird. Doch — nach Aachen wird's noch schlimmer! Meine Mutter! — —

Pfingsten (liebliches? Fest).

184. [Aachen] Sonntag, 28. Mai [1882].

Theuerste!

In der Verzweiflung habe ich Dir telegraphirt. Der Kopf brummt mir. Bekannte von überall her, Holländer, Belgier, Engländer, Franzosen, sogar Skandinavier, Nord- und

Süddeutsche aller Dialekte, Musiker und Nichtmusiker, Literaten
und Analphabetiker — überlaufen mich seit der ersten Morgen-
stunde, mich und meine Tochter; rauben jeden freien Augenblick zwischen den schon wegen der Hitze und dem Menschen-
gewühl (Hunderte von Besuchern abgewiesen) höchst anstrengen-
den Proben und Aufführungen. — —

Wenn mir meine Mitmenschen nur ein bißchen Muße zum
Verkehr mit der Tochter gestatten wollten! Es geht aber drüber
und drunter her! Wie wenig compliziert ist in Deinem Leben
auch der inhaltsreichste, ermüdendste Tag gegen meinen Normal-
tag! Zuweilen glaube ich, das Hirn zerplatzt mir!

Jetzt wird sich zeigen, ob Du Deiner Aufgabe, mich zu unterstützen im Ertragen der Anstrengungen, entsprechen willst und
kannst. — —

Du sprichst von „Hungertod" wenn ich schweige. Und nun
biete ich Dir heute Steine, da Du doch Brod verlangst!

Ja, holdes, armes Kind, Ἀνάγκη! Sonntäglich sollte unser
Verkehr immer sein. Schöner Gedanke. Aber es gibt auch
Wochentage — wie z. B. den heutigen Pfingstsonntag, an dem
der heilige Geist, wenn er mir erschienen ist, die Gestalt
einer Schlange statt der traditionellen Taube angenommen
hat. — —

Dein schönes Wort, daß Du Brahmskultus bei mir lernen
willst, hat mich innig gerührt. Ist es Dir wirklich bewußt
in die Feder geschlüpft? Oder wolltest Du mir nur das Genick
meiner Seele liebenswerth schmeichlerisch damit krauen? Auch
dann sei bedankt für die gute Absicht! Der Urahn des Musikers
ist vielleicht der Papagei, so zu sagen der akustische Affe, und
der hat das Gekrautwerden sehr gern. So ich!

Meine Tochter — sprechen wir lieber jetzt nicht von ihr.
Du wirst sie, so Gott will, kennen lernen. Das ist ein wunder-
bares Wesen! Für die wäre mir kein mir bekannter Mann
innerlich vornehm genug. Die Beziehungen zwischen ihr und
mir sind eigentlich metaphysischer, übernatürlicher Art. Ich

glaube in ihr mein bestes Theil zu erkennen, mich selbst gewissermaßen als ihren Zerrspiegel!

Wenn Jemand unsere Verbindung zu segnen hätte, so
wäre sie, sie es allein! Sie blickt zu mir hinauf, und ich lasse es
mir deßhalb gefallen, weil ich mir dabei einbilde, auf dem
Kopfe zu stehen!

Nicht wahr, Marie, Du bist nicht soweit „Tochter", daß Du
diese Expectoration so trivial auffassen würdest, als machte
mich Daniela als „Rivalin" Dir untreu? Um aller Heiligen
willen, laß so einen Gedanken nicht aufkommen! Denke Dir
lieber, ich sei gemüthskrank. Du irrst bei dieser Annahme nicht
allzuweit von der Wahrheit. Mir scheint's auch, ich sei krank.

Nehmen wir an, die „gebundene" Elektrizität der Gewitter-
luft laste auf meinem Gehirn. — —

185.   4. Juni [1882].

— — Natürlich, ganz der Ordnung gemäß, kann sie mir
nur ein Fragment-attachement widmen, mit welchem ich mich
auch gern zufrieden gebe. Nur die Reichen sind unersättlich,
ich bin arm, an Armuth gewöhnt. Ihr Frauen seid übrigens
viel, viel egoistischer, nehmt lieber, als daß Ihr gebt, (Ihr habt
eigentlich ganz Recht) wollt vor Allem, daß Einer Euch ganz
und ungetheilt gehöre und macht Euch dabei gar nicht klar,
was Ihr unter „Gehören" versteht. Wenn Ihr's analysirtet,
würdet Ihr über Eure eigne gottgleiche Anmaßlichkeit er-
schrecken, falls Ihr eines andern Gefühls, als des Selbstrespektes,
sogenannten Selbstbewußtseins, (was einen Widersinn re-
präsentirt) fähig. — —

186.   8. Juni [1882].

— — Möchte Deiner Elastizität der Übergang in meine,
von der bisherigen Deinigen doch so sehr verschiedene Welt
unter der Vermittlung der Brücke der „Liebe" nicht zu schwer
werden! Wie ich über Deinen Beruf denke, über die Nothwendigkeit, ihn Dir zu erhalten, weißt Du. Nicht berauben

möchte ich Dich irgend eines Dir werthen Gutes: wo ich eines
in Kauf zu nehmen außer Stande, werde ich stets bemüht sein,
Dir's durch ein Äquivalent zu ersetzen. — —

187. An Eugen Spitzweg (München).

Aachen, Rhein-Hotel, 28. Mai 1882.

Lieber Freund!

Ich bin nicht wohl — habe mich halb niedergelegt, schlürfe
Thee und Sodawasser. Meine Tochter Daniela, die mit mir
hier, bringt eben Herr Bösendorfer in's Concert [Programm]
— dem ich aus Rücksicht für die wichtigeren folgenden Tage
entsagen muß. — —

Hätte ich nicht die Com-Mission, Brahms Op. 15 so schön wie
möglich zu spielen, ich verließe diesen babylonischen Thurmbau-
Conflux von Tonkünstlern, Musikkritikern und Kunstfreunden
mit demselben Zuge, den jetzt dieses Brieflein benutzen soll. — —

[P. S.] Können wir uns allenfalls in Nürnberg sehen, wohin
ich vermuthlich in der zweiten Junihälfte zum Besuche meiner
Braut (armes Wesen!) mich begeben werde? — —

188.

Wiesbaden, 3. Juni 1882.

— — Hiller hat sehr genützt.[1] Nun wird Köln im November mit der Kapelle be — unglückt.

Mandolinata, [Hiller] hast ganz recht, ist ein ganz nettes
Stück. „Zur Guitarre" wird jeder selbst verstimmte Leierkasten
mit Protest zurückweisen. — —

---

[1] Durch seinen sehr bekannt gewordenen Angriff auf Bülow nach dessen
ersten Reisen mit der Meininger Kapelle (Köln. Ztg. 20. 5. 82 No. 139).
Zuerst hebt Hiller in seinem Artikel hervor, wie „leicht" es Bülow in Meiningen geworden wäre; zum Schluß „freut" er sich, „daß Concerte von dem
Inhalte der Bülow-Meiningischen solche Anziehungskraft ausüben"; da-
zwischen aber hält er ein wahres Strafgericht über „Bläser, die sich auf-
bauschen", über das „gespannte Streben, über sich selbst hinauszukommen";
er vermißt „den innerlichen, den seelischen Zusammenhang zwischen Bülow
und seinen Musikern"; Bülow „zerreißt" das Beethoven'sche „doch so groß
gezeichnete Gewebe", er „zerschlägt die aus einem Guß hervorgequollenen

Marsch-Instrumentirung hier unmöglich, wo As und Descendentin sich — nicht auf allzulange Zeit — um meine karge Muße streiten, und die arme Braut nach Briefen dürstet.

Hättest Du damals doch einmal meinem eignen Sinne die nöthige Conzession gemacht! Na — über's Geschehene, besser: Unterlassene, will ich mich nicht nachträglich grämen, sintemal nichts das Repariren, Nach h o l e n mehr erschwert als das Nach t r a g e n. — —

189. Wi e s b a d e n [Anfang Juni 1882].

Mitten in der infernalischen Correkturarbeit [Cramer] (kaum zu bewältigen, wenn keine Stunde sicher vor Unterbrechungen) kommen mir allerhand Gedanken, die zu notiren nicht überflüssig.

1. Deine Idee von Revision durch Frau Herrmann-Rabausch ist gut und nicht überflüssig geworden durch meine höchst antiinfallible Übernahme des Geschäfts. Denn — eine wirkliche gründliche Correktur kann nur beim Unterrichtgeben, Vom-Blattlesen des Schülers in's Werk gesetzt werden, der die Noten nicht wie der Lehrer mit dem m e n t a l e n Auge anschaut, das richtig liest, auch wo sich's falsch präsentirt.

2. Nicht unwichtig erscheint mir u. A. auch eine Revision der Tempobezeichnungen, was nur mit Hilfe eines M. M. geschehen kann, mit welchem Werkzeuge ich meinen Reisekoffer nicht zu belasten pflege.

3. Das Quälendste bei dieser Durchsicht ist für mich der moralische Katzenjammer, wie ich Alles hätte besser, feiner,

Gestaltungen mit klobigem Hammer"; die „impetuosen Figuren der Contrabässe" im Trio der C moll-Sinfonie machten unter Bülow „den Eindruck einer Czerny'schen Schülerfingerübung"; „die Spontaneität der Execution, die nicht aus dem Innern entspringt, wird ihr äußerlich umgehängt — und nur dazu dienen die fast dramatischen Darstellungen des Intendanten". Daran schließt sich eine abfällige Beurtheilung der Person des Dirigenten bis in die allerkleinsten Äußerlichkeiten. Daß er z. B. Handschuhe trägt „vermag Herr v. Hiller ebenfalls mit der hergebrachten soliden Dirigirungskunst nicht zu vereinigen" wie der Bremer „Courier" v. 26. 2. 84 in einer Bezugnahme auf obigen Artikel bemerkt.

gründlicher, deutlicher machen sollen, wenn nicht können. Freilich die unergründliche (ich meine in ihrer Fülle und Mannichfaltigkeit) Seichtigkeit und Nachläßigkeit der Musiklehrer und des Publikums darf mich immer als einen Ehren-Schulmeister begrüßen, aber . . . . vor höherem Richterstuhle bestehen meine Versuche nicht. Ja, caro Eugenio, auch ich bin gleich Dir ein Ἑαυτὸν τιμωρούμενος, und nicht blos in besonderen Feierstunden, sondern „mehrstentheels"; nur daß ich mich hüte, zur Betrübung der „Freunde" mit dem Erscheinen als solcher zu kokettiren. „Kokettiren" uneigentlich genommen, d. h. nicht von Gefallsucht inspirirt. Deßhalb können wir uns so sehr r a r verständigen; Du bringst mir in Deinen Mittheilungen stets (moralisch) das, woran ich selber so erstickenden Überfluß leide, nie das, was mir fehlt, wonach ich dürste: beruhigende, erheiternde, zum Leben und Wirken ermuthigende Lichtstrählchen. Für's Melancholisiren, Hypochondrisiren hat man den Monolog: der Dialog hat eine eucholistische Bestimmung. Ich berühre diesen Punkt, in welchem ich jetzt, dadurch, daß ich's thue, meine Praxis mit meiner Theorie dissoniren lasse, n i c h t   w i e d e r: sei dessen sicher. Willst Du Dir aber hieraus einen Schluß ziehen auf unseren Verkehrs-Modus, so würde mich das für beide Theile freuen! — —

Einige Tage später.

Cramer und Mama verderben mir das Zusammensein mit meiner Tochter, auf das ich mich so sehr gefreut. „Des Lebens ungemischte" u. s. w.

Es ist ein Standal, daß meine nachläßige Stümperarbeit so viel Geld eingebracht hat! Na, rechnen wir eins in's andere. Weißt Du, ich glaube nur 5 unter 100 Spielern haben es bis 45, wo ich eben Correktur trocknen lasse, gebracht. — —

Gelegentlich sei so liebenswürdig, mir die Zusendung von Goethe, Heine, Schopenhauer v o r z u bereiten; ich brauche verstorbene Lebenströster. Sollte sich ein Buch vorfinden:

Max Stirner „der Einzige und sein Eigenthum“, so bitte ich gleichfalls darum. Endlich Byron und Shelley. — —

8. Juni. Abreisetag.

Ich rechne zunächst nur auf eine Woche Nürnberg. Arbeitens wie Doktorconsultirens halber werde ich vermuthlich mich auf einige Wochen nach Meiningen retiriren müssen. — —

Treulichst Dein „alter“ (leider nur den Jahren nach)

H. v. Bw.

190. Nürnberg, 13. Juni [1882].

— — Thu, was Du für opportun, zweckmäßig, verständig hältst. In nicht künstlerische Dinge mich selbst nur passiv einzulassen, ist mir tödtlich. Habe deren mehr, als meiner geistigen Gesundheit frommt, zu verschlingen, event. zu verdauen. — —

191. An Hermann Wolff (Berlin).

2. Juni 1882.

Geehrter Herr Wolff!

— — Würden Sie die Güte haben, meine business mit Seiner Weißheit dem Hamburger Raben[1] in die Feder zu nehmen und mich bald mit einer positiven Mittheilung, sobald abgeschlossen ist, zu erfreuen? — —

Aachen war leider nicht der geeignete Platz zu mündlicher Besprechung des vorläufig doch noch in sehr vaguen Windeln wackelnden Projektfötusses.

Sie kennen P[ollini] besser als ich. Wird er mir das nöthige plein pouvoir geben, wird er nicht pfennigfeilschen u. dergl.? Wenn irgend welche Gefahr, dann lieber nicht. Ich habe noch genügende Kraft zu allerlei Hirn- und Hantierungen, aber glatt und conflitlos muß es zugehen, sonst leiden mit den Personen auch die Sachen. — —

---

[1] Bülow hatte Pollini „einen weißen Raben unter den Theaterdirektoren“ genannt. Es bestand die Absicht, Glinka’s „Leben für den Czar“ in Hamburg aufzuführen.

192. Nürnberg, 19. Juni 1882.

— — Pollini-Glinka. Da Sie und P. in Verlegenheit, was
für mich zu fordern, zu bewilligen, so muß ich schon meine jung-
fräuliche Schüchternheit überwinden und Ihnen einen An-
knüpfungspunkt darbieten.

Ich rechne, daß mich die Woche Aufenthalt 300 Rm. kostet,
da ich nicht knausern darf. Vier Wochen werde ich aber sicher
nöthig sein, denn, da ich mich erfahrungsgemäß nur auf mich
selbst verlassen kann, werde ich tagtäglich in den Solo- wie
Chorprobezimmern zu wirthschaften haben, somit ein Ferdinand
in allen Gassen sein müssen. P. wird bei der Gelegenheit
für sein Volk allerlei Dressur gewinnen können. Ob auch
wollen? — —

193. Meiningen, 24. Juni [1882].

Mit Herrn Direktor Pollini's Offerte einer Aufenthalts-
entschädigung von 1500 Rm. — Einstudirung und Direktion
der ersten Vorstellungen von Glinka's „Leben für Czar" —
kann ich mich einverstanden erklären, vorausgesetzt, daß die
von mir Hamburg zu widmende Zeit die Dauer von $4\frac{1}{2}$ Wochen
nicht überschreitet und ich, wie es meine hiesigen Amtsverpflich-
tungen erheischen, am 1. Oktober auf meinem Posten wieder
eingetroffen sein kann.

Die Rollenbesetzung in genannter Oper, obwohl es sich
eigentlich nur um vier Partieen handelt, von meinem Schreib-
pulte maßgeblich vorzuschlagen, fühle ich mich nicht genügend
competent, weil sehr ungenügend vertraut mit den disponiblen
Kräften, resp. Schwächen.

Die Hauptsache ist der Baß: Iwan Susanin, musikalisch,
wie namentlich dramatisch der das Interesse auf sich concen-
trirende Träger des Werkes.

Herr Gura ist mir der einzig denkbare Repräsentant
hierfür. Er muß sich in die Rolle gewissermaßen mit enthu-
siastischem Glauben verlieben können. Liegen ihm diverse

Notenfolgen nicht kehlgerecht, so statuire ich entsprechende
Änderungen. Das Nächstliegende wäre, Herrn G. einen Klavierauszug der Oper einzuhändigen und ihn um sein Votum binnen
14 Tagen zu ersuchen. Ich wünschte, Herr Direktor P. betrachtete es nicht als einen Eingriff in seine Geschäftsordnung,
als einen Vorschlag, seinen vortrefflichen Regisseur Herrn Hock
zurücksetzen zu sollen, wenn ich Herrn G., nachdem er sich
im Klavierauszuge genügend o r i e n t i r t hat (h i e r z u habe
ich ihm Mitte April schon einen Wink gegeben — vielleicht
hat er ihn bereits befolgt) eine Art „moralische“ Regie übertragen sehen möchte. Bei seiner allgemeinen Kunstbildung,
wie seiner großen spezifisch musikalischen Begabung, würde es
mir sehr leicht werden, mit ihm mich zu consultiren. Ich habe
hier nur die richtige (wirkungsvollste) Rollenbesetzung im Sinne.

Die drei — dramatisch nebensächlicheren, gesanglich aber
sehr wichtigen — weiteren Hauptpersonen sind:

1. A n t o n i d a : Sopran (eher hoher als Mezzo) —
frische Stimme, jugendliche graziöse Erscheinung — nicht zu
stattlich — nöthig, ferner Coloraturfertigkeit und musikalische
Intelligenz. — —

Eher eine „I s a b e l l a“ als eine „A l i c e“ ist am Platze.

2. S o b i n j i n : lyrischer Tenor — aber kein Süßholzblock.
Die nämlichen Requisiten wie bei Nr. 1. Da Herr W i n k e l -
m a n n Legato singen kann, so wäre er zum Gelingen — für
den guten Theaterbesuch — vielleicht brauchbar. — —

3. W a n j a : Contr’alt. Eine relativ stattliche Erscheinung
wäre sehr vortheilhaft, vor Allem gerade Beine, nicht zu fasten-
zeitliche Schenkel p. p. Im Übrigen dieselben Requisiten.

Die vier Personen müssen stimmlich und womöglich auch
plastisch ein harmonisches Quartett repräsentiren. Sie haben
Ensembles im 1. und 3. Akte, die Applause bis zum Da Capo-
Rufe hervortreiben können und bei gehörigen Proben unter
meiner hingebenden (ja!) Leitung erringen müssen.

Nachdem mit Rücksicht auf genannte Erfordernisse die v i e r

Hauptpersonen designirt worden sind — was nicht bald genug geschehen kann, damit, falls sich die Wahl nicht bewährte, rechtzeitige Andersbesetzung erfolgte — muß j e d e einen Klavierauszug erhalten, um sich zu orientiren, ü b e r l e g t e Wünsche nach Kürzungen, Punktirungen u. s. w. äußern zu können, denen ich, wo immer mit gutem Gewissen — gegenüber „den Manen" des Autors und den sicher herbeigelockten „o f f's" aus seinem Vaterlande — möglich, gern Rechnung tragen werde.

Die ganze Oper wird eine Viertelstunde länger zu dauern haben, als z. B. „die Stumme", also viel kürzer als ein Meyerbeer'scher Fünfakter.

Ungemein wichtig sind die Chöre. Eventuelle Verstärkung erwünscht. Kleine Kürzungen auch hier statthaft. Ballet dagegen (im zweiten Akt, den es ausfüllt) muß complett gemacht und sehr soignirt werden.

So viel einstweilen über den Gegenstand, so weit er mit der Verantwortlichkeit, die der Dirigent übernimmt, in engerer Verbindung steht. Haben Sie die Güte, Herrn Direktor Pollini hiervon Notiz zu geben.

194. *M e i n i n g e n*, 26. Juni [1882].

— — Mit Sologastspielen ist bei der miserablen Schienencorrespondenz von und nach Meiningen — höhere Meiningitis — auch nicht viel „anzugeben", was rentirte, wenn man time = money setzt. Doch die Noth ist die Klaviermamsell des Fingersatzes. Ich habe einen „Einfall". Wie wäre es, ich gäbe z. E. an drei Mittwochen, Ende Oktober, Ende November und erste Decemberhälfte, 3 (mit oder ohne Abonnement) Klaviervorträge in Berlin? I. Bach, II. Beethoven, III. Brahms? Prinzipreiterei. Was meinen Sie dazu? Ich hätte Fiduz in jeder Hinsicht. Ziehen Sie einmal das Objekt in gef. Betracht. Beim gestrigen und heutigen Üben bemerkte ich mit Vergnügen, daß ich doch Einiges los habe, was unter den Scheffel zu stellen nicht absolut nöthig ist.

195. An Johannes Brahms.

Meiningen, 23. Juni 1882.

Mein hochverehrter Freund!

Infandum dolorem renovasti. Das ist umso malitiöser, als Du, nur Du, an meiner Überrumpelung durch Deinen Mitrepublikaner E. K. Schuld hast. Bei meinem zweiten Besuche der Arkaden oder Colonnaden stieg ich zu ihm hinauf, wie Du's im Januar gethan hattest. Er entließ mich erst dann, nachdem ich alles Verdienstliche, was er mir an seinem Studienwerke, dessen Correkturbogen auf dem Klavierpult lagen, zu preisen hatte, gewürdigt. Die mündliche Artigkeit verlangte er dann schriftlich. Was thut ein Gefangener nicht, seine Freiheit wieder zu erschmeicheln oder zu erheucheln, um nicht zu sagen, zu erobern! Daß ich aber das E. K.'sche indispensable du pianiste bei mir im Hause haben sollte, das ist ein beinahe ehrenrühriger Argwohn. Wäre er begründet, ich würde natürlich nicht zögern, Deiner jedenfalls durch provozirten Sehnsucht per Eilboten  Genüge zu leisten.[1] — Sehr erfreut hat es mich, daß Du meinen neulichen Rausch-Vorschlag einer gemeinsamen Parsiwallfahrt Deinerseits als zur Verwirklichung ungeeignet erklärst. Mir geht's gerade so. Ist der falsche Demetrius-„Auszug"[2] daran schuld (wohl kaum), oder meine antitorikologische Musikstimmung — genug, ich verzichte auf die Theilnahme an diesem Bühnenweihfestspiele mit ebensoviel Enthusiasmus, als ich gegenwärtig hier in absoluter Einsamkeit dem Studium Deines zweiten

---

[1] Brahms hatte geschrieben: „Eben lese ich Deine Zeilen über Krause's Studienwerk (n.b. Emil Krause). Ich hätte nichts Eiligeres zu thun, als es mir zu bestellen — wenn Du nicht gar so viel Ohrfeigen und Wangenstreicheln vertheiltest! So frage ich lieber, kannst Du mir nicht etwa einstweilen ein oder das andere Heft davon per Kreuzband schicken, daß ich's ansehe? Ich schaue doch etwas neugierig aus, ob mir denn Jemand die Haupt-Aufgabe meines Lebens vorweg nimmt!"

[2] Clavier-Auszug des Parsifal von Josef Rubinstein.

Concertes widme, bez. welchen ich die Impertinenz habe, Dich nächste Saison mit Concurrenz zu bedrohen.[1] — —

196. An Marie Schanzer (Nürnberg).

Frankfurt [a. M.], 28. Juni [1882].

Sei heiter — für zwei, wenn Du kannst — ich, ich bin tief erschüttert, tiefbetrübt und kaum der Pflicht gewachsen, die theuren Hinterbliebenen theilnehmend zu trösten! Joachim Raff war mein ältester, treuester Freund. Ich konnte auf seine Zuneigung, die sich häufig durch Thaten bewährt hat, stolz sein. Ich war Gymnasiast in Stuttgart 1846, als ich ihn kennen lernte. Mit ihm ist ein Theil meines besseren Lebens begraben. Der große Künstler, der edle Mensch — hier waren einmal beide Personen — wie selten, ja wie einzig! — nicht zu trennen — diente mir als Vorbild, wiewohl so unerreichbar zur Nach-folge! Zu ihm konnte ich in jeder Beziehung hinaufblicken.

Mein Wunsch, seinem Sarge folgen zu können — das Begräbniß ist ein glanzvolles gewesen, wie es ihm gebührte — ist nicht in Erfüllung gegangen. Ich reiste Montag Nacht, mußte — drei Stunden beinahe — auf dem Bahnhofe in Eisenach warten, kam gestern früh hier an — zu spät, da mir unbekannt war, daß die Beisetzung in den ersten Tagesstunden erfolgen würde. Die Zeitungen kamen mir in Meiningen, diesem entsetzlichen Dorfe, zu spät zu Händen. Die Familie glaubte mich in Wiesbaden, wohin sie telegraphirt hatte!

Man fand den Meister Sonntag früh todt, ruhig entschlafen, kampflos erloschen, in seinem Bette. Kein Anzeichen am Abende vorher hatte Beunruhigung gegeben. Sein Leiden während der Wintermonate schien gewichen zu sein; seit drei Wochen war er ungewöhnlich frisch und thätig gewesen. Die Section ergab Herzverfettung — ein Herzschlagfluß hat seinem Leben

---

[1] „Von Brahms aus Ischl Brief erhalten. Er geht nicht nach Bay-reuth — auch ich habe keine Lust mehr, die Parsifalmusik ist zu convulsi-onistisch, so schön ich auch die Dichtung finde. Lies sie doch noch einmal, ja sogar noch ein paar Mal." (An Marie Schanzer 23. 6. 82.)

das sanfteste, plötzlichste Ende bereitet — beneidenswerth, und
doch grauenvoll mahnend an die Nichtigkeit, Hinfälligkeit alles
irdischen Daseins. — —

Sei nicht — eifersüchtig — auf den Todten, (wie gerne wäre
ich an seiner Statt!) dem jetzt alle meine Gedanken gehören!
Ich hatte ihn für Brahms in den letzten Jahren arg vernachläßigt;
obwohl sein edles Herz mir dafür nicht grollte, so grämte es
sich einigermaßen — sein Andenken, meine Dankbarkeit legen
mir Pflichten gegen diejenigen Wesen auf, welche in seinem
mühevollen Leben die Rolle schützender Engel gespielt — genug!
Diese Zeilen bringen Dir nichts und entziehen mich anderer
Schuldigkeit. — —

197. M e i n i n g e n, 30. Juni [1882].

— — Meine Gesundheit ist statt vorwärts nur noch rück-
wärtser gegangen: ich bin völlig unfähig, Menschen zu sehen. — —

Wäre doch das Jahr um! Nur Scheererei und Plackerei
steht bevor. Lebten meine Kinder nicht, ich nähme das für sie
zurückgelegte Geld und würde mein freier Herr, und dann
würdest Du meine freie Frau. Vielleicht, nein wahrscheinlich,
nein gewiß besser für Dich, daß die Dinge nicht so bequem
stehen, liegen, sich verhalten. Zuweilen ist mir, als winkte
mir der geschiedene Freund, ihm nachzufolgen: zuweilen glaube
ich zu ahnen, es züngelt nach mir das Irrlicht des Irrsinns.
Nun — das wird sich ja im schönen Laufe der schönen Zeit schön
zeigen. — —

Mit schmerzlichem Gruße, mit beinahe überströmendem
Mitleiden für Dich, armes Kind, Dein
ziemlich unzurechnungsfähiger, was mehr oder weniger
ist als das vormalige „unberechenbarer"

H. v. Bw.

198. M e i n i n g e n, 10. Juli [1882].

— — Je mehr ich darüber nachdenke, nein, nach-
f ü h l e, desto vernünftiger, nicht in nüchternem sondern im

phantasievollen Sinne kommt mir die Gestalt unserer künf=
tigen Verbindung vor. Wie verbürgt erscheint mir's, daß kraft
mächtiger, weil getheilter — und hier paßt das „Doppelt" —
Sehnsucht, nicht Du mir, wohl aber nicht ich Dir je ein Gegen=
stand gähnungsfähiger Behaglichkeit werde! — —

11. Juli.

— — Wirst Du auch an die Visitenkarten denken, oder
macht es Dir keinen Spaß, sie selbst zu bestellen? Mir wird es
so große Freude machen, von Dir eine einmal per Post zu er=
halten. Weißt Du, daß ich mich seit der Entscheidung[1] (gestern
früh) wohler, leichter in jeder Beziehung fühle? — —

199. [Mgn.] Abends [12. Juli 1882].

Daß ein Lindau „nüchterne" Briefe aus Bayreuth schreibt,
das ist in der Ordnung; daß aber ich, der ich prätendire, ein
Idealist zu sein und Dich mein Frauenideal nenne, Dir jetzt
solche unberauschte Briefe aus Meiningen schreibe, bist Du
dadurch s e h r gekränkt? Ach, sei es nicht! In der zweiten
Woche werde ich mich wieder zurückmetamorphosiren in Deinen
Liebhaber, oder sagen wir, mich nicht mehr in dieser Eigenschaft
verstecken. Ich habe heute wie ein Toller Klavier geübt, ge=
wissermaßen im Voraus; da habe ich nun gegenwärtig so
reine Verstandesdinge trockenlogisch zu bewirthschaften, daß die
Phantasie, das Herz beurlaubt werden müssen. — —

200. [Mgn.] 14. Juli [1882].

Wie Lucrezia die Hermione gespielt haben mag? Ich denke
mir, furchtbar nüchtern, berechnet. Sie hat ja keinen warmen
Accent in der Seele! Verstand schafft nie Poesie, aber Poesie
schärft den Verstand, ohne sich selber abzustumpfen. Ich bei
meinem Studiren gehe zunächst rein verstandesmäßig zu Werke,
damit nichts später, wenn ich an den Gefühlsvortrag gehe,
die Thätigkeit meiner Phantasie hemme, nichts mehr eine
technische Aufmerksamkeit reize. — —

Bin begierig, ob ich die Herrschaften bei der morgen

---

[1] Festsetzung des Vermählungstages.

angesagten Rückkehr von der Heldburg zu Gesicht bekomme.
Wenn so — da verführe ich den Herzog wieder durch gute Musik,
für welche er eine Empfänglichkeit besitzt, die mich hauptsächlich
an ihn — menschlich fesselt.

Wie steht's eigentlich mit Deiner Empfänglichkeit? Da ist ein
Adagio in einer der früheren Sonaten von Brahms, welche ich
eben zum ersten Male studire — mit einem sehr verliebten
Motto [Op. 5]. Das muß ich Dir vorspielen, muß aber Deine
Augen dazu sehen. Die sollen mich dann belehren, ob ich das
Richtige getroffen. Weißt Du, daß Du eigentlich das Beste
an mir, den „Künstler" noch sehr wenig kennst? Willst Du ihn
nicht näher kennen lernen? Am „Menschen" ist doch nur mittelbar etwas. Und ich glaube, das, was Dir an ihm zu gefallen
scheint, das hast Du erst selber hineinge — träumt.

Also es ist Dir lieber, das Pulver meiner Schriftzüge vor
dem Schlafengehen einzunehmen, als damit zu frühstücken?
Schön — dann schreibe ich Dir von jetzt ab regelmäßig des Abends,
damit die Hast vor dem Abgange des Morgenzugs vermieden
werde; nur einen sogenannten Frühgruß flicke ich noch an.
Dann weißt Du, daß zwischen dem Schreiben und Lesen kein
Schlaf stattgefunden hat, der — wenigstens mir geht es so —
im Menschen allerhand Stimmungsmodulationen vollführt.
Mir begegnet es selten, daß ich in derselben Takt- und Tonart
aufwache, wie ich mich niedergelegt — und nun gar die „Melodie"!

Wie schön bei Dir — diese Gleichmäßigkeit der Empfindung!
Eine trostreiche Ergänzung für mich, den auf Unruhe Abonnirten,
oder auf den Unruhe abonnirt hat — wohl mehr das Letztere.
Denn ich selber genieße gar zu gern die Wohlthaten des inneren
Friedens, der bei mir auch nur in's Stocken geräth durch die
äußeren Feinde, nämlich die heimlichen, maskirten. — —

201. [Mgn.] 16. Juli [1882].

— — Dein Besuch des Museums hat mich gefreut. Napoleon I. war klein von Statur — im Abdankungsakte muß man

natürlich das müdgehetzte Thier erblicken. S ch ö n ist das
Erlöschen von Wahn und Größe nicht, aber realistisch tragisch.[1]
Daß Dir Calame's Landschaften darauf harmonisch beruhigend
erschienen, begreife ich. Mir ist er viel lieber, viel musikalischer,
„stimmungsvoller", wie der nichtssagende Gemeinplatz lautet,
als der akademisch kalte Lessing. Jedes Zeichen von Interesse
Deinerseits an Unpersönlichem wird mir stets wohlthun. Die
Menschen, die einzelnen Personen, sind, Gott sei gepriesen! alle
sterblich; unsterblich (relativ) sind nur die Kunstwerke und un=
sterblich (absolut) nur die großen und deßhalb guten oder
schönen Ideen. — —

Sonntag früh 16. Juli [1882].

— — Im Figaro, meinem Launelieferanten — ohne ein
bischen (gutes) Französisch kann ich nicht leben — französischer
Esprit ist mir gerade so nöthig als deutsche Musik — las ich aller=
hand interessante Notizen über den bekannten Deutschenhasser
General Skobeleff, der kürzlich, vermuthlich vergiftet, gestorben,
z. B. daß er nach dreitägiger Ehe sich habe scheiden lassen.
Du erinnerst Dich vielleicht, daß mein Dresdner Gönner
Dr. Koppel[=Ellfeld] mich mit Sk. — wegen des Überflußes
an Freimüthigkeit — verglichen. Soll noch ferner Stoff zu
Vergleichen geliefert werden?

Woher mir heute dieser Galgenhumor — nun, er ist
künstlich. — —

202. Sonntag Abend [16. Juli 1882].

Marie!

Ich habe im heutigen Briefe etwas Wichtiges zu sagen
vergessen — nicht das erste Mal — ich glaube auf allen den letzten
Bogen war es ebenfalls zu vermissen — hast Du's vermißt — aber
doch nicht verloren geglaubt, nur „verlegt"? — ich habe Dir
lange, so kommt es mir vor, gar nichts davon gesagt, daß ich
Dich immer, unausgesetzt und gränzenlos — liebe, daß Alles,

---

[1] „Napoleon in Fontainebleau" von Delaroche (Leipzig).

was ich an Herz besitze Dein, Dir leidenschaftlich ergeben ist! Heute ist Sonntag — ich darf Dir das Geständniß meiner Liebe wieder erneuern, die ja, wie wir es unter uns ausgemacht haben, kein Wochentagsartikel zum trivialen Gewohnheitsgebrauch sein soll, sondern ein Feiertagsgegenstand, kein Repertoirstück, sondern ein Festspiel. Könntest Du jetzt in meinen Blicken lesen, die auf Deine mir so ungenügenden Bilder geheftet sind, Du würdest nicht daran zweifeln, wie untrennbar Du mir in die Seele gewachsen bist. Ja, ich lieb Dich!

Und glaube nur ja nicht, daß die Gegenliebe, die Du mir gewährst — mein kostbarstes Eigen jetzt und für den Rest meines Lebens — meine Empfindung für Dich dämpft und schwächt. Nein! Liebtest Du mich nicht, ich hätte den Landsturm meiner Willenskraft aufgeboten, Dich mir aus dem Sinne zu schlagen, und wer weiß, ob es mir nicht hätte glücken mögen. Deine Gegenliebe bestärkt mich aber auf's Feurigste in meiner Leidenschaft für Dich, der ich mich ohne jede Verstandesbangigkeit hingeben kann, weil ich sie, als erwidert, für eine Naturnothwendigkeit, für ein himmlisches Fatum anerkennen muß.

Und doch — liebst Du mich wirklich wieder? Bin ich denn liebenswürdig genug dazu? Hast Du Dir's nicht in den Kopf gesetzt, Du müßtest, wollest mich lieben, hast Dich darauf caprizirt, willst es durchsetzen — aus Charakter, gewissermaßen aus point d'honneur? Oder liebst Du nur die Liebe, und mich für Liebe eigentlich so unqualifizirtes Individuum nur deßhalb, weil ich Dir mit der Standarte dieses allmächtigen Begriffs zur rechten Stunde in den Weg getreten bin? Denke nach, meine Theure, zu Deinem eignen Heile, ob Du mich nicht durch das von Dir gespendete Gefühl verklärst, verschönerst, veredelst — und ob nicht, wenn Du einmal aus Deiner Selbstbezauberung erwachst, eine entsetzliche Ernüchterung sich Deiner bemächtigen könnte? Trotz des Gitters im Rathhause, so sagt die Patriarchin, die morganatische Landesmutter, glaubt kein Mensch, weder

Männlein noch Fräulein — daß es uns Ernst sei. Sieh — dann überraschen wir, wenn Du in der letzten Stunde noch Nein zu sagen vorziehst, wenigstens hier am Orte Niemanden, außer den Justizrath, den Standesbeamten und etwa noch Deine Minna. — —

Du sollst ganz Herrin über mich sein, so weit ich selbst Herr über mich bin; ich freue mich auf alle Deine Willensregungen und werde mich ganz als Dein Eigenthum zu benehmen suchen. Du bist so reich — ein Lächeln von Dir, ein Ausdruck der Zufriedenheit, das ist so lohnend, so ermuthigend — man möchte Dir Alles zu Liebe thun, Neues erfinden, Dir Unbekanntes hervorsuchen, um Deinen Beifall zu gewinnen: ach, ich möchte ein anderer, besserer Kerl sein, Dir zu — dienen. Mögest Du nicht zu häufige, nicht zu herbe Enttäuschungen mit mir durchzumachen haben! — —

203.   [17. Juli 1882].

— — Das Wohlsein läßt sehr zu wünschen übrig — ich bin nicht ohne Fieber. Gleichzeitig sind mir einige Fatalitäten begegnet — nicht außergewöhnlicher Natur — zu unwesentlich um mitgetheilt zu werden, aber wesentlich genug, mich zu ärgern, zu stören. Nun — später — nehme ich vielleicht doch die Trostesworte entgegen, die mir eine liebende Lebensgefährtin spenden kann. Wirst Du mit solchen auch nicht knausern?

Ich habe eigentlich a l l e r l e i Zweifel. Du warst bisher doch — zu Deinem bisherigen Glücke — nicht selbständig genug: des Lebens Sorgen sind nie direkt an Dich herangetreten. Nun sollen sie es ja auch ferner nicht, so weit es in meiner Macht steht, Dich dagegen zu wehren. Aber . . . . . Genug — behalte mich einstweilen nur lieb, es wäre zu viel verlangt, daß Du noch mehr Zuneigung gewinnen, d. h. verlieren solltest an Deinen

traurig gewordenen

H. v. B.

204. An Fritz Simrock (Berlin).

Meiningen, 13. Juli 1882. bis qui cito.

Excellenz sind sehr liebenswürdig, aber ich fühle mich der zugedachten Gnade: erstes Partitur-Exemplar von Op. 83, auch nicht ganz unwürdig.

Seit drei Wochen hämmre ich nach Kräften, Erholungsbedürfnisse und persönliche „Lyrik" hintansetzend. In acht Tagen werde ich die Aufgabe zur Zufriedenheit von Verleger u n d Componist bewältigt haben, trotz meines für Br.'s Klaviersatz ungenügenden Handschuhmaaßes (7¹⁄₂). Nächsten Winter hoffe ich Ihnen damit Zeitungsinserate zu ersparen. Nachdem ich mir noch die ersten Sonaten unsres „keinen andren neben sich habenden" Meisters in Kopf und Hände gebracht, gedenke ich die schöne (gäbe es dergl.) Jahreszeit außerhalb Thüringens — irgendwo — zu genießen.

Th. K[irchner]'s Plaudereien sind namentlich I. und IV. Heft sehr wohlgefällig; gratulire dazu. A. D[voták]'s Legenden werden ein großer Treffer ditto sein.

205. An Johannes Brahms.

Meiningen, 17. Juli 1882.

Mein hochverehrter Freund!

Excellenz Simrock hat mich eben sehr reichlich beschenkt; dafür habe ich denn doch, so glaube ich, zunächst D i r meinen herzlichsten Dank abzustatten. Ich bin ganz stolz, ein Exemplar avant la lettre der Partitur Deines B dur-Concertes zu besitzen, das ich vor der Hand so gut in den Fingern habe, als nach erstem Studium möglich ist. Ich kann gar nicht aussprechen, wie viel Freude es mir gemacht hat, und wie ich nur immer aus einer Bewunderungsexclamation in die andere (innerlich) gerathen bin. Deine Musik macht mich wieder an Leib und Seele gesund. Ich habe bekanntlich aus beiden allerhand Toxikologisches auszuwaschen. — — Gott, w o w a r

13*

ich früher! Soll ich Dir gratuliren zum Avancement? Die neueste Bayr[euther] Encyclika ernennt Dich zum Euripides (Äschylus Bach — Sophokles Beethoven), prophezeit ferner: von Beethoven würden nur 2 Sinfonien bleiben, von Dir aber 9. Möge der zweite Theil zur Wahrheit werden! **Quod Di bene vertant!** [1]

Deine Gesänge [Op. 86] anlangend, so bitte ich vor Allem, meinen Respekt entgegenzunehmen. Wie viel Kunst durch Kunst verborgen! Ich höre und sehe mir Alles durch die Lupe an, und so lange ich beim Analysiren bin, komme ich nicht zum Genuß, zum Gepackt- und Ergriffenwerden. Letzteres ist für meine Natur Endziel. Meine rein musikalische Neugierde darf keinem Überraschungsreize mehr nachzugeben haben, wenn ich unmittelbare Gefühlswirkung erreichen will. Meine Bewunderung für Dein neuestes Werk ist also zur Zeit noch eine kalte, wenn man's so nennen will. Scheint es mir nur so, oder hast Du wirklich einen neuen Weg, resp. einen älteren eingeschlagen? Doch der Titel besagt's ja schon. Es sind eben Lieder, nicht sog. Gesänge, wie ich oben gedankenlos hingeschrieben. Arme Franzianer, wenn ihnen das aufgesteckte Licht leuchtet! Ich denke an R. Sch.'s Wort, als David zum ersten Male das Mendelssohn'sche Concert in Leipzig spielte: nun, da bringen Sie uns ja das Stück, welches Sie uns immer zu componiren versprochen hatten! — Was für ein liebenswürdiger Klaviersatz

---

[1] In einem „offenen Brief an Friedrich Schön" (Juli-Nr. 1882 der „Bayreuther Blätter", „Gesammelte Schriften" 1883 X S. 371—9) verdammt Richard Wagner das Musiktreiben der Gegenwart, in dem „der Genius der deutschen Musik verstumme, seitdem sie vom Metier auf dem Allerweltsmarkte herumgezerrt wird, und professionistischer Gassen-Aberwitz ihren Fortschritt feiert. — — Ich glaube nicht mehr an unsere Musik und weiche ihr, wo sie mir begegnet, grundsätzlich aus. — — Ich bin kein Musiker und empfinde dieß sofort, wenn man mir eine berühmte Komposition dieses oder jenes unserer jetzt gefeierten Meister der Musik vorführt, und ich eben die Musik darin gar nicht gewahr werden kann. Offenbar handelt es sich um ein Gebrechen, mit dem ich behaftet bin, und welches mich unfähig macht, an dem Fortschritt unserer Musik theilzunehmen." Dann spricht Wagner von dem „großen asiatischen Sturme", der „nichts genützt haben würde": denn es würde uns „hier ergehen, wie es der Nachwelt der Völkerwanderung

übrigens! Lache mich nicht aus, sondern bedenke, welche harte
Nüsse Du mir zu knacken gibst — bei der Exiguität meiner
Tastenfangwerkzeuge! Op. 1 und 5 werden nämlich jetzt
strammest einexerzirt. Hast Du kein Herz mehr für Deine
Erstlinge, so verdirb mir wenigstens nicht den Herzensappetit
darauf. Ich will, ich werde sie so schön spielen, daß Du mir
ohne Mißvergnügen einmal aus Bösendorfer's Hofe zuhören
wirst. Mit dieser Herausforderung schließe ich diesen für Dich
zwar überflüssigen, aber hoffentlich nicht — weiter — störenden
Gruß Deines in innigster Verehrung treuestergebenen

Hans v. Bülow.

Daß Du an R[aff]'s Wittwe in Fr. einen so warmen Theil-
nahmebrief geschrieben, darüber habe ich mich mit ihr gefreut,
und zwar ganz besonders deshalb, weil es meiner Bewunderung
Deiner Größe willkommen war, zu sehen, daß die Dir hier und
da angedichtete Herzlosigkeit zu den Fabeln gehört.

206. An Marie Schanzer (Leipzig).

[Meiningen] Mittwoch früh 19. Juli [1882].

Gestern Abend habe ich mich viel mit Minna beschäftigt —
doch keine Rätsel, das macht Dich ungeduldig — also mit der
von Barnhelm, also mit Dir. Das ging so zu. Ich besuchte
Deine Wohnung, mich von der glücklichen Ankunft des Schaukel-
stuhls zu überzeugen, warf einen Blick auf's Bücherbrett,

erging, welcher von Sophocles und Äschylos nur wenige, dagegen von
Euripides die meisten Tragödien erhalten wurden; demnach unserer Nachwelt gegen etwa neun Brahms'sche Symphonien höchstens zwei Beethoven'-
sche übrig bleiben möchten, denn die Abschreiber gingen immer mit dem
Fortschritt."
Diesem direkten Angriff war 1879 ein anderer, ohne Nennung von
Namen aber mit deutlicher Spitze gegen Bülow, von R. Wagner vorher-
gegangen: „Ich kenne berühmte Komponisten, die ihr bei Concert-Mas-
keraden heute in der Larve des Bänkelsängers („an allen meinen Leiden!")
morgen mit der Halleluja-Perrücke Händel's, ein anderes Mal als jüdischen
Czardas-Aufspieler, und dann wieder als grundgediegenen Symphonisten
in eine Numero Zehn verkleidet antreffen könnt." („Gesammelte Schriften"
1883 X S. 196, „über das Dichten und Komponiren.")

entdeckte den Lessing, den ich nicht bei mir vorräthig habe, gerieth auf den Einfall, die Sara Sampson wieder durchzulesen — nach mehr als 25jähriger Entfremdung — nahm also den Band heim. An dem Stück selbst hatte ich überaus mäßige Erbauung, weiß nicht, warum man sie aus dem Grabesmoder wieder an das Gas ziehen will — genug: als meine Neu- oder Wißbegier befriedigt, blätterte ich in den übrigen, lebendigeren Stücken herum, zunächst in dem, wo Du mir als Darstellerin vor balb f ü n f Jahren zum ersten Male vor inneres und äußeres Auge getreten und ich mich so sterblich in Dich verliebt. Ich träumelte, suchte mir Deiner Stimme Modulationen wieder vor's innere Ohr zurückzuführen. Theilweise schien es zu gelingen. Dann blätterte ich weiter und führte mir alle Deine Glossen (Finger- sätze so zu sagen) zu Emilia und Recha zu Gemüthe; daran hatte ich ein kindisches Behagen. Lachen mußte ich, als ich einmal Thrähnen (ausnahmsweise) erblickte: vermuthlich war das „h" zur Ausdehnung da, indem ich es nur dieses Eine Mal fand. Aber, Scherz bei Seite, dieses „h" — mein Anfangsbuchstabe, der z. B. in der russischen Sprache, trotzdem selbige 35 Buch- staben enthält, gar nicht vorhanden ist, wo ich denn — schreck- lich! — Ganz von Bülow heiße, also an Putlitz erinnere — gefällt mir weit besser, wie aller Überfluß, als die jetzige Aus- lassungsmethode: geerter Herr, wertvoll, nötig u. s. w. Also — reformire Dich nicht; ich habe Dich ja doch im Sack gekauft, mein Kätzchen! — —

207.   20. Juli [1882].

— — Der Zweck bei diesen Notenorgien ist hauptsächlich der, mein musikalisch-geschäftliches Gewissen zu beruhigen, so daß ich während Deiner Ferien nicht préoccupirt (schade, daß es kein deutsches Wort gibt — ich kann eben keines erfinden) bin mit Scrupeln betreffs meiner Winteraufgaben und mich Dir soweit ganz und gar widmen kann, als es mir überhaupt gegeben ist. Denn — töbtlich, d. h. selbstmörderisch aufrichtig wie ich bin: es ist nicht zu verhehlen daß, besäße ich die Requisiten dazu, ich in Temperament und Charakter gewisse Analogieen mit dem „Helden" des Lessing'schen Erstlingstrauerspiels aufzuweisen hätte.

Schönes Bekenntniß! Doch Du weißt ja, ich habe die Koketterie, mich schlechter darzustellen als ich bin, um dann die mir schmeichelhafte Überraschung hervorzurufen, daß man sich „angenehm" in mir „enttäuscht" gefunden.

— — Was sagst Du zu beifolgender schöner Postkarte, mit der ich statt mit einem Leipziger Briefe so eben beglückt werde? — —

Armes Kind, weißt Du, daß Du Dein Geschick an das eines Menschen knüpfest, der zahlreiche, erbitterte Feinde hat, die möglicherweise auch Dein Leben mit Dornen bekränzen, mit Giften versüßen können? — —

208. Meiningen, 22. Juli [1882].

Was mir das leid thut, den — absurden Zettel von gestern Abend zur Post gegeben zu haben, mechanisch! Es gab eines der tollsten Gewitter, die ich jemals musiziren gehört habe, und zwar blitzte es von 10 Uhr bis Nachts 2 und donnerte wie mit den Pauken des jüngsten Gerichts. Meine Nerven waren in dem desolatesten Zustande, meine Phantasie so krankhaft erregt, wie es Gottlob selten passirt, und daß Du nun, Du Ärmste, den Widerhall davon zu — schmecken bekommst, das ist eben so widersinnig als für mich beklagenswerth; denn hoffentlich hast Du meinen „Liebesbrief" für gerade so beachtungswerth gehalten, als ich z. B. die Stuttgarter Postkarte hätte halten sollen — aber leider hat mein Fell noch immer nicht die nöthige Dickhäutigkeit erworben.

Wenn Du wüßtest!

Doch nein — besser nicht. Es wird und muß das geschehen, was zu geschehen im Schicksalsbuche angeordnet ist. Wie ich einmal um das sogenannte Leben komme, bleibt sich gleich: ob durch eigene Hand (letzteres hängt nur von Dir ab — das Rezept wäre in Bayreuth zu erfragen, obwohl es das erste Mal bekanntlich nicht gewirkt hat, aber damals war ich noch zu lebenskräftig) oder auf dem allgemeiner üblichen Wege. Nur die Verbrennung in Gotha, wie ich sie in meinem Testamente anordnen werde, die mußt Du mir hübsch correkt einmal zur Ausführung bringen. — —

Genug — mit Schrecken sehe ich, daß diese Blätter nicht mehr für Dich taugen, als der Zettel von gestern Abend. Zerreiße beide! Thu's, ich bitte Dich. Der Sommer ist nicht meine Saison. Die Hitze löst mich auf, es ist mir, als habe ich keine Muskeln mehr, als sei ich wie ein Herbstblatt Spiel jeder Luftschwingung. Ich kann die Feder nicht recht fassen, weil beim Druck die Finger feucht werden. Diese Finger reagiren auf die Gedanken. Zuweilen glaube ich an Geistesschwäche, die durch Geistesstörung oder etwas Ähnliches einpräludirt wird.

Komm! Ich glaube, ich habe Dich sehr nöthig, nöthiger, als Du mich hast. — —

Lebe wohl bis . . . . Du Grund wirst, daß auch wieder wohl lebt   Dein

H. v. B.

209.[1] An Eugen Spitzweg (München).

Klampenborg bei Kopenhagen, 12. August 1882.

Vortrefflichster!

Superflua non nocent? Doch. Sieh, lieber Freund, ich habe immer Vorrath an Gift, gar Viele sind bemüht, Sorge zu tragen, daß er nicht ausgeht. Deßhalb erspare mir dessen Deinerseits, ich beschwöre Dich!

Die Erzählung der Münchner Verunglimpfung meines

---

[1] Dieser Brief ist auf einem Exemplar von Bülow's Vermählungsanzeige (29. Juli) geschrieben. Es ist wahrscheinlich, daß ihm die Nummer vom 30. Juli 82 des Wiener Blattes „Der Floh" vor Augen gekommen war, dessen Titelbild Liszt, Wagner und Bülow darstellt und von einem Text „Die modernen Gralsritter" begleitet ist.

Namens (Ausstattungs¹ - Ausstellung — habe ich recht verstanden) hat mir einen schlechten Tag und eine schlechte Nacht bereitet.

Kannst Du Dich denn gar nicht in meine Seele hineindenken? Bald werden's 15 Jahre, daß ich krampfhaft darnach ringe, die Vergangenheit zu tilgen, meinen Namen, mein Individuum aus der Berü — hmtheitskruste zu erlösen, in welche er durch die „Beziehungen" zu Weimar und Bayreuth einverurtheilt worden ist. Die Beschleunigung meiner Heirath — kein Zeit= raum konnte subjectiv ungeeigneter sein — ist demselben Be= dürfnisse entsprungen, dem eines möglichst expeditiven — Schwiegervater=Wechsels. Ich will nicht mehr zu der Grals — —schaft gerechnet werden können, der Musik zum Parsifal gegenüber vermag ich mich nur ablehnend, sagen wir ausweichend zu verhalten, ohne hiermit ein objectives Kunst= Aburtheil geben zu wollen, was ich übrigens thun müßte, falls ich es für schicklich oder opportun hielte. R. W.'s höchste Genius= manifestationen sind a) Tristan, b) Meistersinger. Alle späteren Werke erfüllen mich mit graduirter Antipathie. Irr= bahnen — Wahnwitz (vom musikalischen Gesichtspunkte be= trachtet, und Musiker bin ich, will mich als solcher, so lange ich athme, noch potenziren, wenn es geht).

Meine Nerven sind bis zum äußersten herunter. Seit drei Tagen erlaubt mir ein günstiges Wetter, eine Combination von Wald= und Seeluft (incl. Seebad) einzunehmen, welche unter Mithilfe der rührend uneigennützigen Zuneigung meiner theuren — nicht eben beneidenswerthen — Frau vielleicht zum Guten anschlägt.

Aber alles Gift von außen — und fast Alles wirkt auf mich wie Gift — muß fern bleiben.

Ich werde nach M[einingen] erst dann retourniren, wann Bayreuth zu Ende gegangen, meine ausgeneustätterte zweite Tochter nach Sicilien gewandert ist u. s. w.

— Möge der Himmel zu Deinem Wolfrum r. c. seinen

¹ Von der Firma Neustätter für Bülow's jüngere Tochter angefertigt.

Segen geben. Ich darf keine Note sehen noch hören. Gegen's
Hören ist meine hiesige Residenz eine sichere Zuflucht, wie ich
sie nirgends hätte gleich gut auftreiben können. — —

210. An Angul Hammerich (Kopenhagen).
Meiningen, 31. August 1882.

Verehrter Herr Hammerich!

Seit meiner Rückkehr von Klampenborg bin ich krank — der
anmuthige Tag des Besuches bei Ihnen war eigentlich zugleich
auch der einzige lichtvolle, und wird deßhalb mir und meiner
Frau in um so dankbar lebhafterer Erinnerung bleiben. Ich habe
mich demnach, wiewohl mit schwerem Herzen, entschließen müssen,
das Hamburger Projekt der Einstudirung von Glinka's Oper
im nächsten Monate rückgängig zu machen: allerhand Nevralgieen
machen mich zur Zeit gleich unfähig zu jeder geräuschvolleren
Arbeit, und ich muß mich in den nächsten Wochen darauf beschränken, die Fragmente meiner sehr defekten Gesundheit —
bis gestern war ich sogar bettlägerig — bis zum Beginn der
Saison nothdürftig zusammenzuleimen. — —

Bülow's Zustand verschlimmerte sich in den folgenden Wochen
derart, daß es mir unmöglich erschien, so lange dies anhielt, den Theaterdienst anzutreten. Nachdem der zunächst von mir genommene mehr-
wöchentliche Urlaub verflossen war, ohne daß sich eine Wendung zum
Bessern eingestellt hätte, wurde derselbe nach Bülow's Wunsch auf
ein Jahr verlängert. Am 24. September 1882 berichtete ich meinem
Vater: „Ich habe nun vorläufig meine Stellung aufgegeben, da ich
unter diesen Umständen meinen Mann nicht verlassen konnte. Es
war ein harter Entschluß für uns Beide. — — Meine ganze Sehnsucht
ist: die Saison möge überstanden sein und ich mit ihm nach einem
andern Klima ziehen, fort von Deutschland, wo auch unendlich viel
verstimmende Elemente, Beziehungen aus seinem früheren Leben
einer Genesung sich hindernd entgegen stellen. Wir werden äußerst
einsam leben, da mein Mann außer Stande ist, mich in Gesellschaft
zu bringen. — — So heißt's Alles aus Eigenem bestreiten, das Leben
nach innen möglichst reich gestalten."

211. An die Baronin D.

[Meiningen, 30 Décembre 1882.]

As useless as unpleasant.

Trop généreuse Baronne!

Ce n'est qu'aujourd'hui que mon pauvre cerveau — détraqué comme un »shipwrecked« piano — recommence à jouir de quelques moments un peu lucides — depuis une quinzaine de jours qu'il m'est arrivé de me blesser assez gravement à la tête — vertige — chute au sortir du bain etc.

Savez-Vous — pourquoi ne le sauriez-Vous pas — que mon cerveau est dangereusement attaqué — que c'est presque un miracle qu'on ne m'ait pas encore transporté dans un Bedlam quelconque? Enfin — qui est-ce que cela peut étonner? N'ai-je point donné par mes hauts faits et gestes — l'été passé — les signes les plus caractéristiques d'aliénation mentale? Ce qui semblait aigu est devenu tout simplement chronique. Mais chut! Si je parle de mon brillant personnage, un accès de surexcitation peut m'arracher la plume de la main — alors (que de fois ne l'ai-je point fait!) je verse l'encrier sur la feuille commencée . . . .

Cette avalanche de beaux cadeaux, cette inondation de bontés que Vous Vous êtes plue à verser sur mon individu crétinisé par quatre mois de sequestration en chambre — je n'en puis qu'accuser honteusement la réception. Quant à Vous en rendre grâces, cela m'est impossible, impossible comme de prier Dieu, en qui je ne crois pas. Par compensation je crois en Ahriman — mais j'ignore si on peut le prier — jamais le livre d'heures, qu'il y aurait à consulter, ne m'est tombé sous la main. — —

Musique — impossible depuis des mois.

Doigts, yeux, mémoire, tout fait défaut. . . . . Croyez-moi — cela est atroce. — — Je n'ai pu ouvrir le Musset, je n'ai pu goûter à l'ambroisie prussienne. Lorsque j'étais

cloué au lit — j'ai été à même de lire »Democracy« [Car-
negie]. J'ai trouvé ce volume »marvellously clever«. — —

Je suis dans un affreux pétrin — dans des »mews« sans
issue. J'ai perdu toute volonté — je me laisse éteindre.
'T is indescribable, et au fond je n'ai à accuser que moi-même
de ma situation. C'est le moral qui a tué le physique — les
médecins — j'ai consulté Erb de Leipzig — ont voulu m'envoyer dans une institution hydrothérapeutique — je me
serais, je crois, refusé — même, si un voyage avait été possible. — —

Je n'ai écrit à personne, à personne au monde, depuis
douze semaines. Je veux lutter plus sérieusement contre
le mal qui me dévore. Le 2 janvier je veux rencontrer
l'orchestre — je veux faire répéter tout Beethoven — je
veux m'imaginer d'avoir dormi, comme Rip van Winkle —
et de m'être réveillé tout d'un coup d'un songe affreux, d'un
cauchemar monstre.

Permettez-moi de penser à Vous, de penser au bonheur
de musiquer encore une fois, encore plusieurs fois — pour
Vos adorables oreilles, pour Votre âme qui est bien plus
artiste, bien plus musicienne que la mienne. En fouillant
dans mes souvenirs, je trouve que Vous avez été la véritable
inspiratrice de ce que j'ai fait de mieux. Aussi — dès le
moment — que Vous m'avez abandonné, je me suis englouti
dans la folie, dans l'enfer de la déraison.

Dites-moi, croyez Vous que j'en revienne? Il y a interruption entre le centre des nerfs et ses fils conducteurs: le
cerveau ne fonctionne point, et cependant il me reste assez
de conscience pour m'en apercevoir et m'en désespérer.

C'est indicible — ce que je souffre, ce que j'ai souffert.
Encore — encore! — —

[P. S.] Ne jouez pas Parsifal! La lecture m'en a rendu
»insane« — ou peut-être l'étais-je déjà, lorsque je suis entré
dans ce Capharnaüm de dissonances. Mais hélas — de

l'autre côté — les nouvelles œuvres de Br[ahms] (Trio, Quintuor) — je n'ai pu que les parcourir à la lecture — sont d'une sécheresse aussi parfaite qu'académique.

212.   M[einingen] ce 3 Janvier 1883.

Chère amie — puisque Vous semblez m'autoriser encore à Vous appeler de ce titre!

Je viens de recevoir Vos lignes qui m'ont causé plus d'émotion que Vous ne sauriez Vous imaginer. N'est-ce pas, Vous voudriez plutôt contribuer à ma guérison, si celle-ci se trouvait dans le domaine des non-impossibilités, que chauffer mon enfer par la mise en exécution de Vos charitables intentions? Alors abandonnez cette néfaste velléité, de courir le chemin de fer qui conduit au hameau, résidence de mes misères. D'ailleurs cela Vous rendrait malade, par ce temps affreux qui vient — j'en suis sûr — il y a de la mort dans l'air — [de] tuer Gambetta et Wimpffen. (Je regrette plutôt le dernier.) Écrivez-moi parfois un petit mot d'encouragement, cela me fera du bien, cela me sera un baume, un tonique.

La répétition d'hier m'avait tellement surexcité — malgré sa courte durée — que j'ai passé une nuit blanche, aboutissant à une prostration des plus mauvais jours. Néanmoins, je me suis forcé à me lever et à reprendre mon travail. Cela a été bien dur — en rentrant j'ai dû me coucher. — —

P e u t - ê t r e dans une quinzaine de jours je pourrai diriger un concert; alors venez et fêtez mon »retour à la vie« par Votre présence.

Mieux encore — je partirai le lendemain de ce jour mémorable pour Berlin, y voir seulement encore mon condisciple chéri Klindworth. Je suis très content, archicontent que Vous le voyiez, ainsi que vient de me l'apprendre une lettre de lui qui m'a fait pleurer d'émotion. Mais — savez-Vous — les émotions (beaucoup plus celles qui me font pleurer, que celles qui me font »jurer«) sont les poisons, qui aggravent mon mal le plus létalement. Elles m'ammollissent et me ravissent le petit bout d'énergie dont j'ai si furieusement besoin, pour combattre le marasme qui a pris possession de tous mes membres. Écrire par exemple est une douleur physique pour moi. J'ai continuellement des fourmis dans mon bras droit jusqu'aux ongles. — —

Herzog Georg II. an Hans von Bülow.

3. Januar 1883.

Lieber Bülow!

Aus Ihrem Munde bestätigt zu hören, was mir beim Herauskommen aus der Probe die [vor] Freude strahlenden Kapellisten gesagt, nämlich, daß Sie ganz der Alte waren, und daß die Probe wundervoll gewesen sei, erfüllt mich mit Jubel! Meine Frau und ich gratuliren zu diesem schönen Jahresanfang! Möchte eine gute Nacht dem schönen Tage gefolgt sein! Es wird sich leicht arrangiren, daß Egmont auf's Repertoir gesetzt wird, und brauche ich desfalls nicht erst bei Chronegl anzufragen; desgleichen versteht es sich von selbst, daß das erste Concert, das den 23. sein sollte, verschoben wird. Es wäre himmlisch, wenn Sie sich daran betheiligen könnten!!!! Also, halten wir an der Musik zu Egmont fest, die, die Ouvertüre ausgenommen, ich niemals mit Andacht habe ausführen hören.

7. Januar 1883.

Sie theilen mir ja herrliche Dinge mit! Daß Sie mit der Kapelle so zufrieden sind, erfüllt mich mit Freude, und ganz prächtig ist es, daß Sie Donnerstag meine Beethovensehnsucht befriedigen wollen. Welches Glück, daß Sie wieder so weit sind, den Taktstock schwingen zu können! Neulich begegnete ich einem Kapellisten, den ich fragte: „Hat heute Herr von Bülow dirigirt?" Freudestrahlend erwiderte er: „Ja, und zwar sehr!" Möchten Sie sich nur nicht übernehmen, chi va piano va sano! — —

213. An Johannes Brahms.

Haltestation Meiningen, 7. Januar 1883.

Hochverehrter Meister und gütiger Freund!

Deines brieflichen Tusches bin ich zur Stunde noch recht unwürdig. Die bösen Geister — wenn man revoltirendes

Nervengesindel so vornehm tituliren darf — sind im sogenannten edlen Theile — meinem Kopfe — mittelst elektrischer Behandlung ein wenig zur Raison gebracht worden — treiben jedoch ihr Unwesen recht arg in den Fingern, so daß es mit dem Klimpern wie mit dem Schreiben noch gar nicht recht klappen will. Eingedenk des vergangenen glücklicheren Jahrestags habe ich heute einen Versuch mit Deinem C dur-Trio (Allah il Allah!) gemacht, der mich mit äußerster Mißbefriedigung über meine Leistungsfähigkeit erfüllt hat — ein Glück, daß Du kein Telephon zur Verbindung mit Meiningen benutzest. Da ich es für ein crimen laesae halten würde, mit meiner Beantwortung Deiner Anfrage zu zögern, habe ich an S. H. Deinen Wunsch, Anfang Februar (statt Anfang April) hierher zu kommen, brieflich — nb. nicht Deinen Brief — mitgetheilt. Ich erhalte soeben des Herzogs Bescheid, lautend: „Da Maëstro Br. zu den sizilianischen Banditen * nach dem etwas öden Girgenti will, ist er Anfang Februar willkommen und natürlich mein Gast, was Sie vielleicht einfließen lassen wollen. Aber nun gilt's, unseren Chor zusammenzurütteln und lustig zu machen, um das Parzenlied zu bewältigen." — Bist Du zufrieden? Willst Du Nänie und D dur-Serenade hören? Quintett wird fleißig studirt. Die Prinzeß spielt's überdies mit dem Kapellmeister vierhändig. Wie wäre es eventuell mit einer Combination? Genehmige noch meinen gerührtesten Dank, daß Du mir durch den Verleger Deine neuen Werke geschenkt hast. Ist eigentlich ein Unrecht an ihm, wie an mir, der ich mich meiner Würde als Käufer Deiner opera — wie verschiedener anderer Würden — nun entsetzt fühle. Für gute Musik Geld auszugeben, ist ja doch das einzige wirkliche ökonomische plaisir. Lebe wohl, Großer, und habe Nachsicht mit dem so eilfertigen und unfreiwillig nachlässigen Gegengruße Deines treuen Bewunderers.

* Sollten dieselben sich an Dir vergreifen, so beantrage ich beim Bayreuther Patronatverein Deine Auslösung.

Im Laufe der nun täglich stattfindenden Proben gewann Bülow so viel Zuversicht, daß das für den 23. Januar anberaumte Concert (z. Besten des Wittwen- und Waisenfonds der Musiker) wirklich an dem Tage stattfinden konnte, zum Gedächtniß Joachim Raff's, des ihm zu Beginn seiner schweren Leidenszeit so plötzlich Entrissenen. Es war, als wolle er sich bei dem ersten Wiederversuch seiner Kräfte in des Freundes Schutz stellen. Die „Feste Burg"- Ouvertüre, das Violinstück „Liebesfee", das Clavierconcert, von Bülow gespielt, und die „Waldsinfonie" bildeten das Programm. Die allgemeine freudige Erregung, von Ausführenden und Zuhörern, gaben dem Concert den Charakter eines ergreifenden Familienfestes; wie es unmittelbar vorher in ihm aussah und wie nachher die Reaktion ihn wieder für einige Tage niedergeworfen hatte, blieb den Meisten verborgen. Immerhin bezeichnete das Datum eine Wendung zum Bessern, so daß er am 4. Februar bei einer Sonntagsaufführung des Egmont Beethoven's Musik dirigiren konnte.

Und als eine seltsame Verkettung von Umständen — einen „dämonischen Zufall" bezeichnet es ein damaliger brieflicher Bericht — Johannes Brahms gerade am Abend des 12. Februar nach Meiningen geführt hatte, konnte Bülow — obwohl am ganzen Körper zitternd — umgeben von seinem Musikerstabe den verehrten Meister auf dem Bahnhof empfangen, wenn er sich auch zu angegriffen fühlte, um am folgenden Tage die Diner-Einladung des Herzogs zur Ehre des Gastes anzunehmen. Am 13. Februar Abends theilte der Herzog Bülow mit: „Brahms wünscht morgen Vormittag statt der Orchesterprobe sein Trio und Quintett einzustudiren. Ich versprach ihm, das zu arrangiren. — — Wir gedachten Ihrer heute Mittag wiederholt und sprachen alle unser Bedauern aus, Sie und Gemahlin nicht in unserem heiteren Kreise zu haben. Selbst vom medizinischen Gesichtspunkte wäre es für Sie zuträglich, an der Tafelrunde mitzuwirken. Wie wäre es morgen?"

Während die Freunde so bemüht waren, den langsam Genesenden, seinen Weg in's Weiterleben tastend Suchenden heranzuziehen, hatte das Schicksal bereits einen Schlag gegen ihn geführt, dessen erste Wucht wie Vernichtung wirkte, und von dem es auch später eine völlige Genesung nicht mehr gab: Richard Wagner war nicht mehr.

Am Abend des 14. Februar mußte man sich endlich entschließen, Bülow in Gegenwart seines Arztes die Kunde beizubringen. Ich finde in dem verfügbaren Material keine Silbe darüber aus jenen Martertagen von Bülow's eigener oder seiner Freunde Hand. Am 15. Februar schrieb ich meiner Mutter:

„Die Nachricht von Richard Wagner's Tod hat einen so entsetzlich
erschütternden Eindruck auf meines Mannes Gemüth gemacht, daß
die Stimmung bei uns den Höhepunkt der Traurigkeit erreicht hat.
Ich selbst habe keine Ahnung gehabt, welche leidenschaftliche Liebe
er im tiefsten Innern seines Herzens trotz alledem für Wagner noch
immer bewahrte. Bülow's Leben ist mit dem Namen so eng ver-
webt, daß ihm, nach seinen eigenen mühsam hervorgebrachten Worten,
ist, als sei sein Geist mit diesem Feuergeist nun auch gestorben, nur
ein Fragment seines Körpers wandere noch umher."

Es ist natürlich, daß ihm Alexander Ritter's Nähe damals am
erträglichsten, ja, in einzelnen Paroxysmen des Schmerzes auch Bedürfniß gewesen ist. Brahms' Anwesenheit hingegen erregte ihm,
nach meinem damaligen Bericht an meine Mutter, nur „peinliche
Mischgefühle". Als er sich äußerlich so weit beruhigt hatte, um einen
Entschluß fassen und ihn zusammenhängend mittheilen zu können,
schrieb er dem Herzog. In welchem Sinne, läßt sich aus dessen Antwort entnehmen:

Lieber Bülow! 24. Februar 1883.

„Eben erhalte ich Ihren heutigen Brief, aus dem ich zu meiner
außerordentlichen Betrübniß ersehe, daß Ihr Gesundheitszustand
Ihnen nicht gestattet, gegenwärtig die Kapelle artistisch zu leiten.
Vor wenigen Tagen hat meine Frau über die Verhältnisse, die Sie
in dem vorletzten Briefe behandelten, ausführlich mit Ihnen gesprochen
und Ihnen meine Absicht mitgetheilt, die Kapelle jedenfalls für die
Zeit von Ostern 1883 bis Ostern 1884 in der jetzigen Stärke zu erhalten
(abgesehen von kleinen Abweichungen). Gestatten Sie mir, dieser
Absicht entsprechend, Ihnen jetzt auch nur Urlaub auf unbestimmte
Zeit geben zu dürfen. Durch Dr. Weber und durch meine Tochter,
welcher Ersterer es sagte, weiß ich, daß Sie die Idee gefaßt haben,
für einige Zeit Meiningen den Rücken zu wenden. Das ist Ihnen
gewiß zuträglich. Andere Eindrücke und die Zeit, die ja Alles heilt,
werden, so hoffe ich, Ihren Schmerz ob des unersetzlichen Verlustes,
der die Kunst durch R. Wagner's Tod getroffen hat, lindern, und wird
auch diese Wunde vernarben. Sie werden wieder gesunden und
dann, wie ich zu hoffen wage, den Dirigentenstab nicht ungern
wieder an der Spitze Ihrer Kapelle schwingen. Alle geschäftlichen
Dinge werde ich mit Mannstädt besprechen. Gönnen Sie sich Ruhe
und Erholung und kehren Sie einst mit neuer Kraft an die Spitze
Ihrer Kunsttruppen zurück.

Ihr treuer und dankbarer
Georg.

214. An die Baronin D.

Wurzbourg, ce 26 Mars 1883.

— — Les médecins d'ici m'ont soumis à un traitement assez sévère, qui durera jusqu'à la fin d'avril, s'il ne se présente pas des circonstances aggravantes, qui exigeraient une interruption. Cette cure préalable (hélas) achevée, on m'enverra, je ne sais pas encore où, et je ne m'en inquiète guère pour l'heure, tenant surtout à ce que l'état de faiblesse ridicule dont je souffre toujours également, cède à un fortifiement général.

Mais au fond, tout cela n'est qu'un »much ado about nothing« — je me sens tellement nothing, outlived — enfin: Vous vivrez et verrez! — —

Il y a des moments dans la journée, où je me flatte d'un rétablissement complet — hélas, ils ne durent que l'espace d'un éclair — alors je pense sérieusement à m'expatrier, à me rendre dans Votre pays natal. — —

Vous connaissez Wurzbourg? La ville n'est pas sans charme — surtout en printemps — elle rappelle un peu Prague, même Florence si l'on veut (si on a quelque hardiesse d'imagination) et offre pas mal de promenades — la plupart sans ombre — hors des murs. — —

La raideur de ma main droite ne me permet pas de continuer. D'ailleurs mon cerveau est vide comme le premier concert d'un nouveau pianiste à Berlin. — — A une autre fois. Je me sens horriblement fatigué. — —

215.   Wurzbourg, 18 Avril [1883].

Chère Baronne, noble amie!

Merci de l'aimable télégramme, quoique son arrivée — ne sachant point qu'il venait de Vous — m'ait donné une légère attaque de nerfs. — —

En échange des n o u v e a u t é s littéraires p i q u a n t e s, dont m'a comblé Votre générosité inépuisable — je ne Vous en ai pas encore remercié — il est vrai que je n'ai lu que le volume de Zola et les lignes notées au crayon des autres volumes — je commets l'impertinence de Vous envoyer une v i e i l l e r i e f a d e que j'ai trouvée chez un libraire — Paris il y a cinquante ans. Cela pourra Vous servir contre les insomnies, si toutefois Vous y êtes encore sujette. Dites non. Permettez-moi de croire que Vous allez bien, très bien, formidablement bien!

Combien de temps restez-Vous encore à Berlin? Puis, où dirigerez-Vous Vos pas? Peut-être que . . . . . .

Ah — pour le moment je suis encore prisonnier de mes médecins, qui ne me lâchent guère — et ma foi, ils n'ont pas tort — puisqu'ils n'ont encore obtenu aucun résultat positif. — —

Et enfin . . . . . . si je parviens à me rétablir, quelle horrible »business« devant moi! Enfin — ma résolution de briser pour tout de bon, au prix de n'importe quels sacrifices, brutalement, s'il le faut, mes nombreuses chaînes, toutes mes chaînes. N'est-ce pas, j'en ai le droit? — —

N'est-ce pas, il y a des cas où l' »altruisme« (Spenser je crois a inventé le terme) est plus absurde que l'égoïsme n'est réprouvable? — —

Comment va notre ami Kl[indworth]? J'ai appris avec bien du plaisir — quoique seulement par ouï-dire — ne lisant par principe rien que le Figaro — que sa réputation de chef d'orchestre grandissait de jour en jour, de soir en soir, et que les occasions de la justifier abondaient. Je serais si content s'il trouvait quelque satisfaction à Berlin, quelque compensation à sa vie antérieure d'exilé, d'enterré. Comment Mr. Planté Vous a-t-il plu?

Parlez-moi, donnez-moi d'autres pensées — je suis si triste, si malheureux! Et mes pauvres doigts, mains, bras . . . . . je les fais masser tous les jours — sans résultat encore!

216.   Wurzbourg, ce 25 Avril [1883].

— — Avez-Vous vu la partition de Colomba de Mackenzie, dont le World parle si honteusement? C'est de la bonne musique, parfois originale, toujours (peut-être trop) mélodieuse, très bien faite malgré les longueurs, enfin la meilleure chose qu'un Anglais ait écrite depuis le commencement du siècle. Carmen est préférable — certes — mais après Carmen c'est ce qu'il y a de plus digne de succès en fait d'opéra du jour. Voulez-Vous que je Vous envoie mon exemplaire?

Merci de Vos intéressantes remarques sur Mlle Planté et Mr. Klindworth. Quant au dernier, je suis très peiné de voir qu'il fait de si mauvais programmes, c'est-à-dire qu'il met de si mauvaises choses comme »Minstrel's Curse« dans ses programmes. C'est de l'amitié mal ordonnée; du reste MM. les critiques l'en puniront — dans les journaux — dûment et justement. Quel dommage qu'il soit trop tard maintenant pour le supplier d'ôter cette tâche — car franchement, chère, spirituelle amie, Vous avez trop bon goût pour Vous amuser à cette banalité vieillie. — —

Peut-être — il y a un siècle — avais-je quelque chose dans mon cerveau — mais l'océan d'enthousiasme que j'ai fait couler pour Wagner et son beau-père a submergé, noyé ce »quelque chose« depuis un demi-siècle. Aujourd'hui je n'ai plus d'enthousiasme à répandre, plus de foi, plus d'idéal à adorer — je suis un décapité dans le sens moral du terme. Je n'éprouve plus que regrets et repentirs d'une vie inutile à l'art, au prochain, à moi-même. Il ne manque plus que de devenir gras, de prendre de l'embonpoint et de me consacrer à la gloutonnerie. Alors.... — —

217. An frau Jeſſie Hillebrand (Cherbres).

Gurnigl, 8. Juli 1883.

Verehrteſte Freundin!

Nicht aus Widerſpruch verletze ich Dein freundliches Gebot, Dir nicht zu antworten. Übrigens gibt's ja Brief und Brief.

Der Zukunftsbrief hat nur zur Aufgabe, Telegramme zu — commentiren. — —

Die Aussicht auf die Möglichkeit, meine „disjecta" so weit zusammenleimen zu können, daß ich Euch auf einige Stunden einen noch erkennbaren revenant, Zio-Schatten zuführen könnte, begeistert mich zum Ausharren in einer mir äußerst gegen den Strich laufenden Daseinsform. Der alte Arzt hier flößt mir außerdem Vertrauen ein, weil er das Gegentheil meiner bisherigen — vétérinaires anordnet. Von ihm stammt der klassische Vers:

Der Tod ist die Brücke zum besseren Leben:
Das Brückengeld hat man dem Arzte zu geben.

Das duftet nicht nach Charlatanismus, nicht wahr?

Er-Mercurio hat seit Jahresfrist die Reihe seiner Lebens- dummheiten durch die ärgsten gekrönt — und seine nächste Aufgabe wird sein, sobald ihm sein krankes Hirn dies gestatten wird, de revenir sur ses pas, de rebrousser chemin. Ich sage das jetzt schamlos-frisch heraus, damit keine unerquicklichen Objekte auf's Tapet kommen, wenn ich Euch in Cherbres begrüße. Dort will ich nur von Euch hören — es wird mir sehr leicht werden, gut zuzuhören — weil Ihr Beide für mich die werthvollsten Mitlebenden geblieben seid. Ich empfinde zu Euch — was mir allen übrigen Menschen gegenüber leider radikal abhanden gekommen ist — so etwas von Zusammen- oder Angehörigkeit, Seitenverwandtschaft — „enfin" Euer Wohl und Wehe (Gegenseitigkeit wird gar nicht erbettelt) be- trifft mich, geht mir nahe, näher wie's eigene Fell. Volpe ist der Welt noch 18 Jahre Weltgeschichte schuldig — er gehört aber zu denen, die keine Schulden zurücklassen: somit glaube ich zuversichtlichst, daß er wieder emporkömmt, und zwar so sehr empor, als er's nöthig hat. Ferner glaube ich, daß es seiner Lebensgenossin gelingen wird — ohne Rest — ihn wieder „in die Reihe" zu bringen (wie sie sich auszudrücken pflegt), bei welcher charité-Praxis sie zuerst ihre eigene sœur zu sein hat. — —

Schmeichle ich mir — unrichtig, daß Du Dein erstes Billet
gerade poſtirt hatteſt, als ich Deinen Gemahl draht-moleſtirte?
Wäre es ſo, das würde mich elektriſch erquicken! Bis
dato hatte ich in jeder kleinſten Bagatelle das erdenklichſte
Pech! — — Jeden Schritt den ich that, bereut — immer das
Allerverkehrteſte, Abſichtswidrigſte erfahren — ſo daß ich zuletzt dem leichenhafteſten Quietismus in die Arme gefallen
bin. — —

Wenn Du gleichzeitig mit meinem Telegraphiren
geſchrieben hätteſt — das betrachtete ich als das erſte
glückliche Omen einer Wendung für meine Putſch-pfuſcher-
Exiſtenz! — —

218.   [Gurnigl Juli 1883] Donnerſtag.

— — Wovon werden wir reden? Von Mackenzie's Colomba,
die mich bei erſter Lektüre ſehr angenehm überraſcht hat, bei
der dritten jedoch Bizet's frühzeitigen Tod belamentiren
machte — im Intereſſe Mérimée's. Dennoch würde ich die
Interpretation der Colomba auf deutſchen Bühnen warm be-
fürworten. Sie iſt mir, wie ſie iſt, doch ſympathiſcher als z. B.
Göß's Widerſpänſtige, welche im Übrigen doch die beſte ſogenannte deutſche komiſche Oper ſeit Nicolai's Luſtigen Weibern
genannt werden darf. Schade, daß mein „dotted" Temperament
mich von Hannover verſchlagen hat — trotz aller Miſèren
daſelbſt konnte ich doch leichter athmen, als in der Meininger
Miſère, die ich mir freilich erſt ſo ſuperlativ miſerabel geſtaltet
habe. Hätte ich in Arno-Dresden bleiben können! Nun, die
Suppen die man ſich eingebrockt hat, muß man aufeſſen: das
iſt recht und billig. Ich bin auch willig dazu: nur fehlt es mir
an dem Suppen-Löffel. Geſundheit (relative) heißt
dieſer Löffel. Biſt Du denn endlich wieder im Beſitze dieſes
„indispensable", verehrteſte Freundin? — —

219. An Karl Hillebrand (Cherbres).

Gurnigl, 14. Juli 1883.

Verehrter Zeit= und Leidensgenosse!

Du hast mir durch Dein m. p. eine große Freude und Aus=
zeichnung erwiesen, für die ich mich nach besten Kräften be=
danken möchte. Hierzu habe ich aber leiblichere Aussicht auf
vokalem als pennalem Wege. Ich gur(ni)gle mir zu sothanem
Zwecke fleißig meine heisere Kehle, um Dir möglichst melodisch
zu erscheinen. Deine Gemahlin möge also nicht das Ara=
Gekrächz der Ischler Regentage von anno? befürchten!

Hätte ich noch mehr Lebenskraft, als mir nach einem Jahre
Siechthums [er]übrigt, ich würde mich auf meine „ungefälligen"
Tage noch zum Optimismus bekehren. Der Pessimismus —
der meinige — hat nicht Stich gehalten. Alles fiel noch schwärzer
aus, als ich es erwartet, als ich's mir „gemalt". Vielleicht ist
aber nun endlich eine Zeit des Waffenstillstands gekommen;
vielleicht hat sich die gütige Vorsehung gegen uns einmal aus=
getobt und nimmt sich einige Verschnaufungspausen. Carpamus
diem — ich echoïsire Dir das Wort mit Enthusiasmus
nach. — —

Du schreibst s i c h e r auch noch die Geschichte der franzö=
sischen Republik bis zur Wiederaufrichtung des Kaiserthums
(Viktor Napoleon V.); ob i c h sie auch noch zu lesen bekomme,
das ist etwas fraglicher. Ich würde mir's wünschen, wenn ich
aus meiner Invalidität (Musiziren geht immer noch nicht wieder!)
erlöst, noch eines sogenannten Indian summer's theilhaft werden
könnte. — —

[Aus einem Brief vom 4. August 1883:]

— — Ich glaube, wir kranken Beide an demselben Übel,
uns für nichts noch Erreichbares mehr begeistern zu können.
Doch — sieht's denn wirklich in Deinem Reiche ebenso grau
und chaotisch aus, wie in dem meinigen? — —

220. An Marie von Bülow (Meiningen):

Montag, 2. Juli [1883].

Meine theure Marie!

— — Ich schreibe Dir einen Buchstaben zwischen Frühstück und Bad, nachdem ich mich an den beiden Pariser Opern satt gelesen. Delibes' Lakmé hat mich sehr enttäuscht. Er hätte beim Balletcomponiren bleiben sollen, wie Joh. Strauß bei Walzern und Polka's. Affektirter, unfrischer Jargon, allerdings nicht geschmacklos, nicht gemein aber . . . . . . dagegen ist Bizet's Carmen der reinste Mozart.

Henri VIII. von Saint-Saëns ist natürlich in jeder Hinsicht viel bedeutender, zum Theil sehr bewundernswerth, aber duftet auch recht stark nach Sterblichkeit. Von einem Import auf deutsche Bühnen verspreche ich dem Componisten nichts. Schon das Buch ist zu unerquicklich, das Gegentheil von „packend" wenn auch einige Situationen und Scenen von momentaner großer Wirkung sein werden, Dank dem großen savoir-faire des Musikers. Aber Genieblitze sucht man vergeblich: es bleibt bei genialer Mache.

Schade — daß ich bei allergeringsten Ansprüchen mich nicht erwärmen konnte. — —

221.   Gurnigl, 12. Juli 1883.

— — Besorge nicht, daß mir die Meininger Zimmer zu klein erscheinen werden! Höre, wie ich's hier habe, wenn ich vor der Hitze oder Schreibenshalber oder wenn's regnet in meinen vier Pfählen sein muß!

Links ein Herr mit einem Hunde oder im Gespräche mit einem Andern, so daß ich jedes Wort vernehme — rechts Dame mit Sohn von 8 Jahren, der Lektionen laut hersagt oder pfeift oder „ningert" oder lärmend spielt — auf dem Corridor Conversation von Hausknechten (heißen in der Schweiz portier — Republik hat keine anderen als Freiheitsknechte, die sich nicht so nennen) und Zimmermädchen (bonnes), welche letztere auch

zuweilen sich in 2stimmigem Gesange üben, da sie am bevorstehenden Geburtstage des Herrn Hauser, propriétaire (wird
Nationalrath genannt, weil er zu Bern im corps législatif
sitzt und stimmt) demselben eine Cantate vorträllern wollen.
Im Zimmer selbst (5 fr. täglich) würde der Herzog von Sachsen-
Meiningen schwerlich aufrecht stehen können! Einzige Licht-
seite — kleiner Balkon mit schönster Aussicht, den aber die Dame
mit dem Bengel theilt, der für mich also nur in ihrer Abwesenheit nutzbar ist. Glaubst Du, solcher Hotelcomfort (steinhartes
Sopha z. B.) würde mich derart verwöhnen, daß ich mit so
gesteigerten Ansprüchen zurückkehren würde? Freilich, hier
bleibt ja Einer nur drei Wochen. Übrigens würde ich es ja
auch in Meiningen Charlottenstraße, wie früher, fernerhin aus-
gehalten haben, wenn ich nur Einer noch wäre. Ich müßte
mich ja schämen, Dir jetzt die Einrichtungsplage aufzubürden,
wenn die Umstände, d. h. Deine Mitbewohnerschaft es nicht für
mich absolut unmöglich machten, in der alten Wohnung auch
nur für Wochen oder Tage zu hausen. — —

222.   16. Juli 1883.

— — Ach, welche Zukunft ist mir noch beschieden, und durch
mich nun auch Dir, Du armes Kind! Ich will heute gar nicht
von Meiningen sprechen, von neuer Wohnung u. s. w. Ich
habe gar keinen Glauben mehr an eine menschenwürdigere
Existenz für mich und beschränke mich auf végéter au jour le
jour. Plage Dich also nicht weiter mit Berichten. Es wird
ja doch Alles krumm und schief ausfallen, trotz aller Mühe, die
Du Dir zu geben scheinst, mir, uns, eine Art nicht allzuwider-
haarigen Gehäuses zu schaffen. Es war von vornherein Alles
verpfuscht, ohne verständige Grundlage, kartenhäuslich geplant.
Hütten bauen im Morast, im Dorngehege — das ist gleich
Zirkel-Quadratur ein blödsinniges Unternehmen. Es ist also
keine besondere Schmach, wenn dergleichen Versuche mißlingen. — —

223.   **Cherbres, 25. Juli 1883.**

— — Lebhaftest bereue ich den Ausflug hierher, obwohl ich ihm die Erkenntnißbaumfrucht zu danken habe,
daß die bleibend geträumte alte Freundschaft, Zusammen-
gehörigkeit u.s.w., ein abgeschmackter Wahn war. „Aus
ist's". „Es ist der erste nicht" heißt der einzige Trost bei solchen
Bankerotten. — —

224. An Hermann Wolff (Berlin).

Meiningen, ult. Juli 1883, Sachsenstr. 16.

Geehrter Herr Wolff!

Seit gestern zurück, trotz Wetterinsulten nicht allzu besekt,
obwohl meilenweit von all right. Ob ich mich noch zu den wirklichen Musikern (Pianisten, Dirigenten) werde zählen können,
voilà [ce] qui ronfle dans le sein de l'avenir. Will morgen zum
ersten Male seit Monaten probiren, ob ich noch Ober= von
Untertasten praktisch unterscheiden kann.

Einstweilen will ich einmal von dem ungewissen Persönlichen abstrahiren und, so weit das möglich ist, Ihre letzten sach=
lichen Fragen zu beantworten suchen. — —

Wenn Sie Ihr Weg in die Werragegend führt, wann immer,
werde ich erfreut sein, Sie in einer anständigen Wohnung zu
bewillkommnen, deren Beschaffenheit es mir möglich macht,
ohne zu großen dégoût weiter zu kränkeln oder wieder zu ge-
sündeln.[1] Meine Frau hat während meiner Abwesenheit diese
wichtigste Angelegenheit so vortrefflich als möglich regulirt. Da
für dergleichen aber zur Ader gelassen zu werden pflegt, so
stellt sich die Nothwendigkeit eines compensirenden Nach=
schwitzens (am Klaviere) heraus. Deßhalb meine Geneigtheit
für Hamburger Anträge. — —

---

[1] Aus jener Zeit stammt Bülow's Wort, er wolle nunmehr „den
eingebildeten Gesunden" spielen.

225. Wesentliche Vorbemerkungen bez. einer Concerttournée der M. Hofkapelle in Süddeutschland. (1. Quartal 1884.)

[Beilage zu einem Brief an Wolff v. 5. August 1883].

Wenn ich mich zur Übernahme dieses Geschäfts entschließe, geschieht dies nicht aus Ehrgeiz oder Eitelkeit, ebensowenig aus dem Wahne, die Mission der Verbreitung einer Mustertradition für die Aufführung Beethoven'scher Orchesterwerke „in mir zu haben" [1] — sondern lediglich, S. H. dem Herzoge das im November 1882 durch Schuld meiner Krankheit vereitelte ähnliche Unternehmen, oder vielmehr die durch diese Vereitelung der herzoglichen Hofkasse zugefallenen Verluste wieder einzubringen.

Qui veut la fin, veut les moyens.

Also zweckdienlichste Mittel erwählt; jedoch cum **grano** salis. — —

Förderung der Einnahmen. Zu diesem Behufe bringe ich, wo es nöthig, zum Exempel also in Stuttgart, das mir in mehrfacher Beziehung unangenehme Opfer von Solovorträgen. — —

Minderung der Ausgaben. Eine solche ergibt sich einfach durch möglichste Reduktion der Reisekosten, Schonung von Personal und Material.

Gegen eine Ersparniß von der Sorte, daß man die Herren Kapellisten z. B. in der dritten, statt wie bisher in der zweiten Eisenbahnklasse fahren läßt, protestire ich, als eine in jeder Hinsicht (für die Diener des Fürsten) unanständige. Die Verminderung der Reisekosten ist einfach dadurch zu erzielen, daß man sich auf diejenigen Städte beschränkt, wo drei Concerte direkt auf einander folgen können, mindestens zwei. — —

Die Kapelle wird nächste Saison nur 16 statt 18 Geiger

---

[1] Ferd. Hiller's (S. 180—81 erwähnter) Angriff schloß mit den Worten: „Wer weiß, ob uns nicht demnächst gesagt wird, er sei im Besitze der unverfälschtesten Tradition — es ist eben alles möglich!"

(I. und II. zusammen) zählen; aus diesem Grunde scheint mir ein Saal wie der Kölner Gürzenich sehr gefährlich, allbieweil Publikus in diesem Raume die doppelte Anzahl Streicher zu hören gewohnt ist. Ob Theater günstiger, will mir ebenfalls sehr zweifelhaft erscheinen. Auf die akustische Wirkung, auf eine gewisse Klangfülle muß sich aber die Erfolgsspekulation zu stützen haben.

Das gleiche Bedenken würde natürlich auch für den Frankfurter Museumssaal gelten. — —

226. An Karl Hillebrand (Gersau).
Meiningen, 8. September 1883.

Verehrter theurer Freund!

— — „Und ich?“ Hm, hm! Wäre die Künstlermutter Noth nicht so gebieterisch — ich glaube, ich plagte mich nicht so selbstüberwinderisch auf meine alten Tage mit meinen Fingern herum, sondern überließe das der jungen Generation. Aber das verlernte Handwerk muß „invita aut pingui Minerva“ wieder erlernt werden, da von seiner Verwerthung meine Emancipation von den hiesigen unmöglichen Winkelverhältnissen abhängt. Statt künstlerischer Zwecke — „nervus“ fehlt — habe ich jetzt das neue Plaisir, contraktbrüchige Musikanten zu verfolgen. Serenissimus wollen nicht begreifen, daß taugliche Bläser und Streicher überall besser situirt sind als hier, und daß die $5^1/_2$ Monate Urlaub die hier gewährt werden, beim Banquier nicht eingewechselt werden. — —

Daß Du wieder arbeiten willst und somit können wirst, ist eine prächtige Kunde. Ist's nicht gar zu insolent, wenn ich Dir meinen Wunsch nach einem Essay aus Deiner Feder manifestire: eine Parallele zwischen Marmontel's und Rousseau's Confessions. Des ersteren von mir in Ziegenhain [Cherbres] verspeisten Memoiren sind bei uns fast gänzlich unbekannt und doch eine recht gesunde, auch orientirende Lectüre. Die Dyscholie des Genies und die Eucholie des Dutzend-Talentes fordern zu allerlei nicht müßigen Betrachtungen auf. **Pardon, non lo farò più.**

Sei mir auch nicht böse, daß ich die Wittwe des letzten Capet in Schutz nehme. Legitimität und Etiquette sind ja e i n Sandwich. Der Graf von Paris, wie Allgem. Zeitung vor ein paar Monaten auseinandergesetzt hat, kommt ja zu allerletzt in der Sippenrangordnung — also . . . . . . Es wäre zu himmlisch, wenn die Franzosen den Don Carlos einmal bescheert bekämen!

Sie brauchen eine Hungerkur, und dann erleben wir vielleicht doch noch das avènement von Napoleon V. — dessen Photogramm mir neulich wieder begegnet ist und mich mit Sympathie und Vertrauen erfüllt hat.

Ein verrücktes Buch, aber interessant, gar nicht unbedeutend, von Nietzsche ist mir neulich zu Händen gekommen. „Also sprach Zarathustra“ ist's betitelt und im Offenbarungsstile aufgesetzt. Ich hätte Lust es Dir zu senden, wenn Du nicht dagegen protestirst.

Meine Frau begibt sich am 12. dieses mit dem Meininger Schauspiele nach Prag, Wien u. s. w. und kehrt erst Mitte December zurück. So bin ich auf ein Quartal wieder in meinem richtigeren Caelebs-Elemente, quod Deus bene vertet.

Laß mich ein Wort erfahren, wenn Du wieder an den Cascinen weilst, wie Du die Heimreise zurückgelegt hast, und ob Du mit Befriedigung auf den Arno blickst. Könnte ich doch wieder dahin kommen! Freilich — die verfluchte Musik! . . . . Immerhin — der Aufenthalt in Florenz war meine comfortabelste Lebensepisode — über meinem Schreibtische hängt eine große Photographie der Piazza della Signoria, auf die ich unzählige Male des Tages mit freudiger Wehmuth blicke.

Karl Hillebrand an Hans von Bülow.

G e r s a u, 16. September 1883.

Liebster Freund,

Lange hat mir Nichts eine so große Freude gemacht, als Dein lieber r e i z e n d e r Brief. Wolltest Du doch immer so schreiben,

d. h. so denken und empfinden! Im Grund thust Du's ja auch, und
versteckst nur die gesunde Originalität und Kraft Deiner natürlichen
Gedanken und Empfindungen unter allerlei weithergeholten, bizarren
Arabesken, Paradoxen, Spielereien usw., die dann die Esel für
das Wirkliche halten, während das doch erst nach Abkratzen der Pa-
limpseste zu finden ist. Warum aber machst Du ihnen so viel Mühe?
Oder denkst Du, nur wir Eingeweihten brauchten zu wissen, was im
Grunde ist?

Habe auch Deine Sendung richtig erhalten; muß Dich aber schelten.
Wie willst Du je auf den grünen Zweig bequemen Rentierthums
kommen, wenn Du Dir so theure Späße erlaubst, die Freunde zu
erheitern? Mit dem Zarathustra ist mir's sonderbar ergangen. Im
Mai, ehe ich Florenz verlassen, schickte mir's N[ietzsche], und dabei
einen Brief, so seltsam ergreifend, daß ich mich der Thränen nicht
enthalten konnte. Ich habe ihn nur einmal flüchtig gesehen; aber auch
er hat zu mir das sonderbar magnetische Vertrauen, das mir mein
Leben über so oft von Unglücklichen entgegengebracht worden. Er
traut nur mir und Burckhardt, schreibt er; sagt, was er Alles gelitten usw. Ich schrieb ihm sofort ein Paar Zeilen nach Rom, wo
er sich gerade aufhielt, und dachte sein Büchlein mit auf die Reise
zu nehmen; aber meine Frau hatte es, in ihrer Weise, versteckt, weil
sie fürchtete, es möchte mich aufregen. Das that's nun gar nicht.
Ich finde wirklich Bewundernswerthes, geradezu Großes darin;
aber die Form läßt keine rechte Freude daran aufkommen. Ich hasse
das Apostelthum und die Apostelsprache; und gar diese Religion,
als der Weisheit letzter Spruch, bedarf der Einfachheit, Nüchternheit,
Ruhe im Ausdruck. Auch hab' ich keine rechte Sympathie mit Menschen,
die nach dem 40. Jahre noch Wertherisch an sich herumlaboriren,
anstatt frank und frei vor sich in den Tag hinein zu leben; deßhalb
bedauere ich solche Geisteskranke, denn das sind sie, nicht minder.
Aber Nachdenken über sich selber und nicht Herauskönnen aus sich
selber ist eine böse Kinderkrankheit; die sollte man mit dem 30. Jahre
überwunden haben.

Dein Vorschlag ist ein ausgezeichneter und hat mich sehr frappirt.
Wenn ich leben bleibe und wieder regelmäßiger Arbeit fähig werde,
mach' ich mich auch daran. Du hast den Samen in mich geworfen;
nun muß ich's nach meiner Art in mir wachsen lassen. Vielleicht
siehst Du's dann in Jahren, wenn Du's längst vergessen, aufgehen. — —

Und nun addio, Vielgeliebter. Such' die täglichen Widerwärtigkeiten des Lebens zu vergessen! Hast Du Dir ein Paar schlechte
Suppen eingebrockt, so laß' sie stehen und gehe gleich zum Fisch

über, wie die Engländer; quäle Dich nicht um unabänderliche Miseren und genieße frischweg jede Minute der Freiheit, d. h. wo Du allein mit Dir bist, eine beste Gesellschaft, die man ja immer haben kann, wenn man will.

227. An Marie von Bülow (Prag).

[Meiningen] Sonntag, ultimo September 1883.

Geliebte Marie!

Dir wird traurig zu Muthe sein, da Deine Schwester vermuthlich abgereist ist. Mir ist sehr traurig zu Sinn. Es ist ein schaurig ödes Dasein, das ich hier führe. Heute verkehrte ich auch nicht mit meinem Flügel — ich hatte des Guten in den letzten Tagen zu viel gethan — mußte daher faul-herbsten. Wetter ist auch mit einem Male recht rauh und unfreundlich geworden, obwohl es keinen Regen gab. Ach, liebe Marie — warum ist unser Zusammenleben denn so gar unmöglich geworden! Es ist das sehr, sehr hart für mich, der ich keine Seele in der Welt habe, um mich zu kräftigen, zu erheitern, wenigstens zu beschwichtigen, zu trösten über alles geistige und leibliche Ungemach, das seit Jahren mein unzertrennlicher Begleiter. Ich werde alt — ich fühl's tief und schmerzlich — der bevorstehende Arbeitsbeginn erfüllt mich nur mit Gleichgültigkeit — die Aufgabe reizt mich nicht im Geringsten. Es ist Alles dagewesen, wahrscheinlich viel besser, als ich's mühsam werde wieder her- oder hinstellen können. Das Ganze kommt mir so zwecklos vor für die „Kunst", somit auch für mich, — der einzige sichere Gewinn wird sein Zeitvertreib, Berauschung besten Falls — Selbstbelügung. — —

„Traurige Nothwendigkeit." Es gibt viele Tage, wo das Beiwort mir weit lebhafter und greller vor die Seele tritt, als das Hauptwort. Möge die längere Trennung dazu dienen, die Entfremdung rückgängig zu machen. Unsere beiderseitigen Häute sind noch zu wund geritzt von den beiderseitigen Stacheln. — —

Ich schreibe sehr wüst durcheinander, liebe Frau, nicht wahr?
Ja, die Gedanken fliegen und die Tinte klebt. Übrigens bin
ich sehr, sehr aufgeregt wegen morgen und des Ergebnisses der
ersten Probe, der Mutter so vieler späteren. Einen netten,
ungeheuer frischen kecken Contrabassisten aus Berlin — ächtes
Berliner Kind — habe ich bekommen. Der sieht so aus, als
könne er einen Hecht abgeben für unsern Karpfenteich. Wollen
sehen. Ach, Menschen, Menschen brauche ich — die mir wieder
Glauben beibringen — sei's auch nur zeitweiligen Aberglauben
an die nicht unbedingte Hohlheit und Nichtigkeit alles Treibens
und Mühens! Mit diesen alten Schatten und modrig muffigen
Tagesgespenstern kann ich hier nicht weiter — Komödie spielen.
Da sie mir nichts vorlügen können, kann ich's nun auch nicht
mehr. Und doch steckt noch eine gute Portion Leben in mir,
das Werth haben, das sich verwerthen lassen könnte — aber
die Umgebung von Halbtodten, Halbwachen erstickt meine
Lunge, lähmt allen Drang zur Bethätigung.

Mir ist sehr traurig zu Muthe. — —

Mit Minna eben gerechnet — — ich sehe schon, u n t e r
300 Mark [monatlich] — Alles in Allem — wird sich auch
bei thunlichster Beschränkung — nb. Freitag wird katholisch
gegessen — kein Fleisch, keine Bouillon — (ich höre Dich
heiter lachen) nicht auskommen lassen. Skandal! Wie machen's
nur R.'s, Fl.'s, M.'s, St.'s, R.'s, G' s.? Lieber nicht den
porzellanenen Kopf darüber zerbrochen. Gute Nacht.

228.

— —1. Habe mich ungemein gefreut über Deinen Eindruck
von der Prodana newesta (nicht so?), [Smetana's „Verkaufte
Braut"] der dem meinigen vor 10 Jahren ungemein ähnlich
schaut. Was Du darüber schreibst, unterschreibe ich mit. Schade,
daß man's nicht gleich drucken lassen kann, zur Befriedigung der
gescheuten Leute, zur „Giftung" der Dummen, zur Ehre der
Wahrheit!

2. Mozart'sche Violinsonaten — charmant. Laß Dir von Urbánek die David'sche Ausgabe derselben geben, es ist die weit beste. Spiele meine Lieblingssonate, die auch gar nicht schwer, eine zweisätzige aus E moll — ungefähr — —

229.

Meiningen, Donnerstag Abend, 4. Oktober [1883].

— — Ach, wärst Du doch diese Abende hier und so frisch und liebenswürdig mündlich wie schriftlich — ich ließe Dich gar nicht mehr los! Dieses gute Musik so gut spielende, so folgsame Orchester macht mich am Ende noch ganz gesund, lebens- und damit auch liebensfähig. Heute war „Neunte", 3½ Stunden wurde studirt, und kein Mensch glaubte an die verronnene Zeit. (Ritter spielt bürgerlich reiner als vormals — somit grüße ich ihn morgen von Dir.) Concertmeister ist ganz aus dem Häuschen, so flott und tüchtig. — —

Halt — habe gestern die zwei Auftaktsnoten in Mozart's E moll zu citiren vergessen ◯ Es fiel mir sofort nach Wegtragung ◯ des Couverts ein, und ich habe mich lebhafter und öfterer dessen geschämt, als nöthig war. Doch Du wirst das Stück dennoch herausgefunden haben. — —

230.   5. Oktober 1883.

— — Hast Du Dir in der Gerichtsscene [Wintermärchen] das allzu deutlich triviale Mitleidsgemurmel verbeten, wenigstens darüber geschimpft? So ganz gelegentlich, liebes Herz, mache einmal eine laute Bemerkung über das Nichtmaulhalten der — Dekorationen, wenn der Dichter das Wort hat. — —

Wenn Du die Hermione hinter Dir hast und Zeit vor Dir, so darfst Du die „Treize" [Balzac] schon lesen und zwar von Anfang an, Du gutes, in der Theorie, schriftlich namentlich, so rührend folgsames Kind! — —

231. 9. Oktober 1883.

— — Cowen's Sinfonie — hm. Flittermusik. Compilation (jüdisch pfiffige) von allerlei Erborgtem. Das zweite Mal würde Dich's nicht blenden — dazu hast Du zu gute Geschmacksanlagen. Cowen — Cohn — Kuh (cow) ist Alles Ein — Knoblauch.

Tristanaufführung in Wien total verfehlt. In's Repertoirgeleise eingepreßt, verliert solch Riesenwerk allen Charakter und wird zu einer befremblichen Ephemeride. Es muß mit allen Unmöglichkeiten gegeben werden, dann hält sich's fest, wie z. B. in München. Je mehr man an R.W. streicht, desto länger wird der Rest, desto unverständlicher und also langweiliger — die Proportionen der Architektur werden durch die Striche total unkenntlich . . . . na, nu is jut. — Könntest Du dennoch zu einer Aufführung gelangen, so wär's immer eine gute Vorbereitung für eine spätere, würdige — vielleicht gar — unter Schreibers Direction.[1]

Hans R. hat sich ein Ränzlein angemästet — alle Idealität seiner Jugend ist zum Willenbacher [Henker] gegangen — der ist kein Fels mehr, auf den man selbst die kleinste Kapelle bauen könnte. Schade, schade, schade. Aber so geht's ja mit Allem. Adieu Spiritus, guten Morgen Phlegma! „Die Veteranen" (Klindworth, Bw.) werden immer noch die tüchtigsten, frischesten sein. — —

232. An Mathis Lussy[2] (Paris).

Meiningen, ce 5 Octobre 1883.

»In principio erat — numerus«

Monsieur,

Vos aimables lignes d'avant-hier me rendent enfin à même de Vous exprimer mes très vifs remercîments de

[1] „Verschaffe Dir Aussicht auf einen guten Platz beim nächsten Tristan — Hoheit müssen Dir den Urlaub an diesem Abende offeriren — ich hab's verlangt." An M. v. B. 17. 10. 83.

[2] Von Bülow hochgeschätzter Theoretiker (geb. in der Schweiz 1828, lebt bei Montreux), Verfasser von: »Traité de l'Expression musicale« (1873),

l'envoi de Votre théorie du rhythme, ouvrage des plus méri‑
toires, par lequel Vous Vous êtes acquis un droit imprescrip‑
tible à l'admiration de la république internationale des
lettres et sons. Agréez l'hommage du respect, qu'un Ber‑
lioziste de la veille offre à l'un des exécuteurs testamentaires
de ce grand maître d'outre-Rhin, dont les tourments terrestres
dérivaient pour la plupart de ce monstrueux Chaos, père
de tous les non-sens, de toutes les difformités et défectuosités
de l'exécution musicale, que Votre humble serviteur s'ef‑
force pour son humble part à combattre depuis plus d'un
quart de siècle dans la »pratique« — le musiquement sans
connaissance ni conscience du rhythme, ce Dieu-père de la
trinité musicale.

Que la devise que Vous avez placée au frontispice de
Votre traité est juste! Et comme Vous avez réussi à éclaircir
les gros nuages, qui obscurcissaient l'horizon musical du
commun des mortels! Tout ce que Vous exposez et prouvez,
est clair, logique, va droit au but, saisit le taureau par les
cornes, tandis que ce fouillis archéologique du trop érudit
Mr. Westphal, loin d'apporter la moindre utilité à l'enseigne‑
ment, ne me paraît qu'apte à augmenter le chaos, à mettre
encore plus de confusion dans les esprits »mi-veille« (excusez
ce teutonisme) ou »souche«.

J'ai été bien aise de recevoir Votre livre à une époque
où, voué aux soins d'une longue reconvalescence après une
année de souffrance, mes loisirs n'étaient nullement entravés
par mes études pratiques de pianiste et de chef d'orchestre.
Je crains de devoir ajourner l'étude de Votre »Traité de

nach der 5. franz. u. 1. engl. Ausgabe in's Deutsche übersetzt und bearbeitet
von Felix Vogt (1886); der Theilabdruck des Traité: »Le Rythme
musical« (1883) gab Veranlassung zu obigem im Ménestrel vom
14. 10. 83 abgedruckten Brief und trug das Motto: »Le dessin est la
probité de l'art de la peinture«. (Ingres.) »Le rythme étant ab‑
solument à la musique ce que le dessin est à la peinture, nous
dirons, à notre tour, le rythme est la probité de la musique.«
R.' letztes Werk: »L'Anacrouse dans la musique moderne« (1903).

l'Expression musicale«, que Vous avez l'insigne bonté de vouloir m'envoyer également, vu que mes diverses obligations pendant la saison des concerts ne me laisseront que peu de répit. — — Une traduction en allemand me semblerait extrêmement désirable. Oserai-je Vous conseiller, qu'en vue d'une telle traduction Vous voudriez bien reviser, purger les illustrations, les citations? Les Laybach, Lyssberg, Thalberg et tutti quanti »minimorum« seraient très avantageusement remplacés par des Berlioz, Brahms et autres »majorum«. Ensuite — quoique je sois très disposé d'approuver Vos rectifications du mode de notation dans quelques exemples de Mendelssohn, il serait peut-être prudent (en vue des lecteurs allemands), de choisir plutôt des exemples d'un auteur moins impeccable, comme Schumann [p. ex.], lequel par sa manie des syncopes poussée jusqu'à l'absurde (je ne cite que cet exemple d'une double négation, que tout le monde connait: le 2ième Alternativo du trop fameux quintette pour Piano), a largement contribué à la déplorable tendance antirhythmique dont nous souffrons, surtout en Allemagne, et qui nous force trop souvent de recourir à des contrepoisons cueillis dans la musique slave.

En me hâtant à Vous remercier, Monsieur, je suis devenu trop prolixe: je Vous écris entre deux répétitions d'orchestre. Excusez l'allure quelque peu antirhythmique de mes paroles et agréez l'assurance de ma très haute considération et de mon dévouement admiratif.

233. An Hermann Wolff (Berlin).

Donnerstag Mittag, 5. Oktober 1883.

Geehrtester!

Wo denken Sie hin! Kapelle hat hier bis zum 15. April zu thun. Dann stiebt sie auseinander. Übrigens auch aus artistischen Motiven würde ich eine Nibelungentournée (unter Seidl? Hoho!) für gemeinschädlichst halten. — —

Tournée kann 5. Januar beginnen — von unserer Seite. Ich und Sie auch (sic!) sind's dem Herzoge unverjährt schuldig, eine auch finanziell aussichtsliebliche Wanderung zu gestalten. — —

234. 8. Oktober 1883.

— — Die Leute sollen in diesem Monate so vielseitig wie möglich gemästet, resp. gemagert werden, daß das Musikerblut gehörig in Circulation komme. Ich glaube, ich glaube — die Leistungen werden dießmal wirklich numbel one, wie die Chinesen sagen.

Genug. In der Hälfte der Kapellconcerte kann ich zur Erhöhung der Garantie (aber entsprechendst) Brahms oder Beethoven oder Raffconcert spielen. Die modernen Medicäer wollen mit der Kunst Geschäfte machen, nicht, wie die Originale, den Ertrag der letzteren der ersten zuwenden.

Die Hauptsache ist, daß ich das Institut erhalten, gefördert sehe. Es verlohnt sich künstlerisch.

Der alte Stamm ist wirklich sehr respektabel und die neuen Schößlinge entschieden besser, wie selbst vor zwei Jahren.

235. Frankfurt a. M., 14. Oktober 1883.

Mit Mainz sehr zufrieden gewesen: aufmerksames, dankbares Publikum (ausverkauftes Theater), vortreffliche Akustik, selten correktes Orchester, ganz famoser Dirigent (schneidig und fein) E. Steinbach, auch als Componist geistvoll. Mit mir dagegen sehr unzufrieden: die Nerven sind noch gar nicht gebändigt — habe sehr gekämpft, nicht immer siegreich. Na, die Racker müssen halt noch weiter gebändigt werden durch Sexten- und Terzenskalen. — —

236. An Marie von Bülow (Wien).
Montag, 29. Oktober [1883] Abends.

Es ist 10 Uhr — ich habe meiner glücklich angekommenen und zu ihrer vollsten Zufriedenheit installirten Tochter bereits gute Nacht gesagt und werde dasselbe bei mir selber bald thun müssen. Der gestrige Reisetag hat mich total erschöpft — halb zwölf kam ich an, halb zwei zu Bett, halb vier zum Schlafen — halb sieben mußte ich aufstehen — Vormittags gab's höchst anstrengende Musizirerei vor dem Herzoge u.s.w. Kannst Dir die Aufregung des Nachmittags denken — dazu einen anderthalbstündigen Besuch bei Ritters — u.s.w.

Die Baronin war auf dem Bahnhof und begrüßte Daniela mit einem riesigen Veilchenbouquet. — —

Dein Nachmittagstelegramm hat die größte Freude angerichtet, wie beiliegendes Abendbriefchen beurkundet. Brava! — Deine beiden lieben Briefe, der eine gestern Abend, der andre heute Vormittag angelangt, haben mir überaus wohlgethan — ich brauchte diese Stärkung. Denn . . . . . u.s.w. — —

237. 5. November 1883.

— — Geschäftsbriefe, Klavierüben u.s.w. Die Stunden mit meiner Tochter sind allerdings sehr erfrischend — sie ist ein seltenes, einziges Geschöpf, so fein, so gescheut, so natürlich, so liebenswürdig — zu gut für irgend einen Mann. Werde nicht eifersüchtig; im Vertrauen gestanden: Du bist auch zu gut für mich. — —

238. Merseburg [16. November 1883], Freitag Mittag.

— — Gestrige Reise war lang und — trüb nach dem Abschied von meinem herrlichen Kinde. — — Doch nicht als Jean qui pleure in die Vergangenheit zurückgeschaut, sondern vorwärts als Jean Maria (Farina) qui rit auf's Wiedersehen mit Dir! — —

239. An Hermann Wolff.
Naumburg, Samstag, 17. November 1883.

— — Sogar Merseburg gestern Abend hat mich erfreulich belehrt, daß ich in meinem dunklen Drange der Zeit voranlatsche. — — Apfel konnte nur als Purée zur Erde.

Welcher Vice-Hermann macht denn wieder à la Raumfels Haybn's „La Reine" (Miniatursinfonie in Miniaturraum mit Miniaturorchester auszuführen — daher 60 Fiedler und 6 Tuter Verdacht von Dirigentenhirnerweichung erregen) zur „Ouvertüre"? Un po' più di esattezza! — —

240. Chemniß, 21. November 1883.

Ihr eben erhaltener charmanter Brief wirkte sehr siphonistisch auf die Rage, die sich gestern Abends gegen Sie bei mir angeschäumt hatte. Kaum angekommen im römischen Kaiser, begebe ich mich in's Stadttheater, woselbst mich ein Drahtbote im Genuß der schönen blonden Perrücke der gastirenden Ellmenreich stört durch die 85 RPf. (excl. Botenlohn) taxirte Nachricht, daß ich in Stadt Gotha absteigen solle! — —

241. Elbflorenz, 24. November 1883.

— — Gestern Abend Babel [Rubinstein] genossen. Aufführung leidlich. Das Umwerfen im ersten Chore war kein malheur, nur accident. Der Autor ließ, was das Verständigste war, gleich noch mal wieder beginnen. Über das Werk denke ich accurat so, wie dessen Autor über — Parsifal (z. B.). Mein erster Eindruck (von London her) bestätigte sich: absolut häßliche, hohle, brutale Un-Musik. Schade! — —

242. An Freiherrn F. von Rudloff (Bonn).
Meiningen, 14. December 1883.

Verehrtester Herr und Freund!

Haben Sie schönsten Dank für Ihre freundliche Zusendung. Nb. ich habe auch die geistreiche Opernkritik gelesen, letztere natürlich noch viel „unbefangener". [1]

Aber Sie sind zu nachsichtig gewesen: die Bonner Zeitung hat schon ganz recht gehabt, mir einen 7 takt-lapsus memoriae in der 1. Rhapsodie von Brahms vorzuwerfen. Sie wissen,

---

[1] Freiherr v. Rudloff, von Hannover nach Bonn gezogen, war damals Musikreferent der „Teutschen Reichszeitung".

wie nervös unser Eins ist: da ließ oben auf der Gallerie ein
Individuum etwas Geräuschvolles fallen, das brachte mein
Hirn in momentane Diffusion, um nicht zu sagen Confusion.
Zweites Aber:

Wenn Sie etwas Irrthümliches behaupten, so geschieht
das immer mit so viel chic, daß Sie die Leg-Ente in eine Legende
wandeln. Schade, Schade, Schade —
daß meine Freundschaft mit J. Joachim
— den ich als einziges Interpreten-
Ideal höchlichst verehre, jedoch u.s.w. —
durch den Beweis der Wahrheit absolut nicht mehr erhärtet
werden kann.

Quondam ja. Und zum Beweise, daß Sie nicht so ganz
aus der Luft geschrieben, bitte ich Sie — zur
Weihnachtszeit — ein auf dies quondam bezügliches inter-
essantes Büchlein acceptiren zu wollen, das Ihnen gleichzeitig
zu senden sich die Ehre gibt

Ihr

mit solchen Welsen, wie Sie, gern heulen mögender [u.s.w.].

243. An Frau Pauline Erdmannsdörfer-Fichtner (Moskau).

Meiningen, 7./19. December 1883.

Meine verehrteste Pester Freundin
und geschiedene épouse spirituelle!

Wie merkwürdig! Hatte gerade so lebhaft an Sie gedacht
und Ihr reizend witziges Briefchen in Versen aus der geheimen
Schublade herausgeholt — Sie wissen, das, in welchem Sie
den Ungar X. zum Sachsen hinaufhofmeistern —
da kommt mit Wolffspost Ihr freundliches Rückreimern. Wie
gern möchte ich geziemend danken! Aber ach — es ist so demüthi-
gend — einer Dame, sie sei nun so wenig oder so sehr verheirathet,
als Phantasie sich vorstellen darf, ohne sich durch Erhitzung
einer Erkältung zu exponiren — einer so charmanten Dame,
wenn sie eine so verführerische Bitte stellt, wie Sie mir — rund

oder eckig erklären zu müssen: non possumus, ich vati kann
nicht. Und doch, so traurig ist's in der That. Meine Gesundheit ist viel, viel zu wackelig — der Leim der vorjährigen Her-
stellungsversuche noch so wenig trocken — daß, wenn der Esel
sich auch im Augenblicke — wonnigliche Selbsttäuschung — gar zu
wohl fühlen würde, er sich dennoch nicht auf's Eis wagen darf.

Aber wissen Sie was: meinen Kapellmeister kann ich Ihnen
geben, wenn's paßt. Er spielt nämlich sehr famos Klavier,
so daß mir in dieser Hinsicht vor seiner Concurrenz ebenso
bange wird, als wenn er dirigirt. In übervollem Ernste! Wenn
ich einmal das Werra=Thal satt kriege — nicht unmöglich — ich
habe die Beruhigung, keine Wittwen und Waisen im musikalischen Meiningen zurückzulassen. Was an mir Originelles,
Gutes, das hat er mir vollkommen abgelernt, meine kleinen
äußerlichen Excentricitäten ebenso wohl vermieden, als meine
partielle, spohradische (oder schreiben Sie Spohr auch ohne „h“?)
Blasirtheit durch zwanzig Jahre jüngere Frische ersetzend! Vertrauen Sie aber dieses wehmütige (schreiben Sie weh auch
ohne „h“?) Bekenntniß keinem Spötter an: sa baguette vaut
maintenant beaucoup mieux que la mienne — demandez
plutôt à Madame. Non — sans plaisanterie — er hat Würde,
Anmuth und wird die moskowitzigsten wie moscovicieusesten
Damen in Pro-, Post-, Ob- sceniumslogen überall gleich
befriedrichfranzen, wollte sagen, befriedigen. Daß er verheirathet, braucht ja nicht auf den Zettel zu kommen.

Wann kommen Sie wieder auf einen Fremdenzettel,
einen einheimischen, dessen Lectüre mir durch die Chance eines
verständigen Anwesenheitszufalles gestattet, dem fraglichen
Hotelportier meine Visitenkarte für Sie abzugeben?

Kann man sich bescheidener und zugleich sehnsüchtiger,
uncompromittirender und — abgeschmackter ausdrücken?

Bien des amitiés, chère Pauline de mon âme, et autant
de regrets de ne pouvoir entendre die heyʼlige Elisabeth sous
la direction du généralissime Max I!

244. An Marie von Bülow (Dresden).

Weimar, Dienstag früh [Poftft. 4. December 1883].

— — Es freut mich, daß Du nicht mehr im Victoria, sondern bei der trefflichen, klugen, ächtmusikalischen, bewährten Freundin [Louise v. Welz] wohnst, die herzlichst zu grüßen bitte. Sprich fleißig französisch mit ihr! Sie hat so viel Geist, um den Geist jeder Sprache, auch der italiänischen und englischen, bis in alle Finessen zu capiren.

Die Beilagen[1] werden wie Lieder ohne Worte mir den Text erfparen: Gottlob, daß troß des ächt winterlichen Wetters coi fiocchi — mein Körper vorhält. Denn ... höre: von 4—7½ Probe mit dem Orchester — ziemlich zufrieden. Dann schnell „Umzug". Um 8 große Assemblée, erst Bülow-feier durch die Musikschule (aber sehr schön gesungen), dann Rafffeier durch mich, Lißt natürlich dabei sammt Suite — Raff's Wittwe, Tochter, Schwägerin — alle Drei begeistert schluchzend. Es war Eine Begeisterung. Der Abend zählt in meiner guten Chronik.

Heute um 10 Besuch (auf Befehl) bei meiner Schwärmerin (ja!) der Frau Erbgroßherzogin — wird eine Stunde dauern — dann zu Lißt — ditto. Von 12½—2½ in der Raff'schen Familie. Um 3 Uhr kurze Probe mit dem Orchester — Abends Concert.

Kurze Nachtruhe, da um 3 Uhr Morgens Schnellzug benußen muß nach Frankfurt, von dort nach Coblenz, wo „bei meiner Mutter esse" aufgeführt wird. Wat seggst Du nu?

---

[1] U. a. ein Bericht der weimarischen Zeitung „Deutschland" (13. 12.) über Bülow's Concert z. Besten der Musikschule, der in einem Danke an Lißt und Bülow ausklingt, den Gönnern der Anstalt, „den beiden musikalischen Heroen — denn beide gehören zusammen wie Vater und Sohn, der heilige Geist hehrer Kunst verbindet beide". Dazu machte Bülow's Rothstift die Glosse:

> „Bach ist Vater
> Beethoven Sohn
> Brahms Heiliger Geist.
> Die übrigen sind schwache Sterbliche."

Was für ein Faulpelz Dein Gatte? Donnerstag Bonn —
Nachts nach Wiesbaden, wo Freitag früh Probe. Hm? So
toll treibt's Viardo nicht mit Euch? „So ist mein Jägerleben" —
sagt Ännchen. — —

245.   Meiningen, 15. December 1883.

— — Heute früh dem Großfürsten [Constantin Con-
stantinowitsch] 1½ Stunde Brahms vorspielen lassen und dann
1 Stunde russisch-polnisch-ungarische Musik vorgeklimpert. Nach
Tische Hofkapellwäsche (Intendanzliches), dann Besuche bei Adjutanten, den fremden — dann Liszt am Bahnhofe erwarten —
dann Generalprobe. Hm?

In der Zwischenzeit noch ein paar Briefe beantworten
gemußt. — —

246.   [16. December 1883.]

Die Matinée ist vorüber — der Großfürst war entzückt —
die Suite ditto! Es ging kolossal! Aber ich bin hundemüde
und ziehe mich nun zum Diner um, so décolleté wie möglich.
Beide Comthursterne. Nichts Don Juancskes! Nun höre,
bevor Du die recommandirten Beilagen liesest!

Ich habe diese Woche so viel Raummeter (Klafter) Liebenswürdigkeit verheizt — nach dem Schlosse zu — als ich für ein
ganzes Jahr Vorrath zu haben pflege. Deßhalb das Defizit
in meinen Briefen an Dich. Der Enthusiasmus für mich hat
den Siedepunkt erreicht. Darauf kann ich für mich und meine
Angehörigen, wenn letztere so artig sind, sich blind meiner
weitern Führung anzuvertrauen, weiter bauen. — —

Eben schreibt mir Frau Raff und Tochter, daß sie nach
München zurückreisend Sonntags hier das Concert hören und
mich sehen wollen. Gott, in [wie] viele Stücke soll ich mich denn
zerreißen lassen! Und jeder will das Ganze. 'S ist zum Toll-
werden! — —

247. An Carl Eſchmann=Dumur[1] (Lauſanne).

Meiningen, ce 1. Janvier 1884.

Cher Monsieur et confrère!

Votre sympathique personnalité ayant toujours occupé une place de première file dans une avant-scène du théâtre de mes souvenirs musicaux, je m'empresse de Vous remercier cordialement d'avoir pris la peine de la ré-évoquer par l'aimable envoi de Votre »Guide du Jeune Pianiste«, que je ne saurais traiter d'opuscule, comme ses prédécesseurs, infiniment inférieurs dans ce genre de Bädeker ou Berlepsch intellectuel, vu qu'il se qualifie comme un triple extrait de labeur dévoué à la sainte cause du »maître d'école«.

Oui, on dit que c'est le maître d'école allemand qui a fait l'empire germanique, [et] que sans son aide le Prince Bismarck et le Comte Moltke en auraient été pour leur frais d'imagination — géniale. Eh bien, les grands prophètes et demi-Dieux de cet empire (international parce qu'il est du domaine idéal): le monde acoustique, a grand besoin, lui aussi, du maître d'école pour rayonner, pour éclairer les âmes humaines. Quoique pour ma part je sois entré depuis des années dans une autre branche de notre domaine commun, en cultivant ce piano à cinquante queues (soyons modeste!) qui se nomme » l'orchestre«, j'ai cependant consacré un beau sixième de siècle à labourer le même champ dans lequel Vous travaillez, cher Monsieur, si infatigablement, si consciencieusement, avec une mûreté de vues, une ampleur de connaissances, une fidélité aux bons principes [si] également étonnantes, que Vous avez droit à être appelé un champion de la bonne cause, un vaillant apôtre de la bonne musique, par voie d'enseignement.

Puisse le résultat de Vos beaux efforts répondre à leur

---

[1] Von Bülow hoch geſchätzter Klavierpädagoge, geb. 1835 in der Schweiz, lebt in Lauſaune.

mérite! Voilà ce que je Vous souhaite [en] ce jour de naissance
du nouvel an, m'associant de tous mes poumons au cri sublime
de Votre devise:

Excelsior, excelsior!

248. An Karl Hillebrand (Florenz).

Meiningen, 2. Januar 1884.

Theurer verehrter Fuz!

— — Mir geht's, 26mal unberufen, so gut, daß ich der
bevorstehenden Campagne = Capellconcerte mit Seelenruhe
— wir sind von Scheitel zur Sohle mit gutem Gewissen über
unsere Leistungsfähigkeit gewappnet — entgegensehe.[1] Höre,
denn wir kommen z. e. M. nun auch in Deine bornirtere
Heimath: [Tournée]. — —

Daß Dich Maison Tellier [Maupassant] mit seinem klassischen
„fermé pour cause de première communion" nicht mehr
aedificirt, macht mich etwas stutzig; dennoch werde ich à travers
champs nach neuer Assa foetida für Dich suchen.

Kennst Du das spanische Theater von Schack: Alarcon's
Weber von Segovia (zwei Stücke), Lope's Fuente Ovejuna,
Calderon's Chrysanth und Daria, Cervantes' und Lope's désopi-
lantissime Zwischenspiele? Wunderbar! Paul de St. Victor's
nachgelassener III. Band seiner Deux Masques nach den Skizzen
redigirt von Renan? Sublim. Eine Art potenzirten Grand-
genre = Gottfried Keller, Namens Conrad Ferdinand Meyer,
dessen Novelle „Der Heilige" ein wahres Kabinetsstück?

Hoffentlich bist Du frisch genug zu solchen Schwelgereien,
wie ich mit meiner Frau — die schönstens grüßen läßt — diese
Brückenzeit von 1883—1884 über getrieben.[2] Doch jetzt heißt's:
Bündel geschnürt. — —

---

[1] „Wenn mir Hygiena hold bleibt, werde ich diesen Winter von oben
revolutionnirend ausnützen können wie keinen zweiten" (An Wolff 9. 12. 83.)
[2] Notizen im Musiker-Kalender: 1. 1. „Guter Schwellenübergang.
Mitternacht ein Glas Mosel mousseux mit Frau auf Herzogs Gesundheit
geleert. 2. 1. „Sehr gnädiger Brief vom Herzoge." 6. 1. „Reise mit
Marie nach Eisenach, daselbst Franz Liszt."

249. An Kammermusiker H. Eichel (Hannover).

Nürnberg (ohne Meistersinger), 12. Januar 1884.

Geehrter lieber Herr Eichel,

Empfangen Sie meinen besten Dank für Ihr freundliches Gedenken meines Wieder-Geburtstags. Auch ich erinnerte mich Ihrer neulich, als ich meiner Kapelle die Cellini-Ouvertüren einstudirte, mit Vergnügen:

Sie wissen, es war eines Sonntagvormittags, Sie spielten mir das Solo des englischen Horns vor, Großmeister Liszt kam hinzu. Ja — sehen Sie — ich war doch nicht gar so als ich dem Leine-Athen die Berlioz'sche Oper octrohirte, wie es die braven Ehrenmänner des Courier-Irrlichts behaupteten. Leipzig ist nachgefolgt, Wien thut ein Gleiches, Weimar nimmt ebenfalls eine Resurrektion vor. Mag der Held auch noch so mannigfaltig toniren, das Verkannte kommt doch zu Ehren, zwar spät — na, wenn man's nur noch erlebt! Aber — halt da! Ich hörte im Herbste den Cellini in Leipzig mit höchst fatalen (um nicht zu sagen absurden) Strichen, z. B. in der Stretta des großen Finale Es dur. Als ich Kapellmeister Nikisch darüber mein Befremden äußerte, erwiderte er, die Stimmen seien von Hannover gekommen und die Kürzungen gälten auf's Bestimmteste als von mir angeordnet!

Das geht mir über's — Bohnenlied! Ich bin nicht gewohnt, mich mit fremden Roth- oder Blaustiften zu schmücken. Thun Sie mir den Gefallen, und lassen Sie im Fritzsche'schen Musikalischen Wochenblatt die mir nicht gebührende „Autor"schaft dementiren. Es liegt mir viel hieran.[1] — —

---

[1] Eichel's Erklärung (Musikal. Wochenbl. Nr. 6, 31. 1. 1884 S. 79) besagte, daß, als im Frühjahr 1879 Hans v. Bülow den Cellini aufführte, dies ohne jede Kürzung geschah. In Leipzig wurde die Oper außer um die ganze Arie Fieramosca's im II. Akt, noch um etwa 300 Takte gekürzt.

250. An die Mutter.

Frankfurt, 8. Januar 1884.

Meine theure Mama!

Der erste Morgengedanke am heutigen Tage bist Du, und
ich glaube, ihn nicht besser einweihen, das für mich neue Jahr —
das ich im treuen Dienste meiner Kunst so würdig als möglich
zu verwerthen hoffe — nicht besser beginnen zu können, als
indem ich Dir meinen zärtlichsten Gruß in Liebe und Dankbarkeit sende. Mögest Du mit Freude und Stolz über Deinen
Sohn noch erfüllt werden können! Vielleicht bringt das eine
oder andere Echo meiner Bestrebungen und deren Erfolge auch
durch andere Kanäle — — zu Dir. Der gestrige Anfang mit dem
Beethovenconcert war ein recht glücklicher. Das heutige Concert
ist dem Andenken des ja auch Dir so lieben und werthen ver-
storbenen Raff gewidmet. [Programm.] Auch am Vormittage
ist eine kleine Erinnerungsfeier in dem Raffconservatorium, das
sich von dem städtischen Institute, wo die Schumannclique
dominirt, losgelöst hat. Die genannte Clique hat mich hier
mit einigen kleinen Feindseligkeiten begrüßt, welche mir und
meiner Kapelle aber nicht besonders weh thun. Gestern Abend
hatte z. B. Frau Clara eine musikalische Monstregesellschaft
bei sich veranstaltet, um die Hauptmusikfreunde vom Besuche
des Concerts abzuhalten.[1] Auch war in den Zeitungen eine —
sagen wir — Legende eingeschmuggelt worden, welche mein
Dirigententalent durch einen vermeintlichen Ausspruch Generalmusikdirektor Franz Lachner's discreditiren sollte. — Mein
Schüler Schwarz hat sich wacker benommen und von dem alten
Herrn Lachner eine Widerlegung erobert, die ich Dir hier

---

[1] Als Bülow kurz nachher in Frankfurt einen Klaviervortrag hielt,
bekam die Frankfurter „Kleine Chronik" (3. 2. 84) Veranlassung zu folgender Bemerkung: „Unwürdig ist aber auch der Zufall zu nennen, der das
Hoch'sche Conservatorium gerade für diesen Concert-Abend eine Schüler-
Soirée veranstalten und der in ähnlicher Weise schon einmal gelegentlich
des ersten Meiningen'schen Orchester-Concertes sein Spiel walten ließ."

beifüge. Du siehst, ich kann mich wehren, den Fliegenwedel gebrauchen. — —

Leb wohl, geliebte Mutter, sei gesegnet für Dein Geschenk einer unverwüstlichen Natur, eines sogenannten Stehäufchen-Charakters von Deinem Dich liebenden, Deiner stets treulichst gedenkenden, Dir alles Gute innigst wünschenden Sohn.

[P. S.] Deine Gaben haben mich freudigst gerührt. Das Portemonnaie — trotz seines mich beschämenden praktischen Inhalts — ist ganz nach meinem Geschmack — von dem Wein hat neulich der Herzog, als er mich besuchte, zwei volle Gläser mit lebhaftestem Beifall getrunken. Mille fois merci.

Unter den vielen wahren und unwahren Geschichtchen, in welchen Bülow als handelnde oder leidende Person aufgeführt zu werden pflegte, bewies die oben von ihm erwähnte eine ganz besondere Lebenskraft. Sie schildert eine Begegnung Bülow's mit Franz Lachner bei einer Aufführung, deren erster Theil von Bülow dirigirt worden wäre, wonach er den Stab an den älteren Meister, der eine seiner Suiten vorführen sollte, mit der Bemerkung abgetreten hätte, das Orchester „hätte doch wundervoll gespielt, nicht wahr?" Darauf hätte Lachner erwidert: „No freili, dös Orchester was ich 30 Jahr dirigirt hob, können Sö doch noch nicht in den zwa Monaten, wo's hier san, ruinirt hab'n."

„An der Anekdote ist kein wahres Wort" schrieb Bülow seinem Schüler M. Schwarz. Dieser wendete sich an Lachner selbst und erhielt von ihm folgende Antwort:

München, 1. Januar 1884.

Sehr geehrter Herr!

Es ist wohl ganz unnöthig Ihnen zu versichern, daß die mir überschickte Zeitungsanekdote jeder Wahrheit entbehrt und mich mit Entrüstung erfüllt hat. Derlei Hetzereien sind mir leider nicht zum ersten Male vorgekommen, und ich glaube, es dürfte auch dießmal das Beste sein, sie zu ignoriren, um so mehr, als es meine feste Überzeugung ist, daß dieß einem Concerte Herrn v. Bülow's unmöglich in irgend einer Weise schaden könne, da erstens der gebildete Theil des Publikums gewiß keine Notiz von derlei Gemeinheiten nehmen wird, und da ferner bei jener Anekdote, in der ich als ein Grobian, der sich des gewöhnlichsten Dialektes bedient, hingestellt werde, doch eigentlich nur meine Person zu Schaden kommt.

Sie würden mich sehr verbinden, wenn Sie die Güte hätten, falls Herr v. Bülow Kenntniß von diesem Vorfalle hat, ihm mein Bedauern darüber auszusprechen, daß sich derartige Geschmacklosigkeiten in die Zeitungen verirrt haben."

Dieser Brief[1] wurde vervielfältigt und an alle namhaften Zeitungs-Redaktionen geschickt. Trotzdem brachte die „Frankfurter Ztg." am 26. Januar 1890 nach Lachner's Tode die Geschichte wieder und begleitete eine Zuschrift Bülow's: „die Episode sei vom ersten bis zum letzten Wort erdichtet" mit der Glosse: „Bülow berichtigt einen Todten, und da die Todten nicht die Gewohnheit haben zu antworten, wenn man sie fragt" u. s. w. — Bülow's Erklärung hätte „bewiesen" werden müssen, schließt der Referent.

251. An Johannes Brahms.

Frankfurt a. M., 8. Januar 1884.

Hoher Meister! Theuerster Freund!

Heute vor zwei Jahren — in Berlin — in der Singakademie — empfing ich von Dir ein Geschenk, ein Geschenk, zu dem ich mir jeden Tag gratulire, heute aber ganz besonders. Die Ehre, die Du mir erwiesen mit dem Du-Russe, hat meinem ganzen weiteren Leben Werth und Weihe verliehen. — In demselben Jahre verlor ich meinen ältesten — ich darf sagen — väterlichen Freund — dessen Gedächtniß ich heute hier feiere. 1846 in Stuttgart lernte ich ihn kennen — mein erstes Auftreten als Klavierjüngling „ereignete sich" ebendaselbst 8. Januar 1848 — eine ungedruckt gebliebene Klavierfantasie über Kücken's Prätendent (!) war meine erste Propagandistenthat für den, um den ich meine Trauer heute erneuere. Mitten in dieser Trauer — muß ich nicht über fast Alles, was ich in dem Zeitraume von 37 Jahren aktiv und passiv erlebt, ebenso egoistisch als nutzlos trauern? — erhebe und erlabe ich mich heute an Deinem Bilde, dem Bilde des, Gottlob! von mir nicht zu spät, wiewohl spät erkannten rechten Meisters, zugleich des neuen gütigen, nachsichtigen Freundes! Laß mich mir selber hierzu

[1] Autograph im Besitze der Herausgeberin.

Glück wünschen, erhalte Dein freundschaftliches Wohlwollen auch in seinem neuen Lebensabschnitte Deinem, Dir in fester, treuer, emporblickender Verehrung ergebenen

Hans v. Bülow.

252. An Marie von Bülow (Meiningen).

Darmstadt, 9. Januar 1884.

— — Ich will suchen, es so einzurichten, daß Du aus jeder neuen Stadt ein paar dumme Zeilen von mir erhältst — freilich werden die !, ?, den Hauptinhalt bilden. Es geschieht mehr, als berichtet werden kann. Also höre!

Kolossal, Pyramidal, Monumental! Wenn's so weiter geht, wie gestern und ehegestern — so ist eines Alexanders Triumphzug, mit unserem verglichen, wie etwa ein Theaterkrönungsmarsch aus Jungfrau oder Prophet in Basel. Ich schicke Dir, wo es irgend geht, Zeitungsschnitzel. — —

Massen Frankfurter Musiker ziehen uns nach, da sie 10^{12} Abends retour rutschen können.

Kolossal, pyramidal, monumental! Sei stolz und bete, daß mir Gott meine revolutionäre Kraft, meinen elektrischen Batterie-K(n)opf erhalte. Süd wird wirklich Sied, wie Wolff meint. Wie steht die blonde parucca? Mit Dir in allen schlechten Proben und guten Aufführungen. — —

253.

Nürnberg, 12. Januar 1884.

— — Riesige Grippe, aber so reichliche Befriedigung über Leistung meiner Leute, daß ich mir nichts aus dem körperlichen Unbehagen mache. Ein wahrer Satan von Ambition ist in die Kapelle gefahren — sie leistet jeden Abend Stupenderes. Nothing suceeds like success — und wie das Pech Kaninchengleich heckt, so scheint's, geht's bisweilen auch mit dem — entschuldige den Studentenausdruck — ich komme von Würzburg und gehe nach Erlangen — Schwein. — —

Ich denke viel an Dich und beneide Dich um das Studium

der ideal reinsten Schöpfung auf geistigem Gebiete — aller Zeiten, aller Länder, beinahe aller Künste — Goethe's Jphigenie. — —

254.   Karlsruhe, 16. Januar 1884.

Trotz Grippe muß ich Dich im Geiste küssen für den prächtigen Brief, mit dem Du mich heute hier bewillkommt hast! Alles darin hat mich höchlichst erfreut und mich mit Humor die vielfachen Belästigungen ertragen lassen, denen ich bei Ankunft zur Beute fiel. Doch war unter den Seccatoren ein mir neuer, sehr netter, witziger, frischer „College", Hofkapellmeister Mottl. Mit dem bin ich zuerst nach dem Maclot'schen Hause gewallfahrtet. — —

Stuttgart kolossal gestern Abend! — —

Heute Abend Medaillenvertheilung an drei verdiente Kapellisten. Herzog ist der „pünktliche Gehorsam" eines Buttler selbst!

Wilhelm [Diener] und Minna sollen beide morgen Abend Bildung schlürfen? Ach, könnte ich der Dritte im Bunde sein! — —

Abends 9½. Es war wiederum ultrabrillant. Hof und Publikum wetteiferten in Jubel. Ja! Morgen leider Audienz. — —

255.   Worms, Samstag früh, 19. Januar 1884.

— — Ich wollte, der Tag hätte 84 Stunden und ich sechs Hände. Mit dem einen Kopfe käme ich schon aus. — — Heute — in einer Viertelstunde geht's ab — in Mainz lasse ich Mannstädt für seine Schwiegerältern eine Sinfonie dirigiren — wollen sehen, wie er sich anstellt. Er hat lediglich dem Orchester zu folgen, das immer „alleiner" spielt — zu Zeiten verschwinde ich sichtbarlichst vom Dirigentenpulte.[1] — —

---

[1] So z. B. in Würzburg während des ganzen letzten Satzes der I. Sinfonie von Beethoven. „Das Finale ‚saß' so fest, daß auch nicht das geringste Versehen vorkam" berichtet der „Klavier-Lehrer" vom 15. 3. 1884, das Publikum rief jubelnd den Dirigenten, und das Stück mußte wiederholt werden.

Machst Dir keinen Begriff, wie herzlich, wie anmuthig, wie liebenswürdig [badische] Landesmutter neulich zu mir war — haarklein mußte ich Alles erzählen — auch von Dir — dann kam er noch von anderen Audienzen auf 20 Minuten hinzu. Beide sahen vortrefflich aus, viel gesünder als vor zwei oder drei Jahren. — —

256. Cassel, Freitags früh [21. Januar 1884].

— — Wie geht Dir's? War kaiserliche Hoheit [Brahms] bei Dir? Hast Du die Albawirthin studirt? Für die Bretter, wie für's morgende Mittagsmahl? Denn genau besehn, könnte unser prächtiger Herzog den Alba in seiner Erscheinung trefflich darstellen. — —

257. Frankfurt a. M., 22. Januar 1884.

Victoria, Victoria! Süddeutschland ist erobert. Volles Haus. Frenetischer Jubel. Krönung des Gebäudes. Gipfel erklommen. Es ist gar nichts mehr zu sagen, zu wünschen, als daß uns Allen die Gesundheit nicht ausgehe, damit wir die Eroberung befestigen, das Eroberte festhalten können. So bald wird's uns Keiner streitig machen. Gesammtergebniß wird auch pekuniär „oben" angenehm kitzeln. Somit . . . . — — —

Dein

kleiner Napoleon*

* d. h. der erste Hornist Leinhos hat mich gestern Abends in einer unglaublich effektvollen, geschickten Rede einen vereinigten Bismarck-Moltke genannt. — —

258. An Max Schwarz (Frankfurt a. M.).

Mainz, 20. Januar 1884.

Geehrter lieber Herr Schwarz!

Ultra posse —

Mit freudigem Stolze, mit stolzer Freude acceptirte ich die Ehre eines Honorärpräsidiums über das Raff-Conservatorium — —, wenn nicht die hieraus für mich resultirende Verpflichtungslaſt mich bedenklich machen müßte. Täuſchen Sie Sich nicht: die mich ſelbſt zur Zeit in Verwunderung ſetzende, von mir entwickelte Kraft iſt eine Art acuten Paroxysmus, eine Art Fieberextaſe. Dergleichen kann nicht andauern, ruft Reaction hervor — ſehr möglich, daß ich nach Beendigung meiner gegenwärtigen Miſſion oder Commiſſion, um modeſter zu reden, wieder zuſammenknicke, vom Sattel geworfen werde und an Männlichkeit kaum mit C. oder M. concurriren kann. Außerdem gibt's nichts Aufreibenderes für mich als Ertheilung von Klavierlektionen: wenn ich ganz geſund bin, macht's mich krank, wenn ſchon krank, annihilirt's mich. Doch will ich — wenn ich wirklich Ihnen, ohne mir zu ſchaden, nützen könnte — Ihren Verfügungsplan über mich nicht ultimatiſt von der Hand (ſagen wir vom kleinen Finger) weiſen; aber mündliche Verſtändigung iſt unerläßlich, und zwar in Muße. — —

Soigniren Sie mir „Lear" [Berlioz] — fiele der durch, ſo würde zum Orlando furioso Ihr ſonſt mit mildeſten Grüßen ganz ergebener [u. ſ. w.].

259. An Frau Herrmann-Rabausch (München).

Frankfurt a. M., 21. Januar 1884.

Meine liebe, treffliche, alte junge Schülerin!

Haben Ihnen geſtern nicht die Ohren geklungen? Ich habe Ihrer und der Nürnberger-Erlanger Orcheſterſchwelgereien lebhaft gedacht bei Ausführung des inliegenden Programmes, mit dem Sie Frau Raff vielleicht eine angenehme Überraſchung machen können, namentlich wenn Sie hinzufügen, daß die Sinfonie [IV] von circa 2000 andächtigen Zuhörern mit wahrem Jubel aufgenommen worden iſt.

Ich hatte mir geſtern bereits zwei bayriſche Briefmarken erſtanden, um Ihnen und meiner Frau noch aus Neuſtadt zu ſchreiben. Da kam eine Depeſche, welche mich zur ſchleunigen Abreiſe hierher veranlaßte, wo ich bis nach Mitternacht conferenzelt habe.

Hier sind die beiden Briefmarken. Be — nutzen Sie selbige
zu einem hübschen Herzenserguß an Ihren alten Lehrer. Erzählen Sie ihm, wie es in der Max-Josephstraße 2 ausschaut
[Raffs], wie man Sie dort aufgenommen u.s.w.

Geben Sie ihm auch Kunde über des armen E. Sp[itzweg]
Befinden. Geht er noch nach Cannstatt? Das wäre vielleicht
gut — dort ist jetzt der Nervendoktor Fischer, der mich im Herbste
1880 so vortrefflich in München massirt und elektrisirt hat.

Kurz .... und gut.

Zeit zu Ende. Heute ist unser 16. Concert und gewissermaßen unsre Entscheidungsschlacht. — — Samstag bin ich
heim und laure auf ihre Zeilen.

260. Meiningen, 26. Januar 1884.

Vortrefflichste!

— — Der M[ünchner] W[agner-]V[erein] ist wohl ein klein
wenig meschugge? Meininger Hofkapelle kostet täglich 600 Mark
Diäten — drei Tage würde der Spaß beanspruchen — rechnen
Sie die Reisekosten II. Klasse hin und zurück hinzu: das gäbe
Unkosten, die besten Falls durch die Einnahme gedeckt werden
könnten. Der Herzog ist nicht reich genug, einige Tausend Mark
zu schenken — wäre das der Fall, so wäre es doch jedenfalls
verständiger, er zahlte sie baar an Bayreuth und ersparte uns
die Strapatzen. Hm? Ersparen Sie den Herren einen groben
Brief von mir! — —

Diese heutige müde, marode Zeile wird hoffentlich Ihre
Pulse nicht bis zu $\diamond$ = 132 M. M. hinauftreiben! — —

261. Meiningen, 11. Februar 1884.

Vortrefflichste Freundin!

— — Ihr Verkehr mit den Goldmenschen, meinen theuren
Wahlverwandten in der Max-Josephstraße erfreut mich innigst —
als Bindeglied. Sollten Sie Sich da wieder einmal mit mir
gesprächsweise befassen wollen — hier haben Sie Stoff.

Es liegt mir daran, daß Frau R[aff], die immer so viel warme Sympathie (herzlichst erwidert) für meine arme alte blinde Mutter hatte, von dem jüngsten Vorkommnisse in deren Leben Kunde empfange.[1] Die beiliegenden Briefe — die ich mir einmal zurückerbitte — — stellen dieselben beredter dar, als ich's vermöchte, selbst wenn ich ein klein wenig mehr Muße hätte. — Sie sind doch nicht zelotisch-protestantisch? Erinnern Sie Sich übrigens nicht, daß ich im April 1869 in Regensburg „zum Besten des hl. Vaters" geklimpert habe? Leider fehlt mir jeder gedruckte Nachweis davon. — —

Ihnen will ich nun zunächst ein absolut geheimes Geheimniß in's Ohr raunen. Im November gedenke ich, mit meiner Kapelle eine Woche in Stuttgart und eine Woche in München zu concertiren und, gehörig aufgeräumt, gehörig aufzuräumen. Beethoven, Berlioz, Brahms, Raff, Spohr — u.s.w. Das wird sehr kurios werden — meine Feinde von 1864—69 werden sich als meine treuesten Freunde zeigen. — —

Bleiben Sie hübsch gesund, geben Sie Ihren Schülerinnen Raff: Op. 79, 92, 93, 94 (alles bei Peters); nützlich zu lernen, wie amüsant zu lehren.

Mit freundlichsten Grüßen Ihr

aufrichtigst ergebener alter Schulmeister.

262. An Frau Pauline von Brocken (Lübeck).

Meiningen, 29. Januar 1884.

Verehrteste Ver — kehrerin meiner Grundsätze!

Ihnen zu Gefallen, nur Ihnen, will ich in Lübeck Beethoven's 4. Concert selbst spielen. Müßte ich aller Orten auch noch am Flügel — transpiriren — ich würde bald ruinirt sein! Das

---

[1] Franziska v. Bülow war zum Katholizismus übergetreten. Ihr Sohn schreibt am 27. 1. 84 seiner Schwester: „Irre ich mich — hoffentlich nein — wenn ich annehme, daß uns gleiche Gesinnung beseelt und Du gleich mir unserer armen alten guten Mama nach einem so dissonanzenvollen Leben einen harmonischen Friedensschluß gönnst?"

bekannte Wort: „cela vous coûte si peu de peine et leur fait tant de plaisir" ist hier nicht anwendbar.

Entschuldigen Sie gütigst diese cavalièrement kurze Er= widerung. Ich bin aber während der sogenannten Ausruh= tage — nach 20 glücklich überstandenen Concerten — mit allen Hunden gehetzt. Auch kommt heute Abend vornehmer Besuch: S. kaiserl. Hoheit Brahms. Nun, Sie sollen seine 2. D dur= Sinfonie hören (spielen Sie sie also 4händig mit Frl. Herrmann durch — namentlich das ebenso schöne, als, wie alles Schöne, schwere Adagio) — ferner auch eine Weber'sche Ouvertüre, die zu Euryanthe und diverses Andere, für das große wie das feine Publikum Amüsante. — —

263. An die Herren Steyl und Thomas (Frankfurt a. M.).

Meiningen, 30. Januar 1884.

In Ey'l

Gut Hey'l

Auf Zey'l

Herrn Stey'l

und Thomas, deren Ernennung zu herzogl. Sachsen=Meiningen Deiningen Seiningen'schen Hofmusikalienjuden mir soeben gnädigst bewilligt worden ist. — —

264. An Hermann Wolff (Berlin).

Nürnberg, 11. Januar 1884.

Geehrter Herr Wolff!

— — Depesche wegen Karlsruhe erhalten. Der Brief[1] hat mich aber unheimlich berührt. Diese sklavische Nachäfferei von R. Wagner's Handschrift! O Kindsköpfe! — —

Die schöne Primadonna des Würzburger Stadttheaters, Frl. Antoinette Foerst, hat mich hierher begleitet, da sie gestern Abend,

---

[1] Von Mottl. An Helene Raff schreibt B. 19. 1.: „Mottl hat mir ge= fallen, wie kein zweiter Wagnerianer. Prachtkerl von großer Zukunft. Deines Vaters Oper ist in guten Händen."

weil Julie in Bellini's Cotteletti e Rumstehli singen müssend, nicht zuhören konnte. Angenehme Episode. — —

265. Cassel, 24. Januar 1884, Hotel Rein-Fall-Schirmer.

— — Ich habe Sie gestern 101mal zum Krauts geschickt. Eine so niederträchtige Fuhrwerksausspannung wie der Gießner „Rappen" noch nicht genossen! Ferner — kein Wagen aufzutreiben. Mußte hin und retour den Weg zum Concert-lokal — über 20 Minuten — bei Sturm und Regen leisten — mit Schusters (nicht des Karlsruher) Rappen! Haißt a Plaisir. Na — heute bin ich ganz stimmlos, habe eine Fiebernacht durchgewacht. (Natürlich reiste ich hierher Abends 8⁴⁴, und trotz Drahtbestellung bekam ich eine elegante Sommerwohnung, welche ich mir erst nach einer halben Stunde weggeflucht — gottserbärmlicher Thee, Bahnhofs-Nacht-Kaffee am Morgen.) — —

Rrrr — ein ander Bild, wie Beethoven im Finale der Neunten brahmst!

Das Concert selbst war famos, dicht besucht — ganz Marburg auf dem Platze — (nb. auf Orchesterpodium so wenig Raum, daß 2 Geigenpulte striken, die übrigen sich gegenseitig beellen-bogenstreichen mußten) und die Hauptsache — —:

B r a h m s' A k a d e m i s c h e wurde unter orkanigem Jubel zur Wiederholung verlangt und gewährt.

Noch nicht dagewesen.

Ich bin ein genialer v. Stranß, décidément; überall, in den fremdesten Regionen habe ich programmatisch das Richtige getroffen! Aber Überlegung ist nöthig — namentlich bei den bekannten Städten, da man die souvenirs sammeln muß. — —

C moll-Sinfonie und Lenore 3 wird nicht mehr gekoppelt. Zu anstrengend. Aber Freischütz thut's auch. — —

266. Meiningen, 26. Januar 1884, Abends.

Bereits heute Vormittag von Cassel mit Frau heimgekehrt, die vor dem Concerte feierlich ein Riesenbouquet an die anwesende alte Wittwe Spohr's (Büste vor dem Podium festlich bekränzt — s. Frankfurt , 8. Januar) verabreichte. „Moralisch" sehr befriedigt. Es ist mir so traumhaft zu Muthe wie noch nie. Wir haben Alle mitsammen ein Kunststück geliefert und ein wahres Trichinenglück gehabt. Ein ander Bild. — —

Versteht sich Apollini zu Matinée, so spiele ich daselbst Raff's Concert und dirigire Weber'sche Ouvertüren, enfin, ein Programm, wie's für Theaterraum und -publikum paßt. — —

267.   5. Februar [1884].

Josefine Gallmeyer todt! Nur drei Mal hat mich ihr wahrhaftes Genie (auch im rein-Musikalischen) entzückt, aber diese 3 Abende Vergnügen compensiren reichlich all den Ärger, den mir das „Genie" von Sr. Durchlaucht Lasker (bekanntlich Schöpfer des deutschen Reiches, Warbeck Wilhelm's I., Souffleur der Marionette in Friedrichsruh) während 13 Jahren bereitet hat. Trauern wir! Wenn's nicht in die Zeitungen käme und dann nach Reclame stänke, ich sendete einen Lorbeerkranz auf ihren Sarg!

„Wollen Sie diesen passus vielleicht drucken lassen?" Mir recht — und sollte ich für mich gerade so viele 1000 Mark darüber einbüßen, als die Frankfurter Zeitung der Herzogl. Hofkasse Abbruch gethan! [1]

Hoheit der Herzog sollen leben: haben Dr. Br[ahms] gestern beim Abschiede seinen höchsten Orden „Grand-croix" (nur die Minister haben ihn) verliehen. — —

Hamburg: Bravo trefflicher Pollini — habe ihn immer gern gehabt und neulich, zum Entsetzen unserer Damen, einen 2stimmigen Lobcontrapunkt auf ihn mit Brahms gesungen. — —

Dem Philharmonischen Orchester zur Nachricht, daß ich nicht zu den Componisten zähle. Brahms und ich —

---

[1] Durch eine abfällige Kritik, die den Besuch beeinträchtigte. Siehe Fußnote zu Brief Nr. 269.

Platen und R. Pohl. Dummes Zeug! Haben die Leute
keinen Eichberg zur Hand, oder Mendel, oder Riemann?
Brahms' Mission ist zu pro-, meine zu repro-duziren,
also zwei Buchstaben mehr. Genügend für die wildeste Am=
bition! — —

268.   **13. Februar 1884.**

Danke, schön. Einverstanden. Aber — der 10 Pfennig=
Preis des Programms ist unschicklich. Das muß
weg. Für das Entréegeld muß doch der Käufer auch er=
fahren dürfen, was er zu hören bekommt! — —

269. An Gustav Erlanger[1] (Frankfurt a. M.).
Meiningen, den 13. Februar 1884.

Mein Herr, Sie hatten die außerordentliche Güte, mir durch
Ihren Verleger Ihre Werke 39 und 41 zusenden zu lassen. Es
gereicht mir zu wahrem Vergnügen, Ihnen den Empfang der=
selben zu bestätigen, indem ich Ihnen meinen verbindlichsten
Dank dafür abstatte, daß Sie durch das geistige Bild des Musikers
das moralische des Menschen vervollständigt haben, für welches
ich soeben die kennzeichnendsten Aktenstücke gesammelt habe,
eine Arbeit, der ich meinen ganzen Eifer gewidmet; denn ohne
im Geringsten mich zu unterfangen, meine schwachen Kräfte
mit den Ihrigen zu vergleichen, wenn es sich z. B. darum
handelt, in die Tiefen des Beethoven'schen Geistes einzudringen,
ist gerade Oberflächlichkeit im Allgemeinen mein Fehler nicht.
Seitdem Sie sich meiner Aufmerksamkeit so warm empfohlen
haben, mein Herr, durch die „Rosen", welche Sie ganz kürzlich

---

[1] Musikreferent der Frankf. Ztg., hatte Bülow durch die Art, seines
Kritikeramtes zu walten, wiederholt herausgefordert. Nicht nur griff er
seine Wiedergabe Beethoven's an, er hatte sein absprechendes Urtheil über
Berlioz' Lear-Ouvertüre in eine Form gekleidet, die von einigen, Bülow's
obigen Brief reproduzirenden, Blättern der „Abkanzelung eines Schul-
buben" verglichen wurde. Auch über Draesele's Requiem hatte er sich
unangemessen geäußert. Der Brief ist in der „Gazette de Lausanne"
(19. 2. 84) französisch erschienen.

auf das Grab des „Großen Adlers" streuten, mit dessen Bild
dieses Blatt geschmückt ist [Berlioz], habe ich es mir angelegen
sein lassen, Ihre Bekanntschaft so gründlich wie möglich zu machen.
Das ist nicht ohne Mühe abgegangen, wie ich schon die Ehre
hatte Ihnen zu bekennen, allein es ist mir gelungen, und ich
hoffe, Ihnen dies gelegentlich beweisen zu können.

Nun, mein Herr, — unter Collegen — unter Journalisten
— schuldet man sich gegenseitig Aufrichtigkeit; der Höflichkeits-
und Anstands-Katechismus scheint mir nicht damit in Widerspruch zu stehen. Meinen Sie nicht auch? Aber ich übersehe,
daß ich nur in Ihre Fußstapfen zu treten habe. Also: ich habe
Ihr Quintett und Ihr Sextett gelesen, und ich gestehe Ihnen
mit dem Freimuth unseres tapferen und kühnen Ritters Paul
de Cassagnac, daß ich Ihre Musik — von Anfang bis zu
Ende — hohl, farblos, anspruchsvoll, kalt und äußerst gesucht
finde, sobald Sie sich einfallen lassen, aus dem Geleise —
„akademischer" Abgedroschenheit heraustreten zu wollen.

„Hanc veniam petimusque damusque vicissim."

Wollen Sie Ihrem Herzen Luft machen, mein Herr, so
vergelten Sie Gleiches mit Gleichem

Ihrem gehorsamsten Diener.

270. An George Davidsohn (Berlin).

Meiningen, 10. Februar 1884.

Verehrter Herr!

Bei einer Revision meines Briefschatzes fällt mir eine trockne
Hülsenfrucht in den Schooß, welche geeignet, die „Charakterfestig-
keit" dieses unverwüstlichen Überbleibsels des Grolls Friedrich
Wilh. IV. gegen Berlin (s. Werder's Erzählungen) eklatant
zu illustriren, Ihnen gelegentlich einmal brauchbar erscheinen
könnte.[1] Darf ich sie Ihnen cediren?

Ein gutes Werk würden Sie ferner thun, wenn Sie einmal
von meinem Casseler Wörtchen über die Pest der Pianococotten

---

[1] Briefwechsel Hülsen-Bülow, abgedruckt Bd. III. S. 514—15.

im reichsgesundheitsamtlichen Interesse Verwerthung machten.
Anbei.[1] — —

271.   B e r l i n, 29. Februar 1884.

Verehrter Herr,
    Langjähriger Freund und Gesinnungsgenosse!

Es ist neuerdings durch die Concertreisen der Herzoglich
Meiningen'schen Hofkapelle meine Persönlichkeit als die des
Leiters derselben so unwillkürlich unbescheiden wiederum in den
Vordergrund der Öffentlichkeit getreten, daß ich mich nicht blos
unterfangen darf, nein, muß, Gehör für ein offenes Wort zu
erbitten, um allerlei — sagen wir kurz — imbroglio's zu begegnen, die von mehr oder minder gewissen—haften reporters
um diese Persönlichkeit gruppirt werden könnten.

Lassen Sie mich mit dem schlüpfrigsten Kapitel beginnen.
Wie ich mich zu dem von der äußersten Linken der Wagnerianer
für erzcanonisch ausgegebenen Buche vom „Judenthum in der
Musik" verhalte, darüber mich zu verbreiten, dürfte ich durch
die vielen, nicht in bloßen Worten, von mir gelieferten Akte
pietätvoller Bewunderung gegen die Manen (nicht die „Mannen")
Meyerbeer's und Mendelssohn's billig dispensirt sein. Meine
Unterzeichnung der bekannten antisemitischen Adresse an des
Reichskanzlers Durchlaucht ist nur sehr indirekt mit jenem anti-
quirten Syllabus in Verbindung zu bringen.

† Was bezweckte denn jene Adresse vornehmlich, ja beinahe
ausschließlich? Nichts Anderes, als wofür alle gebildeten und

---

[1] „Fräulein Emma Großcurth, eine Schülerin Großmeister Franz
Liszt's, gehört zu den sehr wenigen Claviervirtuosinnen, welche durch ihre
m u s i k a l i s c h e Leistungsfähigkeit den seitens gewisser neuerlich berü—hmt gewordenen Clavier-Houris stark compromittirten Ruf der Liszt'-
schen Schule wieder zu Ehren bringen können. Ich bin sicher, selbst Dr.
B r a h m s würde ihr, wenn er sie gehört, zur Nervenberuhigung nur
B r o m k a l i und nicht, wie er sonst im therapeutischen Einverständniß
mit dem Unterzeichneten zu thun pflegt, C y a n k a l i verordnen." C a s s e l,
1. Febr. 1884.

[2] In vielen deutschen Zeitungen Anfang März 1884 mit Ausnahme
des mit † bezeichneten Absatzes abgedruckt.

wohlgebildeten Stammesgenossen Sem's mit Wollust selbst
votiren müßten! Die Eindämmung des mehr als
bedenklichen Einwanderungsstroms — — von der
russischen und galizischen Gränze her, dessen
bloßer Anblick — — allen europäisirten Juden ebenso com-
promittirend erscheinen muß, als uns Allen ohne Rassen-
oder Confessionsunterschied derjenige unserer gemeinsamen
Vorahnen von Darwin's Gnaden, welche uns allsonntäglich
im Aquarium oder Bobinäum gegen 50 Reichspfennige stamm-
verwandt freundlich angrinsen und anfletschen.

Beschränken wir uns einmal nur auf's Akustische. Erinnern
Sie Sich doch, wie fatal, wie magendrückend unsrem großen
genialen Ferdinand Lassalle das „Gemauschel" in der
Rede war; wie empfindlich unser unvergeßlicher Freund
Carl Tausig gegen das „Gemauschel" im Tone reagirte;
gedenken Sie jenes denkwürdigen Abends im Münchner Stadt-
hauskeller, wo Herr Hofkapellmeister Levi wuthentbrannt aus
dem Theater und in das geflügelte Wort stürmte: „muß ich noch
mehrere Male diese vertrackte Mauscheloper (ich verschweige
den Namen derselben, sie hat noch zu viele Liebhaber) dirigiren,
so trete ich dem antisemitischen Vereine bei". Also gemein-
schaftlicher Kampf gegen das „Gemauschel" von „Nicht-
mauscheln" und allen den — Gottlob recht zahlreichen —
„Mauscheln", die sich entmauscheln wollen. †

Wozu also ferner der Lärm? Laßt uns lieber einen andren
anstimmen, einen zwar nicht angenehmeren, aber nützlicheren.
Bekämpfen wir einmal ebenso energisch als beharrlich die
Pest des:

Protzenthum in der Musik. Aber auf welchem
Flügel da zuerst anfangen? Die Wahl ist schwer. Auf der
Rechten das Hochschulmeisterthum, das klassische Muckerthum,
die Puritanercoterie, die sich zu einer allumfassenden Kreuz-
spinne von Episkopapalkirche aufbläht, Alles zu verschlingen
drohend, was nicht in ihr Horn, ein ächt russisches — mit nur

einem Ton — tuten will! Auf dem anderen Flügel die Bayreuther Jkonoklastokratie, welche die Musik, die wahre, die
polyphone, die auf eignen Füßen thronende, göttlich stützenlose,
in ihrer **inneren Dramatik** (wie A. B. Marx so treffend
sagt) schwelgende, die Musik eines Bach, Beethoven, Brahms
am liebsten ganz abschaffen möchte, welche den unsterblichen,
den nationalen **Richard Wagner**, den Schöpfer der
wirklichen Zukunftsoper, „die Meistersinger", am liebsten ignoriren möchte, um nur **den Wagner** gelten zu lassen, welcher
mir, einem Wagnerianer de la veille (von der ersten Aufführung des Rienzi in Dresden 19. Oktober 1842, sic!) und
daher von denen du lendemain natürlich um unzählige Nasenlängen überholt, nur der **Epigone seiner selbst** zu
sein — scheint! Welcher uncomfortable, ja wahrhaft am-
fortable Platz zwischen zwei Stühlen! Muß man denn
durchaus wählen müssen zwischen den Hämorrhoidariern der
Rechten, und den Hysterikern der Linken?

Glückliche Königin Blanka von Castilien — in der Heine'schen
Disputation nämlich! Außerhalb und deßhalb über den
disputirenden Parteien stehend, vermag sie als „kindlich Gemüth"
das Urtheil Salomonis zu sprechen! Was erübrigt aber dem
verständigsten Verstande, um sich mit heiler Haut aus der
Affaire zu ziehen, wenn er dieselbe doch zu Markte zu tragen durch
seine Berufsstellung verpflichtet ist?

Vielleicht der Appell an die öffentliche Meinung, die ich
als Großmacht stets gern respektire, wo sie nicht auf bloßer
Vormeinung, sondern auf Erkenntniß beruht. Wollen Sie
hierbei behülflich sein, verehrter Herr,

Ihrem klavier- und orchesterspielenden Collegen
Hans v. Bülow?

Wir haben aus dem Bisherigen gesehen, wie schwierig Bülow's Stellung in Meiningen gewesen, daß er dies bald nach deren Antritt empfunden, und daß es fast nie eine Zeit gegeben hat, in der er an die Durchführbarkeit eines dauernden Verhältnisses geglaubt hätte; ja, es scheint fast, daß nur der Gedanke an das Vorübergehende desselben ihm die Kraft verliehen hat, besonders kritische Epochen seiner Amtsführung zu überwinden. Trotzdem lagen die Dinge gerade Anfang 1884 so, daß der Zustand sich noch eine Reihe von Jahren hätte fortsetzen können, ohne einen Vorfall, dessen volle Tragweite zur Zeit Niemand übersah, so betäubend auch der Lärm gewesen, der sich um ihn erhob.

Bülow war von der tiefen Wirkung seiner Orchesterfahrten nicht unberührt geblieben; mehr noch als seine persönlichen Triumphe mußte das Bewußtsein ihm Freude machen, die unzähligen Schwierigkeiten des ganzen Unternehmens besiegt, seine reformatorischen Ideen durchgesetzt zu haben. Meine Stellung am Theater gestaltete sich erfreulich, was bei Bülow's großem Interesse für das Schauspiel zu einer Quelle von Anregung, Abwechslung und guter Laune wurde. Der Herzog schien glücklich über den Ruhm der Kapelle. Diese hatte soeben eine glänzende Tournée hinter sich. In Berlin war ebenfalls ein Cyclus mit größtem Erfolg in der Singakademie beendet. Am 27. Februar ließ der „Berl. Courier" den Seufzer vernehmen: „Mit jedem Concertabend, den wir Herrn v. Bülow verdanken, wächst das Bedauern, ihn immer nur auf so kurze Zeit in unserer Mitte zu wissen; Niemand könnte fruchtbringender als er, an die geeignete Stelle gestellt, unsere musikalischen Zustände einer ungeahnten Entwicklung entgegenführen. Der Berliner Boden ist nicht so schlecht, als ihm häufig nachgeredet wird, und manch' edler Keim liegt in ihm; — aber der rechte Ackersmann fehlt noch immer. Bülow wäre der rechte Mann; — doch hier scheint es sich um Unerfüllbares zu handeln."

Ein Volksconcert im Skating Rink — jetzt Philharmonie — sollte für diesmal die letzte Vorführung der Meininger sein; das Programm, „Deutscher Styl" betitelt, enthielt neun Ouvertüren: von Spohr Berggeist, Faust, Jessonda; von Weber Euryanthe, Oberon, Freischütz; von Wagner Rienzi, Meistersinger, Tannhäuser. Als der Jubel nach dem Schlusse sich nicht legen wollte, trat Bülow vor und sprach: „Es sind jetzt mehr als fünfundzwanzig Jahre her, seit ich in einem von Julius Stern veranstalteten Concerte, es war im December 1855, zum erstenmale in Berlin die Tannhäuser-Ouvertüre dirigirte. Damals wurde sie ausgezischt. Ich bin glücklich, daß eine neue Generation das Verschulden der früheren auslöscht, die der Worte uneingedenk war:

‚Ehr't uns're deutschen Meister, — Dann bannt ihr gute Geister!'"

Die allseitige Stimmung konnte nicht harmonischer sein. Für
den 4. März hatte Bülow die Direktion des zweiten Theiles der
Sinfonie-Concerte des Philharmonischen Orchesters übernommen,
wie er dies vor und nachher mit besonderem Vergnügen und mit
betonter Vorliebe für das Publikum dieser populären Abende (der
Eintritt kostete 75 Pf.) zu thun pflegte. Nur die Bemerkung auf
dem Programm: „Rauchen ist in diesem Concert nicht gestattet"
und die Zurückziehung der Bedienung während der Bülow-Nummern
unterschied solchen Abend vom musikalischen Alltag. Das Publikum
saß an Tischen Bier trinkend, die Frauen mit ihren Handarbeiten.
Übrigens schlug Bülow Wolff einige Jahre später bei solchem Anlaß
scherzend vor, man möge das Publikum ruhig rauchen lassen, nur
müsse auch ihm die Zigarette während seiner Vorträge gestattet
werden.

Am Abend des 4. März war das Programm Raff's „Eine feste
Burg"-Ouvertüre, Bülow's Ballade für Orchester „Des Sängers
Fluch", der Triumphmarsch aus seiner Cäsar-Musik und Brahms'
Akademische Fest-Ouvertüre. Der Cäsarmarsch „ein farbenprächtiges,
lebhaft bewegtes Musikstück, das die Hörer elektrisirte" (Berl. Courier
5. 3.) wurde trotz starken Beifalls von Bülow nicht wiederholt; zu
allgemeiner Überraschung erklang der Krönungsmarsch aus Meyerbeer's Propheten. „Die Erklärung für diese Wahl gab der Meister
selbst als Antwort auf den stürmischen Beifall, welchen der Vortrag
fand. ‚Meine Herrschaften', sagte Hr. v. Bülow zum Publikum,
‚entschuldigen Sie die Freiheit, die ich mir genommen habe. Ich
hörte das Stück kürzlich im Circus Hülsen so jämmerlich massa-
criren, daß es mir Bedürfniß war, dasselbe einmal anständig aufzuführen'. Laute Heiterkeit, Bravos und Händeklatschen quittirten
über diese Kritik. Herr v. Bülow hatte übrigens dem gemeinhin
als banal verschrieenen Stück ein wirklich festliches, vornehmes Ge-
wand umgehängt." (Allg. Deutsche Musikztg. 7. 3.)

Hülsen's Antwort ließ nicht lange auf sich warten. Den Mitgliedern des Kgl. Opernhauses wurde durch Anschlag am 8. März
Folgendes mitgetheilt: „Anläßlich der neulichen Expectoration des
Hrn. v. Bülow im Saale der Philharmonie fühle ich mich gedrungen,
dem Personal der Königlichen Oper gegenüber mich dahin auszusprechen, daß der Ausfall des Genannten ohne Zweifel gegen mich
gerichtet war, da ich seit Jahren dem absonderlichen und anmaßenden
Benehmen des extravaganten Herrn mehrfach entgegen getreten
und speciell in meinem amtlichen Verhältniß als Chef der gesammten
Königlichen Bühnen gegen ihn in Hannover, wo er bekanntlich als

Königlicher Hofkapellmeister fungirte, wegen seines gleichfalls ganz
unerhörten Gebahrens derart einschreiten mußte, daß sein Abgang
aus der bisherigen Stellung die nothwendige Consequenz war. Die
Art und Weise seiner jüngsten Auslassung — die Worte, die Be-
nennung der Königl. Oper, der Ton u.s.w. — richtet sich in den
Augen jedes anständigen Menschen von selbst, und ich kann das
Personal nur auffordern, meinem Beispiel zu folgen: die Sache
vorläufig mit Verachtung zu behandeln und den — Herrn seinem
Schicksal zu überlassen, was nicht ausschließt, daß ich pflichtmäßig
zur Sprache bringen werde, ob sich sein Verhalten mit der Stellung
eines Herzoglich sächsisch-meiningenschen Hofbeamten vereinbaren
läßt. von Hülsen.‟

In der Allg. Deutsch. Musikztg. v. 14. 3. ergriff C. Leßmann
das Wort: „Seit langer Zeit sind die Kreise der Künstler und Kunst-
freunde nicht so in Aufregung versetzt worden, wie durch die Kritik,
welche Hr. v. Bülow jüngst in einem von ihm geleiteten Concerte
nach dem Vortrage des Krönungsmarsches aus dem „Propheten‟
an der kgl. Oper geübt hat. Die Zeitungen berichteten Tags nach dem
Vorfall, daß die von Hrn. v. Bülow ausgestellte Censur ‚Circus
Hülsen‘ vom Publikum mit eisigem Schweigen aufgenommen worden
wäre, und ich glaube nicht zu irren, daß diese Unwahrheit —
denn gerade das Gegentheil war der Fall, da laute Hochrufe und
Beifallklatschen der Anrede folgten und Hrn. v. Bülow veranlaßten,
wiederholt vor das Publikum zu treten — zum Theil verschuldet hat,
Publikum und Presse gegen Hrn. von Bülow mit einer kaum
erlebten Heftigkeit sich aussprechen zu lassen. Sei dem, wie ihm
wolle, wende man gegen die Form, gegen Ort und Gelegenheit,
unter denen die betr. Äußerung gethan wurde, alles ein, was unsere
‚verfeinerten‘ Sitten gebieten, die Sache ist, nachdem Herr v. Hülsen
mit seinem Anschlage im Opernhause auf den groben Kloß einen
mindestens ebenso groben Keil gesetzt hat, aus der Sphäre der
Persönlichkeiten, — in welche sie ernstlich meines Erachtens überhaupt nur erst durch die Erklärung des Herrn von Hülsen gezogen
worden ist — in die der abstracten Kunstkritik hinaufgehoben worden,
und diese Thatsache gemahnt uns dringend, eingedenk zu bleiben
der begründeten Klagen, welche schon seit Jahren über das Régime
Hülsen in der kgl. Oper von allen Seiten laut geworden sind.
Wenn man sich im Ganzen die Lückenhaftigkeit des Personals, die
Verstümmelungen der zur Aufführung gelangenden Opern, und die
geringe künstlerisch-strenge Durcharbeitung der Aufführungen in der
kgl. Oper vergegenwärtigt, — Thatsachen, von denen seit Jahren

die Spatzen auf den Dächern zwitschern — so wird man sich eingestehen müssen, daß die Bülow'sche Kritik sich durchaus n u r gegen den Geist, in welchem das vornehmste Operninstitut des deutschen Reiches geleitet wird, wendet, und weder als eine Beleidigung des Künstlerpersonals noch der Person des Hrn. v. Hülsen aufgefaßt werden kann. Dem letzteren eine Märtyrerkrone zu winden, wie es gegenwärtig in der Presse sowohl wie von Mund zu Mund geschieht, ist daher kaum angebracht, denn in allen Kreisen, die in Kunstangelegenheiten überhaupt mitzureden haben, ist stets bei aller Hochachtung vor den persönlichen Eigenschaften des Herrn General-Intendanten, vor seinem Ordnungssinn und seiner vortrefflichen geschäftlichen Verwaltung betont worden, daß gerade der Mangel künstlerischer Fachbildung in der obersten Leitung die Oper auf die abschüssige Bahn geführt hat, auf welcher sie sich seit langer Zeit schon befindet. Den Lesern der ‚Allgem. Deutschen Musikzeitung‘ werden die ausführlichen und streng sachlich gehaltenen Artikel noch in Erinnerung sein, welche wir im vorigen Jahre der ‚Frankf. Ztg.‘ entnahmen und commentirten; indem ich darauf zurückverweise, kann ich mir die eingehende Motivirung meines Urtheils über die jetzige Beschaffenheit der kgl. Oper an dieser Stelle ersparen, aber wir wollen uns erinnern, daß die Verurtheilung, welche Hr. v. Bülow mit seinem harten Ausspruch über die Berliner Hofoper hat geben wollen, und für die A n t o n R u b i n s t e i n vor Jahren schon gelegentlich einer von ihm geleiteten Probe seiner Oper ‚Feramors‘ in hellem Unmuth den Ausdruck gebrauchte: ‚Das ist kein Kunstinstitut, sondern eine Kaserne‘, daß diese Verurtheilung also längst mit tiefer Betrübniß von allen Denen vollzogen ist, die sich von einer in echt künstlerischem Geiste geleiteten Oper den weitgehendsten und beachtenswerthesten Einfluß auf die allgemeine öffentliche und private Kunstpflege erwarten, diese ihre Erwartungen aber durch die vorliegenden Thatsachen getäuscht sehen.

Mag Hr. v. Bülow in der Form gefehlt, Art und Gelegenheit schlecht gewählt haben, so ist dagegen doch immer hervorzuheben, daß sich f ü r i h n kaum eine andere Gelegenheit dargeboten hätte, mit gleicher Wirkung sein Urtheil abzugeben; oder will man etwa ihm, dem ersten ausübenden Künstler unserer Zeit, ernstlich das Recht absprechen, sein Urtheil über das größte deutsche Operntheater öffentlich bekannt zu geben? Wer hat denn mehr Recht zu einem unabhängigen, sachlichen Urtheil, als Künstler von Gottes Gnaden, wie deren Einer Herr v. B ü l o w ist. Ich hoffe, daß die Wogen der Erregung sich glätten werden, und daß man über die Person des

17*

Hrn. v. Bülow hinweg aus seinem Urtheil den leider nur allzu-
wahren Kern von der vielleicht mißbildeten Schale ablösen wird,
und daß man alsdann doch dem Mannesmuth Gerechtigkeit wider-
fahren läßt, der trotz allem aus dem Vorgehen Bülow's spricht.
Dieser Künstler, dessen ganzes Sein von jeher auf Rousseau's Wahlspruch: ‚Vitam impendere vero‘, d. h. ‚Sein Leben opfern dem
Wahren‘ approbirt war, hat jedenfalls sich selbst für seine künstlerische
Überzeugung geopfert, und wahrhaftig nicht, um ein persönliches
Rencontre mit Herrn v. Hülsen zum Austrag zu bringen. Wer
Bülow's vornehmen, ritterlichen Charakter kennt, wird solchen Ge-
danken überhaupt nicht aufkommen lassen." — —

Die Unwahrheit, das Publikum hätte Bülow's Rede mit eisigem
Schweigen aufgenommen, rührte vom „Kleinen Journal" her; wenn
sie auch Übles stiftete, so genügt sie doch nicht, um die Wucht und
Einmüthigkeit des damaligen Anpralls gegen Bülow zu erklären.
Bei dieser, wie bei einer ähnlichen spätern Veranlassung ballte sich
vielmehr alle Feindseligkeit zusammen, die er in seiner dreifachen
Eigenschaft sich zugezogen: als der seine Person unausgesetzt ex-
ponirende Reformator auf dem Gebiet der öffentlichen Musikpflege,
als Verächter alles Hergebrachten, Conventionellen, und als witziger
Satyriker, dessen scharfe Zunge vor nichts und vor Niemandem
zurückschreckte. „Wenn der nicht das gute Gewissen hätte, er wär'
schon längst erschlagen worden", sagte mir Franz v. Lenbach im Frühling 1892. Wahrheitsgemäß muß zugestanden werden: Bülow konnte
auf's Tiefste verletzen, unheilbar verwunden. Während aber die
Macht seiner Persönlichkeit und seines ungeheuren Einflußes im
Allgemeinen die Wirkungen solcher Blitze niederhielt, fachte der Wind-
stoß irgend eines „Standals" das an verborgenen Stellen oft lange
schwälende Mißwollen zu Flammen an, die emporzüngelten, sich
vereinigten und plötzlich als förmlicher Waldbrand über ihn dahin-
brausten.

Die allgemeine Verurtheilung mußte den von der sachlichen
Berechtigung seines Wortes durchdrungenen Künstler auf's Äußerste
reizen. Und so ließ er sich hinreißen, in der Nummer vom 14. 3. der
„Allgem. Deutschen Musikztg." einen neuen Pfeil abzuschleudern:

„Palinodie.

Mit tiefer Betrübniß habe ich erfahren, daß einige von mir wegen
ihrer sachverständigen Tüchtigkeit hochgeachtete Männer, wie die
Herren Oberstallmeister Herzog, Renz, Salamonsky u. A.,
sich durch die bekannte öffentliche Äußerung in der Philharmonie
am 4. März empfindlich verletzt gefühlt haben sollen. Da diese

Herren überdies den gentilen Takt bewiesen haben, mich nicht ‚bei
Muttern zu verklagen‘ (unter den Müttern dürften hier
die Lohnlakaien einer gewissen Presse zu verstehen sein), so stehe ich
nicht an, ihnen hiermit eine Ehrenerklärung zu geben, sie um Genehmigung meiner ergebensten Entschuldigung zu ersuchen.

Für den ‚lapsus linguae‘, der mir neulich entschlüpft ist, darf
ich Loyalitäts-Rücksichten als mildernden Umstand geltend machen.
Mußte ich doch bei Bezeichnung des Tummelplatzes der Grabes-
schändung wie der Vivisektion berühmter Operncomponisten vor Allem
darauf Bedacht nehmen, dasjenige übliche Prädikat zu vermeiden,
das bereits genügend durch jenes Gebahren faktisch herabgewürdigt
ist, um noch verbaliter exponirt werden zu dürfen. So feierlich,
als es der geneigte Leser wünschen mag, nehme ich hiermit den von
mir angewendeten ‚römischen‘ Ausdruck zurück und ersuche hierdurch
ganz gehorsamst diejenigen meiner Zuhörer vom 4. März, welchen diese
Zeilen zu Augen kommen sollten, dem inculpirten Ausdrucke ein vielleicht weniger prägnantes Wort, z. B. etwa ‚Anti-Walhalla‘ oder
auch ‚falsche Walhalla‘, substituiren zu wollen.“

Dresden, 9. März 1884.

Das hieß, wie die öffentliche Stimmung schien, zum Bösen das
Schlimmste fügen. Um so gefährlicher, als Bülow damals fast jeden
Abend — in Leipzig, Dresden — öffentlich auftrat. Zwei Tage
nachdem das Unglückswort „Circus“ gefallen war, sollte ein Klavier-
abend in der Singakademie stattfinden. Die Aufregung bei Freund
und Feind war ungeheuer. Anonyme Drohbriefe, freundschaftliche
Warnungen, nichts konnte ihn von dem festen Vorsatz abbringen,
das angesagte Concert zu geben, den Sturm auszuhalten. „Admirateur de votre courage et de votre sang-froid“ stand auf der
Visitenkarte eines Bülow persönlich unbekannten Ausländers, die
ihm bald nach dem Anfang überreicht wurde. Mehr als ein Zuhörer
mochte ähnlich empfunden haben. Jedenfalls bewies der Verlauf,
daß das Publikum von der Entrüstung der Presse unbeeinflußt geblieben war.

Die Bülow feindliche „Berl. Börsenztg.“ vom 7. 3. berichtet:
„Wer da etwa geglaubt hat, daß das musikalische Publikum der
Residenz die oratorischen Leistungen des Herrn Dr. Hans von
Bülow mit seinen pianistischen in irgend welchen Zusammenhang
bringen würde, der ist gestern Abend gründlich eines — Andern
belehrt worden: als der Pianist zum Bechstein herabschritt, empfing
ihn nahezu einstimmiger Applaus, und die wenigen Stimmen des

Mißfallens verhallten im Chorus der Zustimmung. — — Herr von
Bülow entwickelte in seinen Vorträgen so viel fascinirende Wärme,
daß kaum ein Satz ohne den lebhaftesten Ausdruck des Enthusiasmus
seitens des Auditoriums vorüberging. — — H. v. B. hat übrigens
den Freunden seiner Beredtsamkeit, welche mit apodiktischer Bestimmtheit an diesem Abend fernere Proben erwarteten, diesen
Gefallen nicht gethan; er gab zwar nach einer Serie Raff'scher und
Rubinstein'scher Compositionen ein Schubert'sches Andante zu; aber
sein Mund blieb stumm, und die zahlreichen im Saale anwesenden
Stenographen mußten unverrichteter Sache vom Kastanienwäldchen
hiemziehen."

Unter solchen Umständen hatte die Aufregung des „Kl. Journals"
wenig zu bedeuten über den „Grobian zweier Welten, dem das
zartbesaitete und zartbehandschuhte Publikum der Singakademie
demonstrativ applaudirt und sich so mit einer Handlungsweise, die
unter andern Umständen aus der anständigen Gesellschaft ausschließen
mußte, ganz und gar identisch erklärt. — — Unser Lokalpatriotismus
und die Gerechtigkeitsliebe in uns sind rege genug, um es geradezu
als eine S ch m a ch f ü r B e r l i n zu empfinden, daß das Kgl.
Opernhaus verlassen ist."

Das Bewußtsein solcher Niederlage konnte schwerlich besänftigend
auf Herrn von Hülsen einwirken, und so wurde es dem Herzog von
Meiningen nicht erspart, eine Beschwerde über seinen Intendanten
zu erhalten und die daraus sich ergebenden Konsequenzen ziehen zu
müssen. Der Herzog mochte von der sachlichen Berechtigung der
Bülow'schen Kritik noch so sehr überzeugt sein: mit deren Form
konnte er sich unmöglich einverstanden erklären; er mußte, wenn
auch widerstrebenden Herzens, Genugthuung geben, indem er seinem
Intendanten offiziell eine Rüge ertheilte. Sie war mit der größten
Rücksichtnahme abgefaßt, und ein freundschaftliches Privatschreiben
der Freifrau von Heldburg suchte gleichzeitig die Wirkung nach Möglichkeit noch zu mildern. Es enthielt die Versicherung (12. 3. 84):
„that our thinking you right or wrong alters nothing in
our friendship to you, and that we both hope and trust, you
will feel the same towards us!" Wäre es Bülow möglich gewesen, die Unabwendbarkeit des Ministerialschreibens einzusehen,
den Herzog persönlich davon freizusprechen, so hätte eine einschneidende
Veränderung des Verhältnißes nicht zu erfolgen brauchen. Die
Sache selbst hätte der Herzog bald vergeben und vergessen. Nun
war es aber Bülow, dem sonst so überlegenen, haarscharf denkenden
und unterscheidenden Geist, schlechterdings nicht einleuchtend zu

machen, daß der Herzog unter einem ihm selbst peinlichen Zwange
stehe.

Bülow hatte sich an einen Berliner Rechtsanwalt gewendet, dem
er schrieb: „Da der p. p. Bothokube erst von Friedrich Wilhelm V.
fallen gelassen wird, da es Hochverrath wäre, die Beschleunigung
seines offiziellen Sturzes zu wünschen, da mein ‚Allergnädigster
Herr‘ mir diejenige Satisfaction nicht zu geben vermag, welche der
Brotherr Sr. Excellenz Herrn von Hülsens gegen mich von Sr. Hoheit
erzwungen hat — so erfordert meine persönliche Ehre, auf meinem
Entlassungsgesuch zu beharren, falls eine Selbsthilfe im Reiche der
Unmöglichkeit liegt“. Dem juristischen Einwand, daß Bülow selbst
der „Provocateur“ sei, setzte er empört entgegen: Hülsen sei es, der
i h n provozire, ihn „den Künstler, den Ehrenbürger der Musikwelt,
seit 30 J a h r e n — Ferien ausgenommen — durch seine Verbrechen
an den Musen!“

Auf das Entlassungsgesuch antwortete der Herzog telegraphisch
den 14. 3.: „Alle Ihre Freunde würden mit uns die Ausführung
Ihres heutigen Entschlußes tiefst beklagen, während Ihre Wider-
sacher, nicht zum Mindesten Hülsen, frohlocken. Ich wage zu hoffen,
daß Sie aus Liebe für Ihre Gemahlin, aus Freundschaft für sich,
für uns und für die von Ihnen geschaffene Kapelle es über sich
vermögen werden, den Niemandem als Ihren Feinden Vortheil
bringenden Schritt mindestens ein paar Wochen zu überlegen. Georg.“

Auch diese Sprache verfehlte ihre Wirkung; ebenso die Bitte der
Kapelle in einer Eingabe mit den Schlußworten: „Bleiben Sie der
Unsere, bestehen Sie nicht auf Ihrer Entlassung, verlassen Sie nicht
Ihre Getreuen, die wir Alle in unerschütterlicher Verehrung und
Anhänglichkeit zu Ihnen stehen!“

Bülow's innere Auflehnung bestand weiter und machte sich
gelegentlich auch in Scherzen Luft. So erschien er z. B. in einer
Orchesterprobe mit einer riesigen Karnevalsnase aus Pappe und
sagte den Musikern, das wäre die „Nase“, die er von Sr. Hoheit erhalten hätte. Ein anderes Mal war plötzlich auf einem Concert-
programm (7. 4. 84, Würzburg) statt des Meiningenschen Titels zu
lesen „kgl. bayr. Hofkapellmeister a. D.“ Daß der Herzog solche Dinge
nicht als harmlose Kleinigkeiten betrachten konnte, ist zu begreifen.
So wuchs auch in ihm eine Verstimmung, die noch zu Ende desselben Jahres an ganz anderer, unerwarteter Stelle sich entladen
sollte.

Nach wie vielen Richtungen sich die Konsequenzen des Wortes
„Circus Hülsen“ fühlbar machten, zeigt u. A. folgender Brief des

damaligen Casseler Concertmeisters, der als solcher ein Untergebener Hülsen's war:

Cassel, d. 15. März 1884.

„Hochverehrtester Herr von Bülow!

Kaum kann ich Ihnen ausdrücken, in welch peinlicher Lage ich mich befinde Ihnen mittheilen zu müssen, daß es mir untersagt wurde, den Kammermusikabend unter Ihrer gütigen, für uns so ehrenvollen Mitwirkung zu geben. Gleich nach dem Berliner Vorfall ließ Herr von Gilsa mich auf die Bühne rufen, gab mir eine betreffende Zeitung zu lesen, theilte mir mit, daß aus dem beabsichtigten Concert nichts werden könne und nahm die dafür bestimmten Tage zurück.

Jedoch gab ich die Hoffnung noch nicht ganz auf und that weitere, leider erfolglose Schritte. Dann bekam ich ein amtliches Schreiben mit der Bestimmung: von jetzt an spätestens acht Tage vor jedem, von mir veranstalteten Concert das Programm einzureichen und jeden mitwirkenden Künstler namhaft zu machen, was bis jetzt nie zu geschehen brauchte. Damit war mir eine jede Hoffnung abgeschnitten. In welch trostloser Situation befinde ich mich nun Ihnen gegenüber!" — —

Es fehlte aber auch nicht an werthvollen Zeichen der Zustimmung. Karl Hillebrand aus Florenz schrieb: „Wir waren hier Alle, auch Hildebrands, Fiedlers u.s.w. höchlich erbaut über Deinen Ausfall (wohlverstanden, nachdem wir den eigentlichen Text und den wahren Sachverhalt kennen gelernt). Bist Du doch der Einzige, der sich noch ein freies Wort erlaubt, in dieser allgemeinen Servilität. Übrigens scheint sich Dein Herzog recht anständig bei der Sache benommen zu haben. Und es wird wirken, wenn auch nicht heute, so doch morgen."

272. An Marie von Bülow (Meiningen).

— — In Wittenberg habe ich einen Hamletstimmungsvollen Trauer-Apfelkuchen auf Dein Wohl gegessen. — —

Dresden, 10. März 1884.

— — Hocherfreut über Deinen Marwoodtriumph Nr. 2.

Heute früh immense Freude erlebt. Den jungen Eugène d'Albert kennen gelernt, spielen gehört. Von Gottes Gnaden. „Das ist, der da kommen mußte." Jetzt sind wir ihrer endlich drei: Anton (Antonius), ich (Lepidus), Eugen (Octavian), der

uns Beide Anderen allmälig hinausspielen wird — es braucht
aber nicht g l e i c h zu sein. — —

273.   U t r e ch t , Märzen Jden 1884.

— — Wetter über alle Pracht herrlich. Ein gestriger
langer Lustwandel im Zoologischen war entzückend. Viel schöner,
nobler als der Berliner. Nie gesehene Luxusexemplare von
Kreuchendem, Fleuchendem, Brüllendem, Quiekendem! Viel
an Dich gedacht, Dich und Daniela bei jeder neuen Überraschung herbeigesehnt! — —

274. An Fräulein Helene Raff (München).

Haarlem, wo die Tulpen zwar
„noch nicht", aber die Hyacinthen
bereits paradiesisch duften.
                              18./19. März 1884.

Mein liebes Nipotinchen!

Warum nicht? Briefpapier zwar ausgegangen — aber
kann ich nicht die Rückseite eines so interessanten Aktenstückleins [1]
benutzen, Dir einmal wieder einen freundlichen Gruß aus der
Fremde oder Ferne zu — versetzen? Sieh — der Name Raff
steht beinahe auf jeder meiner diversen Tagesordnungen — ich
l a s s e Deinen seligen Vater so oft l e b e n, als es sich nur an-
stellen läßt.

Doch seien wir nicht blos pietätvoll gegen uns selbst. Da
ist die Wwe. Cornelius in München. Kennt Ihr sie? Nun —
die sammelt gern die zerstreuten Gedichtlein „Persönliches und
Gelegentliches" des guten lieben Peter. Da habe ich neulich in
Amsterdam im Album des gestrigen Violinisten ein sehr nettes
Blatt von P. C. entdeckt und mir von ihm copiren lassen. Ich
denke mir, die Mittheilung dürfte Frau C. Freude machen, und
man muß doch in seine „mitbestialen" Beziehungen in bischen
Abwechslung bringen. Nicht wahr? Also — sei wohlthätlich!
Sonntag bin ich wieder „daheim". — —

---

[1] Brief des Concertmeisters in Cassel.

275. An Karl Hillebrand (Florenz).

Würzburg, 26. März 1884.

Theurer verehrter Freund!

Habe mich unsinnig gefreut, als ich Gegenwart und Rundschau voll vom volpe redivivo gefunden!

Nekrolog vom alten Heyse — un gioiello! — „Vom alten
und neuen Roman" ebenfalls capital! trotz kleiner innerlicher
groans. Distinction zwischen Kunst und Wissenschaft famos —
stimmst ja mit dem kleinen Bismarck überein — was wird Dein
großer Bamberger dazu sagen? Sei herzlichst beglückwünscht,
wie Deine Leser.

Und nun fortfahren, die Ärzte zu chikaniren und ihre Recepte
in den Papierkorb zu werfen. Seitdem ich das verfluchte Jod
und Eisen — mir als indispensables Lebenselixir vorvermounti-
bankt — in die sentina gegossen, befinde ich mich — 3mal unberufen wie ein Professor zum Minister — wie ein Schwan im
Teiche. Hast wohl Einiges, wenn auch vermuthlich Sophisticirtes
über meine res gestae erfahren? Ja, die Zeitunken!

Wien ist mir durch das jüdische Haus Erlanger feindlich gemacht worden — Berlin von Hülsen gekauft, München ist mir
aufsässig wegen meiner Freundschaft mit den Schwarzen. Aber
abwarten und Thee trinken. Binnen Kurzem gibt's ein ganz
ander Bild. Bin dem nihil viel entfernter als dem — „Etwas"!

Doch „jam satis paedicavimus, nunc irruandum est"
sagt naiv ein mittelalterlicher Zolastiker — wie geht's Deiner
verehrten Frau? Der inliegende neue star sei ihr angelegent-
lichst verkündet![1] Er ist übrigens so vierdimensional als er-
denklich. Bald schafft er wie ein Brom-, bald wie ein

---

[1] Bülow hatte damals folgendes Circular drucken lassen, das er mit
vielem Vergnügen verbreitete: „Es empfiehlt sich bestens den P. T. Herren
Musikverlegern, Kritikern, Publikümmern **Caligula Seidenschwanz**, ent-
deckungsreicher neuer Symphoniker, auf besondern Wunsch auch Kako-
phoniker." „Falls Sie verlagslustig wären," schreibt er 17. 3. 84 an Stehl,
empfehle ich Ihnen einen B—erlanger. Er ist, weil noch ungeboren, so
bescheiden, daß er nur K a t t u n honorar beansprucht."

Cyancaligula; für unbemitteltere Verleger demüthigt er sich
willig zum Kattunschwanz herab — kurz, ein good-for-every-
thing-fellow. — —

Doch es naht die Stunde der Orchesterprobe heran — zu
was, meldet Dir annexed bill. Heute ist ja der 57. Todestag
des Erlösers der Menschheit, des großen Missionärs, dessen
nicht ganz unwürdiger Commissionär die Ehre hat und das
Glück, sich nennen zu können [u. s. w.].

276. An Emil Mauerhof, Schriftsteller.

Meiningen, 29. März 1884.

Hochgeehrter Herr!

Um Ihnen einigermaßen geziemend für den Ausdruck
Ihrer mir so ehrenvollen Sympathie, mit welchem Sie die
gütige Sendung Ihres Hamletbuches begleiten, und namentlich
für dieses letztere zu danken, müßte ich selbiges doch erst wirklich
gelesen, nicht blos angeblättert haben. Seit den wenigen Tagen
meiner Rückkehr bin ich aber leider nur mit dem Hinwegräumen
von Hindernissen zu Berufsarbeit beschäftigt gewesen, welches
Geschäft bekanntlich auch die gute frische Laune hinwegräumt,
dieses unentbehrliche Requisit zum Empfangen wie Geben
geistiger Spenden. Einer zur zweiten Natur gewordenen An-
gewöhnung zufolge, jedes lesenswerthe Buch der Reihenfolge
der Seitenzahlen nach zu consumiren und vor Allem nicht die
römischen (das Vorwort) zu überschlagen — stecke ich zur Zeit
noch im Vorhofe des Tempels. Und da strauchle ich — in den
freien Momenten, wo ich das Buch zur Hand nehmen kann —
beständig über den Namen R. G. Ist es dieser sich als Virtuos
geberdende Dilettant, dieser nichtreüssirte Palleske, dieser
literarische Lasker à la recherche d'une coterie, die ihn zum
Ehrenpräsidenten einer neuen mutual admiration society ernennen würde, wirklich werth, daß Sie ihm soviel Ehre anthun,
ihn als cow-catcher vor die Locomotive „Shakspeare" spannen?

Doch Sie werden Ihre Gründe dazu haben und . . . . . .

Kennen Sie Ludw. Tieck's an meinen mit ihm befreundeten
seligen Vater geäußertes Wort über die Bescheidenheit: „Nichts
bringt mich so in Harnisch, als einen sich mir vorstellenden jungen
Dichterling von seiner Bescheidenheit prahlen zu hören. Ich
möchte ihm dann entgegnen: Aber, Herr, wer, was gibt Ihnen
denn ein Recht zur Bescheidenheit? Auf was sind Sie
denn bescheiden?"

Die Forderungen des Tages, welche in Gestalt eines Orchester-
dieners u. s. w. an mich herantreten, versagen es mir, Ihnen
ausführlicher zu sagen, wie sehr ich mich auf das Umwenden
von Seite XXVII zu S. 1 freue. Ich habe den Werber'schen
„Detective" noch unverdaut, und bei dem so vortrefflichen Essay
von Turgeniew kommt ja die — blinde Praxis Don Quichote
ebenso gut weg, als die — lahme Theorie Hamlet — jedenfalls
aus vornehm berechtigtem Dégoût des Autors vor den Leo's und
sonstigen William=Protzen — unbillig kurz abgefertigt wird. Für
jetzt also, verehrter Herr, nehmen Sie vorlieb mit meinem un=
zureichenden pränumerando-Dank und genehmigen Sie [u. s. w.].

277[1]. An den Herzog Georg II. von S.=Meiningen.
Meiningen, 29. März 1884.

Durchlauchtigster Herzog!
Gnädigster Fürst und Herr!
Da mein Gesundheitszustand heute Morgen einer Be=
schäftigung mit der Herzoglichen Hofkapelle in der früheren
Weise kein Hinderniß entgegenstellt, so gestatte ich mir, meinen
Taktstock Eurer Hoheit wiederum zur Verfügung zu stellen,
falls Höchstdieselben die angezeigte Musikaufführung für den
2. April Herrn Hofkapellmeister Professor Mannstädt an=
zuvertrauen nicht vorziehen wollten. Es bestimmt mich zu dieser
unterthänigsten Benachrichtigung nicht sowohl die Erwägung,
daß durch diese Direktionsübernahme die Aufgabe der Aus=

---

[1] Der Abdruck der vier in diesem Bande mitgetheilten Briefe an den
Herzog erfolgte nach von der Herausgeberin s. Z. angefertigten Copien.

führenden — wegen der Angewohnheit meiner Leitung —
wesentlich erleichtert, andererseits die Lösung einer gewissen
moralischen Lebensfrage für mich in keiner Weise präjudizirt
wird, als noch mehr die Rücksicht auf die sogenannte öffentliche
Meinung außerhalb Thüringens, wie innerhalb. Da Eurer
Hoheit Wunsch nach einer „nichtjämmerlichen Massacrirung"
jenes ebenso erhabenen als schwierigen Tonwerkes den ersten
Anlaß zu Eurer Hoheit gnädiger Berufung meiner Person
nach Meiningen gegeben hat, so dürfte eine Erneuerung dieses
Akts zugleich einen würdig harmonischen Abschluß meiner
hiesigen Wirksamkeit bilden.

278. An Hermann Wolff (Berlin).

Würzburg, 27. März 1884.

Qui trop embrasse, manque le train.

͜ ja ja ja / ja / ͜ ja ja ja / ja ja //
Sie wollen wissen, was ich selbst nicht weiß?
J, Sie neugierige Nachtigall!

S. H. ist gestern Abend von Berlin nach Meiningen zurück
— vielleicht sehe ich ihn heute Abend. Gestern war hier
eine recht schöne Beethovenfeier. Kliebert hat die Neunte
nach meiner Tradition im großen Ganzen trefflich ausgeführt!
Doch was ist Ihnen solche Hekuba? — —

279. Meiningen, Bismarck's Geburtstag [1884].

Auf Ihren neulichen Lyoneser Brief habe ich umgehend
nach Paris Hotel du Helder erwidert. Mehr können Sie
nicht verlangen! Z. B., daß ich in dem Geruder dieser Tage
nochmals das Nämliche schreibe. Ich habe keinen Secretär
und bin (Tochter — Schwiegersohn — viele fremde Künstler)
mit der Neunten beschäftigt, die ich vermuthlich
zum definitiven Abieu dirigire. Starkes Stück,
ich solle Sie von dem unterrichten, was ich selbst nicht
weiß, was täglich 2—3 Schwankungen unterliegt! Sind

Sie mein Papa? Und woher mir das plötzliche zärtliche Interesse, wo doch A. R[ubinstein] berechtigt ist, Sie ungetheilt zu besitzen? Verstehe nicht. — —

H. Wolff hatte geschrieben:

Berlin, 31. März 1884.

— — „Ich höre Gerüchte von Demission u. s. w., die mich beunruhigen, und ich hätte so gern von Ihnen selbst durch ein Wort erfahren, daß Sie auch ferner auf mich rechnen wollen.

Vielleicht finden Sie jetzt einen Moment für mich.

Hier hat sich nun die ‚philharmonische Gesellschaft‘ constituirt, und mir ist damit, wenigstens mit dem Philharmonischen Orchester, die Möglichkeit genommen, meine Concerte selbständig fortzusetzen. Ich habe dem neuen Verein meine Bedingungen gestellt, unter welchen ich ihm beitreten und dann meine Concerte in seinem Rahmen aufgehen lassen will. Werden diese Bedingungen nicht acceptirt, so versuche ich's mit dem jetzigen Bilse'schen Orchester (dem ich jetzt gerade eine kleine Tournée von 150 Concerten organisire). Leider habe ich auf dem Zukunftsblick (des ‚Rückblickes‘) Ihren Namen fortlassen müssen. Ihr ‚Vielleicht später‘ läßt mich aber hoffen, daß, wenn ich es als einen Freundschaftsdienst für meine Berliner Existenzfrage von Ihnen erbitten sollte, ich nicht vergebens an Ihre Großmuth appelliren werde." — —

Und in einem Brief v. 13. 4.: „Zwei sehr erfreuliche Nachrichten erhalte ich: daß Sie mir Ihr Bild nach Berlin geschickt haben, und daß Sie Intendant der Hofkapelle bleiben. Die Widmung[1] ist mir als Anerkennung sehr schmeichelhaft, und wenn ich auch das Fehlen irgend einer freundschaftlichen Andeutung s e h r vermisse, so weiß ich doch, daß die Zeit Sie veranlassen wird, nachzuholen, was Sie mir momentan versagten." — —

Als „Ausdruck seiner Freude" über Bülow's Verbleiben im Meininger Amt bittet Wolff, 200 Mark dem Orchester schenken zu dürfen, nachdem Brahms, Simrock und Bülow selbst dessen Pensionsfond bereits größere Summen zugewendet hatten.

---

[1] „Homo homini Lupus hat Hobbes gesagt: seit Rubecindo Roche jedoch und namentlich seit Hermann Wolff darf letzterer (mit einem oder zwei „f's") betrachtet werden als der perfectionnirte ami de l'homme-virtuose. Mit dem möglichsten Brustton der Überzeugung. H. v. Bw." R. Roche war ein sich damals in einem Circus producirender Wölfe-Bändiger.

280. An Hermann Wolff (Berlin).

Meiningen, 16. April 1884.
in kofferpackender Eile.

Geehrter Herr Wolff,

Freue mich, daß „Geschäfte ausgezeichnet" — bedaure, daß Sie mit Bildschrift unzufrieden und ich letztere nicht ändern kann.

Ihre „Obole"wskischen Velleitäten sehr schön — aber dürften sich kaum rentiren, namentlich, da jetzt so inopportun als denkbar — Kapelle gestern in alle 5 Winde verstreut. Übrigens mag ich hierbei besonders auch deßhalb nicht die freundlichst zugedachte Rolle „ehrlichen Maklers" übernehmen, als ich Antiklimaxe nicht bevorliebte:

Brahms 500

Simrock 600

Moi (je) 700

Sequens müßte schon Simrock + 33% auftreten. — —

17. April 1884.

— — Ein für allemal meine Unzugänglichkeit für Widmungsattentate festhalten, bitte ganz gehorsamst! — —

281. An Marie von Bülow (Mainz).

Karlsruhe, 23. April 1884.

— — Da erst $1/_2 4$ früh hier in's Bett gekommen, bis 8 Uhr liegen geblieben. Mottl um 9 Uhr erschienen, reizender Kerl — Probe war sehr vergnüglich: mein Stück ging süperb, ich lobte die Ausführung: „wie Sie's spielen, ist's schon des Kammersängers Fluch". Beim Auftreten dreimaliger enthusiastischer Tusch. „Meine Herren, Sie scheinen nicht zu wissen, daß ich nicht mehr Hofpianist bin."[1] — „Deßhalb ja unsere Gratulation" erwiderte schlagfertig Cellist X. im Namen des Orchesters und

---

[1] Nach dem Vorfall „Circus Hülsen" war Bülow der Titel eines „Kgl. Preußischen Hofpianisten" entzogen worden.

— so jagte ein Scherz den andern. Klavierconcert vortrefflich begleitet, ohne jeden Anstoß glatt durchprobirt. Mit Mottl heiter dinirt — leider waren noch einige langweilige Räder Nr. 5 dabei — allein sie konnten mir die Laune nicht verderben.

Wie soll ich fortfahren? Habe so viel zu berichten und so wenig Zeit dazu — morgen in den 13 Minuten[1] läßt sich kaum das Nöthigste sagen. Also — der Reihe nach.

Prinz Hermann, und namentlich seine Frau, waren wieder extra-ämabel, luden mich — im Oberrock — $1/_2$1 zum déjeûner dinatoire, wo Spargel, Erdbeeren, vor Allem „Rindfleisch mit Reis". Es war urgemüthlich, wie kaum je bei uns z'Haus, nämlich im Schlosse. Abends waren sie im Concerte, sogar eine Viertel-stunde vor Anfang, und hörten und klatschten prächtig zu. — —

Meine Stuttgarter Popularität ist — grandios. Der Respekt, die unverhohlene Freude mir zu begegnen, in allen Läden u.s.w. ist ganz extra-pläsirlich. Werden im November 3 Orchester-concerte geben können — ich brauchte Wolff jetzt gar nicht mehr zum Arrangement. Die Nachwirkung unserer Musik ist noch größer, als mich die momentane Wirkung erwarten ließ. Es reut mich wahrlich nicht mehr, unseres braven Mannstädt fernerer Mitarbeiter geblieben zu sein. Hm? — —

282. London, 6. Mai 1884, **senza nebbia!**

— — Gestern in guter Gesellschaft (Hallé und seine Lujah die Geigenfee, Frau Norman-Neruda) einem Richterconcert beigewohnt. Schlechtes Haus. — —

Ausführung sehr anständig, aber etwas behäbig ledern. Meistersingerouvertüre z. B. recht antiwagnerisch. Parzen-lied von Brahms wurde recht rein gesungen, aber nicht viel rhythmischer als unter unserem braven Mannstädt. Es ist aber doch ein Riesengeist, unser Unheiliger![2] Morgen sein Geburtstag.

---

[1] Dauer unserer Begegnung auf dem Bahnhofe bei B.'s Durchreise nach England.

[2] Brahms hatte mir ein Exemplar der Novelle: „Der Heilige" von C. F. Meyer geschenkt, dazu seine eigene Photographie, unterzeichnet: der Unheilige.

Hätteſt Du doch die Idee, ihm per Draht zu gratuliren!
Nun, vielleicht. Das wäre wundernett. Von Mackenzie habe
ich Dir geſtern erzählt. Eine Orcheſterballade von ihm war
recht ſchön und ſtets originell. Erfolg bedeutend: meine
Knorpel haben aber in bekannter Weiſe redlich dazu beigetragen. — —

A proposito: Sonntag kommt Carl Roſa zu mir zu
einem geſchäftlichen Rendezvous: Meininger Kapelle nächſtes
Frühjahr als Opernorcheſter hier unter meiner Leitung — vielleicht zu machen, obwohl ſchwer.

Überhaupt, es ſchwebt allerlei in der Luft. — —

283. Meiningen, 22. Mai 1884.

— — Etliche literariſche Curioſa bringe ich Dir mit, z. B.
meine Biographie mit gutem Bilde in einer Liſſaboner Muſik-
zeitung. Es bildet ſich namentlich um meine Bohnenſtroh-
affaire eine wunderbare Legende. Die Portugieſen leſen, daß
ich Beethoven an Herrn v. Hülſen gerächt und dafür den
Hofpianiſtentitel verloren! Et voilà comment on écrit l'histoire!

In Amerika loben mich die jeſuitiſchen Zeitungen und erhoffen nun auch meinen baldigen Übertritt in die Alleinſelig-
machende. — —

284. 24. Mai 1884.

— — Da ich nicht Klavier ſpiele, ſo frägſt Du Dich (mich
nur nicht aus Discretion), was ich thue. Schreibe viel, leſe aber
noch viel mehr, und zwar Pückler-Muskau, der mich entzückt und
entſchieden belehrt über 1001 Dinge. Seine Verwandtſchaft
mit Byron, mit Heine, mit hundert mir ſympathiſchen Autoren,
„last not least“ (haha!) mit mir ſelber — iſt höchſt bemerkens-
werth. An ihm wirſt Du ſpäter manch Strohwittwentroſt, oder
gar Wittwentroſt finden. — —

285. An Fräulein Helene Raff (München).

Liverpool, 3. Mai 1884.

Meine liebste Adoptiv—enkelin!

Du machst's Einem so schwer, mit Dir Briefe zu wechseln — Du schreibst zu gescheut, zu ordentlich, zu natürlich, kurz, zu musterhaft. Da ist mir's zu Muthe, als spielte ich die zwei-klavierige Suite von Raff (d. h. als sollte ich sie spielen) mit irgend einem Partner, der einen famosen Concert=Bechstein bearbeitete, während ich nur ein altes Tafelklavier vor mir hätte und auf diesem nun die Replik geben müßte! — —

Deine Briefe machen mir jedesmal große, große Freude. Meine Töchter würden auf Dich höllisch eifersüchtig werden, wüßten sie's!

Nur Einen Vorwurf hätte ich Dir allenfalls zu machen: (soll heißen: jedenfalls) Du findest mich vermuthlich zu laien-haft, nicht würdig, daß Du mir kündest, was Du arbeitest, auch wie. Kannst Du denn auch instrumentiren? Ist das Coloristengenie Joseph Joachim [Raff]'s auf Helene vererbt worden? Letzteres habe ich neuerdings anzustaunen Gelegenheit gehabt, in der urfamosen Ungarischen Suite, welche ein Glanzrepertoirstück meiner Kapelle werden soll, und im zweiten Satze der Herbst-sinfonie: Gespensterreigen, welcher Baronin Heldburg's be-sonderen Beifall erregte. Sie freute sich, einmal deutsche Gespenster zu hören, die nicht Cancan tanzen wie die französi-schen von Saint=Saëns (Danse macabre). Auf die Suite zurückzukommen, so steht sie auf derselben Höhe, wie die besten Sinfonieen, nämlich wie Nr. 1 (Vaterland) 3 (Wald) 4 (G moll) Lenore und Sommer; die übrigen überragt sie an Erfindung, wie an natürlichem, dramatischem Fortgange. — —

286. An Hugo Bock (Berlin).

Meiningen, 23. Mai 1884.

Verehrter Herr Bock!

Ihre interessante Sendung vom 21. beehre ich mich, hierdurch mit meinem verbindlichsten Danke zu erwidern, welchen letzteren

ich zugleich freundlichst ersuche, bei den Herren Prof. Klindworth und D'Albert zum Ausdruck zu bringen. Die Kl.'sche
Beethoven-Edition ist ein würdiges Seitenstück zu seiner „unri-
valled" Chopinausgabe, deren crescendo-glücklicher Besitzer
Sie sind. Meiner besonderen Werthschätzung derselben werde
ich demnächst Gelegenheit nehmen, „thätliche", Demonstration
zu verleihen. — —[1]

Bei diesem Anlasse möchte ich auf eine frühere mündliche
„Suggestion" zurückkommen. Sie besitzen zwei musterhafte
Ausgaben Mozart'scher Werke von Franz Kroll, die so gut wie
unbekannt geblieben sind; ihre Neuverwerthung halte ich für
ein künstlerisch wie merkantilisch gleich lohnendes Geschäft. Ich
meine Kroll's Ausgabe a) der Mozart'schen Klavierfantasien,
b) der Mozart'schen Klaviertrios.

Machen Sie Sich und der klavierspielenden Welt (nicht ihrer
Halbwelt) das Vergnügen, von beiden Gegenständen einfach
elegante Gesammtbände auf den Markt zu bringen — aber
bald, recht bald.

Bezüglich des D'Albert'schen Klavierconcerts (nächst dem
Bronsart'schen sicherlich das bedeutendste der sogenannten
Weimar'schen Schule) schließe ich mich, im Gegensatze zu den
Stimmen der „Reichskritiker", dem Urtheile Klindworth's an
und glaube, Ihnen einen mit der Zeit sich steigernden Erfolg
desselben prophezeien zu können. Es steckt weit mehr wirklicher
Stoff darin, als in den gleichnamigen Werken der Herren Rubin-
stein, Scharwenka, Tschaikowsky. — —

Berlioz' Ouvertüre zu Beatrice und Benedict ist nach
sehr befriedigenden Proben definitiv fest in das Repertoir der
Concertprogramme meiner Hofkapelle aufgenommen worden:
ebenso die Sicilienne daraus.

---

[1] Vergl. nächsten Brief. Bei aller Anerkennung ist Liszt in seinem Urtheil
über Klindworth's Ausgabe nicht so weit gegangen. Er schreibt an Bülow
am 23. 7. 75: „Ses partitions de Piano des ‚Nibelungen' sont maîtrement
ouvragées; mais gardons-nous de comparer son Édition de Chopin à la
vôtre de Beethoven! Autant vaudrait comparer le castor à l'Aigle."

Ich würde dringend rathen

1. zu correkten Stichausgaben der Partitur beider Stücke,
2. zu Arrangements — frei — für Klavier 2- und 4händig.

Das berühmte Frauenduett (Notturno) verführt das in derartigen Arrangements (Klavier, Harmonium, Violine und Cello) viel bewährte — Schotts und Härtels haben Massen von ihm gebracht — Mitglied unserer Hofkapelle, Herrn Alexander Ritter zu einer derartigen Bearbeitung. Wären Sie disponirt, darauf zu reflectiren, so würde Herr Ritter um zeitweilige leihweise Überlassung der Partitur ersuchen.

287. An Max Schwarz (Frankfurt a. M.).

Meiningen, 24. Mai 1884.

Geehrter lieber Herr Schwarz!

Gestern empfing ich durch Bote-Bock Klindworth's Ausgabe „meiner Ausgabe" (wie er selbst sagt) der Beethoven'schen Sonaten. Vorzüglich „in jeder Beziehung und Hinsicht".

Demzufolge machen Sie bekannt, daß, sintemalen und allbieweilen ich im Juni, „mich und die Jungens ernährend", nur Bach, Beethoven und Brahms doziren werde — Raff ist selbstverständlich eingeschlossen — für die Herren Theilnehmerinnen beiderlei Geschlechts (Neutra kommen nur in der Hofgärtnerei vor) obligatorisch sind

für Beethoven-Sonaten:

Edition Karl Klindworth — Bote und Bock 3 Bde.;

für Bach:

Edition Peters (Chrom. Fantasie, Ital. Concert — meine Ausg. Bote-Bock)
bez. Wohltemperirten Klaviers die von Kroll, beileibe nicht die von Czerny redigirte Peters-Ausgabe.

Auf diese Weise wirken Sie prophylaktisch gegen unnützen Zeitverlust durch Imbroglio's, Malentendu's und sonstige parlamentable Diversionen oder Divertissements. — —

Kennen Sie die Redaktion des „Beobachters"? Wo nicht, machen Sie Bekanntschaft. — — Ich intendire, (wozu hieße ich Intendant) dieselbe weiter zu beglücken mit Briefen Verstorbener an mich (Ehlert, Lassalle u. s. w.) zum Zwecke: 1. Theilnahme an dem Bleicherstr. Lokal rege zu halten, 2. Zeitungsleser mit Culturfirniß zu belecken. — —

Lesen Sie und propagiren Sie doch eine ganz famose Schrift eines Anonymus:

    a) „Die Vorrechte der Offiziere" 40 Pf. ⎱ Berlin, Walther
    b) „Die Offiziere"   60 Pf. ⎰ & Apolant 84.

      gegen Frhr. v. d. Goltz & Co. 1 Reichsmark.

Da liegt ein richtiger Culturkampf-Hase im Pfeffer. Unser Einer darf nicht blos von Notenköpfen leben! — —

Ich hatte ursprünglich die Intendantion, heute nach Weimar zu pilgern, wo Raff's Weltende g a n z aufgeführt wird u n d Berlioz's 3chöriges Tedeum.

Aber man würde mich zu den nachfolgenden Tagen arretiren, grauenvollen Genüssen unter noch grauenvollerer Gesellschaft. — —

288. An Hermann Wolff (Berlin).

S t r a s b o u r g (Alsace), 1. Juin 1884.

— — An Ihren „geschätzten Mittheilungen" aus Ilm-Theben hat mich nur die von Ihnen erlebte Überraschung überrascht.[1] — — Wurde Nirwana sehr „jämmerlich massacrirt"?

Doch was thät's? Frankfurter Zeitung hätte ihr Müthchen doch an mir gekühlt. — —

A propos — ich möchte meine alten Aufsätze, d. h. seit 71, collectiv publizirt haben. Nekrolog von Tausig, Lohengrin in Bologna, Nero, Geigensee u. dergl. Autokritisches aus dem Rebellande. Senff — doch hier haben Sie seinen Zettel. Was

---

[1] „So etwas von Anti-Musik habe ich nun doch noch nicht mitgemacht. Es entzieht sich jeder Beschreibung, wie vollendet schlecht Alles, Alles war" berichtete Wolff am 27. 5. 84.

meinen Sie? Revision wäre übrigens nöthig. Gelegentlich
sagen Sie mir hierüber ein Wort, ich bitte. — —

289. Frankfurt a. M., 10. Juni 1884.

Besten Dank für die freundliche Bemühung um einen Verleger. Honorar 400 Mark für mich befriedigend; ob aber
meine Lieferung für den Herausgeber, will mich zweifelhaft
dünken. Vor Allem früge es sich auch, wie stark der Band zu
werden hätte: die „Reiserecensionen" könnten allerdings
incorporirt werden und die Skandinavischen Concertreiseskizzen
ebenfalls. Jedenfalls darf Herr A. Hofmann u. Co. nicht in die
für den „ehrlichen Makler" empfindliche Lage gebracht werden,
Katze im Sacke zu kaufen. — —

HHM. Aloys Schmitt aus Schwerin erzählte mir von
einer hyperskandalosen Meistersingerabführung in Berlin. — —

290. Frankfurt a. M., den 15. Juni 1884.

— — Mit Senff dürfte Verständigung leicht zu erreichen
sein — mündlich nämlich. Brieflich ist er like a monkey in business.
Für meine Aufsätze habe ich seine stets sehr anständigen Honorar-
offerten ditto stets abgelehnt. Ergo — —

291. Meiningen, den 21. August 1884.

— — Eine Lectüre von Hiller's Erinnerungsblättern hat
mich vollständig abgewiegelt von der „lubie", meine Abfälle
literarischen Genies zu sammeln. Überdieß könnte das antiquirte Zeug kaum vor einer wohlwollenden Kritik mehr bestehen.
Endlich gäbe mir die Revision und Correktur eine Heidenarbeit.
Meine Zeit kann ich jetzt besser anwenden für allerlei Rückstände
in instruktiven, meinetwegen obstruktiven Schulmeistereditionen
u. dergl. Also — vertagen Sie freundlichst Herrn H[ofmann],
falls Sie ihm nicht kurzweg „is nich mehr" zuraunen
wollen. — —

292. An Frau Fanny Rheinberger[1] (München).

Frankfurt a. M., 11. Juni 1884.

Gnädigste Frau!

Genehmigen Sie meinen freudigst verbindlichsten Dank für die gütige Mittheilung der neuen Klaviersonate Ihres hochverehrten Gemahls. Das ist ja der „reine Frühling". Ich hätte nicht geglaubt, daß außer einem neuen opus von Brahms noch etwas anderes Zeitgenössisches — wenn auch (nicht obgleich) in anderer Weise — mich so fesselnd anmuthen würde. Habe ich es nöthig, zu sagen, daß ich es mir zur Ehre und Freude rechnen werde, das hochliebenswürdige und dabei so idealklaviermäßige Werk in nächster Saison nach Kräften würdig zu reproduciren? Den Autor in diesem Betreff persönlich zu consultiren, hoffentlich gibt sich hierfür Mitte nächsten Novembers Gelegenheit. —

Eine längere Tournée der Meininger Hofkapelle, welche uns sogar nach Wien u. s. w. führen wird, würde ein ängstliches Umgehen der Residenz Hermann Levi's doch gar zu mißdeutbar auffällig machen. Es sollen somit auch drei Concerte im Odeon von mir in München veranstaltet werden, in deren Programmen der mir zwanzig Jahre lang lieb und werth gebliebene Wallenstein nicht fehlen wird. Nicht unwahrscheinlich dürfte es Ihnen von Interesse sein, einmal ein Rheinberger'sches Werk in wirklich sorgfältiger Weise einstudirt — nach mindestens dreimal so vielen Proben als landesüblich, zu hören. Da dem Christophorus in Düsseldorf solch gebührende Gunst nicht hat zu Theil werden können, so erlaube ich mir, die Abwesenheit seines Autors vom genannten Feste — wie erbärmlich dilettantenhaft es bei diesen Routs zugeht, habe ich vor 2 Jahren in Aachen unter Wüllner erlebt; übrigens soll die heilige Pfingsttaube auch diesmal nur über der Brahms'schen Sinfonie geflattert haben — aus keinem andern Grunde zu beklagen, als daß wiederum „ein

[1] Abgedruckt in der „Musik" 1906, 2. Septemberheft S. 386.

Nußbaum[1] vor Ihrem Hause steht", Ausgang wehrend. Möge derselbe diesmal nur auf Nimmerwiederkehrenmüssen seine Schuldigkeit thun!

Meine innigsten Wünsche für baldigste Genesung des verehrten Meisters, dessen von Ihnen, gnädige Frau, als von einem hierin so unvergleichlichen Rivalen geschilderter Heroismus im Ertragen der von **Matrigna natura** verhängten Leiden die respektvollste Bewunderung hervorrufen muß.

293. An die Mutter.

Frankfurt a. M., 21. Juni 1884.

— — Seit den Pfingsttagen bin ich, wie vorher bestimmt war und ich Dir bei meinem letzten Besuche erzählt habe, hier am Raffconservatorium wieder einmal als Klavierschulmeister thätig, und zwar mit vollen Kräften. Eine kleine Selbstüberwindung gehörte anfangs dazu, doch diese Aufgabe, so zu sagen, hat sich ganz schön gelohnt. Es ist viel guter Wille in den Schülern vorhanden, und die Lehrer unterstützen mich auf's Eifrigste. Meine Explicationen scheinen so wenig zu langweilen, daß viele Musikfreunde um die Erlaubniß ersuchen, beiwohnen zu dürfen. Der junge blinde Prinz Alexander von Hessen erscheint fast regelmäßig von 8—11; die Frau des Theaterdirektors Frau Claar-Delia begleitet ihn, und auch von auswärts (Homburg, Hanau u. s. w.) kommen Zuhörer. Die Befriedigung, die ich empfinde, künstlerisch förderlich zu sein, läßt mich die Anstrengung und Ermüdung meinerseits durchaus nicht bedauern. — —

„Wo ich nütze, ist mein Vaterland" hat der unsterbliche Frankfurter Patriziersohn, wie Du Dich wohl erinnern wirst, in seinen Sprüchen gesagt — darauf darf ich mich hier, in Goethe's Vaterstadt, wohl unbestreitbar berufen.

In den ersten Tagen des Juli denke ich nach Meiningen zurückzukehren und dort meine Sizilianer, die bereits vor

---

[1] Professor der Chirurgie an der Universität München.

acht Tagen in Bayreuth eingetroffen sind, einige Zeit zum Zwecke näherer Bekanntschaft zu beherbergen. Da meine Frau jetzt noch in Basel Dienst thut, so hat meine Hütte selbst für den einjährigen Manfred, Deinen Urenkel, liebe Mama, Raum. Was dann weiter geschieht, vermag ich Dir heute noch nicht zu sagen. — —

Nächsten Mittwoch 25. Juni ist Raff's Todestag. Da sind wir beschäftigt, eine möglichst würdige musikalische Gedenkfeier zu veranstalten, deren Ertrag zur Gründung eines Fonds bestimmt werden soll, um ihm einen anständigen Grabstein zu setzen. Auch bei diesem Werke der Pietät haben wir mit allerlei Hindernissen zu streiten, welche uns lokale Parteigehässigkeit in den Weg rollt. — — So geht es in der musikalischen Welt zu, liebe Mama — ist immer so zugegangen, wird ewig so zugehen. Das kann Keiner ändern. Die Menschen von gutem Willen sind immer in kleiner Minorität. Um so thätiger müssen sie sein. In der politischen g r o ß e n Welt ist's ja übrigens gerade so bestellt. Da habe ich in dem neuen Buche von Busch „Unser Reichskanzler" jetzt so viel Belehrendes, Erhebendes und auch zugleich Unterhaltendes gelesen, daß ich der Versuchung nicht widerstehen kann, es Dir zuzusenden. Ich glaube kaum, daß irgend etwas Deine religiösen Grundsätze — vom Kulturkampfe ist Gottlob fast nirgends die Rede — Verletzendes Dir begegnen wird. Die Kapitel über die Geschichte der Beziehungen zu den einzelnen Großmächten sind unglaublich reich an interessantem Stoffe und klären Einem das ganze Jahrhundert auf. — —

294. An Marie von Bülow (Straßburg, dann Basel).
[Frankfurt] Dienstag, 10. Juni 1884.

— — Ich freue mich sehr, Dich zu sehen, zu sprechen; zum Schreiben habe ich so gar große Unlust: d. h. es fehlt an jedem Sporn und Stachel zu Mittheilungen über meine stille Thätigkeit, die mich übrigens recht müde macht. Aber sie ist auch für

mich sehr nützlich. Denke nun nicht, daß die Anstrengung
„gefährlich" sei: einmal im Zuge, könnte ich den ganzen Tag
weiter predigen, schulmeistern, manövriren. Aber zu anderen
Dingen bin ich unaufgelegt. Und das viele Malen von Notenköpfen (die Copirung, Revision und Bezeichnung der Raff'schen
Manuskripte macht mir verwünscht wenig Spaß) steift mir
die Finger, die ich lieber auf der Klaviatur spazieren führen
würde.

Eben unterbrochen.

Überhaupt — der Unterbrechungen gibt's Legion, und dann
ist's mit dem eigentlichen Arbeiten vorbei, d. h. man muß sich
mühsam aus der Zerstreuung [sammeln]. — —

295. Frankfurt a. M., 18. Juni 1884.

— — Der Vormittag war womöglich noch amüsanter als
der vorhergehende; schade, daß Du nicht weiter hospitirt hast.
Frau Dalila kam mit dem Prinzen noch vor 9 Uhr und konnte
gar nicht vom Platze. Wir hatten nach der Bachschwelgerei
(die mit allerhand Späßen, — — Citaten, selbst Schweighofer's
„kleine Behelfe" z. E., u. a. m. gewürzt war) noch eine lange
Conversation über Theaterrepertoir, Regie: man bat um
die Erlaubniß, daß der dieser Tage zurückerwartete Gatte mich
besuchen, consultiren dürfe. — — Morgen wollen die „Herrlichkeiten" (oder -schaften") wiederkommen. — —

296. Frankfurt a. M., 19. Juni 1884.

— — Ich freue mich über Deinen Balkon und über den
guten Theaterbesuch, da infolge desselben Genf vielleicht aus-
bleibt. Es wäre doch hübsch, Du hörtest gleich mit mir den
Parsifal, der mir bei jedem Einblick in den Klavierauszug
immer mißfälliger und kopfschmerzprovocatorischer wird. Gottlob, daß Du nicht so viel vom Detail hören wirst und deßhalb
eines ästhetischen (um nicht zu sagen hysterischen) General-
eindrucks leichter theilhaft werden kannst. — —

297. Frankfurt a. M., 26. Juni 1884.

— — Brülle die Armgart, ich bitte Dich, heute — und morgen
schluchze und händeringe sie. Mach allerlei Variationen —
laß Dir allerlei Neues einfallen, unbekümmert um den Geist
(Spuk) der Burgfrau. Gewiß — unheimliche Stille der Zuhörer ist das anheimelndste Compliment für den Spieler. Il
più grande omaggio alla musica stà nel silenzio stand in
London immer an der Spitze der Programme der Musical
Union. Übrigens gehöre ich ja sehr zur Bande! Hast Du mir
nicht immer mein Komödiantentalent gelobt? — —

Gratulire zur Beendigung der [„Cousine] Bette". Erwarte übrigens von Balzac keine Doublette, kein Pendant.
Er wiederholt sich so wenig wie irgend ein Genius. Die Leute,
die nicht aus Dutzend-Stoff herstammen, schreiben auch keine
Dutzendstücke. — —

298. Frankfurt a. M., 28. Juni 1884.

— — Vorgestern habe ich vier Stunden bei den Viechern
verbracht und mich durch selbige mit der Menschheit wieder auf
Waffenstillstandsfuß gebracht. Ja, ja, ja — wenn doch die
Anderen ihre Schuldigkeit ein wenig thäten wie meine Wenigkeit! Aber es ist Gefahr vorhanden, daß meine eigene Energie
im Anregen durch die Gegengabe der Abregung auf die Dauer
gelähmt werden könnte. Es ist schon ganz gut, daß die Arbeit
der Mohrenwaschversuche hier vorläufig zu Ende geht.

Möglich, daß ich nächster Tage wieder weniger grau sehe —
aber ich schreibe eben heute. — —

Halt — eine Trauernachricht hätte ich bald vergessen. Die
Seelöwin ist vor acht Tagen gestorben! Ich glaube, ich habe
beinahe geweint. Du weißt wohl, daß, wie in allen hiesigen
Conservatorien auch im zoologischen das größte Lokal-Nashorn
an die Spitze gestellt wird. Der betreffende Senator pflegt die
kranken Thiere durch Cognac zu Tode zu kuriren. Was ihm
bei einem Elephanten gelungen, ist ihm auch hier wieder

geglückt. Nb. Papagaien können Schnaps in kleinen Dosen zur
Belebung und Indigestionenvertreibung wohl vertragen. — —

299. Frankfurt a. M., 29. Juni 1884.

— — Morgen ist nun die letzte Sitzung, d. h. ich bin ja der
Einzige, der nicht sitzt bei der Predigt oder Plauderei. Ich bin
dessen froh: die äußerste Grenze der Willfährigkeit meines
Nervengesindels (Du kennt's, armes Kind!) scheint mir nämlich
bereits bis zur Überschreitung erreicht. — —

Wolff hat sich ausgezeichnet und eine kurze aber sehr ge-
sinnungstüchtige Kritik über die Raff-Feier in den Berl. B. C.
geschrieben. Wär's nicht so gefährlich — ich dankte ihm gern
dafür, aber das gäbe leider nur eine Ermuthigung zum Nicht-
fortschreiten auf dieser Bahn. Das macht Einem das Leben
so schwer, daß man sich nie mit seinen Mitmenschen gehen lassen
kann, wie's Einem um's Herz ist. Immer heißt's, auf dem qui
vive stehen, immer auf der Defensive, gerüstet gegen Trägheit,
Übermuth, Nichtanständigkeit — kurz, Ichlichkeit (schönes, neues
Wort — hm?). — —

300. An Wilhelm Langhans[1] (Berlin).

Frankfurt, 24. Juni 1884.

Verehrter Herr!

Habe ich Sie jemals brieflich oder persönlich ennüyirt,
ge„bore"t? Auch heute soll das nicht geschehn. Ich will nur
ein stillschweigendes Eingeständniß auch darüber, daß ich niemals mit Componistenvelleïtätseitelkeit einen meiner Collegen
behelligt habe. Daß man die Nirwana in Weimar exekutirt,
oder executionnirt, geschah ohne mein Wissen, sonst wär's gegen
meinen Willen geschehn. Daß Sie aber — anstatt drüber zu
schweigen — — das — von mir, wenn beachtet, auch voll-
vertretene — Stück nach einer vollendet schlechten

---

[1] Der schon S. 149 erwähnte Musikschriftsteller u. Violinist (Schüler
David's, geb. 1832 in Hamburg, gest. 1892 in Berlin) Verfasser einer
„Geschichte der Musik des 17., 18. und 19. Jahrhunderts.."

Aufführung (die Spieler sind nie „drin" gewesen) als hyper-
hypochondrisch abthun, ist nicht philanthropisch von Ihnen.
Von andrer Seite hätte mich das völlig untouchirt gelassen:
daß dies nicht bez. Ihrer der Fall, möge Ihnen als Beweis
der aufrichtigen Hochschätzung gelten, mit welcher ich immer
das Vergnügen gehabt, mich zu zeichnen

Ihren ganz ergebenen

Hirnbesitz-collegen.

301. Meiningen, 4. Juli 1884.

— — Entschuldigen Sie die neuliche „allzumenschliche"
Affenregung bez. Nirwana. Doch Sie haben mich genügend
durch Ihre scherzhafte Erwiderung gestraft, daß ich „als Lokal-
kapellmeister" ad melius informandum censorem gedachtes
Objekt meinen Meiningern recht schön einstudiren möchte!
Charmant!

302. An Fräulein Helene Raff (München).

Frankfurt, 26. Juni 1884.

Meine sehr liebe Nipotina!

Mit zwei Worten wenigstens muß ich Dir melden, daß das
Concert, die musikalische Gedenkfeier für Deinen Vater,
durchweg und allseitig einen höchst würdigen und befriedigenden
Verlauf gehabt hat. Allerdings haben wir geziemend vorbereitet.
Die Anwesenheit einiger Meininger Orchestermusiker in Homburg war ein rechtes Glück. Wir haben dort einmal, hier
zweimal probirt. Der Eindruck des Quintetts scheint ganz
überwältigend gewesen zu sein. Schwarz und Roth haben die
Chaconne vollendet schön gespielt. Die Gesangsnummern
haben wahrhaft gezündet. Frau Fl[eisch] habe ich selber begleitet. „Ideal" mußte dacapirt werden. Weiteres werden
Dir die sogenannten „Großmagds"stimmen kunden, die ich alsbald nach Erscheinen zusenden lassen will. Der Besuch war
sehr gut. Bruttoeinnahme etwas über 1000 Mark — für die
saure Gurkenzeit sehr anständig. — —

Am 2. Juli kehre ich nach Meiningen heim, wo ich die Adventstücke in Ordnung bringen will und auch eine neue Gesammtausgabe der früheren Klaviersuiten. — —

Ich hätte allerhand mit Euch zu besprechen, z. E. die von mir hoffentlich nicht blos geträumte Zukunft König Alfred's — in England. Carl Rosa, der erste solide Opernwirthschafter in London, hat Lust, auf meine Insinuation zu reagiren. Bei einer bevorstehenden Reise nach der Schweiz wollte er in dieser Sache sich an die Wittwe des Meisters wenden. Ich bitte dringend, ihn nicht prinzipiell abzuweisen. — —

Vom 15. Juli bis Ende August bin ich an keinen bestimmten Ort gebunden — allerdings muß ich 2—3 Parsifalvorstellungen — des Friedens mit meiner Tochter halber — über mich ergehen lassen. Doch da gibt es ja bez. der Daten Auswahl. — —

303. An Fräulein Marie Lipsius (La Mara) Leipzig.

Meiningen, 4. Juli 1884.

Verehrtestes Fräulein!

Es wird mir zwar schwer, mein Ihnen in Frankfurt verpfändetes Wort zu lösen, da die tropische Hitze mir kaum gestattet, meine Koffer zu einer Reise in's Kühlere umzupacken — aber ich gebe mir doch diese hoffentlich verdienstliche Ehre.

Können Sie die drei Ehlert'schen und einige der 22 Raff'schen Briefe für Ihren literarischen Zweck verwerthen, so stehen Ihnen selbige hiermit zu discretionärer Verfügung.

Meine Wenigkeit selbst anlangend, so bitte ich wiederum um gütige Procrastination Ihres „schmeichelhaften" Verlangens [1] — es wäre Ihnen denn mit einem Proteste gegen Ihr Urtheil auf S. 275 Z. 16—22 über Brahms' Sinfonieen gedient. [2]

Für mich, der ich allerdings das Gegentheil von unbefangen

---

[1] Vergl. Bd. V S. 192—195. „Wie Kaspar zu Samiel flehe ich um eine neue Frist" hatte Bülow dann wieder 18. 3. 78 an La Mara geschrieben.
[2] „Musikalische Studienköpfe" 5. Aufl. 1884.

bin, indem ich diese Werke Note für Note kenne, stehen dieselben so weit über den gleichnamigen Arbeiten Schumann's
und -berts, als der Fidelio über einer Oper von Marschner.

Im Übrigen genehmigen Sie mein aufrichtiges Compliment
über die Gründlichkeit Ihrer Orientirung und die exquisit
elegante Beredtsamkeit Ihrer Darstellung, so wie den ergebensten
Dank für die Ehre erneuter Zueignung.

304. An Eugen Spitzweg (München).

M e i n i n g e n , 16. Juli 1884.

— — Thema Str[auß]. Du willst meinen Rath? Es wäre
hyperphiliströs von mir, wollte ich recapituliren, daß Du meinem
sogenannten Rathe theoretisch ebenso viel Ehre erwiesen, als
praktisch keine Gunst.

Doch da es sich hier um minima handelt — ich meine pecuniär
Ungefährliches — so folge ich Deiner Provokation und lege los:

An Deiner Stelle würde ich „Johann Wagner"
[Richard Strauß] in mein sanctuarium eintreten lassen und
ihm nichts zu wünschen übrig lassende Einsicht eröffnen über
seinen bisherigen Marktwerth. Soll — Haben. So und so viel
hat mich die Herstellung Ihrer von mir verlegten Werke bis
dato gekostet: so und so viel haben selbige bis dato eingebracht.
Beurtheilen Sie einmal still und st u m m den Unterschied
der geschäftlichen Wertherzeugungsthätigkeit bei Ihnen und
Ihrem mütterlichen Großvater [Pschorr]. Ihr Hornconcert [1]
kann vielleicht für Ihre Klaviersonate u.s.w. mit der Zeit
Compensation geben; da es mir gefällt, nehme ich's — da ich
Ihre Prinzipien ehre (de ne plus travailler „pour le roi de
Prusse") zahle ich Ihnen auch gern das Douceur — Honorar ist's
ja nicht — von 100 Rm., welches Sie verlangen. Ich erwarte
aber von Ihrer Ehrenhaftigkeit, daß Sie später, wenn Sie als
Komponist einmal populär, Verleger-umworben geworden sein

---

[1] „Das mir gut gefallen würde, wenn die altväterischen Tutti etwas
gekürzt oder mehr gewürzt würden" bemerkt Bülow an Spitzweg 9. 7. 84.

werden — jagen wir jo um 1889 — Sich Jhres erſten Ver-
legers freundlich entſinnen mögen und ein wenig „revanchiren".
Mein Styl iſt ſehr nachſichtsbedürftig in dieſer Rathertheilung.
Dieſe ſelbſt aber wohl hinreichend? — —

Halt — ich habe Dir noch wegen des neuen Komponiſten
C[aligula] S[eidenſchwanz] Aufſchluß zu geben. Vielleicht
klärt das modeſte Cirkular[1] deſſelben die ihn verhüllende
intereſſante Wolke. Wenn Du übrigens Vertrauen haſt — ich
will Dir zwei petits ballons d'essai gratis verſchaffen.

1. Dernière Pensée de Ferdinand Hiller pour Piano par
C. S. Op. 1.

2. „Les Macrobes" Polka asiatique pour Piano par C. S.
Op. 2.

Vuole?

305. An Hermann Wolff (Berlin).

Meiningen, den 8. Juli 1884.

Geehrter Herr Wolff!

— — Meine Zeit wird mit jedem Jahre theurer. Sie
halten mich zu oft für einen Altersgenoſſen meines präſumtiven
Nachfolgers E. d'Albert. Paßt nicht. — —

306. Meiningen, den 1. Thermidor An 93.

Was Sie bez. meiner Hofkapellenſcheffigkeit ſagen,[2]

„Das iſt nun wohl hiſtoriſch wahr
Doch für mich gar nicht anwendbar."

Es hat mich übrigens zum Nachdenken veranlaßt, und deſſen
Frucht wird wohl binnen Jahresfriſt zum Abfallen reif ſein. — —

---

[1] Vergl. Fußnote S. 266.
[2] „Nur Eines ſchien mir ſtets falſch, mit Einem war ich nie einverſtanden:
daß — verzeihen Sie die interne Angelegenheit — Ihr ‚immenſer' Gehalt
als Hofmuſikintendant auch für dieſe Tournéen gilt. Ihre Zeit iſt koſtbar,
und ſo ideal es iſt, ſich einer guten Sache zu weihen, ſo iſt es doch auch
eine gute Sache, in Etwas entſchädigt zu werden. Und bliebe das für
nächſte Saiſon wieder beim Alten? Dann ſtehe ich mich bei der Tournée
allein ſchon beſſer, als Sie in Meiningen überhaupt. Will mir nicht in den
Kopf hinein." Wolff an B. [kein Datum].

Wo die „Leute" Garantieleistungsanwandlungen extraordinären Kalibers spüren sollten, unter der Bedingung, daß . . . . . .
so sei ihnen Brahms' Klavierconcert Nr. 1, resp. Nr. 2 (nichts
Anderes) versprochen. — —

Sie hatten mir Harkness [Senkrah] schon Cabinetsformat
verehrt. Ist das Visitenkärtchen — symbolisch zu nehmen?
Dann bitte Mannstädt zu avertiren, dem ich die Lokalconcert-
direktion für nächste Saison abgetreten habe, so daß ich mich um
gar nichts dabei kümmern werde, und er bez. Engagements
auswärtiger Artisten (2—300 Mark ultra maximum) direkt
von Serenissimus Bescheid zu empfangen haben soll.

„Minauderie und Süße der Tua (nicht Mea) fehlend" —
ist allerdings schon ein positiver Vorzug. — —

Stellen Sie Ihr Bureau in Eis, stopfen Sie den Hahn zum
Sprudel, wenn Carlsbad überläuft. — —

307. Meiningen, den 19. August 1884.

— — „Bis" in Karlsruhe? Hm! Schuster ist mir allerdings gar nicht unmaßgeblich, aber — wahrscheinlich wird der
Hof aus Rücksicht für Excellenz v. Bohnenstroh in Berlin sich
des Besuchs enthalten und mit ihm dann alle zahlungsfähigen
Anhängsel desselben. Könnte Mannheim nicht eventuell für
1 Karlsruhe eintreten? — —

19. November frei. Ja. Salzburg würde die Strapaze
nicht lohnen. In Wien müssen meine Leute ganz frisch sein.
Auf 21. Preßburg zähle ich aber sehr, namentlich da Sonntag 23.
entre deux pestes nur desinfizirt werden kann. — —

Londoner Riesenseifenblase begeistert mich zur Zeit noch
ganz und gar nicht.

1) Unser dünnes Streichquartett ist für England un-
möglicher noch als für Wien, wo Gutmann[1] dafür gut zu
stehen hat.

---

[1] Albert G., k. k. Hofmusik.-Hdlr. und Verleger hatte für drei Concerte
der Meininger Hofkapelle in Wien 9000 fl. garantirt.

2) Kapellistendiäten müßten in E. erheblich erhöht werden. Schauspieler bekamen daselbst dreifache Gage (sonst auf Gast-spielen haben sie doppelte.)

3) Dirigentenhonorar würde ich ebenso sehr brauchen, als außer Stand sein acceptiren zu können.

Intermezzo non troppo scherzoso.

Erlauben Sie, daß ich Ihnen ein kolossales Zeichen von Ver-trauen widme, indem ich Ihnen beif. 3 Briefe zum Durch-lesen leihe. Diese Lektüre wird Ihnen allerlei sonst Unver-ständliches in meinen Anschauungen klar machen, namentlich mein amfortables Schwanken in den persönlichen Arrange-ments. — —

Privatissime: ich hoffe, im Oktober durch Unermüd-lichkeit die Kapelle so weit zu drillen, daß sie mir die zwei Brahms-Concerte, die ich vehement zu propagiren intendire, ohne Dirigenten begleitet.[1] — —

Aus Briefen des Herzogs Georg II. v. S.-Meiningen.
Meiningen, den 1. August 1884.
Lieber Bülow!

Erst jetzt habe ich Ihren Brief an Mannstädt vom 28. Juni zu Gesicht bekommen, nachdem ich, aber auch erst vor wenigen Tagen, mündlich davon Kenntniß erhalten, daß Sie, um es kurz zu sagen, die Absicht kundgegeben, nur noch mit meiner Kapelle, aber nichts mehr mit mir zu thun haben zu wollen. Denn das ist doch das sousentendu Ihrer Zeilen an Mannstädt?

Ich kann mir nun nicht denken, lieber Bülow, daß Sie erwarten, ich solle diesen Ihren Entschluß ernst nehmen, — ich vermuthe, er ist in einer augenblicklichen, oder doch wenigstens vorübergehenden Mißstimmung gefaßt. Ich werde Mannstädt mittheilen, daß ich Ihr neues Arrangement nicht acceptire, vielmehr so lange ich einen Intendanten habe, nach wie vor die auf meine Kapelle bezüglichen Mittheilungen von demselben direkt erwarte, — es sei denn, daß er auf Urlaub oder durch Krankheit verhindert wäre, sie mir zu machen.

---

[1] Wie Bülow auf den Gedanken gekommen ist, geht aus der Mittheilung an Wolff (9. 12. 83) hervor: „Mannstädt spielte übrigens C moll von Beet-hoven ganz vortrefflich. Wenn er nur ablauschen könnte, wie man begleitet! Beispiel beispielloses habe ich ihm gegeben".

Eben so wenig könne ich, bei aller Hochschätzung für Mannstädt, außer in einer der eben bezeichneten Eventualitäten, ein für alle Mal mit seiner Direction fürlieb nehmen, so lange ich das Glück habe, einen Bülow in meinem Dienste zu haben. — —

Meiningen, den 2. August 1884.

Ich freue mich, aus Ihren Zeilen zu entnehmen, daß wir uns in der betreffenden Angelegenheit werden einigen können, wenn wir auch noch nicht ganz einig sind. Ich kann nicht umhin zu finden, daß es richtig gewesen wäre, Sie hätten mich von Ihren Intentionen für die von mir anzuhörenden Concerte früher benachrichtigt, als Mannstädt. Damit wäre das Mißverständniß vermieden gewesen, das mir keineswegs „vorgedichtet" zu werden brauchte, sondern das recht nahe lag. Ferne sei es von mir, lieber Bülow, Sie in meinem Dienste zu überanstrengen — ich weiß auch sehr gut, daß Sie sich nicht mit dem hiesigen Gehalte begnügen können, und an Urlaub zu eigenen Concertreisen soll es Ihnen gewiß auch in Zukunft nie fehlen. Daß die Reisen mit der Kapelle höchst anstrengend sind, und Sie einer Erholung nach denselben dringend bedürfen, weiß ich auch. Wenn ich also trotzdem daran festhalte, daß Sie außer während Ihrer Beurlaubung die Intendanzgeschäfte selbst besorgen, unter die ich selbstverständlich auch den mich auf dem Laufenden erhaltenden Vortrag rechne, und wenn ich mich nicht überzeugen lassen kann, daß es opportun wäre, wenn Sie auf die oberste Leitung der hiesigen Concerte zu Gunsten Mannstädt's verzichteten, so muß eben von dem Theile der auswärtigen Concerte Abstand genommen werden, der ein Zuviel für Sie involviren würde.

Ich würde Sie gebeten haben, zu mir zu kommen, um die Sache mündlich mit Ihnen zu besprechen, wenn ich nicht immer der Ansicht wäre, daß Differenzen am besten schriftlich ausgeglichen werden.

17. August 1884.

— — Wenn ich Ihnen Urlaub bewilligen wollte, würde ich den Bedingungen entgegen handeln, unter welchen Sie angestellt wurden. Sie haben ja das Recht, jederzeit sich Urlaub zu nehmen, also auch für Februar und März.

Wie es in nächster Saison mit den Abonnementsconcerten gehalten werden soll, kann ich Ihnen noch nicht bestimmt sagen. Es hängt dies davon ab, ob das Theater in der russischen Fastenzeit in Petersburg gastiren wird oder nicht. Der Abschluß dieses Gastspiels wird von dort aus verzögert. — — Der Wirkungskreis Mannstädt's soll nach seiner definitiven Anstellung kein anderer sein, als vor derselben. Er ist Ihr Gehülfe und ist Ihr Vertreter.

19*

308.[1] An Hermann Wolff (Berlin).

Meiningen, den 30. August 1884.

— — Es hängt Alles von der Komödie ab. Geht dieselbe im Februar nach Rußland, so gastirt sie hier im December und Januar. Concerte gleichzeitig hier unmöglich; müßten dann Februar und März stattfinden, was meine Pianistentournée vereiteln würde, da Serenissimus durchaus zu wünschen scheint, daß ich persönlich hierorts taktschlage. Reizende Situation.[2]

Doch ihre Unhaltbarkeit wird mich zu dem immer verschobenen Abbruche endlich drängen, bevor es in meinem Alter zu spät wird, ein anderes Begräbnißlokal aufzusuchen.

Nb. In Frankfurt 3. und 4. November muß ich den von Broadwood geschenkten Flügel inauguriren. Sollten Sie Bechstein sehen, so wäre es schön, Sie explizirten ihm dieses „muß"[3], damit Reibereien u. dergl. vermieden würden. Sollte er mir infolge dieser Untreue (welche Scheußlichkeit ist doch der Monotheismus!) kündigen — nun, dann würde vielleicht Bösendorfer dienen, wenn damit auch ihm gedient wäre. — —

Ist Ihre Frau Gemahlin zurück und in leiblicher Verfassung? Die meinige ist bereits auf dem Alexanderplatz. Hoffentlich finden ihre Elisabeth und Marwood auch beim blutigen Oscar mehr Gnade, als der Rest verdient. Bin begierig, was Sie zu der neuen Entwickelung der Meininger Prinzipien sagen werden. Für mich: genau besehn bleibt's Circus gegen Circus. Schauspiel!

---

[1] Autograph im Besitze von Dr. Erich Prieger in Bonn.

[2] Darauf antwortet Wolff: „Das so einfach als Thatsache hinzunehmen — bin ich durch einen Rest von Temperament leider verhindert. — — Ich bin der Meinung, daß Kapellmeister Mannstädt die Meininger Abonnementconcerte leiten müsse, wenn Sie ‚für sich‘ etwas vorhaben. Daß S. H. Sie wünscht — na nee — wenn Sie das Wort in der von mir gemeinten Betonung kennen; aber wenn Sie Februar März für sich verwerthen wollen — sicher wird ‚man‘ es Ihnen gern bewilligen".

[3] Broadwoods hatten auf Bülow's Ersuchen dem Raff-Conservatorium ein Instrument geschenkt, während Bechstein sich nur zu 25% Rabatt verstehen wollte.

309.   2. September 1884.

Haben Sie besten Dank für Ihre theilnehmenden Äuße-
rungen. Sehr richtig. Werde mir keinesfalls den Genuß
Ihrer Arrangements für Februar und März stören lassen.
December aber geht nicht. — —

Der Pianist leidet doch immer unter dem Taktschlagen. — —

Mir ist vor Allem dringend nöthig, in einer größeren Stadt
selbst nur zu vegetiren. — —

Um wieviel amüsanter würden meine Briefe an Sie aus
einem „lebbaren" Orte ausfallen können! — —

310.   9. September 1884.

War fünf Tage bettlägerig. Allerlei Schäden. Kleines
memento, Bogen nicht zu straff spannen zu wollen. — —

Ihre Philwüllnerei (Berlin schuldet Ihnen allerdings für
die Erfindung das Ehrenbürgerrecht) hat eigentlich uns Beide
stark ramponirt — wie das Deutsche Theater die herzogl.
sächs. Hofkasse beschädigt. Deßhalb sollte der Probepfeilschmidt
geistvoller bellen und nicht blos knurren wie ein Köter, wenn
ein Concurrenzpinscher seiner Mittagstafel naht, ohne Ausbeute.

Möglich, daß meine Frau als Elisabeth allzu herbe gemimt.
Daran bin ich selber Schuld, der ich finde, daß Schiller { Betto
sie
(und zwar mit historischem Recht) als — Racker gezeichnet hat
und sie beschworen habe, so unmelodisch wie möglich abzustechen
gegen das Monstrum von „Oper ohne Musik", was die Meininger Regie aus dem Wortdichtwerk gemacht hat. Die scharfe
Lektion, welche den Meininger „Prinzipien" (o Du meine Güte!)
von der Reichshauptstadt ertheilt worden ist, wird übrigens
noch nichts nutzen. „Da muß denn doch die Here dran" —
dieser Fitger'sche Bettelstudent wird vermuthlich auch nicht vor
dem Riß stehn. Kennen Sie den — Schwindel? Das ist in
der Poesie, was der Rattenfänger von Hameln in der Musik.
— — Die getrennte Wirthschaft hat doch eine Menge gemeinsamer Fäden, und ein Defizit der Komödie ist kein Profizit für

die Kapelle. Das gibt Stoff zu allerhand — Erwägungen, eingreifend in die Gestaltung meiner Saison. — — Ach — ich wollte gern das Mitspielen ganz aufgeben, wenn ich irgendwo einen hübschen Zuschauersitz erschwingen könnte! Berlin — trotz der Nähe von Neustadt-Eberswalde — nein. Außer Ihr altes Projekt einer städtischen Musteroper gewänne Realisirungs-contouren. — —

311.   14. September 1884.

Ihr Zeigebrief eben nach Jagdhütte Kissel zwischen Lieben-stein und Eisenach expedirt, wo S. H. jetzt sich den verfehlten Berliner Hexenschuß verschießen wollen. — —

Sehen Sie: ich kann doch unmöglich Serenissimo die Kapsel auf die Brust setzen; so lange ich in Seiner Hoheit Diensten, bin ich eben Seiner Hoheit Diener. Und vor der November-tournée kann ich anständiger Weise den Dienst nicht kündigen. Nachher geschicht's, verlassen wir uns darauf. — —

Daß es leider nicht angeht, meinen Gehalt aus dem russischen Ertrage in die Hofkasse zurückzuzahlen! Das wäre ja die simpelste Lösung. — —

312.   16. September 1884.

Infolge beigeschlossenen Briefs habe ich Ihnen bedingungs-weise für Januar z u telegrafirt.

Bedingungsweise.

1. Ich muß in zehn russischen (Wirballen excl.) Concerten nettissimo zu 20,000 Mark sicher gelangen.

2. Alles Geschäftliche muß so minutiös vorbereitet, bez. fixirt sein, daß ich mich um a b s o l u t nichts zu kümmern habe, als Wahl der Programme, und meinetwegen des Becker'schen Flügels.

3. Ich muß dappertutto spielen können, ditto dirigiren, was ich will; irgend eine forte oder douce violence darf mir in dieser Hinsicht auch nicht ansatzweise begegnen. Jungrußland moralisch zu unterstützen, bedauere ich, mich in keiner Weise herbeilassen

zu können. — — Im März m u ß die Kapelltournée in Ost-
und Westpreußen stattfinden. Hierauf verzichtet man Höchsten
Ortes so wenig, daß mir im Etat für 85 sicher wieder 8000 Mark
als aus Concerteinnahmen zufließbar eingesetzt werden, wie
dieses Jahr. — —

313. 19. September 1884.

— — Was wollen die Davidows eigentlich, daß ich d i r i -
g i r e n soll? Compositionen — eigenes Fabrikat — bringe ich
bekanntlich nicht. Zu Beethoven und Brahms — meiner an-
erkannten Spezialität — brauche ich Proben. Gute Aufführungen
davon sind nicht herzustellen per Inspiration, Magnetismus,
Celebritätsweihrauch und Myrrhen. Da heißt's: hier haben
die Geiger gefälligst ∧, dort ⊔ zu streichen — damit's glatt
und richtig phrasirt werde. Dergleichen Dinge sind nicht in
einer, womöglich vor zahlendem Morgenpublikum produzirten
Probe fertig zu machen. Na — das wird sich ja zeigen. Aber
es muß sich irgendwie zeigen, bevor ich meinen Paß visiren
lasse, mein Bahnbillet löse. — —

Der arme falsche Rubinstein [Josef] — sein Ende, als
gewaltsames, thut mir leid. Victime du fanatisme, — leider
nicht das einzige, fürchte ich. — —

314. M e i n i n g e n , 1. Oktober 1884.

— — Ich bin in D i e n s t e n , in B a n d e n — wie oft
habe ich's Ihnen gesagt, — — der Herzog hat von mir den
December v e r l a n g t — ich kann nicht, ohne ihn erst zu befragen, — und er ist nicht h i e r , sondern auf einem Jagdschloß,
wohin zu correspondiren günstigsten Falls 48 Stunden Zeit
wegnimmt, — anderweitig disponiren.

Je Vous en supplie, ne me tourmentez plus de cette façon,
la bile commence à me suffoquer. — —

Freilich, freilich ist's infam, daß ich nicht für December
acceptiren konnte! A qui le dites-Vous! Aber der November
tödtet mir den sequens. Ich vergeude diese beiden nächsten

Monate gar zu viel Kraft. Dafür büße ich später entsetzlich,
wenn ich nicht einen Monat Ruhe habe — und das stimmt
gerade — zum Dienste. 28. December hier dirigiren und Tags
drauf reisen — „geht nicht".

Nb. Beide Fagottisten wackeln gesundheitlich sehr; drei Geiger
noch nicht eingetroffen. Können Sie Sich meine Empfindungen
dabei vorstellen — in der Novemberperspektive. — —

315. Meiningen, 1. Oktober/18. September 1884.

Ich werde durch Sie schon
ganz stillos oder doppelstielig.

Nach reiflicher Überlegung erscheint es mir nach allen Seiten
hin das Angemessenste, Einfachste, am raschesten zur Verständigung Führende zu sein, wenn mir ein Programm zur
Acceptation von der verehrlichen Gesellschaft in Petersburg
vorgeschlagen wird. Ich kann die lokale Opportunität etwaiger
Propositionen meinerseits bez. des Was und des Wieviel ganz und
gar nicht beurtheilen. Wie schon gesagt: ich stehe zur Verfügung für Direktion der Beethoven'schen und Brahms'schen
Orchesterwerke; auch Berlioz und Raff ist mir genehm, da ich
genügend in diese Meister eingelebt, wie eingeweiht bin. — —

Ich darf mich wohl der Hoffnung hingeben, daß man nicht
die üblichen Virtuosensolostücke a. b. c. von mir verlangen wird.
Es ist mir gerade (nicht sowohl anstrengend, als aufreibend)
genug, am Dirigentenpult und am Klavier während desselben
Abends zu schwitzen. Ich habe weder die Muskeln noch die
Nerven eines Nic[olaus] Rubinstein.

Im Übrigen dürfen Sie die Herren versichern, daß ich
keinerlei kleinliche Schwierigkeiten machen werde, sondern
as business-like as possible verfahren.

Sehr wichtig wäre mir baldigste genaue Information über
die Concertdaten und die Anzahl der Proben, welche ich haben
kann, da durch letztere doch höchst wesentlich die Wahl des
Programms bedingt ist. Eine gute Aufführung eines schwierigen

Orchesterwerks läßt sich nicht improvisiren. Mit accelerando
con fuoco kommt man z. B. einer Brahms'schen Sinfonie
nicht bei. — —

Wie Sie wissen — oder vielmehr nicht wissen — haben
mich nämlich meine persönlichen Erfahrungen 1864 und 1874
nur mäßig enthusiastisch für einen dritten Versuch gestimmt,
so wenig mich Künstler wie Publikum damals u n t e r schätzt
haben — im Gegentheil. Ich fühle mich eben nicht — genial
genug, den auf mich gesetzten Erwartungen für beide Theile
befriedigend zu entsprechen, namentlich, wenn ich mich nicht
gegen allerlei — meine gute Laune und von dieser abhängige
Kraft gefährden könnende — Überraschungen sicher weiß.

Nb. Wagner'sche Werke zu dirigiren ist nicht mehr meine —
Spezialität.

Haben Sie die Gewogenheit, von dem hier flüchtig Ausgesprochenen das Ihnen wesentlich Erscheinende in geeigneter
Form nach P[etersburg] zu referiren.

316. 5. Oktober 1884.

— — Mit Wien sehr, sehr fatal. Ich werde sofort an den
Herzog schreiben, ob er die Kosten Ihrer Reise (300 Mark) bewilligt. Mir schwant so was, als ob Gutmann sich abkühlen,
endlich aus der Affäre zurückziehen werde.[1] — — Übrigens
habe ich kein Vertrauen; ich wünschte sogar, ich hätte noch
größeres Mißtrauen — und könnte mich bald genügend eman-
cipiren, um mit besondrer Genugthuung einem Deficit entgegen-
zusehen. Aber die germanische Loyalität, an der auch Chronegk
chronisch laborirt, läßt das Reinmenschliche noch nicht aufkommen. — —

317. 9. Oktober 1884.

— — Von Gutmann kommt langer Schreibebrief. Ich
werde die Programme — Seufzer von vier Contrafagotten-
schwere — mit ihm direkt erledigen. — —

---

[1] Zwei Tage vorher an Wolff: „Entsetzlich, diese Abhängigkeit von den
Garanthieren! Wenn sie wenigstens unmusikalisch wären!"

318. An Albert Gutmann (Wien).

Meiningen, den 2. Oktober 1884.

Sehr geehrter Herr!

Er thut mir ganz unendlich leid, Ihre verehrliche Zuschrift vom Gestrigen nicht Ihren Wünschen gemäß, sondern mit allerlei „non possumus" zu beantworten.

Ihre Wünsche bez. der Programme der Meininger Hof= kapellconcerte basiren jedoch auf irrthümlichen Voraussetzungen, die ich die mißliche Aufgabe habe, zunächst berichtigen zu müssen.

Die herzogliche Hofkapelle hat, entsprechend den nur be= scheidenen Mitteln Sr. H., eine quantitativ auch nur sehr be= scheidene Stärke. Sie reicht zur Wiedergabe Wagner'scher Orchesterstücke (welche meiner Meinung nach nicht in's Concert und also auch nicht in unser Repertoir gehören) so wenig aus, daß wir dieselben nur in verstümmelnden, somit höchst anti= künstlerischen Arrangements bringen könnten. Daß ich mich hierzu unter keiner Bedingung verstehen würde, daran zweifeln Sie sicher nicht.

Unsere Programme stehen im richtigen Verhältnisse zu unseren Mitteln (Personal), und ich kann Ihnen daher nur die Wahl lassen zwischen Dem, was wir einstudirt haben und demgemäß so darbieten können, daß ich es als Dirigent künst= lerisch verantworten kann.

Unsere Spezialität ist Beethoven und Brahms. Hierin haben wir nach des letztgenannten Meisters nachsichtigem Ur= theile keine Concurrenz zu scheuen. Da für's „große" Publikum, auf welches Sie bei der Entreprise zu reflectiren gezwungen sind, diese Spezialität eventuell als monoton gelten möchte (was zu ermessen ich mich incompetent fühle) und daher der erforderlichen Anziehungskraft entbehren könnte, so habe ich mir bereits erlaubt Ihnen verschiedene andere Werke, von Berlioz (z. B. die für Wien wohl quasi-neuen Ouvertüren zu Corsar und König Lear), Raff (dramatische Ouvertüre Op. 127, IV. Sinfonie G moll, ungarische Suite Op. 194) — für deren

Erfolg ich mich ebenso sehr als für ihren Werth verbürge — Rheinberger (Wallensteinsinfonie) zu nennen, mit denen wir „aufwarten" können. Auch dürfen wir von älteren Sachen die Weber'schen Ouvertüren, C moll-Sinfonie von Spohr, auch Mendelsjohn'sche Werke uns selbst in Wien zu produziren unterfangen, da wir der Einübung dieser Sachen mehr Zeit und Sorgfalt gewidmet haben, als die großen Hofkapellen in der Lage zu sein pflegen, darauf verwenden zu können.

Ich sollte meinen, daß dieses Material für beinahe ein Dutzend Musikaufführungen, oder wie Sie dieselben nennen mögen (ich gebe hierin Ihrem Takte und Geschmacke plein pouvoir) hinreichend wäre: sicherlich für ein Drittelduzend. Sie haben wahrlich dabei nur l'embarras du choix.

Was nun meine solistische Mitwirkung anbelangt, so muß ich freundlichst ersuchen, deren Zusicherung als eine Concession zu betrachten, als ein Opfer, welches ich im Hinblick auf Ihre Garantieleistung und mit Rücksicht auf meinen „gnädigsten Herrn" bringe. Es geht dies im Prinzip ganz gegen meine Intentionen: ich will das Publikum auf das Was, auf die Sache hinlenken, von der Person des Ausführenden ablenken. Ich protestire so sehr gegen das „star"-System, gegen die Celebritätenattraktion, daß ich bei den Aufführungen mein Dirigiren auf ein Minimum reduzire, mich, wo es angeht, des Takt- schlagens ganz enthalte.

Doch ich habe bereits bemerkt, daß ich Ihrem Wunsche, in Wien auch Klavier zu spielen, nachzukommen mich sogar ver- pflichtet fühle. Zu diesem Behufe habe ich Ihnen beide Concerte von Brahms — von mir vorzutragen — zur Verfügung gestellt. Die Beethoven'schen Concerte habe ich bereits in Wien gespielt. Sollten Sie nun darauf bestehen, daß ich noch ein drittes Mal spiele, so steht das C moll-Klavierconcert von Raff zu Diensten, über dessen (des Werkes) eminenten Erfolg in London Ihnen vielleicht der damalige Dirigent, Herr Componist Cowen, be- richtet haben wird.

Sie sehen, sehr geehrter Herr, daß ich von Ihrem mir proprio
motu zugestandenen, von mir in keiner Weise beanspruchten,
„Diktaturrechte" ganz und gar keinen weiteren Gebrauch
mache, als daß ich mir erlaube, abzulehnen, für die Wiener
Concerte Neues einzuexerziren, was für unsere Kräfte nicht
paßt. — —

Nach einer 5½ monatlichen Pause — — habe ich gestern
zum ersten Male wieder mein Corps, darunter einige
Neulinge, beisammen in corpore gehabt. Wenn wir auch jeden
Vor- und Nachmittag eifrigst Separat- wie Ensembleproben
abhalten, so ist dennoch keine Zeit übrig, in diesem Monate
Etwas Anderes zuwege zu bringen, als die Recapitulirung im
conservativen wie fortschrittlichen (verfeinernden) Sinne der
„Dokumente" unserer Leistungsfähigkeit.

In der angenehmen Erwartung, daß Sie diese Erwiderung
klar finden und geneigtest zu würdigen wissen werden — (weit-
läufiger zu schreiben erlaubt mir meine praktische Beschäftigung
nicht) sehe ich Ihren weiteren Nachrichten gern entgegen.

319.   Meiningen, den 3. Oktober 1884.

Sehr geehrter Herr Gutmann!

Nachdem ich noch gestern Ihren registrirten Brief nach
Möglichkeit beantwortet, empfange ich diesen Mittag Ihre
Programmskizzen. Da es doch wünschenswerth ist, bald zu
einer Art Verständigung zu gelangen, so erlaube ich mir die
ergebene Bitte, andere Vorschläge machen zu wollen. Sie verlangen von uns Artikel, die wir nicht führen, da die sogenannte
Zukunftsmusik (a. D.) in Meiningen nicht cultivirt wird, was
ich als bekannt vorausgesetzt hatte. Sie lehnen Artikel ab, als
für Wien ungeeignet, welche wir mit Vorliebe (und mit Erfolg)
verbreiten, z. B. Berlioz und Raff. Da gibt es leider keinen
gemeinsamen Boden. Dieser unerquicklichen Lage der Dinge
entsprechend, mache ich den Vorschlag, einen solchen gemeinschaftlichen Boden darin zu suchen, bez. zu finden, daß sich die

Concerte der Meininger Hofkapelle auf Beethoven—Brahms-Programme beschränken („Spezialität").

Zu meinem großen Bedauern habe ich mich nicht genügender Muße zu Correspondenzzwecken zu erfreuen, — auch bin ich kein Freund des brieflichen Parlamentarismus. Doch muß ich mir noch eine Bemerkung gestatten: Wagner'sche Werke werden in großer Vollkommenheit mit einem glänzenden zahlreichen Orchester in Wien durch einen Wagnerdirigenten par excellence zu Gehör gebracht: die höchst seltenen Vorführungen von Berlioz'schen und Raff'schen Sachen sind hingegen, wie ich weiß, in jeder Hinsicht nur höchst ungenügend ausgefallen, so daß es nicht zu verwundern ist, daß das Wiener Publikum noch keinen Geschmack daran gefunden hat. Doch, wie gesagt, ich bestehe durchaus nicht auf dem Versuche der Bereicherung oder „Belehrung" des Wiener Geschmacks.

320.   Meiningen, den 9. Oktober 1884.

Sehr geehrter und noch viel freierer Herr!

Zugleich mit Ihrem geschätzten Schreiben empfing ich auch eines vom Meister par excellence aus Mürzzuschlag, das mir gütigst carte blanche ertheilt.[1] Es freut mich aus Ihrem heutigen zu ersehen, daß wir der Verständigung näher rücken, und ich bin business-like genug, um keine unnöthigen Schwierigkeiten zu machen. Zur Sache. — —

Doch vorher eine Prologparenthese. Ich habe meine Leute so gedrillt, daß sie z. B. das Kunststück machen — ohne jede Anstrengung — mir Brahms' zweites Concert zu begleiten (nach vier Proben ist's gelungen) senza Dirigenten. Ich selber gebe nicht den leisesten Wink. Enfin — diese Neuheit — imponirt vielleicht auch an der Donau.

---

[1] Brahms hatte u. A. geschrieben: „Gutmann war hier — ganz enorm und freudigst aufgeregt, als ob Deine Concerte Parsifalvorstellungen wären. Seine Wünsche schillern in allen Farben, und steht eine Ouvertüre als Nr. 1 auf dem Programm, so wird er nicht müde, 100 andere zu bedenken, die allerdings auch dort stehen konnten".

I. Das Beethovenprogramm für Wien sowie für Graz adoptire ich ohne Weiteres.

II. Zweites Wiener Programm Beethoven Op. 15, Brahms Op. 15, 56, 90.

III. Drittes Wiener proponire ich als praktischer

Berlioz: Corsar (neu, und ungefährlicher für neue und alte Presse als Lear).

Brahms: II. Concert. (Der Componist kann ohne Probe wie ohne Dirigenten spielen).

Rich. Strauß: Serenade für Bläser Op. 7 (junger Münchner, klassische Schule).

Beethoven: VIII. Sinfonie.

Brahms: Akademische Ouvertüre Op. 80.

Raff's Ouvertüre haben wir am 8. Januar in Frankfurt da capo spielen müssen, was nur beweisen soll, daß sie nicht — effektlos. Dennoch — aus dem von Ihnen früher angegebenen Grunde — dem konfessionellen[1] — möchte ich von dem Werke für Wien und Graz Abstand nehmen.

Strauß' Serenade 9 Min. [Besetzung] zeigt unsere Bläser in ihrem virtuosen Glanze. Doch mache ich keine Cabinetsfrage aus Ihrer Acceptation. Ich glaube — in Hinsicht auf das besondere Klangcolorit — gäbe es ein gutes Intermezzo=Entreaktstück ab.

Leonore Nr. 3 möchte ich nicht gern allein bringen. Wir haben zu wenig Geiger. Dagegen, wenn wir die sehr selten gespielte (von uns speziell ausgefeilte) Nr. 1 vorherbringen, so ist die Wirkung als bedeutend erprobt. Übrigens gewährt die Zusammenstellung ein historisches (und demnach auch für Laien nicht trockenes) Interesse. — —

Akademische Festouvertüre schiene mir jedoch noch einen brillanteren Abschluß zu bilden. Und ich glaube Meister Br. würde sie nochmals ganz gern von uns hören, sie vielleicht selbst dirigiren.

---

[1] „Für Raff's ‚feste Burg' ist Wien nicht altkatholisch genug" (an Wolff 1. 11. 84).

IV. Zweites Grazer Concert.

    1. Berlioz: Lear. Gut.

    2. Brahms: II. Concert, gut. Vielleicht könnte ich's
       dort spielen, wenn Componist einverstanden. — —

    3. Statt Raff vielleicht die beiden Leonorenouver-
       türen.

    4. Brahms: III. Sinfonie, einverstanden.

Das beifolgende für Sie gestern notirte Repertoir gibt
Ihnen vielleicht Stoff, die von mir sozusagen beanstandeten
Nummern zu remplaciren.

Haben Sie die Güte, Sich womöglich umgehend endgültig
zu entscheiden, damit ich Ihnen dann ditto umgehend das Programm detaillirt niederschreiben kann. Nun erlauben Sie aber
schließlich, mich einmal nach innerem Antrieb auszuschütten
(sfogarsi sagt der Italiener), wie m i r die Programme passen
würden:

  I. Beethoven-Abend mit G dur-Concert (als Concession)
    ohne Dirigenten.

 II. Brahms: Dritte Sinfonie F d u r.   Reihenfolge
        „   Erste   „   C m o l l.   reiflich erwogen.
        „   Zweite   „   D d u r.   Klimax.

III. Brahms: Tragische Ouvertüre. Zweites Klavierconcert.
    Variationen (Haydnchoral). Erstes Klavierconcert.
    Akademische Festouvertüre.

Wenn die Wiener wirkliche Großstädter (woran zu zweifeln
doch Volksmajestätsvergehen meinerseits wäre), so müßte dieses
extravagante, unerhörte („Heut' hast du's erlebt!" sagt Wotan
Walküre II. Akt) Menu die größte Attraktion ausüben. Ich
melde das gleichzeitig dem hoffentlich nur den Kopf schüttelnden,
nicht à la Goldmark rührungsvoll deprecirenden Meister. — —

Eben fällt mir doch noch ein, daß das Finale der ungarischen
Suite von Raff — wenn in Wien, resp. Graz unbekannt —
e n o r m reüssiren könnte. Doch n'y revenons point.

321. Meiningen, 11. Oktober 1884.
Nachm. 2 Uhr nach Telegramm.

Wenn Ihnen an der Faustouvertüre so sehr gelegen ist: ja, sans phrase. — — Nun aber ein Bedenken, d. h. nicht sowohl für uns als für die Zuhörer.

Einer unserer Contrabässe ist Tubaist, ein ditto Baßposaunist — ein Bratschist bläst Piccolo, ein ditto Tenorposaune — ein Geiger drittes Fagott. Somit ist bei genanntem Werk unser Streichquartett reduzirt auf: 3 Bässe, 4 Celli, 4 Bratschen, 7 Secundgeiger, 10 Primgeiger. Wird sich das im Riesensaale nicht sehr dünn ansehen? Da jeder seinen Mann stellt, so wird es akustisch schon angehen. — —

322. Meiningen, den 18. Oktober 1884.

Sie sollen mir das ebenso seltene als schmeichelhafte Zeugniß, daß ich Talent zum Coulantsein habe, nicht vergeblich ausgestellt haben. Ich acceptire daher Ihr Riesenplakat wie ein Realpolitiker. Nur Eines möchte ich bitten in Erwägung zu ziehen. Bedenken Sie unsere geringe Geigerzahl für die dritte Leonorenouvertüre; trotzdem keiner meiner Leute so genial intonirt wie z. B. der — Augenwohlthäter .... möchten denn doch vielleicht sich — „Vomitivel" [Speidel] finden, die den akustischen Effekt in Parallele stellen würden zu dem Einwohnerzahlverhältniß Meiningens und Wiens. Es wäre denn doch recht fatal, mit Hinterlassung eines demüthigenden Klangdeficits zu scheiden. (Ohnedieß beunruhigt mich's der temperamentvollen herzogl. Hofkasse gegenüber, daß wir bei der Concertdatenverstreutheit so viele dies sine linea, aber nicht ohne — Diäten werden verbringen müssen.) Bringen Sie nun doch auch Ihrerseits ein Überzeugungsopfer, und lassen Sie uns statt der zwei Leonoren (dieser Passo am Schlusse kommt mir nach der VIII. Sinfonie vor, wie ein Hummersalat nach dem Gefromen) die in Wien noch höchst ungenügend gewürdigte akademische Festouvertüre von „Ludwig" spielen, womit ich Ihnen die Studentenschaft zum Da capo-Gejohle zu montiren garantire. Nb. 1. Byron's Corsar — Berlioz Op. 21 (4- und 2händ. Kl.-A. von mir bei Rieter-Biedermann erschienen). Da Sie schon die Opuszahlen (mir sehr sympathisch) abdrucken, warum nicht auch bei 2. Egmont Op. 84? 3. Wagner. Faustouvertüre: comp. 1840, neu bearbeitet 1855.

Was die Insinuation eines sogenannten Klaviervortrags anlangt, so gestehe ich gerne meine Schwäche ein, derselben nicht abgeneigt zu sein. Mehr darüber — de vive voix.

Darf ich ersuchen, Herrn Dr. M[ax] K[albeck] meine hochachtungsvollsten Grüße zu übermitteln und ihm anzudeuten, daß es mein speziellster Wunsch wäre, daß das Programm seinem Wunsche Genüge leistete? Ich hätte nur etwas „dafür", wenn er noch änderte — aber das wird Ihnen nicht passen, und dann: molti cuochi guastano la minestra.

Wenn Sie wüßten, was Sie Sich durch Nichtacceptation der Brahmstrilogie für einen absolut nicht ermüdenden Genuß entgehen lassen! Ich habe das Experiment neulich gemacht: I. dauert 37 Minuten, II. 38, III. 34. (Allerdings streiche ich bei I, II die Wiederholung des ersten Theils des ersten Satzes, wozu mich der Meister übrigens autorisirt hat!)

Darf ich noch mein complimentives Wohlgefallen an Ihrer z. e. M. so prägnant in's Gesicht sprühenden humoristischen Ader äußern? — —

323. An Johannes Brahms.

[Meiningen, zwischen 10. und 14. Oktober 1884.]
Höchstverehrter Freund!

— — Da Op. 15 wie auch 83 eines Dirigenten absolut nicht bedürfen, um anstoßohnestens zu gehen, da ferner meine Finger in das betr. Handschuhmaß vollkommen eingewachsen sind, so habe ich die Stirn, Dir vorzuschlagen entweder: die Solopartie doppelt zu besetzen, oder dem Publikum den Scherz zu machen, uns in die Ausführung so zu theilen, daß wir die betr. Ankündigung am Abende verkehren. Eine (oder zwei) Sinfonien

würdest Du aber wohl persönlich zu leiten Dich herbeilassen?
Probe nicht nöthig. Wir werden Dir Spaß zu machen (plaisir
wollte ich sagen) fanatisch bemüht sein — und Deiner Empfehlung
Ehre machen. — Hoheit seit vorgestern in Meran auf 14 Tage. —

Seit lange bedrohte ich Dich mit einem Briefe, aber Scham
hielt mich zurück — es hätte nämlich ein Bettelbrief werden
sollen. Zum Teufel — ich will Courage fassen. Ignorire
und ignoszire, wenn meine Pietät für einen Todten zur Im-
pietät gegen einen größeren Lebenden wird. Ecco di che si
tratta. Raff's Wittwe hat mir ein Oeuvre posthume auf die
Seele gebunden. Vier große Orchestervorspiele zu Macbeth,
Othello, Romeo und Julia, Sturm. Partitur und 4 händ.
Klav. in sauberster Reinschrift vorhanden. Würdest Du Simrock vermögen können, das Werk zu drucken und würdig zu
honoriren? — Hast Du was dagegen, wenn ich im Januar an
der Newa Deine Concerte spiele und Deine Sinfonien dirigire?
Lediglich um Geld zu verdienen möchte ich nicht den betreffenden
Pelz über die Ohren ziehen. Oder reflektirst Du selbst, einer Ein-
ladung dahin Folge zu leisten? Rhein- und Holland für jetzo auf-
gegeben. Im März wollen wir nach Ost- und Westpreußen,
Januar und Februar brauche ich für mich — aus finanzieller
Drangseligkeit. Besonderen Spaß verspreche ich mir in München
Mitte nächsten Monats in meiner Eigenschaft als Levi al rovescio.
Deine Dritte ging heute Vormittags — verzeih das harte Wort —
himmlisch. Separatproben: hic haeret aqua.

Doch Du bist vermuthlich zu anderem Zweck im Steier-
märkischen, als um Dir recht ungestört von Gutmann's und
meiner Tinte den Blick trüben zu lassen. Leb wohl bis in sechs
Wochen. In treuester Verehrung und Anhänglichkeit.

324.   Meiningen, 18. Oktober 1884.

Hochverehrter Freund,

Es drängt mich dazu, Dir für Deine, soll ich sagen, „goldnen"
oder „ehernen" Worte zu danken, die Du mir auf eine mir

jetzt recht trivial vorkommende Behelligung erwidert haſt. Wie verflucht tief Du Recht haſt! Trotzdem mich dieſe Deine moraliſche Photographie nicht überraſcht hat — ſonſt würdeſt Du ja nicht ſeit lange für mich der große M a n n ſein, als den ich Dich verehre — iſt mir's doch eine große Freude, ſie durch Deine Signatur anerkannt ſchwarz auf weiß zu beſitzen. — —

Johannes Brahms an Hans von Bülow.[1]

[Mürzzuſchlag Mitte Oktober 1884.]

Lieber Freund,

Ich fahre morgen nach Wien zurück, vorher und während des Packens möchte ich Dir ein paar Worte ſagen — weiß aber nicht recht was! Simrock iſt auf Sachen wie die Deine nicht im Geringſten dreſſirt. Ich habe beiſpielsweiſe die 100 Variationen von Marren baar bezahlt. Dein Fall iſt mir ſo beſonders ſympathiſch als — ſchwierig!

So viel ich weiß, hat S. kein Werk von Raff; die Frage wäre ſehr überflüſſig, ob er ſich deren gewünſcht hat oder wünſcht. Was er beiläufig zunächſt fragt oder ſagt, können wir uns denken. Als Geſchenk iſt aber doch namentlich — die Annahme unmöglich!

Ich verſuche zwar, das zu beantworten — viel mehr beſchäftigt hat meine Gedanken aber — der Componiſt ſelber! Ich bin ſo ſehr geneigt, meine fruchtbaren, leicht ſchreibenden, ſchnellfertigen Collegen zu beneiden. Ich nehme gern an, daß ſie nicht des Converſations-lexikon wegen ſchreiben ſondern aus derſelben Nothwendigkeit, aus denſelben Gründen wie ich — alſo den beſten. Wie oft ſchreibt ſo Einer fröhlich ſein Fine, das doch ſagt: ich bin fertig mit dem, was ich auf dem Herzen habe! Wie lange kann ich das Kleinſte fertig mit mir herumtragen, ehe ich ungern dies „fertig" zugebe!

Ganz nebenbei ſchreibt R. vier Ouvertüren zu vier rieſigſten Tragödien. Beneidenswerth ſcheint es, ſich ſo leicht und oft zu Genüge thun zu können, ſich befriedigt, befreit zu fühlen. Hat R. denn Zeit zum Katzenjammer gehabt? Geſcheidt genug war er dazu! Oder war er einfach glücklich im Beſitz ſeines Talentes?

Das ſind wir Kleineren ſonſt ſelten — und wie hoch hinauf mögen dieſe „Kleineren" gehen!

---

[1] Autograph, von Bülow's Hand mit den Worten „Für Freund Stehl" und Namensunterſchrift verſehen, im Beſitze von Dr. Erich Prieger in Bonn.

Nun aber Simrock! Was soll ich thun? Rühmst Du die Sachen
sehr? Nimmst sie mit Begeisterung in Dein Programm? Was
sagen Raff's eigentliche Verleger?[1]

Nächstens weiter. — —

325. An Eugen Spitzweg (München).

Meiningen, 15. September 1884.

Mein lieber Freund,

Trotz aller körperlichen Hindernisse habe ich's doch fertig
gebracht, Dir mein Wort zu halten, und diesen heutigen die
vier Impromptüs von Chopin absendungsfertig zu machen. Es
ist mir, wie Manuskript unzweideutigst verräth, sehr sauer geworden. Interesse an dergleichen Schulmeistergeschwätz und
-geschwitz ist bei mir = 0 geworden; aus merkantilischen Motiven
diese Interesselosigkeit weiter zu überwinden — dazu bin ich zu
anständig geblieben; auch fehlt mir, wie die Köhlerliebe, hierzu
der Köhlerglaube. (Louis Köhler meine ich.)

Sieh das Zeug einmal an — sind Dir der Anmerkungen
zu viele, so streiche daran a piacere. — Sobald ich wieder hergestellt — es wird noch Wochen dauern — muß ich nun an
meine Saisonarbeit vorbereitend schreiten. Mit den Chopin'-
schen Etüden kann ich mich jetzt also nicht mehr befassen.

Wenn ich all diese Schreiberei recapitulirend erwäge, so
finde ich, daß Du vor — wie lange ist's her — vor $x + 14$ Jahren
einen sehr gescheidten, einen Capitaleinfall gehabt hast, den mit
der J. B. Cramerei. Schade, daß wir ihn beide um die Wette
durch diverse Mißgriffe neutralisirt haben. Nun wollen wir
diese weiteren Bohrereien[2] endlich mal aufstecken. Laß Dir
durch Seilern und Zengern Straußeneier ausbrüten.

A proposito. Da sah ich neulich im Beethoven-Katalog,

---

[1] Eine Besprechung von zwei der Raff'schen Ouvertüren, zu „Romeo
und Julia" und „Macbeth", die E. A. Mac-Dowell revidirt hat, findet sich
im „Musikal. Wochenblatt" vom 25. Oct. 1894 (Nr. 44) „Sie entstammen
Raff's schönster, reifster Schaffensperiode und sind mit großer Liebe
und innigster Hingabe an den jeweiligen dramatischen Vorwurf gearbeitet"
heißt es dort.

[2] Vergl. S. 41 Fußnote 1.

daß olim bei Aibl ein Arrangement für 2händig von einem
Satz aus Beethoven Quartett ult. Op. 135 durch Mortier de
Fontaine erschienen ist. Laß das Ding doch einmal durch Frau
Rabausch auf Spielbarkeit untersuchen, und wenn dieselbe es
approbirt, würde ich Dir rathen, davon eine neue Ausgabe zu
veranstalten. Besagtes Quartett wird neuerer Zeit sehr
viel öffentlich gespielt — der langsame Satz eignet sich für
Klavier — könnte somit zum „Gehen" aufgefordert werden. — —

Ein Vorwort zu den Impromptüs scheint mir vom Luchs. Ich
müßte darin auch das populäre Op. 66 herabsetzen gegen die
übrigen, wenn ich über das Wesen des Chopin-Esprit, wie es
z. B. im zweiten Impr. sich so glanzvoll manifestirt, [mich]
auslassen wollte. Cui pro? sagt der Italiäner.

326.   Meiningen, 15. Oktober 1884.

Gratias quam maximas für alle Botschaften. Möge die
billige Verpflegung dem Magen meiner Leute so wohl thun,
wie meinem vizelandesväterlichen Herzen. — —

Daß die Herren Nieder- und Oberhuber holt ka Freid über
uns jodeln, glaube ich schon. Das après wird aber noch mehr
aus Moll gehen, als das avant.

Jetzt eine neue Idee. Strauß hat gebeten, die neue Bläser-
suite seines Sohnes von uns probirt zu hören. Schön. Wir
studiren sie hier ein. Dann mag sie der Componist vom Blatt
dirigiren, am 18. Vormittag. Bei dieser Gelegenheit will ich
Herrn von Hoffnaaß[1] auch seinen Wallenstein vorspielen lassen
und Frau R[aff] die neuen Manuskript-Ouvertüren ihres ver-
storbenen Gatten.

Wie wäre es nun, Du persönlich lüdest die Mitglieder der
kgl. Hofkapelle in unserem Namen zum Zuhören ein — da dieselben der Oper wegen uns Abends doch so wie so nicht werden
beehren können?

Überleg's einmal, es kann sich das sehr chic machen. — —

---

[1] Fr. v. Hoffnaaß: Dichterpseudonym der Gattin Rheinberger's.

327. Meiningen, 22. Oktober 1884.

— — Lupus — ja — ja. — — Man darf nicht **agnus** mit ihm spielen — sonst hat er haufenweise schätzbare Qualitäten. — —

328. An Hermann Wolff (Berlin).

Meiningen, 11. Oktober 1884.

— — Da Sie nach Buda dampfen, bitte ich sehr, in Erfahrung ziehen zu wollen, ob Meister Liszt zur Zeit unseres Concertirens anwesend sein wird, und ob von ihm durchaus etwas „Sin"fonisches gemacht werden muß. — —

Auch das andere Brahms'sche Concert geht ohne „Weibliegt".[1] Was ich im Takte spielen gelernt, das ist unerhört!

Mich auf Ihre Kostenrechnung freuend grüße ich Sie best-bestens

als Ihr ergebenster

Hauptartikel.

329. Meiningen, den 20. Oktober 1884.

— — Am 5. hat das letzte Concert in Dresden stattzuhaben. Ja, ja, ja. Das Meininger Schauspiel spielt am selben Abend. Gerade darum. Sorgen Sie Sich ja nicht um unser erstes Lokal-Abonnementconcert am 7. December. Wir gastiren hier halt wie anderswo — ohne Probe. — — Ich vermuthe übrigens, daß Sie mich genügend kennen, um zu wissen, daß der Dresdner Einfall gar kein plötzlicher. Ist's ein Reinfall, so ersetze ich den Schaden Höchst der Hofkasse. — —

[1] Mannstädt. Mit Bülow's Vorliebe für den Kalauer hing sein Spielen mit Namen zusammen; so verwandelte er z. B. Bösendorfer in Gutenstädter, oder Erdmannsdörfer in Himmelweibstädter. Am Gelingen des Experimentes, die beiden Beethoven'schen und Brahms'schen Clavierconcerte ohne Dirigenten vorzuführen, hatte er große Freude. Am 5. 10. 84 an M. v. B.: „Es ist ein Kunststück, ungefähr wie wenn Du als Marwood zugleich den Mitspielern zu souffliren hättest; nicht ganz so, aber recht ähnlich". Und am 10. 10. an Wolff: „Übrigens — der neue Witz hat Hand und Fuß. Viel bessere Entente kommt heraus, keines der Beiden läßt sich zu sehr gehen — es gibt eine Art zeitweiliger Musterehe, während der Dirigent häufigst die Rolle eines störenden Hausfreunds spielt. Ich freue mich, wenn Sie die Sache einmal mit anhören werden". An Stepl am 11. 10.: „Wien — Brahms beflügeln die Ambition. Dem Ideale des Collectivvirtuosen wird immer annähernder entsprochen".

330.   Meiningen, den 21. Oktober 1884.

Würden Sie nicht die Gewogenheit haben, bevor Sie mir etwas proponiren, die für Sie so leichten Veranschlagungen zu machen?

Drei Tage Pest 1800 Mk. = 1050 fl. Diäten; was betragen die Hin- und Retour-Reisekosten? Nicht zu vergessen die Extraausgaben für Fuhrwerk: Instrumente, Noten, event. bei größerer Distanz vom Hotel zum Concertsaal bei schlechtem Wetter auch Musiker. Ihre Procente sind natürlich auch mit einzurechnen. Nach der Höhe dieser unserer Passiva kann ja erst über den Preis verhandelt werden. Und da muthen Sie mir nun zu, in aller Eile und auf's Höchste nervös durch Proben, dergleichen geschäftliche Fragen mit kaltem Blute und ruhiger Erwägung zu entscheiden! Erlauben Sie — das ist nicht meine Sache.

Hol der Krauts diese Wiener Affaire! Linz hätte auf der Hinreise nach München bedacht werden müssen. Jetzt scheint mir's zu spät und als einzig sichres Resultat: Aufreibung unsres Materials. Wie kann die dortige zweifelhafte Einnahme außerdem die beträchtlichen Reisekosten von Brünn nach Linz decken! Ihren „Seufzern" zu liebe werde ich mich nicht entschließen, die Hofkapelle à la Bilse in dritter Klasse reisen zu lassen!

Wiesbaden möge seine weiteren Programmwünsche verlauten lassen. Diese Rücksicht fühle ich mich Herrn Heyl gegenüber zu nehmen verpflichtet. Preßburg: Herr Archivar Br. macht seinen Privatwunsch nach der großen Beethoven'schen Fuge zu einem Lokalverlangen. Das ist ja absurd!

Hätten Sie doch ähnliche Fragen mit ihm mündlich abgehandelt! Freilich der Ochsenmarkt! Ja — wozu waren Sie denn mit Ihrer Person in der Gegend? Haben mir nicht mal die Lisztfrage beantwortet, über die ich mir nun auf ungeeigneterem, weil verpflichtendem Umwege Licht habe verschaffen müssen. Resultat: ich muß in Pest eine Liszt'sche „sinfonische Dichtung" machen, noch dazu eine langweiligere, „die Ideale".

Warum? Weil dies Stück eines der wenigen, die kein Har=
monium, 1 oder 2 Harfen, Baßklarinette, englisches Horn,
3—4 Trompeten erfordern. Hol's der Krauts! Setze ich nun
ein Programm fest, selbst mit der Concession selbst zu spielen,
wird Herr A. G[utmann] (dessen Wiener Defizitterlein Sie in
starke Covibration zu versetzen scheint) es wieder umstoßen,
und wenn ich in seine Amendements aus Parlamentsmüdigkeit
gewilligt, kurz darauf wieder was Anderes an die Stelle setzen
wollen. Ich hab's armbick, diesen train-train!

Doch zur Sache.

Berechnen Sie, dann unterhandeln Sie. — —

Um aller Heiligen willen jetzt nichts von 85er Plänen! Bei
solcher Omni-business leidet die einzelne. Ich verstehe und
ehre die Polygamie, aber nur die successive, nicht die simultane.

331. Meiningen, 22. Oktober 1884.

— — In Straßburg neues Lokal, kaum Zeit zu lokalen
Arrangements — vermuthlich ungenügende Hilfe — Leute
ohne Routine — mir graut, wie das ablaufen wird. Ach
Gott, ach Gott, ach Gott! Sie lassen mich nicht zu Athem kommen
— vor Bagatell=sorgen=accumulation!

Besten Dank für sogenannten Zeigebrief — so war's aber
nicht gemeint. Ich wollte Auseinandersetzung, daß in Österreich
schlecht concertiren ist, daß einnahmelose Tage statthaben müssen,
daß nicht fortwährend ununterbrochen „Geschäfte" gemacht
werden können. Denn Gutmann's 9000 fl. sind zu Kopfe ge=
stiegen.[1] — —

332. Meiningen, Sonntag 26. Oktober 1884.

Möchten Sie doch einen dieser beaux matins recht bei
Diplomatie sein, um mir den inliegenden Tschechen zu über=
tschechen! Das ist des 1500 fl.=Pudels Kern? Haben wir ihnen
überhaupt versprochen, „einmal böhmisch zu kommen?" Not

---

[1] „Es werden mindestens 30 Concerte — und da bedarf es noch eines
Zeigebriefs!" Wolff an B. 21. 10.

this morning, Sir! D e m a i n — on rasera gratis. Heuer
zwei Beethoven-Concerte — damit können Smetana
und Dvořák doch nicht concurriren? — — Fehlte mir noch, bei
so knapper Zeit noch in Eile mich und meine Leute auf Mause-
fallenhändlermusik einzurichten! — —

Wäre diese Tournée doch glücklich vorüber! — —

333. **Meiningen, 27. Oktober 1884.**

— — Pester Programme liegen mir schwer im Magen.

Die Ideale sind — kaum mehr spielbar, außerdem keine
Einstudirungszeit — als etwa auf der Reise. Andere sinf.
Dichtungen aus anderen Gründen unmöglich. Können Sie
nicht in den Augen des Großmeisters — indirekt — die Sache
so darstellen lassen, daß durch — die Wiener Mitwirkung das
zweite Programm (erstes: Beethoven-Abend) zu sehr „gefüllt"?
Vielleicht ließe sich an einem Vormittag eine unceremoniöse
Probe vor wenigen Eingeladenen geben mit

> Wagner Faustouvertüre,
> Liszt Ideale,
> Berlioz Learouvertüre.   Hm? — —

334. **Mannheim, 1. November 1884.**

Ich habe an Gutmann geschrieben, er möge machen was
er wolle, und an Urbánek „Mein Heim" von Dvořák zugestanden.[1]
Ich muß und will — wenigstens von der Seite her — endlich
Ruhe haben. Sie scheinen Sich auch einzubilden, daß ich meine
sogenannten Leistungen so nebenbei aus den Ärmeln schütteln
könne! Wäre ich nicht heute früh 5 Uhr von Würzburg auf-
gebrochen, höchst unausgeschlafen, hätte ich nicht für heute
Abend das Beethoven'sche Klavierconcert üben können. Dazu
starker Husten. — —

Mit krummen Fingern und ditto Grüßen

> Ihr ergebenster
> Fegefeuerwehrmann H. v. B.

---

[1] Darauf Wolff: „Ich kann die Leute nicht hindern, Ihnen zu schreiben.
— — Aber wenn Sie Urbánek das ,Heim' zugestehen!!" An Steyl schrieb

335. Freiburg i. Baden, 10. November 1884.

— — Vorwürfe entsprangen nur aus berechtigtsten Quere-
len meiner Leute über vermeidbare — — Reisestrapatzen
und höchst erbärmliche Verpflegung in Mainz. — —

Nicht einen einzigen Zug der in meinem Tournée-
buch angegebenen (o heilige copir-tintige Routine!) habe ich für
mich benutzen können bis dato.

336. Freiburg i. B., 10. November 1884 Abends 7 Uhr.

— — Erfahrungen haben mich belehrt, daß bei Ihrer geschäftlichen Centrifugalität meine Schreiberei recht häufig durch
Ihren Beistand um $33^1/_3$—75 Procent wächst, was mir nicht
paßt. — —

Mainz hat unseren ersten Fagottisten — unentbehrlich, un-
ersetzlich — krank gemacht; ich bin noch unsicher, ob er heute
Abend aus dem Bette in den Concertsaal hat steigen können.
Nette Aufregung für mich vor dem Dirigiren und Spielen!

Allerherzlichste Danksagungen einstweilen

Ihres ergebenen H. v. B.

Unter-technischer Direktor der Hofkapellconcerte
S. H. u. s. w.

337. An Marie von Bülow (Berlin).

[Meiningen] Sonntag, 5. Oktober 1884.

— — Vielleicht interessirt Dich Klindworth's Brief. · Der
Arme ist auf gerade so „rosigen" Dornen in seiner Art gebettet
wie ich. Daß ihm das Lessing'sche Stück [S. Sampson] mißfällig, wirst Du ihm wohl vergeben: mir ist's vielleicht in noch
höherem Grade. Ich stimme mit Courier und Tageblatt
(Blumenthal) völlig überein. Zum Teufel mit der sogenannten
Wahrheit: ich will auf der Bühne das Schöne, und schön kommt

Bülow (27. Okt.): „Ich erstiche unter leichtsinnig gutmüthigen Verheißungen
auf die Zukunft, und es ist höchste Zeit für mich ‚Nein' sagen zu lernen.
Ich bin Niemandem etwas schuldig, wenn ich mir das nicht — man kann
nicht vom Morgen zum Abend auf dem qui vive stehen — weiß machen
lasse."

von Schein. Und die Exhibition geschlechtlicher Conflicte gehört selten in das Gebiet des Schönen. „Meeres und Liebe Wellen" à la bonne heure; aber schon Kabale und Liebe ist mir ekelhaft. Du brauchst aber nicht meinen Geschmack zu „heirathen". Es genügt, armes Kind, daß Du mißheirathet hast Deinen heute sehr verdrossenen und traurigen

Hans.

338. 9. Oktober 1884.

— — Schönen Dank für Deine Hospitalitätsbereitschaft. Aber er [Klindworth] kann nicht abkommen, so gern er möchte. Mir thut das deßhalb leid, weil ich gern Gelegenheit genommen hätte, den feinfühligsten meiner Mitmusiker auf- und ab- zu kratzen, ihm neue Gesichts (Gehörs-) punkte zu öffnen, ihn zu brahmanisiren. Auch — mischten sich Nachfolgergedanken in meine Einladung. — —

339. M a i n z, 17. Oktober 1884.

— — Das Orchester und dessen Chef haben in der Probe wiederum meine vorjährige Befriedigung erneuert, aber ich selber bin dieses unbeethovenschen, unbrahmsigen Klavierconcerts von Raff so herzlich überdrüssig, daß ich keines entrain's mehr dabei fähig bin. Glaub mir, Du kannst die Terzka lange nicht so satt haben, als ich dergleichen Piècen, deren Gelingen des Abends nur durch Erhitzung der Eitelkeit möglich wird. Ich habe keine Lust mehr an diesem Komödiantenmétier. Vielleicht komme ich in die unerläßliche Selbstbetäubung hinein, wenn das Abend für Abend so fortgeht — aber zwei langweilige Tagreisen und eine nicht minder ungemüthliche Station — und das lediglich um die Kosten meiner Mehrausgaben bei der herzogl. Kapellreise zu erschwingen — äh! Voriges Jahr um diese Zeit war's netter. Da freute ich mich, Dir mein erstes Armband oder Broche aussuchen zu können — die Leute hatten für mich hier noch den Reiz jungfräulicher Neuheit — heute gähne ich nur und — um doch mit etwas Freundlicherem zu schließen— sä h n e mich nach Dir, viel darum geben würbend, ein Stündchen Deine Gesellschaft zu haben. — —

340.   M e i n i n g e n, 22. Oktober 1884.

Bin sehr traurig. Einer meiner wenigen Freunde, der sympathischeste von allen vielleicht, den ich so gern wieder gesund gesehen haben würde — er war sogar ein paar Monate jünger als ich — der Schriftsteller Karl Hillebrand ist plötzlich in Florenz vor einigen Tagen gestorben. Arme unglückliche Wittwe — auf Deine Kosten muß ich ihr heute einen sogenannten Antheilsbrief schreiben;[1] wäre zu trösten, es ginge mir leichter von Herzen, als darauf beschränkt zu sein, die Trostlosigkeit zu constatiren. — —

341.   Sonntag, 26. Oktober 1884.

Bin seit gestern Abend ganz zerschlagen und also sehr briefunlustig. Es ist furchtbar anstrengend — moralisch und physisch — ein Brahms'sches Concert zu spielen, nachdem man eine so innerlich aufregende Orchesterpièce wie Wagner's Faust dirigirt hat. Und das Orchester war so überraschend unsicher, daß ich heute Vormittag drei Stunden nachprobiren gemußt habe. — —

342.   W ü r z b u r g, 31. Oktober 1884.

Nicht in dem fürstlichen Prachtraum, den Du vergangenes Frühjahr mit mir hier bewohntest, (allein gestatte ich mir dergleichen Luxus nicht) sondern in einem recht engen Parterrezimmer empfing ich Dein letztes Briefchen bei der Ankunft von Bamberg, wo ich mich entsetzlich mit den Pfaffen ennüyirt habe, so entsetzlich, daß ich mich nach Komödianten gesehnt.

Gottlob, daß es vorüber und das alte leichtsinnige Versprechen gelöst worden: ein cauchemar weniger! Publikum zahlreich, sehr artig, Erzbischhof an der Spitze, der sich besonders bedankte; aber ein neuer, ungleicher, kurz, schwer zu bewältigender Bechstein, der mich weiblich schwitzen gemacht hat.

---

[1] Fehlt in der von Frau Hillebrand der Herausgeberin geschenkten Sammlung.

Nachträglich freut man sich über die Bewältigung, aber „pendant“ ist's sauer, zu böser Miene gutes Spiel zu machen. Gute Übung übrigens. — —

343. S t r a s b o u r g [9 Novembre 1884].

— — Pohl parfois assez insupportable et arrogant. J'ai dû le rappeler à l'ordre, ainsi que Mr. D. pour des velléités d'outrecuidance, qui sont malheureusement le résultat trop fréquent d'un laisser aller trop amical, vers lequel mon tempérament de bon enfant (malgré mes petites et grandes colères) m'entraîne dans le Tohu Bohu de cette vie agitée. — —

344. Augsburg, Sonntag Nachm., 16. November 1884.

— — Du — was ich zuletzt erlebt, läßt sich nicht beschreiben! Die Befriedigung war doppelt so groß als die Anstrengung, und diese war ebenfalls nicht zwerghaft.

In Stuttgart wüthete der Jubel so, daß ich z. B. das Finale des Brahms'schen Concertes repetiren mußte! Aber München erst: Du machst Dir keinen Begriff davon, wie das siedete und toste. Letzter Satz der achten Beethoven-Sinfonie da Capo, was nie vorgekommen ist, und nach der Leonore 7 mal hervorgerufen. Perfall und Levi ließen sich nicht blicken: sollen starr, verdonnert gewesen sein. Übrigens hat sich die Kapelle selbst übertroffen: ihre Ambition hat die höchste denkbare Staffel erklommen. Allerdings hatte ich — anstatt des Herzogs — die Leute mit 15 Fl. Champagner Mittags traktiren lassen — „Auf das Wohl des Herzogs trinken!“ — „Wenn Sie's erlauben, trinken wir auf das des Intendanten.“ Ich könnte auf Wallensteinische Gräfin Terzky'sche Gedanken kommen! Haha! Vor morgen, Brahms-Abend, bangt mir etwas. Die guten Münchner sind durch die Ultrawagneristen mißtrauisch gegen Br. geworden und wollen noch gar nicht recht an die Billette anbeißen. Es ist deßhalb sehr gut, daß zwischen München I u. II heute Augsburg liegt — so spricht sich der fabelhafte Succeß von gestern hübsch herum. Mein Logis bei S. läßt viel zu wünschen

übrig, aber die kleine Ersparniß erlaubt mir solche nothwendige Ausschreitungen, wie die gestrige Champagnerei.
— — Was könnte ich nicht für eine siegreiche Kunstrevolution
vollbringen! Aber . . . . . na Du weißt ja. — — In Dresden,
liebes Herz, kann ich nur wenige Stunden verweilen, da ich am
Sonntag 7. in Meiningen dirigiren muß, also am Samstag
reisen — doch, sei dessen gewiß, ich gebe Dir so viel zu, als
irgend angeht, werde erst Nachmittag reisen, in Eisenach über-
nachten. — —

345.   München, 18. November 1884.

— — Brahms ist endlich hier inthronisirt. Ein Tag mei-
niger hat mehr gewirkt als ein Jahrzehnt levitisches. Das
freut mich infiniment: so haben wir pränumerando Brahms'
Wiener Propaganda für uns bezahlt.

Mein Gewissen ist leicht, sehr gut, ungeheuer befriedigt.
Deßhalb ertrage ich auch, daß ich bis dato 36 Stunden zu wenig
Schlaf zu mir genommen. — —

Die heutige Matinée hat womöglich die Krone aufgesetzt;
ich habe Rheinberger einen von ihm noch nicht erlebten Triumph
bereitet, auch geredet: „wenn ein Meister so schön componirt,
ist es nicht gar so schwer, schön zu spielen". Frenetischer Jubel,
schleppte ihn Arm in Arm auf's Orchester — Frau weinte.
Ditto Frau Raff nach dem Concert, und die anhängliche treffliche
Rabausch mit beiden Damen abwechselnd.

Gestern eine kleine Hölle ausgestanden: 7/4 Stunden beim
Photographen Hofrath Hanfstängl, im Pelz, ohne, mit Cigarette,
ohne, Brust, Cabinet, Visit, lebensgroß.

Frau R.'s Cousine, Frau Marchand, Tochter Emil Devrient's,
hat mir ein gutes Bild ihres Vaters für Dich versprochen;
Hanfstängl einen Cyclus Gallmeyer-Bilder. — —

Vogls besucht — waren höchst glücklich darüber — kurz —
na — Münchner Berichte wird Dir Spitzweg, besser die Rabausch
schicken. Ich bin wie im Haschischtraum. Mitunter glaube ich,
ich fliege. Dieser stete Scenatiewechsel, dieses Ineinander-

schwimmen der verschiedensten Räume und Zeiten! Der morgende Reisetag nach Wien 9—9 wird mich wohl einigermaßen zur Besinnung bringen.

346. P r e ß b u r g, 22. November früh [1884].

— — Gestern in Wien war's noch sehr nett. Brahms ungeheuer liebenswürdig — die Wiener Musiker behaupten Alle, ich habe seinen ganzen Charakter umgewandelt — seitdem ich seine Parthei ergriffen, sei er um 66 $\frac{2}{3}$ Prozent humaner geworden. Glauben wir's. — —

347. B u d a p e st, 24. November 1884.

Eben vom Diner bei Excellenz Baronin Eötvös (Wittwe des berühmten ungarischen Cultusministers und Schriftstellers) — mit Liszt und Brahms retour, will ich Dir einen anticipirten Gruß schicken — denn morgen haben meine Gedanken an Dich keine Muße, sich auf's Papier zu „gêliren". Heute Abend keine Möglichkeit noch abzureisen — also erst 2$\frac{1}{2}$ Mittags in Wien ankommen (als ob's Eisenach wäre), Concert geben — lendemain mit Frühestem abdampfen. So leben wir, so leben wir u. s. w. Heute sind aber die Beilagen interessant, nicht wahr? et extrêmement variés — bin urbegierig, was zu Moskau sagt. Erspare mir keine Deiner Bemerkungen, keine, hörst Du, aber gar keine! Spaß muß sind.

Haben auch heute eine Probe von beiden Brahms'schen Klavierconcerten gehabt. Dem Componisten schien es rechten Spaß [zu] machen, war sehr nettgelaunt und „human". Doch ich vergesse Dir zu referiren, daß ich 1$\frac{1}{2}$ Stunden — bevor wir Br. mit dem Abendcurierzuge von Wien kommend am Bahnhofe abholten — in dem wunderbar prachtvollen Opernhause (vor Kurzem eröffnet) 1$\frac{5}{6}$ Akte von Carmen angehört. Da die Aufführung jen- und diesseits der Rampe eine höchst saubere, correkte, rhythmisch präcise war, die Heldin Frl. Bartolotti s e h r interessant spielte, so hat die Oper ihren alten Zauber auf mich von Neuem so stark ausgeübt, daß ich beinahe bedauert habe, nach dem Bahnhofe pilgern zu müssen. Der Intendant war so gastlich gewesen, der Kapelle 40 gute Sperrsitze zu schenken, was die von Pest schon sehr entzückten Musikanten vollends animirt hat. — —

348. An Fräulein Helene Raff (München).

Wien, den 2. December 1884.

Cara nipotina!

Für Deine gentilissima letterina sage ich Dir ein ächt-österreichisches „kiß b'Hand Eir Gnaden". — —

Ungarische Suite leider nichts für Ungarn — habe einen Mißgriff gethan — eine Sinfonie wäre da viel wirksamer gewesen, z. B. Nr. IV. Na — das läßt sich schon repariren bei den nachfolgenden Anlässen. Ouvertüre hat überall ungeheuer eingeschlagen — gestern wurde von der Klaviersuite selbst die Romanze applaudirt. — Seccatori — Mamma mia! — —

Gestern Abend nach 20 Jahren z. e. M. Burgtheater besucht. „Natalie" v. Turgeniew. Mir überaus gefallen. Aber Publikümmer (süßes wie saures) vertragen nichts Antibanales, Originelles, fühlten sich sehr unbehaglich, zumal als sie so gescheut waren, nachträglich zu bemerken, daß das, was sie naseweis pränumerando belacht hatten, absolut nicht als lachbar sich herausstellte. Arme Schauspieler mußten's entgelten. Machten ihre Sachen famos. Fo di cappello! Auf die Burg kann sich Deutschland noch sehr viel einbilden. Steht unserem Meininger Orchester näher als dem Meininger Schauspiel. Interessanter noch als Fr. Wolter war ein Frl. Hohenfels (vielleicht kann sie eine Nr. 2 werden) — warme Wahrheit, wahre Wärme. War so aufgeregt, daß ganze Nacht nicht schlafen konnte — doch daran habe ich mich seit 12 Tagen gewöhnt.

Jetzt muß ich auf die Straße. Himmlisches Wetter — trocken, kalt, lichteste Sonne. — —

Heiliger Zarathustra!

Hoho! Eben werde ich auf die Polizei geladen!

Adieu — es umarmt Dich Dein toller Wahlonkel.

Die Meininger Hofkapelle in Wien.

"Abendpost" Ende November 1884.   Dr. h. p.

— — "Schon Wochen vorher, als die großen rothen Anschlagzettel
das interessante Ereigniß verkündigten, hatten sich förmliche Parteien
für und gegen diese Unternehmung gebildet, und mit Hitze wurden
die beabsichtigten Musikaufführungen der ‚Meininger' besprochen
und erwogen. — —

Veranstaltet von dem vielleicht besten Orchester der Welt und
dirigirt von einem so ausgezeichneten Künstler, wie dies Hans Richter
ist, haben die philharmonischen Concerte die Tradition, die Macht
der Gewohnheit, die Anhänglichkeit des Wiener Publikums an das
langjährig lieb und theuer Gewordene für sich. Und daß mit einem
Orchester, welches nicht einmal über die Hälfte der in den philharmonischen Concerten wirkenden Streich-Instrumente verfügt, in Wien
drei Musikaufführungen — die erste ausschließlich mit Beethoven'schen
Werken — geplant wurden, schien geradezu Todesverachtung. Hans
v. Bülow hat es gewagt und hat über alle Vorurtheile glänzend
gesiegt." — —

"Presse", 27. November 1884.   M. Kalbeck.

"Dr. Hans v. Bülow ist seit einigen Tagen unser Gast. Er kam
diesmal scheinbar nicht allein, in eigener clavierspielender Mission,
sondern mit zahlreicher Gefolgschaft, und stieg auch nicht, wie sonst,
bei Bösendorfer sondern im großen Musikvereinssaale ab. Dort hat
gerade die Hälfte des Herzogthums Meiningen Platz, jene bessere
Hälfte, die der kleine Intendant im Kopfe und in der Reisetasche
mit sich führt. — —

Was Bülow thatsächlich ausgerichtet hat, grenzt ans Wunderbare.
Mit dem ihm eigenthümlichen Scharfblick durchschaute er das Princip
des Meiningen'schen Theaters, erkannte seine Irrthümer und zog
aus ihnen praktischen Nutzen. Jenes Princip besteht, um es kurz
zu sagen, in der Aufhebung des Individuellen zu Gunsten einer
generellen Wirkung. — — Der verhängnißvolle Irrthum des Meininger Theaterprincips betrachtete die Rollen eines Stückes wie die
Stimmen einer Partitur, verwechselte die für die gestaltende Phantasie
des Dichters selbständig eintretenden Darsteller mit den durchaus
abhängigen, an die Vorschriften ihres Notenblattes strikt gebundenen
Mitgliedern des Orchesters und gab dem Dramaturgen den Taktstock
des Capellmeisters in die Hand. Es war die verkehrte Welt, der
Musiker mußte sie sofort als solche erkennen, und wenn er sie selbst
auch nicht auf die Füße zu stellen vermochte, so konnte er doch eine

andere neben ihr in's Dasein rufen, welche mit der Eigenschaft eines bedeutenden Gegenbildes das heilsamste Zuchtmittel des Geschmackes verbindet. Das Schauspiel der Meininger hat seine providentielle Sendung erfüllt, jede in's Große gehende, consequent festgehaltene Einseitigkeit trägt ihre guten Früchte — wir sind überzeugt, daß das Orchester der Meininger überall, wo man es ohne Vorurtheil anhört, noch nachhaltigere Spuren seiner ersprießlichen Thätigkeit zurücklassen wird.[1]

In mehr als einer Beziehung steht die Meiningen'sche Hofkapelle zur Zeit ohne Rivalen da. — —

Sollen wir etwa, weil wir an sinnlichere und üppigere Klangwirkungen gewöhnt sind, wie sie die Entfesselung stärkerer Instrumentalmassen zur Folge hat, uns einreden, wir seien zu großstädtisch geworden, um an dem verhältnißmäßig kleinen Orchester Gefallen zu finden? Mitnichten. Denn nicht die acht ersten Geigen und die fünf Contrabässe sind es, die hier in Betracht kommen, sondern der Wille, der sie in Bewegung setzt, und der ist nicht im Orchester, sondern vor der Front desselben zu suchen. Die interessante Persönlichkeit, von welcher dieser gebieterische Wille ausgeht, dünkt uns aufmerksamer Beachtung und eingehender Betrachtung nicht unwerth, ja wir geben einen ganzen Wald von Baßgeigen für sie hin! — — Vor den Zugposaunen, den fünfsaitigen Contrabässen und den Pedalpauken der Meininger Capelle haben wir nicht halb so viel Respekt wie vor dem Manne, der nur mit den Brauen zu winken braucht, um einen Sturm der Instrumente heraufzubeschwören. — —

Wie mußte es einen Enthusiasten seiner Art anlocken, die von ihm hoch und heilig gehaltenen Werke der Kunst endlich einmal genau nach seinem Gefühl und Geschmack zur äußeren Wahrnehmbarkeit zu bringen, und wie mußten ihn alle Wonnen der Erfüllung beseligen, als er nach unendlichem Bemühen das Ziel seiner

---

[1] Eine Correspondenz aus München (Musik. Wochenbl. 12. 2. 85) über „Bülow und seine Leute" weist jeden Versuch einer Parallele noch schärfer zurück: „Man lege sich doch den Sachverhalt einmal zurecht. In dem einen wie in dem anderen Falle wurde allerdings damit begonnen, aus Kräften 2. Ranges ein mustergiltiges Ensemble zu schaffen — aber damit hört die Ähnlichkeit auch auf! Der Leiter des Meininger Schauspiels ist ein geschickter Praktiker, eine schätzbare organisatorische Kraft; Hr. v. Bülow ist dies ebenfalls, aber er ist nebenbei noch etwas Anderes: nämlich ein Genie, ein gottbegnadeter Künstler. Es stehen sich also der sorgsam ordnende Durchschnittsverstand und die unwiderstehlich fortreißende Willensmacht einer in ihrer Art und Anlage einzigen Persönlichkeit diametral gegenüber."

Wünsche erreicht hatte! Das Rührende und Sympathische eines solchen ungewöhnlichen Charakters liegt in der Selbstlosigkeit seines Strebens." — —

„Neue Fr. Presse", 28. November 1884. [Ed. H.]

— — „Nur durch so stetigen Wechselverkehr eines geistvollen und begeisternden Dirigenten mit einem treu ergebenen, ihm täglich, stündlich zur Verfügung stehenden Orchester ist die unvergleichliche Accuratesse des Zusammenspiels möglich geworden, welche die Specialität der Meininger Hofkapelle bildet und sie berechtigt, überall, also auch in Wien, mit dem vollen Bewußtsein ihres Könnens aufzutreten. Das ist der eine Faktor; der andere ist das stets gewählte hochinteressante Programm Bülow's. — —Was Bülow namentlich für Verständniß und Verbreitung der Brahms'schen Compositionen geleistet hat und fortwährend leistet, ist ihm hoch anzurechnen. Es mochte ein gewagtes Unternehmen scheinen, wenn Bülow in Berlin, München und anderen Städten Orchester-Concerte mit ausschließlich Brahms'schem Programm gab, aber der Erfolg hat überall gezeigt, wie sehr man ihm dafür dankbar war. — —

An Präcision bis ins kleinste Detail wird die Meininger Capelle von keinem Orchester der Welt übertroffen, ja schwerlich von einem erreicht. Wenn die Meininger das Accompagnement zu Brahms' D moll-Concert — mehr große Sinfonie als ‚Accompagnement' — ohne Dirigenten ausführen, während Bülow den Clavierpart spielt, so wird man ihnen das kaum anderswo nachmachen. Eine noch erstaunlichere Leistung ist es, wenn das ganze Streichorchester die furchtbare Quartettfuge Op. 133 von Beethoven tabellos ausführt, eine Tonwildniß, die bekanntlich den ausgezeichnetsten Quartettspielern vollauf zu schaffen gibt. Ein Virtuosenstück, gewiß, und ein recht ungenießbares obendrein; aber eine Capelle, die es mit Unfehlbarkeit ausführt, darf eben als Virtuose die mächtigsten Gegner in die Schranken rufen.

Dieses Orchester führt Bülow, als wäre es ein Glöckchen in seiner Hand. Bewunderungswürdigste Disciplin hat es in Ein großes Instrument verwandelt, auf welchem Bülow mit voller Freiheit spielt und wechselnde feinste Nüancen, in die sich ein vielköpfiges Orchester sonst nicht biegen läßt, hervorbringt. Da er diese Nüancen mit Sicherheit hervorbringen kann, so ist es auch begreiflich, daß er sie dort wirklich anwendet, wo er als Clavierspieler, beim Vortrage desselben Stückes, sie angemessen fände. Es wäre ungerecht, dergleichen kleine Tempowechsel schlechtweg ‚Willkürlichkeiten' zu nennen, denn die gewissenhafte Wiedergabe der Partitur ist für Bülow durchwegs das Erste und Unumstößliche. — — Richard Wagner hat in seiner Schrift ‚Vom Dirigiren‘ äußerst gefährliche Theorien ausgesprochen, aber von ihm selbst hat man in der Praxis manche Freiheit, z. B. gerade in der ‚Freischütz‘-Ouvertüre, gewiß gerne hingenommen. Dasselbe Recht darf Bülow für sich in Anspruch nehmen, dessen Respekt vor allen großen Meistern außer Zweifel steht, und dessen künstlerische Individualität uns immer interessant anmuthet. — — Der geistvolle Pianist, Dirigent und Schriftsteller ist ein echter Charakterkopf und ohne Duplikat in der musikalischen Gegenwart.“

In einem Feuilleton vom 4. 12. 84 fügt Hanslick hinzu: „Müßte die glänzendste Leistung der Meininger Capelle genannt werden, wir würden noch immer zwischen der Ausführung der Brahms'-schen Variationen über ein Haydn'sches Thema und der Achten Sinfonie von Beethoven schwanken. Brahms, dessen gestaltende Kraft sich vielleicht am gewaltigsten in der Variation und deren Grenzgebieten äußert, gibt uns in diesen Veränderungen ein Meisterwerk. Sie erschließen sich allerdings dem Hörer nicht gleich bei der ersten Bekanntschaft; so weit dies aber möglich ist, hat der wunderbar klare, bis ins feinste Detail ausgearbeitete Vortrag der Meininger es vollbracht. Eine ähnliche Meisterleistung, welcher die allgemeine Vertrautheit mit der Composition natürlich wirksam entgegenkam, war Beethoven's Achte Sinfonie, die ich in solcher Vollendung nie zuvor gehört habe. Das mit entzückender Grazie vorgetragene Allegretto rief einen so unbesiegbaren Sturm von Beifall hervor, daß Bülow, der bisher kein einziges Stück repetirt hat, dem Da capo-Rufe nachgeben mußte.“

„Ob heute Herr v. Bülow über die ‚Faust‘-Ouvertüre noch eben so denkt, wie vor zwanzig Jahren, als er seine geistvolle Broschüre schrieb?“ frägt Th. Helm in der Deutsch. Ztg. v. 4.12.84. „Wir glauben es wohl, denn nur wer von einem Kunstwerk innerlichst erfüllt und begeistert ist, kann es so wunderbar interpretiren, als gestern Herr v. Bülow. Der geniale Dirigent hatte sich kürzlich zu einigen Herren vom hiesigen Wagner-Verein, welche ihm ihre Aufwartung machten, wörtlich folgendermaßen geäußert: ‚Sie haben die Faust-Ouvertüre erst neulich von Ihrem ausgezeichneten philharmonischen Orchester gehört, ich verfüge über keine ähnlichen Kräfte, von mir dürfen Sie daher nur eine Skizze der Faust-Ouvertüre erwarten, aber‘ — setzte er nun selbstbewußt hinzu — ‚eine gute Skizze‘. Wir fordern nun einen Jeden, welcher den beiden letzten Aufführungen der Faust-Ouvertüre — am 16. November und 2. December — beiwohnte, auf, er möge ehrlich heraussagen, welcher Eindruck ihm

lieber war: das philharmonische Vollbild oder die Bülow'sche ‚gute
Skizze‘? — Wir für unseren Theil entscheiden uns sofort für die
‚Skizze‘, aus ihr weht von Anfang bis Ende Wagner's Geist, was
man von der anderen, an äußerem Glanz so sehr überlegenen Darstellung nicht durchwegs behaupten kann."

Von der großen Leonorenouvertüre hatte derselbe Kritiker kurz vorher (26. 11. 84) gemeint, sie sei „eine blasse Photographie des farben-
prächtigsten Ölgemäldes" der Wiener Philharmoniker.

Freilich kann er am 9. 12. nicht umhin, diesen selben Philharmo-
nikern zuzurufen, ihre Aufführung der Beethoven'schen D dur-
Sinfonie (unter Richter) hätte zwar „recht brillant geklungen",
sonst aber fast überall „nur die bequeme Schablone durchblicken
lassen". „Wie interpretirte v. Bülow neulich das Allegretto der
Achten Sinfonie, wie hätte er gestern das Larghetto der Zweiten
interpretirt! -- Was frommt uns aller äußerer Schmuck, alle glänzende
Gewandung eines schönen Tonkörpers, wenn demselben das wahre
innere Leben, die singende Seele fehlt?!"

In dem vorher erwähnten Artikel gedenkt Helm auch eines persönlichen Zuges. „Als man Bülow's glänzender Interpretation des
Brahms'schen [ersten] Concertes stürmischen Beifall spendete, versuchte er denselben sofort auf die Person des Componisten zu lenken
mit den für ihn so recht charakteristischen Worten: ‚der Meister ist im
Augenblick unauffindbar; wenn er erscheint, wird er die Ehre haben,
sich bei Ihnen zu bedanken.‘"

Leider begnügte sich „der Mann mit dem Leibe eines Schneiders
und dem Blicke eines Bändigers", wie das „Wiener Extrablatt" 1.12.84
Bülow zu seinem größten Ergötzen genannt hat, nicht mit dem harmonischen Eindrucke, den solche Worte hinterlassen mußten. Da es
sich gezeigt hatte, daß, trotz des rauschenden Erfolges, der Unternehmer der Meininger Concerte, Herr Gutmann, nicht auf seine
Garantiekosten kommen würde, bot Bülow ihm an, ein Concert
ohne irgendwelche Entschädigung einzuschieben, auch darin zu spielen.

Wie aus einer später zu Gunsten Gutmann's abgegebenen Erklärung[1] hervorgeht, machte Bülow zwei feindliche Kritiker ver-

---

[1] „Es ist unwahr, daß Herr Hofmusikhändler Gutmann in Wien mich
zu einem vierten Concerte mit der Meininger Hofkapelle ‚gepreßt‘ haben
soll, wie eine diffamatorische Correspondenz des Budapester Tageblattes
behauptet.

Aus freien Stücken habe ich im Einverständniß mit dem herzoglichen
Orchester Herrn Gutmann eine nicht contractlich ausbedungene Matinée
offerirt, als der spärliche Besuch des zweiten Concertes mir kundthat, daß
Herr Gutmann nur mit Verlusten seinerseits seinen gegenüber der herzogl.

antwortlich für dies mangelhafte Resultat. Der einflußreiche Speidel
hatte Bülow's Auffassung der Egmont-Ouvertüre — trotz des Jubels,
mit dem die Wiener sie aufnahmen — als „gänzlich mißlungen" bezeichnet. Möglich, daß dies Bülow reizte, öffentlich darauf Bezug
zu nehmen; möglich auch, — wie eine Zeitung meinte — daß es ihm
nur darum zu thun war, Brahms auf gute Art in das Programm
zu bringen — genug, die Wiener Blätter bekamen Veranlassung zu
Artikeln, deren bloße Titel schon die Stimmung widerspiegelten:
„Nach dem Sturm", „Eine Polemik im Concertsaal", „Orchester-
und andere Vorträge des Herrn v. Bülow" und Ähnliches mehr.

Die „Presse" v. 2. 12. 84 erzählt: „Wir kommen von einem in jeder
Beziehung außerordentlichen Concert nach Hause, das heute Nachmittags im großen Musikvereinssaale stattgefunden hat. Außerordentlich war die Stunde des Beginns — 3 Uhr — außerordentlich die
musikalischen Genüsse, die Herr v. Bülow als Clavierspieler und
Dirigent seinen Zuhörern darbot, und außerordentlich die Überraschung, welche der Künstler für den Schluß des Concerts sich auf-
gespart hatte. Das Programm enthielt als letzte Nummer Beethoven's
Egmont-Ouvertüre, und zwar mit der Bemerkung: ‚Auf vielseitiges Verlangen'. Herr v. Bülow betrat sein Dirigenten-Podium
mit dem Programme in der Hand, sah in dasselbe hinein, als ob er
sich überzeugen wollte, daß auch wirklich die Egmont-Ouvertüre
auf vielseitiges Verlangen an die Reihe käme, schüttelte den Kopf,
lächelte bedeutungsvoll und wendete sich, anstatt dem Orchester das
Zeichen zu geben, an das Publikum. Silentium! Herr v. Bülow
hat sich zum Worte gemeldet. Er machte das unschuldigste Gesicht
von der Welt und sprach ungefähr Folgendes: ‚Meine hochverehrten

Sachsen-Meiningen'schen Hofkasse übernommenen Verpflichtungen würde
nachkommen können. Die überraschende ‚quantitative' Kälte des Wiener
Publikums war in erster Linie der persönlichen Feindseligkeit eines Theils
der Presse zu danken (Herren Dömpke und Speidel), welche meine
Auffassung Beethoven'scher Musik als eine traditionsschänderische ver-
urtheilt und hierdurch allen conservativen Musikfreunden die nachdrück-
lichste Warnung vor dem Besuch des durch mich in eine chamber of horrors
verwandelten großen Musikvereinssaales ertheilt hatte. Obgemeldete
Matinée, in welcher ich zumeist nur als Bearbeiter eines geduldigen Bösendorfer functionnirte, war so günstig, Herrn Gutmann's Deficit einigermaßen zu lindern und letzterer so generös, einen Theil der Einnahme
dem Wittwen- und Waisenfonds der herzoglichen Hofkapelle zu übermitteln.
Diese Thatsachen können jederzeit durch unumstößliche Belege aktenmäßig
nachgewiesen werden, und ich autorisire Sie hierdurch, geehrter Herr und
Freund Wolff, vorstehende Erklärung, wo im Interesse der Gerechtigkeit
ersprießlich, zu benutzen." (29. 3. 88.)

Damen und Herren! Ich habe Ihnen zu danken für die Ehre und
Gastfreundschaft, welche Sie uns hier erwiesen haben. Da
wir als Fremde wohl auch das Fremdenblatt lesen und
uns dort von einem gewiegten Beethoven-Kenner vor-
geworfen wurde, daß wir bei dem neulichen Vortrage der Egmont-
Ouvertüre gegen den Geist des Componisten gesündigt haben, möchte
ich nicht durch die Wiederholung dieses Attentats die Rücksichten, die
man uns Fremden erwiesen, mit einer Rücksichtslosigkeit gegen
das Wiener Fremdenblatt erwidern. Deßhalb gestatten
Sie uns, daß wir an Stelle jenes Werkes lieber — die Akademische
Fest-Ouvertüre Ihres Meisters Brahms spielen.' Die Anwesenden,
anfänglich consternirt, faßten sich schnell, gaben dem ,vielseitigen
Verlangen' den stärksten Nachdruck und bestanden auf der Egmont-
Ouvertüre. Vergeblich waren die ironischen Einwände des Dirigenten,
der den Leuten unter Anderm bemerkte, man würde Anno 1810
(dem Compositions-Jahre des Beethoven'schen Werkes) wahrschein-
lich eine Ouvertüre von Josef Weigl noch lieber gehört haben. Das
Publikum ließ nicht ab, ,Beethoven!' zu schreien, die Noten mußten
herbeigeholt werden und die Egmont-Ouvertüre wurde gespielt.
Darauf erfolgten unzählige Hervorrufe; Bülow erschien zuletzt im
Pelz und sprach sein Bedauern aus, daß er nicht auch noch die Brahms'-
sche Ouvertüre vorführen könne, aber seine Musiker seien zu erschöpft.
Der Saal leerte sich nur langsam, und in verschiedenen Gruppen
besprach man den Vorfall."

Erklärlicherweise traten alle Kritiker für den Collegen ein, „so
wenig wir im Übrigen mit dem wegwerfenden Urtheil jenes Herrn
einverstanden sind". „Die beste Antikritik liefert der Künstler nicht
mit Worten, sondern mit Werken; und Bülow ist dieselbe auch nicht
schuldig geblieben, wie der unerhörte Erfolg seines letzten Concertes
dargethan hat." (Presse 4. 12. 84.) Tags vorher berichtete dasselbe
Blatt: „Als der Erwartete mit gewohnter Pünktlichkeit auf dem
Podium erschien, wurde er mit einem Beifallssturm begrüßt. Die
reichen Spenden der Anerkennung steigerten sich am Schlusse zu einer
allgemeinen Ovation, wie sie seit Rubinstein kein Künstler in Wien
wieder erhalten hat. Die Zuhörer harrten geduldig auf ihren Plätzen
aus und riefen den Dirigenten unermüdlich hervor. Bülow, der sah,
daß er irgendwie ein Ende machen müsse, verbeugte sich mit einer
komischen Geberde und hielt sich den Mund zu. Er hätte gern geredet,
aber er durfte nicht. Denn er war am Morgen vor den Polizeirath
v. Appel citirt worden und hatte das Versprechen ablegen müssen,
von dem angekündigten Programme nicht abzuweichen. Seine

Pantomime bedeutete also, daß er sich in der Zwangslage des Papageno
befinde und von der Hand des Gesetzes auf den Mund geschlagen sei."

Herr v. Appel hatte sich übrigens mit vollendeter Geschicklichkeit
seiner heiklen Mission entledigt, indem er den aufgebrachten Künstler
mit einem wahren Sturzbad von Liebenswürdigkeiten empfing,
jeder Angriffsmöglichkeit den Boden entzog und Bülow in heiterster
Laune entließ.

Von allen Commentaren des wohlwollenden Theils der Presse
zu dem Vorfall scheint folgende Bemerkung Hanslick's (4. 12. 84) der
Wahrheit am nächsten zu kommen: „Es ist nicht sowohl gekränkter
Künstlerstolz oder Feindseligkeit, was ihn dazu treibt, als vielmehr
eine sonderbare Lust an dem davon aufgewirbelten Staub, in welchem
er sich so wohl zu fühlen scheint, wie irgend ein Haudegen im Pulver-
dampf."

Max Kalbeck's launige Schilderung der Präambeln der „Rede"
möge die Episode beschließen (Presse, 4. 12. 84): „Seinem eigenen
Humor ließ Herr v. Bülow in seinem Claviervortrage die Zügel
schießen. Von einer gewissen nervösen Unruhe befallen, deren Grund
am Schlusse des Concerts Jedermann einleuchtete, suchte er sein Gemüth zu beschwichtigen und gerieth in jene forcirte Laune, welche den
Tischredner vor dem Toaste charakterisirt. Es war eine interessante
und ergötzliche Studie für den Physiognomiker, das Mienenspiel
und die Bewegungen des Künstlers zu beobachten, der bald über
seinem Clavier die Welt, bald über der Welt und sich selbst sein Clavier
vergaß, bald geheimnißvoll in sich hineinlachte, bald einen schaden-
frohen, ingrimmigen Blick ins Auditorium warf. Im ersten Satze
des Beethoven'schen G dur - Concerts gedieh wahrscheinlich sein
schwarzer Entschluß zur Reise, und mit einer halb improvisirten
oppositionellen Cadenz, in welcher er die Marseillaise mit dem Haupt-
thema des Satzes gewaltsam verknüpfte, brachte er sich in eine krige-
rische, revolutionäre Stimmung. ,Allons enfants de la patrie!'
Joachim Raff's E moll-Suite, ein gefälliges und dankbares, aber
schwieriges Concertstück, erinnerte den Vortragenden an seine Meister-
pflichten, und in Chopin's G dur-Nocturne überließ er sich gänzlich
dem träumerischen Tonspiel des phantastischen Stückes. Bei dem
Presto con fuoco des Cis moll-Scherzos hieb der Künstler so wüthend
auf die Tasten, als hätte er einen mißliebigen Recensenten unter den
Fäusten, und bei dem gesangreichen Trio legte er sich seinen Speech
zurecht, so daß er das vom Componisten vorgeschriebene meno mosso
leider gänzlich übersah. In Schubert's Wanderer-Phantasie war
er seiner Sache sicher. Die Rede saß ebenso fest, wie die herrliche,

von Liszt geschmackvoll instrumentirte Composition. Dann ereigneten sich die bekannten Vorfälle. Grolle Herrn v. Bülow, wer da mag: wir können es nicht, und sprechen auch dem kunstsinnigen Unternehmer, welchem wir eines der anregendsten Capitel der Wiener Concertgeschichte verdanken, unsere Anerkennung aus."

Ein eigenthümlicher Unstern schwebte über jenen Decembertagen. Unmittelbar nach Wien folgten zwei Concerte in Prag. Die Schlußnummer des zweiten war die — wie wir gesehen haben von Bülow widerwillig zugestandene — Ouvertüre von Dvořák „Mein Heim". (Vergl. S. 312—13, Briefe 332 und 334.) Am Nachmittag des Concerttages kam er auf den Gedanken, daß es Dvořák freuen würde, dies Werk selbst vorzuführen. „Aber das muß dem Publikum mitgetheilt werden, und zwar — böhmisch!" rief er lachend und ließ sich genau die Worte: „Ich habe die Ehre, Ihnen mitzutheilen, daß Meister Dvořák seine Ouvertüre selbst dirigiren wird" von einem zufällig anwesenden böhmischen Herrn aufschreiben. Man kennt Bülow's Interesse für Sprachen; die Schwierigkeit, die paar fremden Laute richtig auszusprechen und auswendig zu behalten, reizte, amüsirte ihn, und es gab viel Spaß dabei. Da er nie in Österreich gelebt, um die dortige Politik sich wenig gekümmert hatte, und die Gefahr des Nationalitätenhaders, der dies Land zerfleischt, ihm nie gegenständlich vor Augen getreten war, so fiel es ihm auch nicht ein, daß sein kleiner Scherz, über den er sich kindlich freute, gerade dort nicht als harmlos empfunden werden konnte. „Die Wirkung mußte auf einen großen Theil des Publikums befremdend sein — es war der einzige falsche Ton, der an diesem Abend gehört wurde" sagte die „Bohemia" verstimmt. Augenblicklich ohne fühlbare Folgen, wurde der kleine Vorfall doch zum Ausgangspunkt für eine später ausbrechende Massendemonstration, die den Charakter einer förmlichen Verschwörung trug, und deren Ziel nichts weniger zu sein schien, als die Vernichtung von Bülow's Existenz.

Ein letztes Concert, das 31. in 36 Tagen, trennte noch die tapfere Künstlerschaar und deren Führer von der wohlverdienten Ruhe. Leider sollte es ein Nachspiel erhalten, das mehr als irgend ein anderes Erlebniß Bülow's während der Meininger Jahre zu zeigen geeignet war, wie recht Hans von Bronsart hatte, als er Bülow, der ihm Ende 1879 die neue Freundschaft — etwas auf Kosten der älteren — enthusiastisch gepriesen hatte, entgegen hielt: die veränderte Situation würde wohl auch den persönlichen Sympathien des Herzogs — so wenig er diese anzweifle — eine andere Färbung geben; „wobei

noch in Betracht kommt, daß, meiner Überzeugung nach, ein regierender
Fürst mit einem in seinem Dienst Angestellten nun und nimmermehr
ein auf Gleichberechtigung gegründetes dauerndes Freundschafts-
verhältniß etabliren kann". Was es mit der Bülow zu Anfang an-
gebotenen „unbeschränkten Freiheit" auf sich hatte, ging bereits u. A.
aus dem Mißlingen seines Versuchs hervor, die ungeheure Arbeits-
last durch Abgeben der Meininger Localconcerte an Mannstädt zu
verringern. Gewiß war es ein Formfehler, diese Absicht nicht z u e r s t
dem Herzog mitgetheilt zu haben; allein an seine sachliche Berechtigung
zu der Disposition mußte Bülow glauben, und das auf Grund der s. Z.
entscheidenden ihm gegebenen Zusicherung: „nie und zu keiner Zeit
gebunden zu sein" — ein Paragraph, den praktisch zum eigenen Vortheil anzuwenden bis dahin ein Ding der Unmöglichkeit gewesen war.

„Am Freitag [5. December] hatte Dresden das ganze künstlerische
Meiningen zum Gaste," so beginnt die „Dresdner Ztg." v. 7. 12. 84 ihr
Feuilleton über Bülow. Denn auch das Schauspiel absolvirte dort
ein mehrwöchentliches Gastspiel. Bülow war, wie immer nach
Zeiten ununterbrochener Anspannung und Erregung, äußerst erschöpft.
Wenn die Zeitungen u. A. auch über seine physische Ausdauer staunten:
„Hätte ihm Mutter Natur nicht auch einen widerstandsfähigen Körper
gegeben, so würde es kaum möglich sein, diese Strapazen auszuhalten"
(Cassel 26. 1. 84) — so wissen wir, daß nur der Alles besiegende
eiserne Wille diesen Körper aufrecht zu erhalten vermochte. Kam
die unausbleibliche Reaktion, so konnte ihn schon der bloße Klang
der Instrumente schmerzlich zusammenzucken machen. „Die Musik
fiebert mir dermaßen im Hirn," schrieb er mir damals, „daß ich nicht
die Ruhe habe, ein ordentliches Buch zu lesen!" Würde das Verhältniß zum Herzog sich gemäß den ursprünglichen Voraussetzungen
gestaltet haben, so hätte ein Telegramm ohne Zweifel genügt, Bülow
in diesem Augenblick von einem Abonnement-Concert in Meiningen
zu befreien, das dem Dresdner auf dem Fuße folgen sollte. Allein
nach des Herzogs Briefen (vgl. S. 290—91) erschien es ihm unmöglich,
Mannstädt um Übernahme des Concertes zu ersuchen. Wer Bülow
kannte, weiß, daß ihm manchmal geringfügige Umstände über einen
kritischen Moment glücklich hinwegzuhelfen vermochten. „Wenn Du
wenigstens dabei sein könntest", sagte er, und da ich nur Statistendienste
zu leisten hatte und meine nächste Rolle, die oft gespielte Elisabeth in
Maria Stuart, auf den Tag nach dem Meininger Concert fiel, schlug er
mir vor, ihn dorthin zu begleiten.

Von der Verpflichtung zur Statisterie waren bekanntlich auch
die ersten Mitglieder des Meininger Theaters nicht frei. Das

strenge Einhalten dieser Vorschrift war ein Grundpfeiler seiner Erfolge. Daß mit einer gewissen Eifersucht daran festgehalten wurde, ist begreiflich. Wie hindernd aber für die Entwicklung eines ernst arbeitenden Schauspielers die jahrelange praktische Durch-führung dieses Prinzips sein mußte, liegt auf der Hand. Alle Gelegenheiten, sich an dem Beispiel großer Künstler, denen man in der Fremde begegnete, zu bilden, gingen verloren, von dem un-günstigen Einfluß des stundenlangen Herumstehens in den Coulissen ohne eigentliche Aufgabe gar nicht zu reden. Für mich trat noch Etwas hinzu. Bülow, von dem Wunsch geleitet, mich seiner Wirkungs-sphäre näher zu bringen, mahnte, bei gebotenen Gelegenheiten gute Musik zu hören, so z. B. Rubinstein, der mir fremd war, den jungen d'Albert, für den er sich begeisterte, eine Aufführung des Tristan in Wien. Auf alles dieses hatte ich zu verzichten. Selbst Bülow's eigene Concerte zu besuchen, war mir nur in seltenen Ausnahme-fällen vergönnt.

Auf meine in Dresden sogleich persönlich vorgebrachte Bitte um Urlaub meinte Herr Chronegk, trotz größter Bereitwilligkeit seiner-seits, doch erst die besondere Bewilligung des Herzogs telegraphisch einholen zu müssen. Da ich grundsätzlich mit solchen Gesuchen äußerst sparsam zu verfahren pflegte, hielten wir diesen Vorbehalt für eine Formsache, waren der Bewilligung sicher, und als die Stunde des letzten Zuges, der uns noch rechtzeitig nach Meiningen bringen konnte, da war, ohne uns die Herzogliche Antwort gebracht zu haben, glaubten wir, durch die Abreise nichts zu riskiren und bestellten uns die Nach-sendung des Telegramms nach Eisenach, wo man damals zu über-nachten gezwungen war. In der That wurde es uns dort am Morgen des Concerttages zugestellt — der Herzog war auf einem Jagdschlosse gewesen; es lautete: „Da ich Ihnen, ohne Chronegk zu fragen, nicht Urlaub ertheilen kann, telegraphirte ich diesem über diese Sache, erhielt aber noch nicht Antwort. Da Montag Sie als Elisabeth auf-treten, würde es für Sie mißlich und schwierig sein, zu rechter Zeit für diese Rolle gerüstet im Residenztheater zu sein. Georg."

Es machte keinen Unterschied für mein Wiedereintreffen in Dresden, ob ich sofort, oder nach mehrstündigem Aufenthalt in der, seit drei Monaten von der Hausfrau nicht betretenen, Wohnung zurückreiste; ich fuhr also nach Meiningen; jedoch noch vor dem Nachmittags stattfindenden Concert brachte Bülow mich zur Bahn. („Es war gräulich, l e e r e s Haus", schrieb er mir noch am Abend.) Beim Be-treten des Theaters am nächsten Morgen fand ich eine Probe der Elisabeth-Scenen in vollem Gange mit einer Stellvertreterin. Einem

Verſuch, den Hergang aufzuklären, wurde durch die Art der Be-
grüßung vor dem Perſonal jede Möglichkeit abgeſchnitten. Bülow
antwortete mit der Bitte um meine Entlaſſung, die ſofort bewilligt
wurde, mit des Herzogs Bemerkung: daß „keinem Mitgliede, auch
nicht dem ausgezeichnetſten, geſtattet werden könnte, ſich in eklatan-
teſter Weiſe als über den Geſetzen ſtehend zu deklariren". Ob dieſe
Worte den Fall angemeſſen charakteriſirten, ob eine Berechtigung
vorlag zu einer Auffaſſung, wie ſie in einem Briefe der Intendanz
an mich ſich kundgab: „man unterlaſſe es — in Anbetracht der be-
willigten Entlaſſung — die Dienſtregeln in Anwendung zu bringen
für Ihr geſetzwidriges Verfahren, ſich trotz verweigerten
Urlaubs von hier zu entfernen" — all dies iſt von keiner Seite
je zur Erörterung geſtellt worden. Jahre hindurch wurde bei jeder
denkbaren Veranlaſſung der Vorfall durch die Preſſe benutzt, um das
Eherne der Meininger Prinzipien zu erhärten.[1]

An dieſer Stelle aber durfte ein kurzer Bericht darüber nicht
fehlen. Denn er zeigt, was einem Bülow, nach aufopferndſter Thätigkeit, im Augenblick der Rückkehr von Triumphen, die dem Meininger
Namen überall die größten künſtleriſchen Ehren eingetragen, geboten werden konnte.

349. An den Herzog Georg II. v. S.-Meiningen.
Meiningen, den 8. December 1884 Abends 7 Uhr.

Durchlauchigſter Herzog! Gnädigſter Fürſt und Herr!

Für Ew. Hoheit Erwiderung und gnädigſte Bewilligung des
Ausſcheidens meiner Frau aus einem weder ihrem Talente
noch der Stellung ihres Mannes entſprechenden Dienſtverhält-
niße ſage ich zuvörderſt meinen unterthänigſten Dank.

---

[1] Die Faſſung lautete ſtereotyp: Frau Schanzer war ohne Urlaub
zu nehmen nach Meiningen gefahren und deßhalb zur Verantwortung
gezogen worden, da bei einem Kunſtinſtitute u. ſ. w. u. ſ. w. auf ſtrenge
Disciplin gehalten werden müſſe, der der erſte wie der letzte Künſtler unter-
worfen bleibt. — Für ſo effektvoll hielt man die Verſion, daß ich ihr noch
am 1. 6. 1906 im „Hamburger Correſpondenten" begegnete in einem
Artikel „Antoine und die Meininger". Dort hieß es u. A.: „Das geht ſo
weit, daß die Gattin Hans v. Bülow's, einer der Sterne der ‚Meininger‘,
ſofort aus dem Theaterverbande entlaſſen wurde, als ſie ſich weigerte,
dieſe angeblich mit ihrer künſtleriſchen Würde nicht vereinbare Neben-
thätigkeit auszuüben. Infolge dieſes Conflicts nahm auch ihr Gatte ſeine
Entlaſſung." — „Et voilà comment on écrit l'histoire", hätte Bülow
unzweifelhaft hierzu bemerkt.

Dero höchste Entscheidung gibt mir den Muth, nun auch meinerseits ein gleiches Gesuch zu unterbreiten.

Im Laufe dieses Jahres bin ich allmälig zu der Erkenntniß gekommen, daß auch ich eine Dissonanz bilde, indem ich mich aus dem früher geträumten Einklange mit den von Herrn Intendanzrath Chronegk repräsentirten Meininger Prinzipien mälig immer weiter entfernt habe. Dieser von mir selbst eben so sehr beklagten, als außerhalb meines Remedurbestrebens liegenden Thatsache kann sich auch die wohlwollendst gefärbte Anschauung Ew. Hoheit nicht verschließen.

Hierzu treten noch zwei weitere Faktoren.

Erstlich: scheint mir die ehrenvolle Aufgabe, mit welcher Ew. Hoheit mich zu betrauen geruht hatten, künstlerisch erfüllt. Was zu erreichen war, ist erreicht worden: ein crescendo ist nicht mehr denkbar bei den bestehenden Verhältnißen. Der Mohr hat seine Arbeit gethan.

Zweitens: mögen Ew. Hoheit zu bedenken geruhen, daß ich nur noch wenige Jahre nummificenter Validität vor mir habe und für Überlebende noch nicht ausreichend gesorgt habe.

Nur während des Winters vermag ich, als — noch nicht ausrangirter — Pianist, „Schätze zu sammeln", und sothanes, von mir keineswegs für idealistisch ausgegebenes Bestreben collidirt mit meinen Verpflichtungen als Dirigent der herzogl. Hofkapelle.

Aus diesen Beweggründen wage ich es, Ew. Hoheit unterthänigst zu ersuchen, mir meine Entlassung aus Höchstderem Dienste, sei es zum Jahresschlusse oder zum 1. April,[1] nach der bereits eingeleiteten zweiten Concerttournée der herzogl. Hofkapelle, allergnädigst bewilligen zu wollen.

In tiefer Ehrerbietung verharrt

Ew. Hoheit

bankbarst gehorsamer Diener.

---

[1] Am 10. 12. berichtet Bülow an Wolff: „Ich bin von S. H. am 1. April gnädigst dienstentbunden, ,wenn ich mir's nicht anders überlegt'. Also

350[1]. An Albert Gutmann (Wien).

Meiningen, den 10. December 1884.

Geehrtester Herr!

Während meiner jüngsten Anwesenheit in Wien fand in Ihrem — Atelier — eine Begegnung zwischen mir und einem der Oberpriester des dortigen Wagnercultus statt. Ich nahm diese Gelegenheit wahr, dem geplanten Wagner=Museum des Herrn Oesterlein einige in meinem Besitze befindliche Gegenstände zur Verfügung zu offeriren, welche für die zahlreichen Verehrer des verewigten großen Tondichters von Interesse sein und deßhalb aufbewahrungswürdig erscheinen dürften. Heute habe ich die Ehre, hierbei gedachtes Versprechen zu erfüllen und erlaube mir, Sie um Übermittelung der dargebotenen Schriftstücke an die richtige Adresse zu ersuchen.

Ich lasse nun einige erklärende Worte bezüglich der drei übersendeten Reliquien in chronologischer und zugleich axiologischer Folge sich anschließen.

Nr. 1. „Famöses Blatt", vom Meister selbst so mit Rothstift überschrieben, als er es mir in München 1864 zum Geschenk machte, stammt aus dem Winterhalbjahre 1839—40 seines Pariser Aufenthalts. Diese Illustration seines damaligen Existenzkampfes ist durch den Contrast der beiden Seiten des Blattes beredt genug, als daß es einer weiteren Glosse bedürfte. Doch sei auf S. 19 Theil I der gesammelten Schriften (auto=biographische Skizze) zum Überflusse hier noch hingewiesen.

Nr. 2. Franz Liszt's Manuscript seiner Bearbeitung der Tannhäuser=Ouvertüre stammt aus dem Jahre 1850 und wurde mir im Herbste dieses Jahres vom Autor, meinem nachmaligen hochverehrten Meister und Gönner, nach der e r s t e n Aufführung des Lohengrin (überhaupt) in Weimar 28. August 1850 zum Präsent gemacht.

Concerttournée der Kapelle im März hat statt: muß so aus= und ergiebig als denkbar — bérangirt werden."
  [1] Theilweise abgedruckt in der „Teutschen Ztg." 18. 12. 84.

Nr. 3. Last and least; Partitur und Stimmen des Vor-
spiels zu „Tristan und Isolde", aus denen zum erſten Male
dieſes Stück am 18. März 1859 in einem Prager Wohlthätig-
keitsconcerte zur Aufführung gekommen iſt, unter der Leitung
Ihres [u.ſ.w.]

351. An Mathis Lussy (Paris).
Meiningen, ce 27 Décembre 1884.

Cher monsieur!

— — Hélas — la charmante perspective de Vous serrer
la main à Paris s'en va en fumée. Après l'inqualifiable
article du Figaro (que je considère comme le vase contenant
la quintessence du Paris parisien) dans le numéro du 17 Décembre — malveillant et menteur au superlatif — j'ai tout
à fait abandonné l'idée d'aller braver les antipathies de
l'Une et Indivisible (socialement et artistiquement parlant)
contre ma — nationalité. Cette »captatio malevolentiae«
(j'en connais l'origine) est trop significative. Je ne suis
plus assez — débutant pour exposer »internationalement«
ma pauvre personne sur un terrain aussi hostile[1].

Agréez donc, cher Monsieur, avec mes vifs remercîments
l'expression de mes regrets. — —

352. An Marie von Bülow (Meiningen).
Berlin, Sonntag früh, 28. December 1884.

Wie geht Dir's? Leider wohl weniger friſch wie mir: Der
Abreiſende hat ſtets eine angenehmere Rolle als der Zurück-
bleibende. — —

---

[1] Ein „Walter Vogt" unterzeichnender Wiener Correſpondent des
‚Figaro' bemühte ſich ſeit Jahren, obige Epitheta zu verdienen. So wieder
im Anſchluß an den Verſuch Speidel's, „critique d'art de la plus haute
autorité", Beethoven vor der „licence toute cavalière" zu ſchützen, mit der
ihn Bülow interpretire. „Qui est donc M. de Bülow, pour qu'il puisse
s'arroger" etc. etc? „C'est l'ex-gendre de Liszt, c'est un très bon pianiste
et chef d'orchestre, voilà tout. Avec un aussi mince bagage, il fera
bien" etc. etc.

Der gestrige Abend wurde in der Singakademie verbracht. Joachim'sches Quartett. Das ist das Einzige, womit Berlin in künstlerischer Beziehung Schabbes machen kann. Sie spielten Haydn und Cherubini wirklich ideal schön, eines der letzten Beethoven'schen jedoch weit weniger. Der Saal war zu ²/₃ ausverschenkt!!! Skandalös. Hatte eine flüchtige, nicht unfreundliche Begegnung mit Joachim bei Wolff. — —

353. Moskau, Mittwoch 31./19. December 1884.

M'y voilà. Gottlob, daß diese 60 Stunden Eisenbahnfahrt nicht sogleich da Capo gemacht zu werden brauchen! Man wird beinahe so dumm als schmutzig davon! — —

— — Ich bin noch quasi im Rausche. Diese Stadt ist gar zu originell, allen europäischen Schwestern gar zu [un]ähnlich. — — Meine ciceronessa war die charmante Frau Pauline Erdmannsdörfer, die mich auch nebst dem Herrn Gemahl vom Bahnhofe abholte. — —

354. Moskau, Dienstag 6. Januar 1885 (25. Dec. 1884).

— — Tschaikowsky war sehr gerührt, als ich ihm seine Sachen vorspielte und um remarques bat: „mais — vous réalisez parfaitement mon idéal!" Dem Conservatorium und anderen lumpigen Individuen gegenüber habe ich auf's Energischeste Klindworth's Partei genommen und erklärt, ich würde erst dann „die Ehre haben" können, wenn sie ihr unqualifizirbares Benehmen gegen meinen Freund und Kunstgenossen, der ihnen die 14 besten Jahre seines Lebens und seine volle Kraft gewidmet, irgendwie reparirt haben würden. Vielleicht verschafft mein Auftreten Kl. eine nachträgliche Genugthuung. Espérons-le! — —

355. St. Petersburg, 8. Januar 1885. 27. Dec. 1884.

— — Nachmittags 3¹/₂ Uhr.

Von 9—12 war also Probe. Ich habe mir das ganze Orchester, Nb. 100 Mann, durch Energie und Humor erobert und werde

einen neuen großen Sieg für unseren erlauchten Meister Brahms
erfechten, trotz der musikalischen Zukunftsruffen à la Cui, die bis
dato nichts von ihm wissen wollten. — — Das wäre ja demnach
kein so übler Anfang für mein neues Lebensjahr.

In einer Viertelstunde drangsalirt mich Cui mit seinen
neuen Oeuvres. Brrr! Diese 101 Eitelkeiten und Selbst-
suchterl! — —

356. St. Petersburg, 10. Januar 1885. 30. Dec. 1884.

— — Gestern war ein heißer Tag — nämlich gesellschaft-
lich. Erst um zwei heimgekommen! Mit dem alten Meister
Adolf Henselt bei Davidow drei Stunden Whist gespielt, dann
Klavier, 30—40 Musiker (Conservatoriumsprofessoren, Pia-
nistinnen, Maler Brütow, Turgeniew's Arzt u.s.w.) anwesend
— endlich soupirt, getoastet, Anekdoten erzählt — dann im offenen
Schlitten (andre gibt's nicht) bei 14 Grad unter Null nach
Hause. Hm? — —

Heute Abend nach Concert unvermeidliches offizielles Abend-
essen. Morgen mit dem Frühesten nach Helsingfors, 14 bis
15 Stunden Fahrzeit. Montag und Dienstag daselbst Concert
(Solo). Mittwoch die nämliche Fahrt retour. Donnerstag hier
Solosoirée. Freitag 12stündige Fahrt nach Dorpat — Samstag
und Sonntag Concert — Montag zurück — dann Gottlob Rest
der Woche hier, aber mit vielen Proben, die, weil sehr kurz,
extraordinär anstrengend: man muß Alles, was man zu sagen
hat, comprimiren, concentriren, condensiren.

Also Daniela bei Dir? Freut mich sehr. Ich baue auf
Dich, daß Du mir mein Schmerzens-Herzenskind allmälig etwas
verbülowst — — wozu sie so schöne Anlagen hat. Viel
Plaisir in der Statisten-Manège!

$1/_2$3 Uhr. Eben mit Rubinstein, der von Peterhof herüber-
gekommen — des Concerts wegen — und anderen Musikern
dinatoirement déjeunirt. Es war sehr nett, aber sehr! Und
die vorhergehende Generalprobe ging — 3mal unberufen! —

ganz vortrefflich, zu unserer und der zahlreichen Publikümmer-
linge Befriedigung. — —

357.   Helsingfors, 1. Januar 1885 (13. n. St.).

Wie geht es Dir? Mir troh starken Hustens und unruhigen
Schlafs heillos gut — ich habe Riesenkräfte in's russische Neujahr
herübergenommen. Aber bin ich denn noch in Rußland? Hier
wird nach europäischer Zeit gerechnet, hier wird so viel Deutsch,
Finnisch und Schwedisch gesprochen, auch nicht mehr nach
Rubeln gerechnet, sondern nach Mark und Penniä, die aber nur
den Werth der französischen Franken und Centimes haben —
auch die Postmarken sind, wie Du siehst, andere. Enfin, die Stadt
ist wunderschön originell — meine Fenster gehen auf den Markt
und das bunteste Volksgewühl — im Hintergrunde zahllose
festgefrorne Schiffe. Hotel höchst elegant, luxuriös, dabei nicht
theuer — Verpflegung erträumbar verlockend. Aber ein Mangel
an Zeit, der unerhört. Die Leute verfolgen mich mit Respekt,
Anbetung. Weißcravattirte Deputationen des Orchesters, der
Musikschule u.s.w. Gastfreundschaft bis zum Exceß. Dabei
in den Concerten eine Andacht und dann ein Getobe, wie es
bei uns z'Haus — selbst in Wien, so überschwänglich nicht vorkommt einer Primadonna sans couture gegenüber.

Wäre ich nicht — verschweigen wir's, wie alt — das könnte
mir kolossal zu Kopfe steigen, namentlich die hübschen Hand-
kuß appliziren wollenden, „damischen Elemente" — so aber
brauchst Du noch nicht zu — elisabêthisiren.

Denke Dir, wen ich getroffen nach 22jähriger Begegnung —
Hammerich's wunderschöne Schwester Thyra — verheirathet an
einen Professor der Mathematik Neovius. Haben mir gestern
hier im Hotel ein kleines Diner gegeben — wofür ich ihnen
Nachmittag „zur Erholung" die drei letzten Beethoven'schen
vorgespielt: heute speise ich bei ihnen. — —

[Begegnungen.] Wer behält die Namen, die Bezüge!
Welcher Wirbel!

Heute habe ich mich hermetisch eingeschlossen, um zu üben (neues, d. h. lange nicht gespieltes Programm) um diesen Bogen zu füllen, auch ein paar nöthige Briefbrocken — — zu expediren.

Doch halt — ich habe ja die Hauptsache noch vergessen: der Erfolg meines Samstagconcerts in Petersburg. Hätteſt dabei sein sollen — weiter sage ich nichts. Brahms' III. dritter Satz dacapirt — in Rußland unerhört bei ernster Musik! Tschaikowsky-Marsch, der vor zwei Jahren durchgefallen war, auf's glänzendſte rehabilitirt. — —

Noch Eins — kurz vor dem Concert, etwas ganz und gar nicht a tempo, machte mir Bernhard v. B.[1] seinen Gegenbesuch. Wir gefielen uns beide leider zu gut — es ist der netteſte Namensvetter, der mir noch vorgekommen (leider total unmusikalisch, was sich auch auf vieles Andere erstreckt) — [so]daß er über 1½ Stunden blieb. Ich will nicht vorschnell sein und Lacerta meinen Consens und Segen geben, aber vielleicht doch noch? Quien lo sabe?

Adieu, chère, très chère. — —

358. Dorpat 17./5. Januar 1885.

— — Das Soloconcert [Petersburg] — in ungeheurem, kaum halb vollem Saale — Saison ist für Concerte jetzt schlecht — Alles strömt in die Theater — hatte seine allerlei — Ungemüthlichkeiten. Eine dermaßen keuch- und krampfhustenlustige Zuhörerschaft, daß ich ohne Anton Rubinstein's Gegenwart nimmer der Versuchung hätte widerstehen können zu sagen: quand Vous aurez fini — Brahms hatte kaum succès d'estime — (das Publikum ist durch die „Grünfelde" und ähnliche Klavierspaßmacher sehr heruntergekommen) — bei Rubinstein erwärmten sich die Leute endlich, und zwar so stark, daß ich die Fuge sowohl wie Barcarole bissiren, am Schlusse noch eine Liszt'sche Etüde

---

[1] Fürst Bülow, deutscher Reichskanzler.

— Gnomenreigen — und ein morganatisches Stück von Rhein=
berger[1] zuzugeben veranlaßt wurde.

Wie's hier wird? Universitäts= und Schulferien thun
großen Abbruch — der illustre Dérangeur Wolff hätte jetzt Riga
wählen müssen und acht Tage darauf Dorpat. Er macht über=
haupt nichts wie Fehlgriffe und — dennoch — ohne ihn könnte
ich nichts zuwegebringen. — —

Dorpat, 18. 6. Januar 1885.
— — Gestriges Concert war sehr zufriedenstellend. Schöner
akustischer Saal — prachtvoller Flügel — höchst andächtiges
und warmes Publikum — ich habe zum ersten Male — (nein —
zum zweiten) in Rußland den Kritiker Bülow befriedigt. Große
Satisfaction gewährte mir die Durchsetzung des hier bis=
her abgelehnten Maëstro Giovanni [Brahms]. Heute Abend
soll dies Geschäft mit ungeschwächter Kraft fortgesetzt werden,
trotzdem starke Erkältung — nächtliche Hustenserenaden — den
Cadaver besitzt (Activ von Besessensein). — —

Dein herzliches Verhältniß zu Daniela freut mich sehr:
es gibt mir den einzig möglichen Trost für ihre Entfremdung
von mir — die logische (Logik = „Unerbittlichkeit") Folge des
Bayreuther Fanatismus. „Bekehrungs"velleïtäten in Bezug
auf sie habe ich Gottlob vollkommen entsagt. — — Gebe der
Himmel ihr alles ihr zusagende Lebensglück in ihrer anerzogenen
Einseitigkeit! — —

359. Petersburg, 20./8. Januar [1885].
— — Zum Schlafen werde ich wenig Zeit finden, denn ich
muß die eben angekommene Partitur der Suite von Tschai=
kowsky studiren, die ich morgen früh zu probiren habe. — —

360. Petersburg, 22./10. Januar [1885].
— — An Daniela's Mutter hiesige Porträts von Wagner
(aus dem Jahre 1863) expediren lassen. Sag das meiner
Tochter. — —

---

[1] Aus Op. 113, für die linke Hand allein.

361.   24./12. Januar 1885.

— — Heute noch große Probe, wie gestern von 9—12. Am Nachmittag spielte mir eine bezaubernd bezauberte russische Pianistin Concert von Tschaikowsky vor, der sich's anhörte — bei welchem Anlaß ich Kenntniß seiner Intentionen profitirte; heute über acht Tage spiele ich's in Moskau.

Abends von 7—10 wurde mir Klavier vorgeklimpert. Herr Jott von Mannheim! Darnach spielte ich von 10—11. Um ½12—2 Uhr bei Dawidow in seiner Wohnung (er ist Direktor des Conservatoriums) Soirée. Hm!

Ich wundere mich selber über — was ich aushalten kann. Und was habe ich nicht täglich noch abzuschütteln oder mir vom Leibe zu halten!

Doch jetzt zum Frühstück mit Memoriren der Tsch. neuen Suite, die heute noch ganz gehörig ausgefeilt werden muß.

Deine entente cordiale mit Daniela freut mich ganz unsäglich. Herzliche Grüße an Deine neue Freundin! Wie geht's Deinen Eltern? — —

362.   Riga, ce 26/14 Janvier [1885].

Tu recevras un billet fort ennuyeux cette fois-ci, car on dit que rien n'est ennuyeux comme un homme heureux.

Et pour heureux je le suis. — — La soirée de samedi [Petersbourg] a été une des plus belles de ma vie d'artiste. J'ai conquis tous les cœurs russes, et cela valait la peine. Si vous aviez pu être témoin de ces démonstrations chaleureuses d'admiration, d'estime, d'affection — j'en suis encore tout ému, rien qu'en y songeant. Que d'accolades et d'embrassements après des ovations qui n'en finissaient point! Il me semble que St. Pétersbourg est devenu mon véritable „Trautheim". — —

Je t'embrasse tendrement ainsi que notre chère Daniela, si elle se trouve toujours abritée sous notre toit. A propos — tu as tout le temps pour le rangement de mes papiers aux mois de Février et de Mars. — —

363. An Hermann Wolff.

[Moskau, 1. Januar 1885, 20. December 1884.]

Geehrter Herr Wolff!

Darf ich mit meinen besten Gratulationen zum 20. December 1884 a. St. mir zum 1. Januar 1885 n. St. wünschen, daß Sie mir meine Concertengag- und arrang-ements „noch" schöner com-poniren und -biniren werden?

Sehen Sie mal, da bin ich seit gestern früh hier (Dank Max und Paulinen sehr gut im Hotel Billo einlogirt), genieße das denkbar humanste Wetter, guten Caviar, Thee, excellenten kaukasischen Wein à 1 Rbl. die Flasche — aber vernasche meine jetzt eben leider ausverkauft stehende Zeit, sintemal ich Samstag erst spiele und dann wieder mal erst Samstag dirigire, ohne zu spielen. Daß Reval und Wiborg ausgefallen sind, darüber brauchen wir uns Beide keine (Bart-) Haare ausfallen zu lassen, aber, aber . . . . . — — Ich bitte um aller sieben Noth-helfer willen die Februartournée etwas praktischer zu instrumentiren! — —

364.   Dorpat, 19./7. Januar 1885.

— — Vom Carlsbad Nr. 19 läßt sich die russische Biene nicht — zähmen. Enfin. Morgen früh bin ich in Petersburg. Schön. Vor Sonntag Mittag kann ich nicht fort — 24 Stunden dauert die Reise. Abends also Concert — bon. Aber le lende-main Mitau — ich komme nicht auf meine Kosten — Sie be-rechnen niemals meine Kraftausgabe.[1] Spiele ich Mittwoch nochmals in Riga — so komme ich erst am Concerttage Samstag nach Moskau, und die Probe gibt eine unvergleichliche Hetzjagd, denn die Musiker gehen 5 Minuten vor 12 aus der Probe fort. — —

Um's Himmelswillen, daß nur Warschau besser klappt! Wo wohne ich dort? An wen habe ich mich zu wenden? Wann

---

[1] „Sie rechnen einzig mit dem H a b e n und zu wenig mit dem S o l l." 4./16. Jan. 85 an Wolff.

ist Orchesterconcert, wann Solosoirée? Was soll in ersterem gespielt werden? Wer dirigirt?

Diese Fragen sind doch, weiß Gott, keine überflüssigen! — — Ich scheue mich nicht, Briefe zu schreiben — Sie haben mich dazu — eingeschult — aber muß doch wissen, an wen! — —

Wichtig ist mir Concert in Berlin 28. März. Nb. Singakademie, beileibe nicht Philharmonie. Die vorjährige Moszkowski'sche Ausstellung wird diesmal ihre Begründung verloren haben: Meininger spielen für das Lokal jetzt fein genug. Mein Programm wird sehr attractiv sein — deshalb verschweige ich es zur Zeit. — —

365. St. Petersburg, den 22./10. Januar 1885.

— — Eugen Onägin mit großem Interesse und Vergnügen neulich gehört. Chöre und Orchester süperb. Naprawnik first rate conductor. Sänger médiocre. Haus ausverkauft (14. Vorstellung). — Componist kam heute Vormittag direkt vom Bahnhofe in unsre Probe seiner ziemlich schwierigen Suite Nr. 3 (Max Erdmannsdörfer dedizirt), die „aber" ganz prächtig ist. Um wieviel Nasenlängen ist uns nicht Ost und West voraus! Selbst Massenet's Roi de Lahore ist Manna gegen eine sogenannte deutsche Oper, sei es von einem Wagnerianer oder Antisolchen. — —

366. An Frau Pauline von Brocken (Lübeck).

Hamburg, 9. März 1885.

Gnädigste Frau!
Verehrteste Freundin!

Vor dem Kreisgericht fürchte ich mich, das über mich in dem trauten „reisgericht"lichen Kreise abgehalten werden dürfte, wenn ich erst nach 3 Uhr eintreffen sollte, wie es den Anschein hat.

Nämlich: Sie wissen, oder wissen nicht, daß ich vor 3 Wochen einen Fall oder Unfall hatte, der meinen linken Arm noch heute in schmerzhaftester Invalidität gebannt hält. Da ist es nun mein erster Morgenberuf, mich massiren zu lassen. — —

Frl. Marianne [Lübecke] — der ich vor Empfang Ihrer gütigen Zeile begegnete — stellte mir in Aussicht, daß sie sich an die Spitze einer von Frei= zu Freistadt den Meiningern nachpilgernden Karawane stellen würde — also . . . . .

367. Bremen, 13. März 1885.

So leid es mir ist, vor 3 Uhr 5 Minuten vermag ich nicht in Lübeck einzutreffen! Um 7 Uhr Concert — da dürfen Sie mich im Interesse Ihrer klugen schönen Ohren nur zu einem Temperanz=Imbiß laden! Also, da Sie befehlen, daß ich befehle —: Menu:

Consommé au riz.

Fricandeau de veau au riz. (resp. Poulet au riz.)

Gâteau de riz. Halt — Getränke: Reiswasser, Thee, Arrak. Geprüftes Gold im Fideliofeuer à discrétion, wie Ihr Herr Gemahl wünschen wird, dem man doch auch ein Wort mit=zuseufzen gestatten muß. Frl. H. willkommen. Sonntags fahren Sie mit mir zur Matinée („West und Ost"[1]) im Hamburger Stadttheater. — —

Wie bitter bereuen Sie wohl das mir blindgeschenkte plein pouvoir! Nun — die Egmont=Ouvertüre soll versuchen zu dämpfen Ihre Indignation über Ihren in treuer Verehrung ergebenen Basler Klavierverlehrer.

368. An Hermann Fernow (Berlin).

Hamburg, 16. März 1885.

— — Letztes Bremer ausverkauft. Gleichzeitiges erstes Debüt von Götze (Faust) hatte ein — leeres Haus. Das ist

---

[1] So war das Programm betitelt: Berlioz' Corsar-Ouvertüre, Saint-Saëns' Tarantelle für Flöte und Clarinette, Lalo's Andante und Finale aus der „Suite Espagnole", Saint-Saëns' II. Sinfonie. II. Theil: Glinka's Ouvertüre zu Leben für den Czar, Cui's Suite miniature, Borodin's Karawane in der Steppe, Glinka's Balletmusik aus Leben für den Czar.

einer unserer schönsten Triumphe. [Theaterdirektor] Hoffmann ging mit Selbstmordsgedanken um. Vor Schumacher[1] alle Hochachtung! Hat sich in jeder Hinsicht gentlemanlike benommen, was er bekanntlich nicht aussieht. Habe selten fideleres Defizittern gesehen! Er bittet dringend um gelegentliche Wiederholung. Zu bewilligen. — —

369. Stettin, 17. März 1885.

— — In Stolp und dergleichen spiele ich nicht — ich ruinire mich bereits genügend im herzogl. Dienste. — —

Und das Schlimme ist das Beispiel: verbreitet sich die Nachricht, daß ich in irgend einem Neste gespielt, so verlangt jedes ohne Ausnahme dieselbe Concession, und Sie entwerthen mich und machen die Concerte der herzogl. Hofkapelle aus Sinfonieconcerten zu Klavierconcerten mit Begleitung der herzogl. Hofkapelle a u f m e i n e K o s t e n. Ich danke. — —

Gerädert von 6stündiger Fahrt vermag ich im kalten Zimmer nicht einmal auszuruhen und soll Abends mit Schmerzen für einen Theaterdirektor spielen, der uns nicht einmal auf die Reisekosten hilft! Z e n i t h d e r A b s u r d i t ä t. — —

370. K ö n i g s b e r g i. Pr., 21. März 1885.

— — Himmlischer Druckfehler von Hübner u. Matz Ihnen zugeschrieben:

Feste Burg ist m e i n Gott.

Mein Jott!

Stolp hätte P a r s i v a l v o r s p i e l und T ü r k i s c h e Schaarwache „gewünscht" — also Brenner-Parlow-Bilse-[2] Terrain! — —

371. L a n d s b e r g a. W., 27. März 1885.

Es lebe Landsberg, es leben alle kleinen Nester! — —

Überhaupt, diese von Herrn Wolff mir seit zwei Jahren so riesig extatisch angepriesene Osttournée! — —

---

[1] Unternehmer der Meininger Concerte in Bremen.
[2] Dirigenten von Volks- und Gartenconcerten.

Nb. hier hat man mich zum Professor (auf dem Zettel)
ernannt. Ich fürchte Proteste von Wüllner und Mannstädt. — —

372. An Marie von Bülow (Meiningen).

Barmen, 13. Februar 1885.

— — Habe bereits verflucht viel gethan — Programm
reformirt. Werde wahrscheinlich Faustouvertüre morgen dirigiren (als Todestagsanspielung), wenn nämlich in der Eile
Noten auftreibbar. — —

Barmen, Samstag früh [14. Februar 1885].

Mir ist wie im Traume. Was ist mit mir los? Der Teufel
bin ich ganz sicherlich nicht, also doch wohl am Ende gar ein
Genie? Die Leute gestern in der Generalprobe geberdeten sich
rein wie Besessene. Ich glaubte, noch in Warschau zu sein.
Übrigens — die Rheinländer sind eine ganz aparte Rasse —
diese Prachtstimmen! Ein Chorgesang, wie ich ihn selbst in
— Meiningen nicht schöner gehört. — —

373.   Rostock, Dienstag, 17. März 1885.

Während Du, hoffentlich gemüthvoll, bei Louis Abel er-
wärmenden Wartekaffee schlürfst, schreibe ich Dir diesen Morgen-
gruß aus einem recht gemüthlosen, weil teppichlosen, sitzbad-
losen Hotel [1] unter Begleitung von akustischen Grippemani-
festen, welche lebhaft an den dritten Akt des schwarzen Kapitains
erinnern.

Noth, als Mutter aller Künste, hat mich auch allerlei neue
heilgymnastische Kunststücke gelehrt, mit denen ich bei glücklicher-

---

[1] Wiederholt gab Bülow seinen Gefühlen über die ihm auf den Reisen
auferlegten Gasthofsunbequemlichkeiten launigen Ausdruck. So z. B.
schrieb er mir am 3. 3. 86: „Peinlich kleinlich, wenig reinlich, frostig rostig,
lyrig schmierig, oh oh, oh! Dieser geflickte Teppich, auf dem der Tisch wackelt
wie eine Damentournüre u. s. w." Und aus Erfurt 23. 1. 89: „Es ist mir
endlich mal wo eine R e f o r m (freilich in Luther's Residenz) geglückt.
Ich habe eine Sitzbadewanne eingeführt und eingeweiht. Der Wirth war
ambitiös genug, den Kauf nicht zu scheuen. Also für einen künftigen Abreiß-
kalender: 22. J a n u a r. Einführung der Sitzbadewanne im Erfurter
‚römischen Kaiser' durch Hanuschinski, den Taktir-Aujust".

weise wohlgeheiztem Zimmer in Reinlichkeit und Kleiderlichkeit hineingekommen bin.

Gestriges Concert brillant. 1800 brutto. Kapelle hat besser als in Hamburg gespielt, was mir besonders lieb, da das Rostocker Programm — mikrokosmisches Persönlichkeitsprogramm [1] — zugleich das Berliner und Leipziger der letzten Märztage sein wird. — —

Vor Stettin graut mir sehr. Aber chi non risica, non rosica. Schubertfantasie ohne Probe (vor vier Monaten gespielt) reizte mich, wenn die gräulichen Schmerzen nicht wären. — —

374.   Stettin, 18. März 1885.

— — Hier das Programm, auch das Rostocker, für die Sammlung. Die Stettiner Stücke waren alle vor 15 Wochen (Tarantella ausgenommen) zum letzten Male gespielt worden. Alle Achtung vor meinen Leuten, nicht wahr? Wäre es zu errathen, womit sie sich auf der Reise die Zeit vertreiben? Sie lesen den Wallenstein mit vertheilten Rollen. — —

375.   Stolp, 19. März 1885.

Bin ich nicht rührend? Noch bevor ich einen ersten von Dir erhalten, sende ich Dir den dritten Gruß.

Hinterpommern sind — Vorderkaffern. — —

Am Concertschlusse erhalte ich eine Einladung von Referendaren, ihren Abend (Kneip?) zu verherrlichen, indem ich „mit bekannter Virtuosität" Lieder begleiten möchte.

Fleischhauer sendet die Karte an Leßmann. Die naiven Jünglinge waren natürlich nicht in dem vollen aber doch unrentablen Concerte, sonst hätten sie ja den beifolgenden Zettel lesen müssen [2].

— — Blieb schwitzend liegen — netto 12 Stunden.

[1] Berlioz „Corsar"-Ouvertüre, Brahms III. Sinfonie, Wagner „Faustouvertüre", Beethoven IX. Sinfonie ohne letzten Satz.
[2] „Eine Verschlimmerung seines Armleidens behindert Herrn v. Bülow am Vortrage des angekündigten Clavier-Concerts; statt dessen" u. s. w.

Hätte ich das nicht gethan — Danzig stünde heute Abend in Frage.

Was sonst?

Ja — was Wichtiges. Habe gestern Nachmittag an — Herzog geschrieben, ihm einen Einfall unterbreitet:

„Wie wär's, Ew. Hoheit offerirten dem Jubilar des 1. April eine Morgenmusik der herzogl. Kapelle — zur Vor= feier — (also 28. oder 30. März). Der Reichskanzler liebt Beethoven, das ist bekannt, und als nachträglichen akustischen Schadenersatz für die langjährige Kammer=Jammer=Musik, welche die Meininger Abgeordneten Lasker und Baumbach den durchlauchtigsten Ohren angethan."

Ziemlich wörtlich so. — —

376. Danzig, 20. März 1885.

— — Gott diese Autographenmanie! Bei Nr. 4 hatte ich's satt und schrieb:

„Auch für Autographenjäger sollte billigerweise einmal eine gewisse Schonzeit eingeführt werden."[1] — —

Bratschist Funk krank, dienstunfähig. Sehr fatal für Brahms= Sinfonieen! — —

377. Königsberg, 22. März 1885.

— — Die Danziger haben wir vorgestern doch noch ge= hörig in's Feuer gebracht. Dritter Satz der 2. Brahms'schen D dur mußte dacapirt werden — zum Schlusse Oberon= ouvertüre zugegeben.

Hier im Publikum mehr Temperament. Gestern ausver= kaufter Saal und heftiger Applaus bei theilweise unpopulärem

---

[1] Einem freundlicheren Augenblick verdankt folgende Widmung ihre Entstehung:

Sonntag, den haß' ich in England als grimmigen Feind aller Künste;
Sonntag, den lieb' ich daheim, wo er mich heiter erbaut.
Selbst nie feiernd, darum von Heiden und Christen gefeiert,
So erschließest Du uns sonnigen Feiertags Sinn.
Herrn Carl Sonntag in's Album.
Hannover, 4. April 1880 (Sonntags).

Beethoven-Programm. Habe keins bei der Hand. Heute ge=
fährliche Concurrenz im Theater. Neu einstudiert Meistersinger
mit Scaria und Herrn Moran als Walter von Stolzing. Na —
da Einnahme garantirt (für zwei Abende 3500 Mk.) — —

Duca hat telegräflich abgelehnt, Refüs fürchtend, findet aber
die Idee schön und wünscht meinem linken Vorderhufe gnädigst
Besserung. — —

Der kranke Bratschist hat sich wieder erholt. Unsere Leute
sind der Reihe nach glücklich. Einer sieht in Stolp seine ver=
heirathete Schwester wieder, ein anderer hier einen apotheker=
lichen Bruder u.f.w., und das Alles auf herzogl. Kosten. — —

Muß jetzt Louis Köhler besuchen, der sehr liebenswürdig
zwei vor-Artikel über uns geliefert hat. Überhaupt — die Presse
geht gut in's Zeug für uns.

378.   E l b i n g , 24. März 1885.

Der Königsberger Massassageur hat mich in zwei Sitzungen
so wohlmeinend auf die (linke) Schulter ge—klopft, daß ich
eine erhebliche Zunahme von Schmerzen und Bewegungs=
hemmungen seitdem verspüre. „Daß Euch die P—eschka
Leutner!"

In der Stadt der reinen Vernunft habe ich das Evangelium
Simrock nicht ohne Erfolg gepredigt, überhaupt die zahlreichen
Ehrenbesitzer allmälig in möglichste Extase hineingejuchtelt:
am Schluße Ouverture de Jubal unter allgemeinem Aufstande
gezapfenstreichelt. [1] — —

Dinirt und soupirt bei enthusiastischen Fabrikbesitzern (Frau
Zeise, vortreffliche Pianistin, an der Berliner Hochschule ge=
bildet), die auch zu den Concerten nach Danzig gepilgert waren:

---

[1] Das von Bülow ausgehende magnetische Fluidum bewährte sich häufig
bei Gelegenheiten dieser Art. Ein Artikel „Reminiscences of Bülow" in
„The New Review" December 1894 schildert, wie er kurz nach dem Tode
Kaiser Wilhelm's I. im Frühjahr 1888 am Schluß des feierlichen Ge=
dächtnißconcertes die Zuhörer beeinflußt hat. Bülow dirigirte Wagner's
Kaisermarsch ohne Chor [übersetzt:] „wie ein Feldmarschall, mit leiden=
schaftlicher Hingebung. Bei der Stelle, an welcher der Chor hätte einsetzen

der Frau zu liebe habe ich gestern die Dritte von Brahms statt Nr. 4 seines Vorgängers gespielt. Das ist „exotisch" genug. Das Neueste von Br[ahms] in Elbing, wo man das Älteste (Populärste) der Klassiker noch nicht gehört hat — aber enfin — wozu sind Kühnheiten, wenn man sie nicht begeht, nb. da, wo sie blitzartig effectuiren können? — —

Liebes Herz, mache mir das meinige nicht schwer, wenn Du allemal für gut befindest, de jeter de hauts cris, sobald ich meine Mission nach Deiner Ansicht zu weit ausdehne. Mai — Berlin — K[arl] Kl[indworth] muß sein. Wir beide sind bereits alt und müssen unsere Lebensabende nutzen (Philipp II.). — —

Bromberg, 25 Mars 1885.

— — Distances énormes de la gare à l'auberge et à la salle. A peine avons-nous pu commencer le concert à $8^{1}/_{4}$ h. Je crains beaucoup pour mon troupeau. Quelle bénédiction que Vous ne partagiez ces douceurs du métier! — —

379. Landsberg a. W., 27. März 1885.

— — Wir sind alle müde, und namentlich mich droht die Begeisterung zu verlassen: durch Abspielen spielt man sich all= mälig aus. — —

Gespielt habe ich gestern mit weniger Anstrengung als Er= folg. Immerhin ist mir selten ein so „bedächtiger" Fortschritt vorgekommen, wie der der Heilung meiner Schultermuskeln.

Vor Paris würde mir bangen, wenn ich nicht beim Gedanken daran gleich wieder wegdenkte.

soll en und das Orchester den Orgelpunkt aushält, wendete er sich plötzlich um und nur mit einer leichten Bewegung des Taktstocks, oder vielmehr mit der unwiderstehlichen Macht seines Blickes, hieß er das Publikum aufstehen. Es war nur ein Augenblick, und doch konnte die Bewegung nicht mißdeutet werden; sie erhoben sich lautlos, die Tausende in Trauer, und ließen die mächtigen Klangwellen über sich hinfluthen. So gewann durch des Dirigenten zwingende Initiative die Huldigung für den großen Kaiser einen gesteigerten Ausdruck".

Wie findest Du den Pleyel?

Ich gähne viel — ist's, weil ich so lange keinerlei Skandal angezettelt? Ich glaube auch, weil ich heute keinen Brief von Dir empfangen. — —

Hotel auf großem Platze — vis à vis eine alte große Kirche mit Kaufläden umgeben — in derselben eine Trauung. Haufen Gaffer harren der heraustretenden Hingerichteten. Wäre ich ein Journalromancier, ich könnte Deinem Sp. aus Langerweile Concurrenz zu machen versuchen. Auch zum ersten Akte eines Bühnenspiels eignete sich die Dekoration. Der graue Himmel dazu ist aber lähmend für meine Phantasie, die ich lieber in Gedanken an unser baldiges Wiedersehen still wieder aufrichten will.

380. An August Steyl (Frankfurt a. M.).

Stettin, 18. März 1885.

Verehrtester!

— — Leistungen der Kapelle und Erfolge in stetem Crescendo, so daß es wohl eine Sünde an der Musikwelt wäre, wenn ich mich nicht fernerhin für diese Sache „opfern" wollte. Der Ausdruck klingt etwas prahlerisch, aber wenn Sie wüßten, wie ich z. B. gestern Abend mit heftiger Grippe unter fortwährendem Schmerze der linken Schulter mich leidlich aus der Affaire zu ziehen strebend bemüht war, so würden Sie mir einen milden Beitrag zu meiner Selbstbewunderung nicht versagen. — —

Ja — und — Nein bez. Ihrer Frage nach meiner Selbst=concurrenzabsicht als „Büßer". Vermuthlich kann ich im Mai nicht nach London gehen. Dann käme Kl[avier]=Kl[assen]=Kl[indworth] in Berlin vor Frankfurt. Anderenfalls freilich müßte schon im Juli geschwitzt und schwitzen gelassen werden. Diese Berliner Conservatorien müssen geduckt werden. Kl. muß als Lehrer wie als Dirigent auf den ersten Posten kommen. Hierzu beizutragen nach Kräften ist meine Pflicht.

„An einem schönen ruhigen Orte" — „wohlverdiente Erholung sich gönnen" — stammen diese Trivialitäten und dazu
Erlogenheiten wirklich aus Ihrem klugen Kopfe? So oft ich
in meinem Leben Erholungspläne genannter unauffindbarer
Gattung geschmiedet habe — bei der Ausführung stets die
jämmerlichste Enttäuschung, die bitterste Reue geerntet! Wetter,
Menschen u.s.w. hemmschuhten um die Wette! Never more
habe ich noch jedesmal gesagt.

In Berlin gibt's übrigens ebenfalls einen Zoologischen:
Karpfen und Kameele.

Doch davon später. Sie sollen seiner Zeit schon das Wahre
erfahren, von den einstweilen nur auf's Förderlichste zu er-
muthigenden Zeitungsleg—enten.

381. An Johannes Brahms.

[Postkarte]   Meiningen, 30. März 1885.

Theuerster Meister!

Bist Du zufällig der Mitfreude fähig? In diesem Falle
bitte ich um eine stille Gratulation an die Pleißathenienser,
welche gestern Abend so schön capirt
haben, daß Deine Meininger es
dacapiren mußten! [1] (Hans Richter zur Nachahmung —
gestattet).

In treuester Hochverehrung Dein chronischer

Hans v. Bülow.

382. An Eugen Spitzweg (München).

Meiningen, den letzten März 1885.

Mein lieber Freund!

Ein paar Tage muß ich gänzlich rasten. Ich habe mich
während 23 Concerten heroisch gehalten: jetzt bin ich aber

---

[1] Finale der III. Sinfonie. „In Leipzig war publicus noch begeisterter
als Tags vorher. — Anwesend z. E. Auer, Clara Schumann, Reinecke
in der Partitur der Neunten mit seiner Frau nachlesend!" (An Fernow
31. 3. 85.)

zerschlagen und z. B. unfähig, die schlechten Abschriften der
Raff'schen Märsche zu corrigiren. — —

Übrigens, ich werde selbst in den Feiertagen mein Möglichstes
thun. Nb. üben muß ich wie eine Conservatoriumsmamsell
für Paris, wo ich nach d'Albert schweren Stand. O Jugend! — —

Du hast in allen Stücken Recht, z. E. was Königshymnen,
Bismarkmärsche anlangt, den Überfluß an < > in modernen
Partituren, das Schwanken zwischen deutscher und italiänischer
Terminologie. Letzterer gebe auch ich den Vorzug als inter-
nationale und gemeinverständlichste. — —

383. An Fräulein Caroline Molique (Cannstatt).

Meiningen, 2. April 1885.

Sehr verehrtes Fräulein!

— — Grauenvoll war mir der Anblick meines musikalischen
mischief, grauenvoller noch der Gedanke, solch nonsensical stuff
gedruckt zu sehen — der dem Namen des Debicationsopfers
ebenso zweifelhafte Ehre macht, als dem des auf einem Nicht-
bementi seiner bewußtlos begangenen Jugendstreiche ertappten
Greises. —

Ja — wenn Sie's hätten ohne meine Vorwissen, so zu sagen
hinter meinem Rücken drucken lassen, als Curiosität:

„Albumblatt
des Stuttgarter Gymnasiasten H. v. Bw.
aus dem Jahre 1848 (oder gar 47?)" —
dann hätte ich das Protestiren bleiben lassen können!

La fin sanctifie les moyens ist zwar mein Wahlspruch (nicht
blos deßhalb, weil er fälschlich den Jesuiten zugeschrieben wird,
die ich ebenso verehre als ich die free masons abhorrire) aber
Dis moll, so viele ☓☓, so viele kleine Unsauberkeiten formell,
und sogar orthographisch — diese erschwerenden Umstände
würden einen für den guten Zweck wünschenswerthen Ertrag
höchst zweifelhaft machen, und es bliebe nur eine moralische

Blamage übrig, in deren Mitleidenschaft wir doch lieber die barmherzigen Schwestern nicht hineinziehen sollten. — —[1].

Alfred Meißner an Hans von Bülow.

[Straßburg, 8. April 1885.]

Hochverehrter Herr und Freund!

Da ich Sie um 10 Uhr noch nicht in's Hotel zurückgekehrt finde und schlafen gehen muß, um in aller Frühe auf der Bahn zu sein, kann ich nicht anders als schriftlich Ihnen Lebewohl sagen.

Was ich Ihnen in aller Prosa gesagt hätte, sage ich Ihnen nun in Verslein.

Ich grüße den Zufall, ich preise den Tag,
Wo meine Augen fielen
Auf die Notiz: am 8. April
Wird (H. v.) Bülow in Straßburg spielen.

Daß ich mich ferner nicht gescheut
Bei Sturm und Regen zu fahren
Quer über den grauen Bodensee,
Deß freu' ich mich noch nach Jahren.

Dem Tastenbeherrscher, dem Feuergeist
Dank' ich der Seele Erhebung,
Ich dank' ihm Freude, Begeisterung
Und wunderbare Belebung!

Nun zieht er zur Stadt, die keinesfalls
Verdienet, ihn zu hören,
Steigt wie Tamino in den Schlund,
Wo Bestien sich empören.

Sei mit Dir das Glück! Den Deutschenhaß
Besiege mit Deinen Saiten
Und zeige, daß gegen den Unverstand
Die Götter erfolgreich streiten![2]

[1] Frl. Molique verzichtete auf die Veröffentlichung des „Lied ohne Worte".

[2] Die Zeilen waren noch naß, Meißner lief dem abfahrenden Omnibus, der uns auf der Reise nach Paris zur Bahn brachte, einige Schritte nach und reichte sie, herzlich grüßend und winkend, hinein. Er starb wenige Wochen später (29. 5. 85 in Bregenz).

384. An August Steyl (Frankfurt a. M.).

[Paris, Mitte April 1885.] Hotel du Helder.

Verehrter Herr Steyl!

— — Mr. Colonne hatte Interesse meinen, Nb. vor drei
Jahren geschriebenen, Brief zu publiziren, gerade um gegen
G[ustav] E[rlanger] & Co.'s Insinuationen über mich auch in der
französischen Presse zu plädiren. Ich wußte absolut nichts
davon.[1] Wenn ich das den Shocynikern nun auch erklärte, sie
würden's nicht glauben, nicht publiziren. Wozu soll ich also die
Insekten riechen, wenn ich kein Pulver gegen Sie zu verstreuen
habe? Also bitte, bitte recht schön, no more dieser Liebesdienste!
— Nb. Concert am Sonntag war ausverkauftest — Erfolg so,
daß der des nächsten Sonntags unzweifelhaft. Orchester und
Direktion urvortrefflich! Celliniouvertüre zu Anfang so
schön, daß Meininger noch nicht concurriren können. Haben
Sie die Indépendance Belge Sonntag über mich gelesen? Un=
erhörter Hymnus auf den — Pianisten! — — Nächster Tage
nach Rouen, um dort Saint=Saëns' Étienne Marcel zu hören.
In der Oper hier gar nichts los. Aber von Théodora [Sardou]
habe ich nach 24 Stunden noch Fieberrausch! Träumbar
grandiös!

385.   Paris, 23. April 1885.

— — Sonntagsconcert? Bei Brahms [Op. 4.] hatte ich Be=
sorgniß, es würde gezischt werden — le peuple souverain wurde
bedenklich unruhig, räusperte, hustete, stöhnte — ich fragte
Colonne, der vier Schritte von mir saß: dois-je continuer? »Mais
oui.« Erreichte den Schlußaccord nicht mit Mühe und Noth, aber
machte keinen Absatz zum nächsten Stück. „In solchen Fällen
zeigt der Mann von u.s.w." —

---

[1] Nach der Darstellung feindlicher Blätter hätte Bülow Brief und
Beitrag für das Berlioz-Denkmal kurze Zeit vor seinem Auftreten in Paris
an Colonne geschickt. Die Berliner Börsenzeitung erblickte darin „ein
demüthiges Buhlen um die Gunst der Pariser".

Paris immer bezaubernder — —

Gestriges Recital sehr vergnüglich, da ich ausgezeichnet disponirt war. Saal klein (circa 300—350 Personen), „aber" gut besetzt — freilich many dead-heads. Herzogin v. Alençon kam schlüßlich auf's Podium, mich zu becomplimentiren. Sonntag binire ich bei — der Marchesi. Ich erwähne dieß, weil sie ja eine geborne Frankfurterin. S i e b e n Schauspieltheater bereits abgegrast — Gott, welches Heimweh werde ich bei Abreise empfinden! (Théodora war doch der Glanzpunkt.) — —

386. An Hermann Wolff (Berlin).

P a r i s , 24. April 1885.

— — Habe Ihnen rasend viel zu erzählen.

Paris bietet viel Erfreuliches. Aber . . . . man bedürfte meiner hier eben so gut wie an der Newa — Gott, warum ist nicht in mehreren Exemplaren vor- handen und -räthig

Ihr [u. f. w.].

387.

A r a n j u e z , 25. April 1885.

— — Ich bleibe doch in Allem ein alter Ketzer. Die Comédie Française hat mich tödtlich ennüyirt — allerdings die veraltete farce „Le Bourgeois Gentilhomme" und dazu „a Hitz"! Dagegen sind wir über alle Puppen entzückt vom Odéon. „Les Enfants d'Édouard" (Delavigne) — Médecin malgré lui — und gestern Abend Henriette Maréchal [Goncourt] ein Prachtstück, engelhaft gespielt — das war noch ergreifender als Théodora. Fast freut mich's, daß meine Frau zu Denise (conférence aber nicht comédie) kein Billet ergattern kann — seit 14 Tagen — denn das Lokal schon schläfert mich nach fünf Minuten in Schweiß ein. — —

So warm und intelligent das Pariser Publikum sich damals gegen Bülow gezeigt, so wenig läßt sich das von der Pariser Presse behaupten. Im Gegensatz zur österreichischen und deutschen stand sie, als Ganzes genommen, der Persönlichkeit und Bedeutung eines Bülow ziemlich ahnungslos gegenüber. Gewiß darf nicht übersehen werden, daß er 25 Jahre Paris gemieden hatte; eine Unkenntniß aber, wie sie die Kritiker der Ville-Lumière — auch die wohlwollenden unter ihnen — fast in jeder Zeile über ihn verriethen, illustrirt deren damalige inselartige Abgeschlossenheit von dem großen Strom des musikalischen Lebens außerhalb Frankreichs.

Als gäbe es über Bülow nichts zu sagen, flüchten diese Federn zu sensationell hergerichteten Personalien und Klatschgeschichten; gänzlich unbekümmert um Daten und Zusammenhänge stellen sie fast jede Thatsache auf den Kopf. Als typisches Beispiel dafür kann der Artikel des Figaro vom 18. 4. 85 gelten. „Son amitié pour le colosse de Bayreuth, son germanisme avéré et qui pouvait nous paraître odieux, ne l'ont pas empêché d'être accueilli triomphalement il y a huit jours." Mit den Worten „Dire que Mr. de Bülow fut un bon mari serait un compliment menteur" wird die in nicht-französischen Zeitungen fast nie berührte Geschichte seiner Ehescheidung eingeleitet, die mit der Versicherung schließt: „Il faut dire à la grande gloire et de Wagner et de Mme. de Bülow que le mariage — — s'est accompli dans des conditions d'honnêteté tout à fait exceptionnelles. Liszt lui-même — — accepta son second gendre avec enthousiasme" u. s. w. Derartige Versuche, Bülow als Mensch in ein nachtheiliges Licht zu stellen, traten keineswegs vereinzelt auf, sondern wiederholten sich bei jeder Gelegenheit.

Welche Einschätzung der Künstler erfuhr, beleuchte folgende Blüthenlese:

Der „Constitutionnel" v. 14. 4. nennt Bülow „un pianiste de talent", der die Pariser enttäuscht hätte. „Qu'il y eût une petite satisfaction bien naturelle à constater, combien nombre de nos pianistes français sont supérieurs à Mr. de Bülow, je ne le nie pas."

„Un pianiste exotique, à l'égard duquel le public du Châtelet, généralement difficile, a fait preuve d'une extraordinaire longanimité." (Le petit Quotidien 21. 4.)

„Mr. de Bülow ne s'y méprendra pas, et s'il entend durant son séjour en France M. M. Delaborde, Planté, Ritter, Diemer et vingt autres de nos pianistes, il comprendra que sa venue parmi nous n'est pas de nature à nous troubler." (La Presse 13. 4.)

„M. de Bülow a-t-il dans les derniers temps négligé le piano?" (Le Temps 20. 4.)

„M. de Bülow est venu trop tard dans un monde musical trop vieux. Il m'a fait l'effet d'un virtuose qui se fût endormi il y a cinquante ans." (La Patrie 21. 4.)

„Le Moniteur Universel "(28. 4.) beklagt sich, bei dem schönen Wetter in das überfüllte Châtelet gehen zu müssen und sagt wörtlich: „Nous aurons toujours des pianistes allemands parmi nous; mais le soleil" u. s. w.

„Il est visible que Mr. de Bülow n'a pas fait du piano une étude suivie et minutieuse; il n'y a je crois qu'un an qu'il a repris la carrière de virtuose après avoir renoncé momentanément à son bâton de chef d'orchestre. — — S'il veut garder intacte sa renommée d'antan comme pianiste, il lui faudra refaire une étude lente et patiente du piano." (France libre 21. 4.)

Daß eine starke Beimischung von Chauvinismus solchen Aussprüchen zu Grunde lag, ist keine Frage. Ganz unverblümt äußert er sich in dem Ausruf: „C'est une scie! Quand en finirons-nous avec les chaudronniers d'Allemagne?" Um so mehr vermißt man, gerade da es sich um Bülow handelt, der mit solchem Eifer und Erfolg stets für Andere die Kastanien aus dem Feuer getragen, in jenem Augenblick das kräftige öffentliche Eintreten einer der angesehenen französischen Musiker, die in Paris anwesend waren. Zum mindesten hätte Einem unter ihnen die unangemessene Tonart der Kritik auffallen müssen. Daß Bülow im umgekehrten Falle seinen ganzen Einfluß aufgeboten haben würde für Herstellung des diapason normal ist wohl außer Zweifel.

388. An Eugen Spitzweg (München).

Berlin SW., Hafenpl. 4,
7. Mai 1885 (Brahms' Geburtsfest).

Mein lieber Freund!

Gelegenheit günstig. Schicke mir nur die Revision! Kl[indworth] wird freundlich helfen, wie ich ihm.

Marsop mit viel Beifall gelesen.[1] Sag ihm meinen Bravo-Gruß. In Senff wirst Du noch von mir lesen. — —

---

[1] „Neudeutsche Kapellmeistermusik." (Th. Barth, Berlin 1885.)

Sehr eventuell: würde Richard II. gratis, interimistisch, zu seiner Bildung — als Praktiker — während meiner Urlaube in Ost und West die Meininger Kapelle dirigiren mögen, dabei auch den Gesangverein exerziren lassen? Dann . . . . . werde ich dem Duca Meldung thun.

Nb. — Subordination (ich bin bon enfant, nur zu sehr) allerdings requirirt. — —

389.   Berlin, 13. Mai 1885.

— — Bei Durchsicht der Röderei habe ich alle halbe Minuten krampfhafte Schimpfanfälle. Wo die Noten einfach, wird's Papier verschwendet, wo complicirt, damit geknausert. Da lateinische Lettern verwendet sind, müßten alle italiänischen technischen Ausdrücke schräg, in sogenannten „italiques" gesetzt werden. So luminös ist man aber erst bei e i n e m Variationenheft gewesen. Ferner dieses entêtement meine Vorschrift nicht zu beachten: Legato-bogen — von oben, — von unten dagegen, wenn einzelne Noten ohne Wiederanschlag repetirt sind! Weiß der Henker, ich schwärme ganz und gar nicht für die Manie von Notationsumwälzungen, aber kleine vernünftige Verbesserungen, Detailsreformen, wie sie der bon sens, der common sense diktirt, sollten nicht 25 Jahre auf Erfüllung harren! — —

390. An Marie von Bülow (Meiningen).

Berlin, Dienstag früh, 5. Mai [1885].

— — Allerlei zu thun. — —

Gottlob — daß nichts zu überstürzen nöthig und statt aufregender Correspondenz gemüthlicher mündlicher Verkehr mit dem Carlsbad [Wolff] stattfinden kann. — —

Die Kapellmeisterfrage muß baldigst in Angriff gepackt werden; die Bewerber platzregnen. Weingartner, Nicodé, Mahler, Zumpe . . . . keine Überstürzung, und vor Allem nur auf ein Jahr selbstverständlichst.

Doch, daß ich das Intereſſanteſte nicht vergeſſe! Alſo geſtern 8½—11½ große Klavierſitzung. Anweſend: 24 beiderlei. Tagesordnung Liſzt. Morgen gibt's Brahms. Du weißt: vier Tage in der Woche.

Durch die Ankunft von Klindworth's netter Moskauer Schülerin Sophie Bogolepowa iſt ein comfortförderndes Element in die Häuslichkeit hinzugetreten. Die bisherigen Amerikanerinnen waren doch gar zu monoton und „indifferent". — —

391. B e r l i n , 7. Mai 1885 (Brahms 52 alt geworden).

— — Daniela dankt allerherzlichſt für Deine Grüße. Sie hat Dich lieb. Nb. ſie iſt ſehrſtens gräfliche Hausſklavin[1] — um ½11 beſucht ſie meine ½9 beginnenden Klaſſen: geſtern waren 32, heute 36 Perſonen anweſend. Es flect und klappt ſehr ſchön. Schwarz hat aus Frankfurt zwei der beſten Schüler [Herz, Lamond] geſchickt, die viel zur Belebung beitragen. Der Chef der Klavier-Klimper-Klaſſen-Klindworth iſt neidlos ſehr vergnügt. — —

Morgen gehe ich mit Wolff, „Teint" (ſ. Laſſalle, Briefe an H. v. B.) und deren Schweſter in ein Operettentheater und dann zu Poppenberg. Das ängſtet Dich doch nicht? — —

392. B e r l i n , 9. Mai 1885.

— — Heute Vormittag kam ich in die „Rage" und habe faſt unausgeſetzt vier Stunden lang geſchulmeiſtert. Folge: un tant soit peu brisé, rompu, épuisé. — —

393. B e r l i n , 13. Mai 1885.

— — B.-Courier recht intereſſant. Hebe doch die für Dich heutige Nummer auf, wegen der denkwürdigen lehrreichen Statiſtik der Bismarckſpenden in ihrem Verhältniß zur Einwohnerzahl der deutſchen Reichsdepartements. Bayerns 8 Mill. ſtehen hinter den 3 Sachſens gewaltig zurück.

---

[1] Bülow's Tochter wohnte damals bei der ihr befreundeten Gräfin Marie Schleinitz.

Weißt Du was? Schreib doch mal an Daniela und erbitte
Dir Nachricht über Deinen Gatten. Sie bekommt über Brahms
erklecklich viel Neues in meinen Conferenzen zu hören. Und
es wird ihr gut thun, zu schreiben. — —

Lesen die Schwestern Daudet zusammen? Deine Bemerkung
über die französische Sentimentalität ist zwar gewohntermaßen
„schroff", aber richtig. — —

394.   Berlin, 15. Mai 1885.

— — Denke Dir: zweimal im Theater gewesen und recht
gut amüsirt. Gestern als Quartett im Deutschen Theater
(hundeleer) Hagestolzen von Iffland, ganz liebenswürdige
Rührpièce aus Anfang des Jahrhunderts, lobenswerth inscenirt
und auch gespielt. Namentlich Frau Niemann als naive Land-
dirne gut und Förster als egoistischer Garçon=Gourmand.
„Jugendliebe" von Wilbrandt — Einakter — mit einzelnen
guten Einfällen, aber etwas länglich — „Uhrmachers Hut"
von Frau von Girardin etwas antiquirte aber noch ansehbare
Blüette.

Noch zufriedener kehrten wir vorgestern aus dem Residenztheater (ebenfalls hundeleer) heim — zu zweien — ohne Damen.
Kernpunkt (point de mire), ein ungemein drolliger, aus der
Pistole geschossener französischer Vierakter — sehr angemessen
reproduzirt, namentlich durch des Gastes Mitterwurzer belebende Mitwirkung. — —

Jetzt sollte ich nach Brüssel dankkritzeln. Aber ich vermag
den Namen des Diplomausstellers nicht zu entziffern, und kein
Consultirter vermag's. Auch Brahms müßte ich antworten —
aber es fällt mir nichts genügend herzlich Geistreiches (oder umgekehrt) ein.[1] Ich bin eben des Frierens satt. Nb. Ungeachtet
des Himmelfahrtstages habe ich natürlich gestern meine Klasse
abgehalten. — —

[1] Diese Bemerkung ist nicht unwichtig. Sie hilft erklären, warum
Bülow's Briefe an Personen, die er als geistig besonders hoch über sich
stehend empfand, nicht gerade immer als die besten, treuesten Reflexe seiner

395.   B e r l i n , Frohsonntag, 17. Mai [1885].

— — Euer Heizen findet meine wärmste Billigung. Ich
enthalte mich jedoch, aus — Sinnlichkeit. Will mir nicht das
plaisir verderben, wenn ich wieder einmal ohne steife Finger
schreiben werde können. Aller Genuß ist ja nur relativ, com-
parativ, also negativ. — —

Ten Brüssler Dankbrief nicht zu schreiben hat mir schon
viel Zeit gekostet. Was soll ich dem Volke Geist-Herz-volles über
ein Mirwurst-Diplom sagen? — —

Besucher über Besucher, diesen Sonnvormittag, und wie diese
Deutschen haften! „Kleben und kleben lassen" scheint ihre Parole.
Und wie schwer ist's nicht, selbst Menschen guten Willens zu etwas
Nützlichem in gesundem Menschenverstand anzuleiten! Wie
schwer, wie langsam von Begriff sind die Besten, falls es nicht
ihre platonisch- oder grob-sinn-
lichen Interessen zu fördern gilt:

Gestern Abend hätten wir beinahe den C[ircus] H[ülsen] auf-
gesucht: première von Sylvia! [Delibes.] Aber 1. war musikalische
Soirée bei Wesendoncks, erster Akt von Tristan am Klavier,
Lilli Lehmann (speist Mittwoch hier) Kalisch und Kl[indworth] —
ich schlug die Ladung aus und gratulire mir zu dem Strike noch
eine ganze Woche. 2. hätte man doch nur durch Unterhändler
zu 3fachem Preise Billette bekommen. — — Dennoch möchte
ich das liebenswürdige Ding einmal vom Orchester hören —

eigenen Persönlichkeit gelten können. Das eigenthümlich Gespannte, über die
Linie seines natürlichen, ohnehin leicht überpfefferten Ausdrucks Hinaus-
strebende, ja stellenweise krampfhaft Gesteigerte seiner ehemaligen Briefe
an Liszt konnte dort zum Theil dem Gebrauch der französischen Sprache
zugeschrieben werden, die an und für sich, auch in anderen Fällen, auf Bülow
eine klanglich berauschende Wirkung hatte und ihn mitunter in die Phrase
gleiten ließ. Allein der deutsche Meister Brahms übt unleugbar ebenfalls
einen Druck auf Bülow aus; er hemmt die volle Entfaltung seiner natürlichen Ausdrucksmittel, manchmal bis zu einem Grade der Gezwungenheit,
der über die Kraft und Echtheit seines Gefühls für Brahms irre leiten könnte,
wären nicht die letzten 15 Jahre seines Lebens und Wirkens ein unantastbares
Zeugniß dafür. Es wäre interessant zu erfahren, ob jener hemmende Einfluß auch in Bülow's brieflichem Verkehr mit Wagner sich bemerkbar macht.

die übrigen Theater reizen mich nicht weiter. Operette — Mascotte (Ziemaier) war ekelerregend, nicht einmal a bissel frivol. — —

396. Berlin, 20. Mai 1885.

— — Der Montag Abend bei Excellenzlein Gräfin Schleinitz ging mit Kl[indworth] und einem sehr gelehrten und doch gescheidten Dr. Thode glatt gemüthlich vorüber. Gestern hörten wir Mannstädt z. e. M. in einem günstigeren Lichte: er dirigirte Brahms' zweite Sinfonie (D dur) sehr verständig und theilweise feurig: der Succeß war ein beinahe enthusiastischer. — —

397. Berlin, 22. Mai 1885.

— — Also Lilli [Lehmann] interessirt Dich. — — Waren — letzte Parketbank — bei der himmlischen „Sylvia" Nachbarn. Signora dell' Era sehr sehenswerth, aber nicht first rate. Musik wurde theilweise recht infam heruntergehudelt. Vorher gab's den überaus antiquirten Abu Hassan von Weber. — — Ein blutgrüner Musikdirektor — — dirigirte so unter allem Caro, daß ich mir nachfolgenden Scherz erlaubte. Direktor von Strantz saß ebenfalls in nächster Nähe, begrüßte mich überaus freundlich, wie bei unserem Kommen so beim Scheiden — dem seinigen. „Ah, Herr Direktor — ich brauche für Meiningen einen neuen Kapellmeister. Was wäre der genaueste Preis, zu welchem Sie mir diesen ‚Jeist' ablassen könnten?" „Wir haben keine Kapellmeister zu verkaufen" schnob er wüthend und schob ab. Ha ha ha ha! — —

398. An August Steyl (Frankfurt a. M.).

Berlin, 9. Mai 1885.

— — Ich hoffe, es wird aus Kiel nichts werden. Solche Musikfeste sind doch nur Orgien des lokalpatriotischen Dilettantenprozenthums, und man kann ja auf viel kunstwürdigere Weise zu den üblichen Defizits gelangen, wenn das Gelüste darnach bei den resp. Stadtverordneten gar so unwiderstehlich! — —

399. Berlin, 18. Mai 1885.

— — Raff-Verein, so meinte ich, würde doch nicht blos größere Berechtigung, sondern auch mehr Chance haben als ein Löwe-Verein. „Selbstverständlich" (der hl. Arthur Schopenhauer verzeihe diesen von ihm so heftig bekämpften Mißausbruck!) bin ich mit Ihren Organisations-abweichenden Ansichten — einverstanden. Leßmann's Zeitung wird gern zum Organe des Aufrufs oder dergleichen dienen — wir sehen und sprechen uns wieder — Klindworth tritt natürlich bei. Ich verfolge bei der großen Agitation auch noch den Zweck, etwaige Verleger-herzen zu erweichen, ihre Portemonnaies auf den Nachlaß zu öffnen, Sie verstehen ja schon. — —

Johannes Brahms an Hans von Bülow.
[Zwischen 7. und 15. Mai 1885.]

Liebenswürdigster aller Freunde,

Habe besten Dank, daß Du gar so freundlich meiner und des 7. Mai gedacht hast. Die Freude, Deine Handschrift zu sehen, steigert sich sonst mit der Anzahl der Briefseiten! Diesmal und in solcher Begleitung konntest Du freilich die Worte sparen! Da ich nun doch einmal, ohne es zu wollen, eine Art Sammler bin, so hast Du es auch auf's Beste getroffen; ich hatte kein Blatt von Berlioz. Das Datum 7. Mai auf dieser Ophelia sieht mich übrigens ganz eigen an; gegen diese Art zärtester Empfindung ist doch kein Mensch gepanzert.

Als Ersatz aber für den Unheiligen und Franzosen macht sich m[eine] klassische Beilage doch recht gut? Beethoven, der ein Gloria von Palestrina copirt! So denn nochmals von Herzen Dank — ich denke gern, daß Du ihn in Meiningen liest und Dir einige behagliche Ruhe gönnst.

400. An Johannes Brahms.
Berlin, 16. Mai [1885].

Hoher theurer Freund!

Eben empfange ich von meiner Frau das Autographen-juwel, mit dem Du Dich so großartig revanchirst. Wie soll man angemessen dafür danken? Hast aber doch etwas vergessen: Du hätteſt das Beethoven'ſche Blei mit Brahms'ſcher Tinte firiren müſſen: tres faciunt collegium. — Herzlichen Dank für Deine gütige Aufnahme des kleinen Hektor; ich bin ganz ſtolz, eine Lücke in Deiner Sammlung ausgefüllt zu haben. Sonderbar, daß Du vermeinteſt, ich ruhete mich an den Ufern der Werra von wohlfeilen Newa- und Seine-Lorbeeren aus! Nein — den Abend meines Lebens will ich nützen, nützlicher, als Morgen und Mittag ſich bewährt haben. Seitdem ich weiß, welche „Könige bauen", will ich meine „Kärrner"pflicht nach Kräften erfüllen. Die Beilage zeigt Dir, wie ich den Mai conſumire: wo kein Lenz, darf man nicht faulenzen. Im Juni thue ich am Main in ähnlicher Weiſe für begangene und künftige Sünden Buße, wie der unheilige Dionys — als Schulmeiſter. Übrigens profitire ich ſelbſt dabei am meiſten: an meinen Schülern (docendo) lerne ich (discimus), wie Du geſpielt zu werden haſt. — Ich würde meinen Grundſätzen freundſchaftlichen Reſpekts Dir gegenüber untreu werden, wollte ich Dich wiß- oder neu-gierig befragen: „was ſchaffen's"? Und dennoch kann ich Dir nicht verhehlen, daß ich die ſich über die Lippenſchwelle meiner Feder vordrängenden ??? Mühe habe, abwinkend zurückzuweiſen. Es wäre varaflucht liebenswürdig von Dir, einmal motu proprio mir etwas darüber anzudeuten. — Unſer Herzog in der Ferne — Themſenebel. Nicht-mehr-Unſer Mannſtädt in Berlin Gartenconcerte in geſchloſſenem Raume dirigirend. Werde ihn vermuthlich für meine Urlaubs-monate December (Petersburg) Januar (Paris) durch Rich. Strauß als Volontair erſetzen. Doch iſt hierin noch nichts feſt gemauert. Im November promenire ich unſer Orcheſter nach dem Rheinlande und nach Belgien. — Wie wär's, Du beſuchteſt — Abwechslung halber — einmal wieder Baden-Baden im Herbſte? Du fändeſt dann ſicher mich und meine Dich verehrungsvollſt grüßende Frau. Stetigſt und treulichſt Dein.

401. An Eugen Spitzweg (München).

Berlin, 28. Mai 1885.

Bester Freund!

R. St[rauß] hat mir sehr netten Brief geschrieben auf den zu reagiren mir die Zeit jetzt fehlt. Am besten wäre mündliche Besprechung. Ginge das nicht mal in Frankfurt? Eine schnelle Erledigung zu seinen Gunsten wäre mir, besonders des beispiellosen Andrangs von Bewerbern wegen, für 85/86 erwünscht. Manche wenden sich direkt an Serenissimus.

Mit K. Kl[indworth] über eine gemeinschaftliche Ausgabe des „Wohltemperirten" in nach und nachigen Lieferungen (12?) einleitend gesprochen! — —

Neue Broschüre von P. M[arsop] brillant.[1] Leider hat er sich einiges höchst Alberne von Heymann-Cohn souffliren lassen. Doch kann ein Lehrbub' vollkommen sein? Auch ich bin's nicht, womit bestens grüße.

402. An Richard Strauß (München).

Frankfurt a. M., 3. Juni 1885. Hôtel du Nord.

Geehrtester lieber Herr Strauß!

Ihre gestern empfangenen freundlichen Zeilen vermag ich zur Zeit leider noch nicht mit positiver Annahme Ihrer Bereitwilligkeit zu einer mündlichen Besprechung in meiner Juniresidenz zu beantworten, da ich mit Seiner Hoheit dem Herzoge, welcher gegenwärtig in England, vielleicht gar in den Hebriden herumreist, bezüglich unserer Angelegenheit noch keine direkte Verhandlung habe pflegen können. Dennoch scheint es mir wenig zweifelhaft, daß meine Beförderung Ihres mir sehr willkommenen Wunsches an Höchster Stelle geneigtestes Gehör finden werde.

Des Herzogs Tochter, I. H. die Prinzessin Marie, schreibt mir soeben von Amsterdam, wo sie eine Massage-Kur gebraucht,

---

[1] „Der Einheitsgedanke in der Deutschen Musik." (Th. Barth, Berlin 1885.)

daß sie in den ersten Tagen künftiger Woche, Montag bis Mittwoch, sich in Frankfurt aufhalten werde. Vielleicht ist Ihnen bekannt, daß die Prinzessin eine sehr gute Pianistin ist — vormals z. B. Kirchner's und Ehlert's [Schülerin] — auch meine Wenigkeit hatte die Ehre ihr Brahms Op. 5, 10, 21, 76, 79 so einzustudiren, daß sie alle die darin aufgehäuften technischen und intellektuellen Schwierigkeiten zu bewältigen reüssirt hat — es wäre ganz zweckentsprechend, wenn Sie durch mich bei diesem Anlasse ihre Bekanntschaft, resp. ihre musikalische Eroberung machten. Ihre Stimme fällt in's Gewicht: sie erwartet von dem herzogl. Kapelldirigenten, daß er sich mit ihr während des Winters musikalisch beschäftige — auch singt sie in den Übungen des Chorvereins eifrigst mit u. f. w. Da sie andere Candidaten, die ich bereits abgelehnt, in Vorschlag hatte, so u. f. w.

Gleichzeitig würde Sie vielleicht meine Vortragsschulmeisterei in den Klavierklassen des Raffconservatoriums interessiren: es ist ja die gleiche Methode, welche ich in der Orchesterdirektion befolge. Montags und Donnerstags dozire ich von 8—11 Bach und Händel. Dienstags und Freitags 8—11 Beethoven und Brahms; Mittwochs und Samstags Nachmittage gehören Mozart, Mendelssohn, Raff.

Somit glaube ich, Ihnen doch mit gutem Gewissen zur Ausführung Ihrer Absicht zureden zu können und grüße Sie in dieser Erwartung einstweilen als Ihr in aufrichtiger Hochschätzung ergebenster H. v. Bülow.

403. An den Herzog Georg II. von S.-Meiningen.

Frankfurt a. M., den 11. Juni 1885.

Durchlauchtigster Herzog!
Gnädigster Fürst und Herr!

Ihrer Hoheit der Prinzessin Marie — — habe ich die neue Adresse zu danken, von der ich zur unausweichlichen Behelligung Eurer Hoheit profitiren muß.

Darf ich mit Herrn Richard Strauß für nächste Saison

abschließen? Der Gehalt von RM. 1500 genügt ihm — ich erwarte mit Bestimmtheit, daß seine Leistungen Eurer Hoheit genügen werden. Welchen Titel soll er nun führen? Herzogl. Concertdirektor oder Musikdirektor? Kapellmeister ist — — ein klein wenig in Verruf gekommen. Der ungemein begabte junge Mann (ist er doch auch der Enkel des berühmten Bier-Pschorr) weilt seit mehreren Tagen hier, um meine Vortragsmethode am Raffconservatorium kennen zu lernen und beabsichtigt, den ganzen Cursus durchzumachen. Sein einziger Fehler besteht in seiner Jugend: 22 Jahre, doch sein ganzes Wesen empfiehlt ihn dem Respekte der Hofkapelle, die ihn bereits als Componisten schätzen gelernt hat. Gestern hat er der Prinzessin ein neues Variationenwerk von sich vorgespielt, das Ihrer Hoheit sehr behagt hat. Zugleich documentirte er sich als ein zum Musiziren mit Höchstderselben wohlgeeigneter gewandter Pianist. Die anbei folgenden Briefe mögen die Schilderung seines Charakters vervollständigen.

Eine Ordensbettelei für den alten (80) Marxen in Altona kann ich Eurer Hoheit deßhalb nicht sonderlich abempfehlen, da der Betreffende von seinem Schüler Brahms wahrhaft verehrt wird und seine Auszeichnung zugleich den großen Meister treffen würde, der Eurer Hoheit Ohren so nahe steht. — —

Gegen die Direktion der Abonnement-Concerte in Meiningen werden Eure Hoheit, sobald Herr Strauß erst einmal seine Proben abgelegt hat, durch diesen im Allgemeinen wohl nichts einzuwenden haben? [1] — —

---

[1] Am 29. Juni d. J. schrieb Bülow an Strauß selbst: „Es freut mich, von allen Seiten den überaus günstigen Eindruck constatirt zu sehen, den das anspruchslose Auftreten Ihrer Persönlichkeit als Trägerin eines so hervorragenden Talentes hier gemacht hat. Kurz nach Ihrer Abreise traf Herr Concertmeister Fleischhauer aus Meiningen ein und verweilt zur Zeit noch hier. Derselbe konnte mir berichten, daß alle Kapellgenossen, die er gesehen, von meiner Wahl hoffnungsvoll berührt worden sind: ferner auch, daß die Damen des Gesangvereines sich auf die Bekanntschaft mit ihrem neuen Dirigenten freuen.“

404. An Hermann Wolff (Berlin).

Frankfurt a. M., 5. Juni 1885.

Geehrter Herr Wolff!

Ihr Brief als getreuer Eckarts Warnungsruf[1] wäre zu spät gekommen — denn gestern habe ich mit Fürst T[enicheff] persönlich abgeschlossen — aber, wie Sie Sich deß vielleicht erinnern, war es von lange her meine Absicht, aus der Direktion der russischen Saison kein matter of business zu machen. Um Ihnen unnütze Jeremiaden zu sparen, nenne ich den „Kaufpreis" erst später. Ich gehe Ende November nach St. Petersburg, um fünf Concerte zu dirigiren. — —

In Museumsconcerten unter Müller! für 1000 Mk. zu spielen — diese Offerte kann doch unmöglich ernst gemeint sein! Zu einem Brandenburgischen dreimal „Niemals" ist das Wetter bereits zu heiß. — —

Morgen höre ich mir Herodias [Massenet] an.[2] — —

405.

Frankfurt a. M., 10. Juni 1885.

— — Schön von Ihnen, daß Sie Klindworth vor allzu unpraktischen Idealismen in Programmarrangements bewahren wollen.

Ich hoffe nur, ich bin nicht vergeblich für ihn im Mai in Berlin-Aranjuez gewesen. Ja? — — Mit bestem Willen kann ich nicht zweimal des Jahres so ein Schulmeistergastspiel absolviren. — —

Wissen Sie nicht, wie ich das dritte Quartal des Jahres auf eine kunstnützliche Weise verschwitzen könnte? — —

406.

Frankfurt a. M., Johannistag 1885.

— — Meine vormaligen Dankbarkeits- und Anhänglichkeitsgefühle an das „Schloß" sind nach und nach völlig —

---

[1] Wolff hatte geschrieben: „Auch aus andren als pecuniären Gründen wäre es richtig, nicht zu geringe Ansprüche zu stellen. Von dem Augenblicke an, wo Sie ‚überhaupt' ein Honorar nehmen, ist Ihr ‚Entgegenkommen' (durch ‚billige' Bedingungen) vergessen."

[2] „Die Musik hat mir persönlich so ungemein behagt, daß ich fortwährend laterhaft geschnurrt habe und nächste Aufführung wieder besuchen werde." (An Wolff 7. 6. 85.)

ramponirt. Was mich diese Saison noch zum Ausharren bestimmt hat, war Treue gegen meine letzte Quasi-Schöpfung
als Dirigent: München—Hannover—Meiningen. Ich hoffe in
R. Str[auß] (Nicht-Nachfolger vom Prof. Franz [Mannstädt],
da nur Hof„musikdirektor") einen „Herzog von Brabant" zum
Vize-Lohengrin (ohne Verheirathungszwang) entdeckt, bez. gefunden zu haben. — — Dann — wenn diese Hoffnung sich
erfüllt hat, oder sich zu erfüllen begonnen hat — bonsoir, la compagnie und mit Ihnen allein pro domo gewirthschaftet. — —

407. 3. Juli 1885.

— — D'A[lbert]'s Erfolg hat mich ungemein erfreut. „Potz
Tausig!" sagte unser Concertmeister, als er ihn zum ersten
Male hörte. Crescat floreatque! Die Musikwelt kann ihn
brauchen. — —

408. 6. Juli 1885.

— — Danke für Köhler's Artikel. Stimme „nur" im
Wesentlichen mit ihm überein, d. h. in seiner hohen Werthschätzung der Jüdin [Halévy], deren fünfter Akt ja der reinste
Wagner ist. Der Angriff auf die schöne Introduktion des
zweiten ist jedoch ganz unberechtigt. Ein rationelles Urtheil
über das Werk kann übrigens nur derjenige fällen, der dasselbe
ganz gehört hat, ohne die deutschen Verstümmelungen. Ein
first rate ἅπαξ λεγόμενον. Und damit war's zu Ende! Kurios!
Nur in Guido u. Ginevra (kennen Sie den Raubfanatiker Forte-
braccio darin?) hat er noch einige Genialitätsreste — abgelagert.
Wenn ich nicht gestört würde, schriebe ich eine Skizze zu einem
Feuilleton — vielleicht später. Aber bei dieser Kunstdecadenz —
wer würde daran noch Interesse nehmen?

[Vom 5. April 1885 — an Wolff — stammen noch folgende
Bemerkungen:]

Noah [Halévy] ist sicher mehr als archeologisch interessant,
sonst hätte Mottl, der schließlich der gescheidteste meiner Collegen
(nach Kl[indworth]), ihn nicht ausgegraben.

By the way — sehen Sie Sich doch mal Lortzing's Casanova
an — halte das Ding für lebensfähig (weit bessere Musik als
die beliebte Schundine, die immer noch ein Fidelio gegen
Rattenfänger und Trompeter), d. h. ertragsfähig. — —

409. Fräulein Sophie Großwald (Göttingen).

Frankfurt a. M., letzten Juni 1885.

Mein geehrtestes Fräulein!

Da Ihr Name die Liste der an der Liebenswürdigkeits-
Verschwörung Betheiligten eröffnet, müssen Sie es Sich schon
gefallen lassen, als Rädelsführerin von mir betrachtet zu werden,
müssen Sie schon die Gewogenheit haben, einen dreizehn-
stimmigen Dank aus meiner Feder zu genehmigen und dessen
Vertheilung an Ihre Genossinnen und Genossen zu befördern.
Nicht sowohl „das wohltemperirte Klavier", als vielmehr die so
wenig wohlzutemperirende Temperatur in dem seinem Studium
gewidmeten Raume hat mich etwas matt und autographenfaul
gemacht, so daß ich meinen aufrichtig herzlichen Dank für das
mir, an sich, wie wegen der Geber, so überaus werthvolle
Zeichen der Anerkennung meiner — Pedantenbemühungen —
nur in Partitur aufsetzen, nicht in den Einzelparthien ausschreiben
kann. Ich beklage dies: ist doch schon jede Rose des vor mir
duftenden — leider so bald welkenden — Riesenbeetes eines
ganz besonderen Blickes werth und predigt die unbestreitbare
Wahrheit, daß, wie aus einem Herrenparlament selten etwas
Erquickliches hervorgeht, ein Damenverein dagegen Zartes,
Sinniges, Schönes zusammenbringen kann. Namentlich bekundet sich dieses auch in der trefflichen Wahl des mir gütigst
gewidmeten Prachtbandes für meine Bibliothek.[1] Aus dieser
Wahl schöpfe ich zugleich eine freudige Hoffnung: die, nicht

---

[1] Ein französisches Werk, Titel nicht mehr zu ermitteln. B. pflegte
häufig, ihn besonders fesselnde Bücher nach Kenntnißnahme als echter
Propagandist gleich weiter zu geben, aus welchem Grunde seine Bibliothek stets lückenhaft gewesen ist.

vergebens den zu Ende gehenden Juni in dem zweifelhaften Aranjuez Frankfurt verlebt zu haben.

Wenn man den Geschmack eines Menschen so gut zu treffen vermag, beweist man, daß er Einem überhaupt kein Fremdling geblieben ist. Und so darf ich wohl voraussetzen, daß die liebenswürdigen Theilnehmerinnen meines Klavierspiel-Kursus meine Versuche, sie in den ernstesten Gattungen der Tonkunst ein wenig zu orientiren, trotz anfänglicher Befremdung allmälig verstanden haben werden. Das Schöne ist eben schwer; der Kunstgenuß, soll er rein und voll erblühen, will erworben sein durch Wissen, durch Erkenntniß und die damit verbundene Arbeit. Dies gilt sowohl für die bloße Rezeption, als natürlich noch mehr für die Reproduktion. Durch Enthüllung der Schwierigkeiten, welche mit kunstwürdiger Ausübung verknüpft sind, schreckt man ja nicht nur die Unberufenen zurück, man erhöht und kräftigt ja auch den Ehrgeiz und die Liebe zur Sache der Berufenen.

Möge mir dies letztere nicht ganz mißlungen sein! Mögen die verehrten Theilnehmerinnen und Theilnehmer unserer Conferenzen, denen ich nochmals hiermit für ihre ausdauernde Aufmerksamkeit bestens danke, bei ihren künftigen Studien der Werke unserer großen deutschen Meister Bach, Händel, Beethoven, Brahms, Mozart, Mendelssohn, Raff bisweilen auch freundlichst gedenken ihres mit allseitigen Lebewohl-Wünschen treuergebenen

zeitweisen „Cicerone".

410. An den Herzog Georg II. von S.-Meiningen.

Meiningen, 6. Juli 1885.

Durchlauchtigster Herzog!
Gnädigster Fürst und Herr!

Genehmigen Eure Hoheit zunächst den Ausdruck meines unterthänigsten Bedauerns, Höchst Deren Weisung an Herrn Agenten Wolff mißverstanden zu haben. Ich hatte angenommen, Eure Hoheit wünschten vor In-Angriffnahme jeder auswärtigen

Kapelltournée über deren Charakter, Ziel, Dauer, detaillirter
informirt zu werden, als es bisher durch mich geschehen konnte,
wovon einige Gründe ja in dem hierbei gehorsamst zurück-
folgenden Schreiben des Herrn Wolff angegeben sind. Meine
künstlerisch — als verantwortlicher Dirigent, wie als geschäftlich
nothwendiges „Star"-Mitglied der Kapelle durch meine pianistische Mitwirkung — vollständigst in Anspruch genommene
Person vermag es absolut nicht mehr, mit der mir co-ordinirten
Behörde eine administrative Konkurrenz einzuschlagen. Demzufolge unterbreite ich Eurer Hoheit die unterthänigste Bitte,
mich eines Postens zu entheben, dem nicht gewachsen zu sein
ich bereits seit Jahren das Bekenntniß freimüthig abgelegt, und
die Intendanz der Herzogl. Hofkapelle wiederum wie vormals
dem Herzogl. Hofmarschallamte zuzuertheilen. Hierdurch würde
ich in den Stand gesetzt werden, meine Spezialbefähigung als
geistiger Chef des instrumentalen Kunstinstituts Eurer Hoheit
freudiger und nützlicher in Eurer Hoheit Diensten zu verwerthen,
so lange Höchst Dieselben vermeinen, von denselben befriedigenden Gebrauch machen zu können. Mein pouvoir spirituel über
die Hofkapelle dürfte, wenn ich nicht zu optimistisch irre, durch
diese Entziehung des temporel kaum erhebliche Einbuße erleiden. In dieser Voraussetzung wage ich nochmals, Eurer
Hoheit die Schwierigkeiten einer Verbindung auswärtiger
Kapellconcerte mit den hiesigen Abonnementconcerten unter
meiner Leitung (angesichts des mir von Eurer Hoheit zu-
gesicherten zweimal fünfwöchentlichen Urlaubs für die Direktion
der Petersburger Saison) darzulegen, und um Entscheidung zu
bitten, welche von den beiden Aufgaben bei Collision derselben
zurückzutreten hat.

411. An die Baronin D.

Meiningen, ce 14 Juillet 1885.

Très chère Baronne!

Vous trouvez, que ce papier [rouge] est de mauvais
goût? D'accord — mais c'est la seule chose contraire au

noir — que je puisse Vous offrir, outre mes meilleurs remercîments de Votre généreuse offrande pour le monument à ériger à la mémoire de Joachim Raff.

J'avais appris avec grand plaisir que Vos souffrances — j'y sympathise de tout cœur, surtout maintenant, étant moi-même complètement sur les dents et incapable de me remuer pour ailleurs — Vous ont cependant permis de faire la connaissance de la veuve de ce maître et de sa très intéressante orpheline (n'est-ce pas?) à Munich; elles ont été aussi ravies que touchées de Votre bonne visite.

Vous allez mieux, beaucoup mieux — puis-je l'admettre? — comme Vous pensez une fois de plus à retourner en Amérique. Mon Dieu — cela m'affligerait, si je n'avais dû m'accoutumer déjà depuis un an à Vous considérer comme »beyond all meeting«. Quant à Votre projet d'aller me trouver à Meiningen, d'où, j'en ai bien peur, je ne pourrai bouger pour longtemps — il est trop gentil pour que j'y puisse accorder foi. A quelle époque pensez-Vous ne point réaliser cette promesse? J'ai tant de guignon depuis des mois, qu'il se pourrait trop facilement »arranger« de par la disgrâce de la fatalité que je Vous manquasse une fois de plus.

Dieu, que la vie est triste et combien peu de chose en valent encore les meilleurs moments!

Remerci mille fois de m'avoir donné signe de vie, de ne pas avoir complètement oublié celui, qui en pensée Vous enverra toujours ses meilleurs vœux.

[P. S.] Auriez-Vous des nouvelles de Marie Dönhoff? Elle a passé par Francfort, adorable comme toujours et gaie et égayante — je lui avais promis d'aller la voir à Schlangenbad, mais je me suis trouvé trop extenué par les fatigues et la chaleur. — —

412. An August Steyl (Frankfurt a. M.).

Meiningen, 12. Juli [1885].

— — War einige Tage bettlägerig und lebe zunächst nur von Reis und Thee „als wie der gelehrteste Chinese". (Sie kennen ja doch die Tieck'sche Variante zum Rattenliebe, wo aus confessioneller Rücksicht für die auf „Luther" reimende „Butter" letztere in „Käse" transsubstanziirt wurde.) — —

Sehr schön von Ihnen, daß und wie Sie die Raffdenkmal-sache jetzt in [die] Hand nehmen wollen! — —

O heilige Agathe, welche Mädchen-für-Alles-Last ruht auf Dir, wenn Kaspar zu — civil und Max zu militärisch! [1]

Lamond [2] ist wohl noch zu jung, als daß man ihm Propa-ganda für's R[aff]-C[onservatorium] als Verpflichtung ein-leuchtend machte? — —

Nun, was sagen Sie zu Julian? [3] Capital, hm?

Nb. Das Setzerweib — im letzten Viertel — ist Geh. Legationsrath Lothar Bucher, wie sich als Ohrenzeuge lebhaft erinnert — —

413.

[Meiningen, Mitte Juli 1885.]

— — Es geht mir schlecht, und auch ohne des Arztes dringen-des Abreden würde ich die Pilgerfahrt nach Weimar aufgeben, da dort nur neues physisches wie moralisches Verschlimme-rungsmaterial für meinen Zustand zu holen sein würde. — —

414.

Meiningen, 30. Juli 1885.

Höchsten Respekt vor diesem Bienenfleiß und dem Resultats-honig [Raff-Katalog]! Aber was Sie mich fragen, weiß ich nicht. „So muß denn doch die Wittwe dran", die sich übrigens

---

[1] Max Schwarz hatte sechs Wochen Militärdienst zu thun.

[2] Bülow erwähnt Frederic Lamond's (geb. 1868) in einem Brief an Fritz Hartvigson (19. 6.) als „eines jungen Schotten, who will turn a first rate pianist of the good-musicians-sort, a rather rare one."

[3] Ferdinand Lassalle's „Herr Julian Schmidt, der Literarhistoriker" (Berlin 1862).

über Ihre Arbeit dreigestrichenst freuen wird. Ob sie aber bez.
der vacantia 16, 28, 29, 34 ergänzend einschreiten kann, dünkt
mich zweifelhaft. Jedenfalls bez. der postuma. Nun ist meine
Ansicht: besagten Katalog statt weiterer Reclame — eines
Meisters insbesondere unwürdig, der, wie kein andrer der
Gegenwart (etwa Brahms ausgenommen), bei Lebzeiten auch
die unschuldigste, honetteste Selbstpropaganda verschmäht hatte
— dem Prospekte des Raffdenkmalsvereins als moralische
Photographie beidrucken zu lassen.

Seht — da sind seine Werke, das hat er geliefert und geleistet
— wollt Ihr ihn examiniren, ob er eines Monuments würdig — u. s. w.

Dank für freundliche Nachfrage nach meinem Befinden.
„Sehr zufriedenstellend" — für Doktor und Apotheker —
weniger für deren Kunden. — —

415. An die Mutter.

Baden=Baden, 31. August 1885.

Meine theure geliebte Mutter!

— — Die lebhafteste Erinnerung an die vor Jahren mit
Dir gemeinsam hier verlebten Tage ergab sich ja ganz natürlich
von selbst. Auch Dein von Dir so oft arg verleumdetes Gedächtniß wird Dir wohl noch die Schloßstraße vor dem geistigen
Auge widerspiegeln können, welche die Mühe des etwas steilen
und in der Mittagshitze nicht besonders erquicklichen Aufsteigens
durch die mannichfaltigst prächtige Aussicht lohnt. Vor beinahe
dreißig Jahren haben wir da zusammen gehaust. — — Vielleicht interessirt es Dich deßhalb zu hören, daß ich mich mit meiner
lieben Frau und Pflegerin dieser letzten Wohnung gegenüber
einquartirt habe. Die schöne Natur ist sich gleich geblieben und
wird jetzt von mir um so höher in ihrem Werthe geschätzt, als
alles Übrige sich zu seinem Nachtheile verändert hat. Am
Conversationshause wetteifern demokratisches Gewühl mit trostloser Nüchternheit und Langweiligkeit. — —

Wie Du weißt, ist der Sommer niemals für mich die Saison
der Blüthe meiner Lebenskraft gewesen: in dieser Beziehung
stehe ich im direktesten Gegensatze zu allen Thiergattungen, bei
denen der Winterschlaf den Hauptartikel ihrer Verfassung bildet.
Vielleicht wirst Du ungläubig sein: ich kann Dir aber versichern,
daß ich noch niemals freiwillig so gründlich ausgespannt, mich
so feurig auf's Faulenzen verlegt habe, wie in diesem zu Ende
gehenden Monate.

Da ich nun erst Mitte September in meine Thüringer
Hütte heimzukehren brauche und meiner quecksilbrigen Natur
eine allzulange Behaglichkeit an demselben Orte wegen ihrer
Monotonie unbehaglich wird, so gedenke ich Ende dieser Woche
noch eine zweite längere Station zu machen und zwar ebenfalls
an einem Platze, der sich Deiner Sympathieen vorzugsweise
immer erfreut hat, nämlich in München. Besonders veranlaßt
werde ich gerade hierzu durch die vortrefflichen Raffs, denen
ich durch mein Erscheinen eine positive Freude machen kann. — —
Es muß Dir, theure Mutter, zur Befriedigung gereichen, wenn
Du siehst, daß die Wünsche für Deine Kinder im Ganzen stets
recht erfreulich in Erfüllung gehen. Wäre es doch ähnlich bestellt mit denen, welche Dein Sohn stets für Dich im Herzen
trägt. — —

416. An Hermann Wolff (Berlin).

Baden-Baden, 25. August 1885.

— — In München will ich mir am 8., 9., 11., 13. den Nibe-
lungencyclus zufügen — es wird Ihnen neu sein zu erfahren,
daß ich weder Siegfried noch Dämmerung bis dato überhaupt
gehört habe. (Originell, nicht?) — —

417. Meiningen, 16. September 1885.

— — Götterdämmerung allerdings ein ganz andres Bild!
Und weil endlich Drama statt Epos, meines Bedünkens
weit, weitaus das zukunftsreichste Stück des Cyclus,

von welchem es nur mit Vortheil losgelöst werden kann. Siegfried I. und II. Akt musikalisch gewiß hochbedeutend, wenn auch
unerquicklich, dagegen Akt III für mich ein — horror, welchen
Eindruck er mir schon bei der Lectüre gemacht. Wenn Sie
einen „Schwamm" für solche Zwecke besitzen, so bitte ich denselben über meine neulichen Interjektionen aus München in
Anwendung zu bringen. Meine Nerven waren hyperirritirt.

418.   **Meiningen**, 25. September 1885.

— — 1. Die öffentliche Generalprobe Samstag Abends 7 Uhr
ist „**höchster Befehl**" — kann nicht erlassen werden.
Sie findet gegen Entrée statt: Abonnenten 1 Mk., Passanten
2 Mk. Günstigen Falls ergibt sich die Einnahme von 28 Mk.!

2. Wie ich Ihnen geschrieben, hat der Herzog überhaupt
noch keine Genehmigung für Verausgabung von 300 Mk.
ertheilt. — —

Um des heiligen Antonius willen, bester Herr Wolff, mißbrauchen Sie mir gegenüber Ihre bevorzugte Position nicht
allzusehr! Wie Helmerding einst sagte: wir Sterblichen sind
alle irgendwie Hausknechte. Mais il y a fagots et fagots! Sie
sind ein Frei-Hausknecht, ich zur Zeit ein Fürsten-H. K. — —

Nachmittag. Eben Antwort aus dem Schlosse erhalten. S. H.
wünschen einmal — Frau Joachim in den hiesigen Concerten
zu hören. Mir ist dieß ganz und gar nicht angenehm, aber ich
habe ja nur einen Befehl auszuführen. Sind Sie noch immer
Vertreter der Dame? Falls dem so ist, wollen Sie gefälligst
eine Anfrage: 19., 25. Oktober oder 1. November und terms
übernehmen? — —

Das erste Concert soll nur Beethoven bringen und ich die
Ehre haben, Es oder G zu klimpern. Recht belebende Perspektive. — —

Privatissime: J. Br[ahms] annoncirt sich halb und halb
für Oktober, eine neue Sinfonie zu **probiren**. Ist er damit
zufrieden —Sie wissen, er feilt stark, läßt sich keine Umarbeitung

verdrießen — so würde er sicher nicht abgeneigt sein, uns damit nach Rhein- und Holland zu begleiten. Was meinen Sie hierzu? Vor seinem persönlichen Erscheinen läßt sich allerdings noch nichts hierüber conjecturalpolitisiren. Er ist „eigen", sehr sogar — wozu er ja auch das Recht hat. — —

Für Frankfurt wäre „ein Lied von Sachs" zunächst eine bonne fortune.

Wenn der Meister mir nur nicht gerade in den 12.—14. Oft. fällt!

419.   Meiningen, 28. September 1885.

— — „Vier Beethoven-Soiréen" war nicht ironisch gemeint. Ich bewältige nämlich endlich nach 25 Jahren und drüber Op. 106 — mir zu Danke. Diese Sonate hat aber noch immer ihr jungfräuliches prestige. — Warum A. R[ubinstein] sie nicht spielt? Na — freilich er hat das nicht nöthig. Beim Studiren besagter pieuvre habe ich übrigens Ihrer — als Vermittler des Becker'schen Flügels — häufigst dankbar gedacht. Diese Solidität, diese Sicherheit, Lammfrömmigkeit ist einzig. Auch werde ich weder des Klanges (gewissermaßen eines idealen, weil nicht drüber hinauswollenden Klavierklanges) überdrüssig, noch des zu stets neuen Nüancirungsversuchen reizenden Anschlags.[1] — —

420. An Geheimrath Karl Werder (Berlin).
            Meiningen, 24. September 1885.
        Höchstgeehrter Herr Geheimerath!
Daß Sie Sich des Meininger Beethovendirigenten als eines alten Verehrers Ihrer Hamletinterpretation erinnert

---

[1] In einem Briefe an die russische Pianistin Frau Kalinowsky (abgedruckt im „Journal de St. Pétersbourg" vom 1. 2. 85) äußert sich Bülow ebenfalls begeistert über die Becker'schen Flügel: „Ils ont satisfait à nos exigences les plus exorbitantes — et Dieu sait que nous en formons de telles! — le piano que nous demandons doit rugir comme un lion et roucouler comme une colombe; nous voulons qu'il y ait de la suavité dans ses tonnerres et du cristal dans ses rugissements, qu'il soit tantôt plein orchestre,

haben, um ihn mit einem Exemplare Ihrer so lange sehnlich erwarteten Macbethvorlesungen — freilich zum Nachtheile Ihres Verlegers — großmüthig zu beschenken, erfüllt mich mit dankbarster Rührung, und will ich deßhalb nicht den hochwillkommenen Genuß abwarten, bevor ich Ihnen den Ausdruck meiner herzlichen Erkenntlichkeit für Ihre Gabe zu Füßen lege.

Meine schönere und bessere Hälfte soll sich in meine Erbauung theilen und schon heute Abend mit der Vorlesung beginnen. Es trifft sich ganz herrlich, daß ich noch eine Woche Muße vor mir habe und es läßt sich keine bessere Vorbereitung zu der bevorstehenden Erneuerung unseres Beethovencultus wünschen, als Ihr Buch. Die innige platonische Vetterschaft zwischen William und Ludwig — darf man sie nicht aus dem Schlußaccorde Ihres Werkes hell verkündet herauslesen?[1] — —

421. An Johannes Brahms.

Meiningen, 16. September 1885.

Höchstgeehrter Meister und Freund!

Deine schöne Botschaft habe ich erst gestern Abend bei meiner Heimkehr erhalten. Etwas Willkommeneres als die Ehre Deines Besuches läßt sich ja nicht denken. Pro- und disponire, ich bitte Dich! S. H. werden sicher an Loyalität nicht zurückbleiben und sich „bis zum Großherzog" über Dein Erscheinen hinauffreuen. — — Unsere ganze Zeit steht zu Deiner Verfügung. Auch zwei tüchtige Copisten lassen sich im Oktober stellen. Kurz — ai di Lei commandi! —

tantôt simple mandoline, qu'il se plie à tous nos caprices. tout en leur opposant une certaine résistance, pour ainsi dire inspiratrice de nouveaux caprices, — où s'arrêtent-elles. nos exigences?!" — —

[1] Werder spricht vom Genie, dem „Ursprung der tragischen Gestalten, aus dem ihre erhebende Wirkung stammt" und „um dieses Ursprungs willen aus dem Höchsten, was in der Welt existirt, sind sie höchste Existenzen." Und als Schlußwort: „Das Herrlichste in aller Poesie sind die Dichter selbst: sie sind die Poesie; denn keiner hat etwas Andres gemacht, als sich."

422.   Meiningen, 17. September 1885.

Diese Nachschrift will kein „hinkender Bote" sein, aber . . . .
ich war gestern früh noch schlecht, d. h. ungenügend orientirt
über Hof und Stadt, muß also ergänzen. Gestern Abend
S. H. den Herzog gesprochen. Herzlich herzogliche Grüße an
Dich sollen zugleich Höchst Sein inniges Bedauern ausdrücken,
von Deinem Besuche im Oktober nur wenig profitiren zu
können. Freifrau von Heldburg war vor wenigen Tagen noch
lebensgefährlich krank, Hirnhautentzündung — es scheint
nun zwar Besserung im Anzuge, allein günstigen Falls wird
eine solche nicht bloß Wochen, sondern vielleicht Monate währen.
In einigen Wochen, also Anfang Oktober, hofft man versuchen
zu können, die hohe Dame nach dem Kissel (Jagdhaus bei Eisenach) zu transportiren, wo ihr natürlich der erlauchte Gemahl
Gesellschaft leisten wird. Dieser Herbstvertreib schließt natürlich nicht aus, daß der Herzog, so oft es geht und ihm paßt, in
Meiningen gastiren wird. Deine Anwesenheit bietet hierzu ja
eine ausnahmsweise Versuchung, aber . . . . . Du wirst eben
auf das incl. meiner nicht besonders amüsante Musikantenvolk
hier angewiesen sein, der Schattenseiten der thüringischen Küche
zu geschweigen u. s. w. u. s. w. — Entschuldige diese nochmalige
Behelligung — sie ist eine „offizielle" und ändert nichts an dem
Inhalt meiner gestrigen persönlichen Erwiderung, daß ich
Deinen in Aussicht gestellten Besuch — wann? — für das
denkbar festlichste Epiphanias ansehe.

Mit dem Wunsche recht goldnen Himmels und blauer Sonne
für den Rest Deines Landlebens Dein treuer Bewunderer.

423.   [Meiningen, 25.? September 1885.]

Entschuldige die heutige Drahtbelästigung nach Empfang
Deines Briefes, den ich — S. H. mitzutheilen (eine Transcription
wäre Profanation gewesen) mir gestattet habe. „Nämlich" —
ich muß die Programme für die vier unvermeidlichen Lokal-
concerte 11., 18., 25. Oktober und 1. November machen. — —

Weiß ich, wann Du kömmst, so kann ich Dir diese und jene besondere Langeweile ersparen. — —

Anbei die bis jetzt feststehende Parthie der Novemberreise. Wärst Du so gütig, mir das Blatt mit Vortragsbezeichnungen oder Fingersätzen zu retourniren? Unser Flötist und Secretär Abbas wird Dir bez. der Copistenangelegenheit referiren. — — Da könnte Deine Neue wohl am 25. schon um öffentlichen Applaus buhlen, z. B. auch um den des Prinzen Alex. v. Heſſen (Du kennst wohl diesen Deinen Verehrer aus Wiesbaden), der unseren Oktoberproben beiwohnen möchte. Der Freifrau v. Heldburg geht es sehr „schneckenmäßig" (wie der erlauchte Gemahl schreibt) besser — aber, wie schon gesagt, die Herstellung wird nach Monaten zählen. Ich sinne, sinne, sinne nach Erſatz des Mozart'schen Adagio's für Dich und finde nichts.[1] — —

424.   Meiningen, 7. Oktober 1885.

Hochverehrter Freund!

Von mir aus hast Du keine malinteso's, imbroglio's zu befürchten — ich habe viel zu großen Respekt vor Deiner Freiheit. Doch laß mich zunächst Deine Fragen beantworten. — Die Copiaturen werden am 15. oder 16. spätestens erledigt sein. Unseren besten Schreiber Truckenbrodt dispensire ich, wo es nöthig, vom Dienste und lasse den „Contra" für ihn zweiten Fagott blasen. — S. H. offeriren Dir zur Wohnung das kleine Palais vis à vis vom sächsischen Hofe. Enfin — wir erwarten Dich, sobald es Dein bon plaisir sein wird. — Im zweiten Concerte 18. spielt Strauß Mozart's C moll-Concert und dirigirt seine F moll-Sinfonie. Zum dritten 25. habe ich Brodsky engagirt, Dein Geigenconcert zu spielen — wenn Du's selbst dirigirtest, würdest Du ihm und uns Allen natürlich eine große Freude machen. Im Übrigen

---

[1] Brahms hatte seine Theilnahme an der Erkrankung geäußert und u. A. geschrieben: „Mir wird sein, als sollte ich eine Mozart'sche Sinfonie ohne das schöne, edle Adagio hören!"

werde ich mufiziren laſſen, was Dir gerade behagt.
— — Ich betrachte mich an kein anderes Verſprechen gebunden,
als das Dir hiermit feierlich gegebene, Dich nicht zu ennüyiren.

Wie hoch — von uns zu geſchweigen — der Herzog ſich erfreut und in ſeinen Leibmuſikanten geehrt fühlen würde — auch
abgeſehen von dem Lächeln der Hoflaſſenbeamten — wenn
Du in rhein- und niederländiſchen Concertlokalen mit der
Meininger Kapelle, ſei es Deine Vierte oder eine ihrer Vor-
gängerinnen vorführen würdeſt, habe ich das zu ſchildern nöthig?
So lockend mir nun auch a m t l i ch die Verſuchung war, Dein
gütiges Anerbieten bei den Programmen der Tournée in prak-
tiſchen Betracht zu ziehen, ſo habe ich ihr dennoch bis jetzt
widerſtanden. Ich laſſe Dir freie Hand, bis Du Dein Werk
probirt. Unmöglich iſt's ja nicht, daß Du Dir ſelber noch nicht
Genüge geleiſtet haben, bei den Proben auf Änderungs-Um-
arbeitungsgelüſte gerathen könnteſt. — — Verzeih das nach-
läſſige Durcheinander in dieſem Berichte; noch größere Nachſicht
beanſprucht die indiskrete Frage, ob Du geneigt wärſt, am
3. oder 24. November in Frankfurt den Meiningern Deine
Dirigentenmitwirkung zu ſchenken? Unter allen Umſtänden
ſei im Ganzen und im Einzelnen verſichert der ſteten verehrungsvollen Ergebenheit Deines treuen Dieners.

425. An Hermann Wolff (Berlin).

[Meiningen, 17. Oktober 1885.]

— — Br[ahms] erwarten wir heute Nachmittag. — —
Seine Vierte, E moll ſcheint ſchwer, recht ſchwer. Bevor er
ſich entſchloſſen, uns mit ihr zu begleiten, laſſen ſich nicht gut
die Programme der Reiſeconcerte feſtſtellen — auch nicht einmal ſchlecht. — —

Vielleicht intereſſirt Sie's, daß Rich. Str[auß]' Sinfonie
r e ch t ſe h r bedeutend, originell, formell reif iſt und
er ein g e b o r n e r Dirigent. Er macht ſich in jeder Beziehung
vortrefflich: elaſtiſch, lernbegierig, taktfeſt und taktvoll, kurz eine

first-rate Kraft. Nb. er hat bisher noch gar nicht dirigirt — auch noch niemals öffentlich klavizinirt — aber es gelingt ihm das Mozart'sche Concert[1], wie Alles Übrige, gleich auf's erste Mal. Schöne Carrière steht ihm bevor! — —

426. Meiningen, 20. Oktober 1885.

Bin seit 48 Stunden „ordentlich" krank. — — Strauß — „homme d'or". Sinfonie famos. Sein Spieler- wie Dirigentendebüt geradezu verblüffend. Wenn er Lust hat, so kann er mit S. H. Genehmigung mein sofortiger Nachfolger werden.[2] Dieß einstweilen unter uns. — —

Br[ahms] war sehr warm (rar!) auf ihn zu sprechen. Er ist mit dem „Gehen" seines neuesten Sprößlings [IV. Sinfonie], wie es scheint, sehr zufrieden. Nächsten Sonntag dirigirt er sie, ditto sein Violinconcert (Brodsky). — —

Wie sehr schade, daß Sie durch A. R[ubinstein] verhindert sind, mitzureisen! Durch Ihre sociale Beredtsamkeit würden Sie den Maestrissimo zu allerhand Concessionen poco a poco vermögen.

Sie glauben nicht, was die Programmschmiederei meinem schwachen Kopfe für Pein macht! — —

„Uns "wachsen die Stücke beinahe alle zum Halse hinaus.[3] „Othello's occupation gone."

Leicht sei Ihnen heut Abend Bull & Couperin.

Ich tagwandle wieder zu Bette.

[1] „Weißt Du, was Du herausgeben könntest: R. Strauß' schöne Cadenzen zu Mozart's C moll-Concert. Die könnten gekauft werden, und dergleichen Bagatellen tragen — wenn so nützlich — zur Popularisirung eines Autors mehr bei, als Macbethische Hexenküchenbrobeleien. Publicus will von der Kunst erquickt werden und ist mit diesem Verlangen in seinem Rechte." So schrieb Bülow drei Jahre später an Spitzweg (6. 10. 88).

[2] Bald darauf (4. 3. 86) schreibt Bülow an Spitzweg: „Ja, liebster Freund: unsre Assoziation zu Gunsten R. Strauß' hat sich gut bewährt und wird mich stets mit Befriedigung erfüllen. Er hat jetzt, wo er steht. Seiner Sinfonie habe ich nach Kräften allerwärts angelegentlichste Empfehlung mündlich ertheilt."

[3] Brahms hatte damals geschrieben: „Das Strauß'sche Debüt aber, (wohl seine F moll-Sinfonie) spare doch auf, bis ich komme. Darf ich es sagen, daß ich, meine eigene Musik abgerechnet, am wenigsten begierig bin, Beethoven zu hören! Er wird eben so ausschließlich gespielt, und ich wünsche oft Anderes zu hören — damit mich nach ihm verlangt."

Glückl... ... Freund Herzbe fühlt u. sie d[?]
Liebe macht zu seines eignen, der Herzt zu
sein ist Menyse... ... verzionet!

427.   22. Oktober 1885.

Eben aus Probe zurück. Nr. IV riefig, ganz eigenartig, ganz neu, eherne Individualität. Athmet beispiellose Energie von a bis z.

Habe eben das Programm nach Frankfurt abgesendet.

Beethoven: Ouvertüre Fidelio, Brahms: Vierte Sinfonie (unter persönlicher Leitung Brahms'), Beethoven: Pastoralsinfonie, R. Wagner: Vorspiel Meistersinger. — —

428.   Meiningen, 25. Oktober 1885.

Gegen Rotterdam hat der Meister seine superlativste Abneigung ausgesprochen. — Da darf man nicht drauf zurückkommen.

Übrigens bedenken Eure Atläßigkeit doch gefälligst, wohin das führen sollte, wenn Brahms in jedem Concertnest seine Sinfonie aufführen müßte, weil er's in einigen thut! Gerade so wie meine Klimperei: wenn ich alle 25 Buchstaben erledigen soll, weil ich "a" gesagt, nun, dann halte ich doch lieber das Maul. [1] — —

Simrock und Dr. Grosser gestern Nachmittag angelangt. Ersterer war rührend, außer sich vor Entzücken — mit Recht. Nb. am 1. November wiederhole ich die neue Sinfonie. Br. geht mit mir morgen nach Weimar. — —

429.   Meiningen, 28. Oktober 1885.

Eben — 2 Uhr — aus Weimar retournirt, wo Br[ahms] seit 30 Jahren zum zweiten Mal erschienen ist.

Riesiger Beifall nach seiner Klaviersonate. [2] Das kann Ihnen Dr. Grosser bestätigen, der, sehr charmant, die Spritztour mit uns gemacht. — —

---

[1] Ähnlich äußert sich Bülow in folgendem geharnischten Billet an Josef Schrattenholz 8. 11. 85: „Die IV. resp. XIII. Sinfonie kann nicht Tag für Tag ‚geleiert' werden. Die verehrlichen Bonner Brahmsschwärmer können das Werk unter des Meisters Leitung am 23. in Köln hören. Das Retourbillet verlohnt sich. In Bonn muß* es bei dem ursprünglichen Programme (s. Reichszeitung) verbleiben. Ganz ergebenst hierzu ‚condolirend' H. v. Bw. * Zum Concertbesuch ist Niemand verpflichtet".

[2] Im Kammermusikabend am 27. 10. von Bülow gespielt.

Vermuthlich aus **Dr. Julius Grosser's** Feder ist der Bericht im Berliner Courier vom 1. 11. 85, der mit den Worten anhebt: „Für die kleine Schaar, welche nach der Thüringischen Herzogsstadt geeilt war, um der ersten Aufführung der neuen, der vierten Sinfonie von Johannes Brahms beizuwohnen, gestalteten sich die Meininger Tage zu einem wahrhaften Musikfeste." Es folgt eine Beschreibung des Werkes und der Ausführung. „Herzog Georg gab nach dem Schlusse der Sätze den Meininger Autochthonen das Zeichen für rauschenden Beifall, der sich am Ende des dritten zur ‚Wiederholungs-Höhe' steigerte. Nach dem letzten erhob sich der Herzog zur Ehre von Brahms und mit ihm das ganze Haus. Wir Gäste hatten unsere Herzensfreude an dieser spontanen und doch so vornehmen Huldigung, welche den Darbringer nicht weniger ehrt als den Gefeierten.

Nachdem das Publikum den Saal verlassen, blieben der Herzog und seine Umgebung sammt den fremden Gästen zurück, um nochmals den ersten und dritten Satz zu hören. Brahms dirigirte diesmal mit womöglich noch größerem Feuer als vorher, das Orchester schien elektrisirt. — — Hans v. Bülow meinte zu mir, er habe seit Richard Wagner keinen Dirigenten gesehen, der, wenn er sich für ein Werk interessire, so zu dirigiren verstehe, wie Brahms, der, nebenbei gesagt, am Directionspult mit seinem Meiningen'schen Ordensstern und dem Komthurkreuz um den Hals, die er zu Ehren des Herzogs angelegt hatte, einen höchst würdevollen Eindruck machte.

Wie ich höre, wird Brahms sein Werk vorläufig nur von der Meininger Kapelle aufführen lassen; es ist das eine Courtoisie gegen den Herzog. — — Der Abend vereinte uns in dem gastfreundlichen Hause Hans von Bülow's. — — Ein unvergeßlicher Abschluß eines unvergeßlichen Abends. Bülow's Geist sprühte Funken, und die, welche den Künstler nicht ausschließlich aus seinen öffentlichen Reden kennen, wissen, was das zu bedeuten hat."

430. An Marie von Bülow (Meiningen).

Siegen (schreckliches Fabrikrauchnest) [4. Nov. 1885].

Gestern [Frankfurt] war's in somma ganz nett. Der große Bär[1] hatte alle Ursache mit uns und dem Publikum zufrieden zu sein, das ihm niemals noch den halben Enthusiasmus gezeigt.

---

[1] Spitzname für Brahms.

Mein Antheil war auch recht erkleďlich — nach dem
Meistersinger-Vorspiel brach ein unerhörter Sturm los —
ich ließ ihn aus Rücksicht für Johannes wüthen, ohne
wieder hervorzukommen, was ein da capo veranlaßt haben
würde. — —

Sechsstündige Reise hierher recht, recht öde — die kleinlichen
Lokalverhältnisse — — recht mißstimmend — dazu Besuche
unverschämter „Collegen", die ihre Lokaldecompositionen gelobt und gespielt haben möchten. — —

Ich bin so verdrießlich, daß ich mich für's heutige Concert
nicht rasiren lasse. — —

Wie war's in der Requiemprobe? Ist Strauß sehr un-
glücklich in dieser intendanten- und orchesterlosen Zeit? Grüße
ihn bestens in der nächsten Probe.

Nb. am 15. werden wir — auf meine Veranlassung —
doch noch ein holländisches Concert haben — in Haarlem:
Tulpen, Hyacinthen, von Hals Meisterporträts. — —

Jetzt muß ich mir den Frack umbinden und mir die weiße
Cravatte anziehn: anbei das Programm. Ich gehe mit ent-
setzlichem Widerwillen an's Geschäft: die Kleinheit des Podiums
zwingt mich außerdem, sechs Musiker unbeschäftigt zu lassen.
Und das Alles wozu? Um die lumpigen Diäten eines Tages
für die Kapellisten rauszuschinden. Viel lieber spielte ich einen
Abend Klavier zum Besten der herzogl. Hofkasse. Der Kassen-
beamte mußte die gestrige Einnahme telegraphiren, obgleich
nur approximative Bestimmung möglich, da theilweise Abonnement auf zwei Concerte. Ergötzlich war seine Wuth, als auf dem
Bürcau „herzogl. Dienstsache" nicht respektirt, sondern baare
Bezahlung gefordert wurde. „Nun muß ich wieder eine besondere Eingabe nach Erfurt machen, wegen Rückerstattung
der Depeschenkosten." — —

10 Uhr Abends.

Gottlob zu Ende! Das Podium hatte noch gerichtet werden
können — aber welch gotteserbärmliche Akustik! Wie lähmend

wirkte die auf Alle! Der zweite Theil ging leiblicher als der erste
— warum? Weil wir die Stücke gar nicht probirt hatten,
also seit Mitte März nichts damit zu schaffen gehabt. Publikum
applaudirte, wie man eine Quittung schreibt. Oh quel em-
bêtement! — —

431. Elberfeld, Hotel Victoria (splendid!)
Samstag Abends [8. November 1885].

— — Gestriges Concert mit Bär sehr gut. 1740 netto —
freilich gehen 300 Honorar[1] ab und 174 für Wolff. — —

Bär war übrigens äußerst gemüthlich, kam stets in Morgen-
schuhen in mein Zimmer herüber und plauderte überaus herab-
lassend. Es ist doch übrigens in allen Stücken ein recht großer
Kerl, urgesund und hyperfein zugleich. — —

Sonntag früh.

Ich — bin sehr übler Laune. Husten und Kopfweh. Nach
dem ersten Theile gestern Abend öffnet man plötzlich, in über-
triebener Ventilationsrage, alle Thüren von allen Seiten, und
da gab's keinen Fleck, wo ich meinen nassen Schädel hätte hin-
flüchten können. Gegen derartige Überraschungen gibt's kein
Vorbauen. — —

Übrigens fängt mich die „Vierte" an zu ennüyiren, weil sie
alle Programme monotonlichst färbt (besser vielleicht: entfärbt)
und so viele langweilige Rücksichten mitgschaftelhubern. **Par
exemple:** durch Brahms' Theilnahme in Köln wird Wüllner lädirt,
der für seine Concerte diese primeur so leidvoll vermißt (und
den Meister par dessus le marché); **dem zu liebe** können wir
nun in Köln unsere großen Geschütze nicht loslassen, z. B. die
Wagner'schen Ouvertüren. — —

---

[1] Am 9. 11. schrieb Bülow an Wolff: „Brahms recht guter Laune —
hat sich endlich entschlossen, da ich nicht los ließ, das herzogliche Honorar
(300 pro Abend) zu acceptiren, wie es sich gehört. Wenn er auch noch
so ehrlich bleiben wird — **Kampf führe** ich gegen die herzogliche Hofkasse. (Auch dabei **für**)."

432.   Düsseldorf, 9. November 1885.

— — Kölnische Zeitung bringt heute früh enthusiastisches
Referat aus Essen. In dem kalten Elberfeld gelang mir's
zuletzt, die Leute doch ein bißchen in's Feuer zu jagen:[1] Die
Kapelle „flog" — die unzähligen benachbarten Musikdirektoren
schienen „paff" von unserm Dynamit. Der Corsar ging wie
aus der Pistole geschossen, auch Raff's Sinfonie elektrisirte.
Bär scheint die Sache je länger desto mehr Spaß zu machen. — —

433.   Rotterdam, Dienstag, 10. November 1885.

— — 10²⁵ Abends. Wiederum (wie [immer] wenn Brahms
nicht dabei, z. B. gestern) nach dem Concert allein auf Zimmer
theeschwelgend. Concert glücklich vorüber. Publikum enthusiastisch, Geschäft schlecht, weil so vielerlei in Oper und Concert
diese Woche los.[2] Saal schön. Begleitung des Concerts hätte
„berühmter" sein können. Die Sinfonie [VII], um nicht vor
Gähnen umzukommen, habe ich bis zum Exceß (die Beethoven'-
sche sozusagen Flegelhaftigkeit unterstreichend) antiphilisträs
dirigirt, genial grünen Collegen ein schlechtes Beispiel gebend.
Aber je n'en peux plus! Es widersteht mir dieser Leierkasten
von Abend zu Abend mehr. Ich bin nicht eitel und applaus-
durstig genug, mich für die alten Stücke noch künstlich begeistern
zu können. Nie ist mir der Fluch des Virtuosenthums klarer
geworden als jetzt: beim Solospiel fühlt man mehr Verantwortung und hat darum frischeres Interesse.

Nb. in Düsseldorf — ebenfalls schlechtes Geschäft — war das
Publikum ditto viel wärmer als in den „vorhergehenden"
Städten (Frankfurt ausgenommen); der dritte Satz der Brahms-
schen Zweiten mußte z. B. repetirt werden. Auch gingen die

---

[1] An demselben Tage an Wolff: „Publikümmer im Rhein-Wein-
Land viel, viel frostiger als an Bier- und Thee-Plätzen. — — Vokal-
musikalische und instrumentalmusikalische Oratorienbildung und Symphonie-
cultur großer Schiebunter."

[2] „Es geht, wie mit den Denkmälern — die Musikwelt wird bis zum
Atomistischen zersplittert" (an Wolff 11. 11. 85).

beiben Leonorenouvertüren erquicklich: die große hatten wir
seit März nicht mehr angesehen: daher machte es mehr Spaß.
Aber das „ewig Gestrige" — das ist „ehelich" (ölig — Essig) —
werde nicht böse — comprendre = pardonner. — —

434. Utrecht, 11. November 1885.

— — Jetzt muß ich in die Musikhandlung — Programme
rektifiziren, kurz, intendanzeln.

Um mich sozial zu besennütjiren, habe ich jetzt systematisch
begonnen, die Leute alternirend saugrob oder perlsein zu traktiren,
hierbei ganz unparteiisch der Reihe nach verfahrend, also z. B.
die ungeraden (1, 3, 5, 7) disturbers zu kratzen, die geraden
(2, 4, 6, 8) zu streicheln. Die Carambolage der abweichenden
Ansichten über die { liebenswürdige / widerwärtige } Persönlichkeit Deines Stroh-
wittwers malt sich meine grobsinnliche Phantasie dann lächelnd
aus. Raffinirt? — —

Des gr. Bären M. Leopard.

435. Amsterdam [14. November 1885].

— — Weißt Du, daß das Duo Br=Bü sich als Gruppe
sehr gut macht? Die Leute mögen keinen der Beiden in ihrer
Gesellschaft entbehren. — —

436. Arnheim, 16. November 1885.

— — Meine Musikanten sind immer die nämlichen, häufig
auch zerstreut und zu starker Armgymnastik bei den großen,
wegen geringen Besuches akustisch schlechten Lokalen zwingend!
Chien de métier!

Wenn Maestrissimo dabei ist — à la bonne heure — dann
kann ich meinen Überdruß ein wenig bemeistern, obwohl ich
seine gloriose neue Sinfonie nun bereits so oft (mit Meiningen
14mal oder noch öfter) genossen, daß ich sie stark satt bekommen
habe.

Am meisten ennüyirt mich aber — Wagner und der Lärm der Holländerouvertüre, welche übrigens hier recht wenig Anklang findet. — —

437. Rotterdam, 19. November 1885.

Die Abendsolidität dreimal nach einander hat mich wieder ein wenig auf's „Dämmchen" gebracht. Werde Dir zunächst nichts vorlamentiren. Haag war ein wenig besser als das erste Mal, troß „des großen Bären"; Publikum nicht blos fabelhaft andächtig, sondern sogar recht demonstrativ. Übrigens ging Alles vorzüglich, namentlich die Eroica, die auch mir Spaß machte . . . weil — nun eben, weil wir sie seit voriger Saison nicht ein einziges Mal mehr abgeleiert hatten. — --

Schade, daß mein Meininger Correspondent eine Dame ist, da kann man leider häufig dasjenige — aus galanter Rücksicht für le beau sexe — nicht sagen und klagen, was man auf dem Herzen hat, was Einen am meisten drückt. In diesen Gefühlen wende und winde ich mich jetzt schon geraume Zeit — soll ich — darf ich? — Ja, wenn Du nur nicht gar so prüde wärst! Aber es ist eine eigene Sache — es ist sehr shocking, was ich mitzutheilen, zu vertrauen hätte, sehr „unter Männern" — und doch — gestatte mir auf einen Augenblick eine „schöne" Geschlechtslosigkeit bei Dir anzunehmen. Ich brauche ein paar tüchtige, dicke, warme — unmentionables, inexpressibles — so was man das Kleid des Beines nennt. Die könnte ich nun zwar direkt bei Groß in Meiningen bestellen — aber mir Farbe, Muster, Stoff auszusuchen, dazu gebricht's an Zeit. Würdest du mir das unerhörte Opfer von Selbstentwürdigung bringen können, mir das Zeug zu wählen? — Keine Vorwürfe — ich erröthe bereits seit einer Seite! — und möglichst kurzes Nachtragen dieses meines Verraths an Zucht, Sitte, weiblicher Ehre und sonstigen Kardinaltugenden — damit ich ebenso bruststimmig singen kann

„Einen Engel nenn' ich mein"

als

„Eine Hose"!

Rotterdam, Freitag 8½ Uhr.

— — Doch zur Sache, zum gestrigen triomphe. Dem Witze des bändiger-äugigen Schneiders[1] ist's gelungen, das holländische Publikum aus seinem angerauchten Phlegma in flammenden Spiritus zu musiziren.

Amsterdam 11½.

Der ungeduldige Portier jagte mich in die Droschke — natürlich viel zu früh — ich hätte Dir noch mit warmen Fingern weiter schreiben können, während selbige jetzt recht steif und ungefügig dem Gedankenspiele schwerfällig nach-synkopiren. — —

Nimm das Programm zur Hand, s. V. p. Schwach empfangen ertaktschlug ich mir mit der ersten — übrigens gut gespielten [Namensfeier] Ouvertüre — (Bär will nichts Brillantes vor E moll) — auch einen nur diskreten Applaus. Aber — die Vierte — hat noch nirgends unter der Höchsteigenen des Autors einen so grandiosen Effekt gemacht als unter der desjenigen, den Du kühn aber liebevoll, und doch nicht ungerecht, mit „das Hemde" in Deinem Schmeichelkätzchenbriefe parallelisirt. Er muß sie sich in Frankfurt am 24. einmal anhören.

Zwischen I und II pflegen die Holländer am Büffet zu trinken und zu dampfen. Um sie wieder zusammen zu trommeln ließ ich unseren Kok[2] gewöhnlich krähen. Bisher immer die ersten Takte der ordinären Volkshymne, einer Groschenbazarhymne. Da fand ich gestern im Musikladen eine ältere, vornehmere „Wilhelm v. Nassau" (zur anderen sich verhaltend wie — beide schwächer — Rule Britannia zu God save.) „Heute trompeten Sie mir die ersten sechs Takte als Signal, mon cher Paul de Kok (sans Paul)!" Applaus!

Und nun kommt der Egmont — und ich dirigire ihn mit noch nicht dagewesenem Feuer. Donner und Gianettino — wirkte

---

[1] Vergl. Seite 325.
[2] Der Orchesterdiener hieß Koch.

der von mir in Scene gesetzte historische Kitzel! Nieder-
ländische Freiheit u.s.w. Der Instinkt der Menge begriff den
Witz, und dreimaliger brüllender Hervorruf quittirte. Dem
da capo-Verlangen gab ich nicht nach, dem Orchester zuliebe,
das sich noch gewaltig anzustrengen hatte. Der Rest war nun
noch überaus raketenhaft (nach dem zweiten Satz der E moll
ging's am tollsten her), aber der Egmont hatte doch so zu sagen
den Vogel abgeschossen. — —

Es hat Brahms ebensowenig wie seinem Verleger Simrock verborgen bleiben können, welche Propaganda seiner Werke von Bülow
ausgegangen war; eine Propaganda, die Alles, was andere Künstler
je vorher für ihn gethan, weit in den Schatten stellte. Ein wahrer
Pionier, war er mit Brahms' Klavier- und Orchesterwerken in Gegen-
den vorgedrungen, wo man entweder gar nichts von ihm wußte oder
ihn nur vom Hörensagen unter die gelehrten aber ungenießbaren
Verstandesmusiker einreihte, deren Bekanntschaft die große damit
verbundene Mühe nicht lohne. Man durchblättere damalige Zeitungen
von Rußland, Holland, Dänemark, ja, ohne so weit zu gehen, über-
zeuge man sich, wie es Anfang der achtziger Jahre in München und
Wien ausgesehen hat vor Bülow's kräftigem Eingreifen. „Zu Ansehen und Ehren hat er Brahms in München gebracht"; (Musikal.
Wochenblatt 12. 2. 85 S. 97) „es war ergötzlich mit anzusehen, wie
einige Stil-Zeloten von Thür zu Thür gingen und prophezeiten, daß
man am Brahmsabende außer Bülow und etlichen Musikschülern
Niemand im Saale erblicken, und daß auch von Letzteren keiner
eine Hand zu rühren geneigt sein würde. Die Thatsachen haben die in
jedem Sinne des Wortes ‚falschen' Propheten gründlichst widerlegt."
Darnach wolle „es wenig besagen, daß die Neidinger sich hinterher
nach Kräften bemüht zeigten, den Erfolg des Abends der allerdings
über jedes Lob erhabenen Interpretationskunst Bülow's zuzuschreiben
und Brahms als einen impotenten compositorischen Schwächling
hinzustellen".
Das Journal de St. Pétersbourg (4./16. 1. 85) bemüht sich, der
III. Sinfonie gerecht zu werden, resümirt aber doch:
„Dans son ensemble, la symphonie ne paraît pas avoir
fait grande impression. Les applaudissements, en somme
assez modérés, s'adressaient moins à l'oeuvre qu'à l'inter-
prétation, qui a été véritablement magistrale, d'un rare

achevé." Und (dasselbe Blatt 17./29. 1. 85) „Le succès spontané de la Suite de M. Tchaikowsky a contrasté singulièrement avec le succès d'estime obtenu par le second Concerto (B dur) de Brahms." Auch die Sonate Op. 5 am selben Abend wird benannt „un morceau d'une digestion difficile". In der Provinz pflegte es höchstens zu dem Zugeständniß zu kommen: „Man mag nun Brahms-Schwärmer sein oder nicht, dem wird sich nach dem Bülow'schen Vortrage einer Brahms'schen Composition Niemand verschließen können, daß er etwas Hochbedeutendes gehört hat, daß vieles sonst Unverständliche und Dunkle ihm verständlicher und klarer geworden ist, und daß er in Zukunft Brahms, wenn auch vielleicht nicht bewundern, doch wenigstens schätzen wird, während er ihn bisher vielleicht lediglich negirt hat." (Riga'sche Ztg. 15./27. 1. 85.)

Bei Gelegenheit der Meininger Orchesterconcerte wurde in Wien im December 1884 Brahms' B dur-Concert aufgeführt. Hanslick fragt (N. Fr. Presse 4. 12. 84): „Wie kommt es, daß dieses Concert, dessen Finale allein schon die größte Wirkung verbürgt, hier noch von keinem Virtuosen gespielt wurde seit dessen erster und einziger Aufführung (durch Brahms selbst) im Jahre 1881? Die Meisten behaupten, es sei zu schwer, spielen aber noch Schwereres."

Aber auch sonst, abgesehen von diesen Beispielen, bietet der Inhalt dieses Bandes hinreichende Belege für die Berechtigung zu der Annahme, daß Bülow's Fahrten mit den Meiningern — auch im Ausland — das Durchdringen von Brahms zu der ihm gebührenden Stellung um Jahrzehnte beschleunigt haben.

Beim ersten Concerte in Frankfurt, das die November-Tournée der Kapelle 1885 eröffnete, dirigirte Brahms selbst seine neue Sinfonie. Die Frankfurter Ztg. v. 4.¹ 11. 85 sagt darüber:

„Daß sich Meister Brahms in letzter Zeit mit Vorliebe der Meininger Kapelle zur Einführung seiner Sinfonieen bedient, erscheint nicht blos als ein Akt der Dankbarkeit für das große Interesse, welches der Intendant dieser Kapelle seinen Werken entgegenbringt, indem er sie nach Kräften populär zu machen sich bestrebt, sondern es geschieht auch zu seinem und seiner Werke eigenen Besten." Weiter sagt die Zeitung: „es hätte überrascht, daß das Orchester bei der Novität gestern [unter Brahms] bei weitem nicht die außerordentliche Schönheit und Klarheit des Vortrags zeigte, wie wir sie bei der letztjährigen Ausführung der vorhergegangenen F dur-Sinfonie unter Bülow's Leitung rühmen konnten."

In Übereinstimmung mit dieser Bemerkung findet sich in einem

Aufsatz über Brahms von Paul Marsop („Die Gegenwart" 1. Mai 1897, S. 277—280) folgende beredte Schilderung:

„Nur Einer hat es verstanden, hier einen satten Vollklang, dort erschütternde instrumentale Accente in das Brahms'sche Orchester hineinzubauen: Hans von Bülow. Wenn jemals, so ist hier vor den Mitlebenden ‚das Wunderbare' geschehen. Nicht das Geringste wurde zu den in den Partituren gegebenen Vorzeichnungen hinzugefügt, nicht das Kleinste davon weggenommen oder daran abgeändert: und doch wogte, wenn Bülow am Pulte stand, ein solcher Strom blühenden Lebens durch die Brahms'schen Sinfonieen, daß sie mit einem Schlage der Sphäre Mozart's um ein Unendliches näher gerückt schienen. Die Ursache: etwas wie eine Transfusion des Temperamentes. Der von Philistern und Lisztianern, zwei verwandten Extremen, thörichter Weise als kühl verschrieene Bülow, er, in Wahrheit ein von tiefergehender künstlerischer Leidenschaft bewegter Mann als alle grünen oder grün gebliebenen Programmmusiker miteinander: er brachte zur Wahrheit des dem schönen Scheine nur selten holden Brahms aus eigenem Empfinden Fülle und Schmuck des Tonbildes hinzu. Der Wunsch, überzeugend zu wirken, die Kraft, dies zu können, zeitigten ein solches Wunder. — — Möglich, daß Bülow, vom Feuer seiner eigenen Beredtsamkeit mit fortgerissen, mehr bewies, als er ursprünglich zu beweisen sich vorgenommen hatte. Der Vortheil war dann auf Seiten seiner Zuhörer, die, ohne es recht zu wissen, den Poeten und Componisten Bülow kennen lernten. Der Nachtheil auf Seiten der Brahms'schen Sinfonieen, bei denen Viele nach Bülow's Tode ein größeres Maaß von Frische und Eigenart voraussetzten, als jene ihrem Wesen nach bieten konnten."

Daß Brahms selbst die Bülow'sche Wiedergabe seiner Werke von dem hier zum Ausdruck gebrachten Standpunkt beurtheilte, geht aus einer Äußerung hervor, die das „Musikalische Wochenblatt" von 7. 12. 1899 S. 675 erzählt. In einer großen Gesellschaft in Bremen habe ein Musiker den Versuch gemacht Bülow „festzunageln", indem er „an der und der Seite der Partitur der Eroica beweisen wollte, daß Bülow eine Stelle nicht „Beethoven'sch" genommen habe. „Ich will Ihnen etwas sagen", — hätte Bülow erwidert — „Brahms, bekanntlich der größte Meister unter den jetzigen Componisten, hat mir erklärt: ‚Bülow, Du kannst meine Sachen spielen wie Du willst'. Wie viel mehr kann ich das bei Beethoven, von dem kein Mensch bei vielen Stellen mehr weiß, wie er sie eigentlich gewünscht hat."

Gerade die nicht ganz Bülow's Erwartungen entsprechende Aufnahme der neuen Sinfonie unter Brahms mag ihn noch besonders

angestachelt haben, sie bei der Wiederholung in Frankfurt zwei Wochen
später selbst zu vollendetster Geltung zu bringen.

Brahms hatte während des Herbstaufenthaltes in Meiningen
seine Bereitwilligkeit, an der Novembertournée der Kapelle theilzunehmen, erklärt, ja, die Anregung dazu war von ihm selbst ausgegangen; er war in Kenntniß der Taten, Städte und Programme,
da nichts ihn Betreffendes festgesetzt wurde ohne seine Genehmigung.
(Vergl. S. 382.) Er konnte auch nicht in Unkenntniß gewesen sein
darüber, daß es Bülow zu besonderer Genugthuung gereichte, auf
dem ihm selbst theilweise feindlichen Frankfurter Terrain (vergl.
S. 239, 281) Brahms' neuestes Werk, das er mit solcher Hingabe
einstudirt hatte, einzuführen.

Nun darf allerdings nicht unerwähnt bleiben, daß Brahms'
persönliche Stellung zwischen seinen alten Freunden, dem Schumann'-
schen Lager in Frankfurt und in Leipzig, und dem von diesem
Lager als Gegner betrachteten Bülow mit seinem für Brahms
so siegreich werbenden Orchester, keine leichte gewesen sein muß.
Wohl ruft der Meister Anfang 1884 dem neuen Freunde zu,
einen abermaligen Besuch in Aussicht stellend, von Meiningen
würde er „gerade in der richtigen Laune nach Leipzig gehen,
Bülow'sch angehaucht, so weit es möglich." Allein eine spätere
Äußerung von Brahms, Anfang Okt. 1885, als Bülow ihm rieth,
mit der Feststellung der Programme für die November-Tournée
zu warten, bis er seine vierte Sinfonie gehört habe, um ihm
volle Verfügungsfreiheit für sein neues Werk zu wahren, verräth
dies Unbehagen:

„Welche Unannehmlichkeit und Unbequemlichkeit dir durch
unsere Geschichte kommen, weiß ich durchaus zu würdigen. Zu
helfen aber weiß ich nicht, und zum schmalen Trost könnte ich
nur sagen, daß ich — hier und mancher Orten — auch nicht
gerade Lob und Dank für meine Meininger Reise ärnte!
(R[einecke?] ist nicht wenig aufgeregt!")

Trotzdem verlief die Reise, wie wir gesehen haben, durchaus
harmonisch. Da kam ein Brief von Brahms (aus Crefeld [19. 11. 85]),
der indifferent — mit Wohnungs- und Einladungsfragen — anhebt
und ausklingt wie folgt:

„Von Frankfurt fand ich hier Telegramme und Briefe vor, die
um Emoll-Sinfonie für das Museum bitten — falls sie nicht in
Deinem zweiten Concert gemacht würde. Ich habe Dich nicht damit
behelligt, da ich meine Dummheit doch auch büßen kann. Die Frankfurter sind so artig mir gegenüber, daß ich mich wohl ärgern muß,

so unüberlegt und rücksichtslos gewesen zu sein! Aber Dummheit und Alles Mögliche Dein Name ist   B."

Kurz vorher, 10. 11., hatte Wolff an Bülow geschrieben: „Daß Brahms Cre. und Coe. mitmacht: famos! Die Sinfonie bekommt durch Sie eine Einführungsgeschichte von hohem Interesse. Na, ich wollte eigentlich nicht noch'mal fragen: Weiß denn aber auch Brahms, fühlend, was Sie seiner Sache sind?"

In diesem Augenblick mochte es in Bülow's tief verletztem Herzen geklungen haben: „Nein!" — „Es gibt Dinge, die mir selbst Gottvater nicht bieten darf", schreibt er an Stehl. — Um diesen Ausbruch zu verstehen, muß man sich den inneren Hergang vergegenwärtigen.

In Bülow's erste Meininger Jahre fiel der Cultus Beethoven's, und das Glück, diesen Heros überall in neuem Glanze erstrahlen zu machen, ließ ihn immer wieder über alle äußeren und inneren Hindernisse den Sieg davontragen. Die Bülow selbst heilende und erlösende Wirkung dieser Thätigkeit war aber nicht unerschöpflich; naturgemäß, und vor Allem seiner Natur gemäß, mußte sie sich abnützen, und zwar desto schneller, je intensiver er sich ihr hingegeben, je mehr ihn sein reines Künstlerthum „abgeweidete Plätze" mit Abscheu meiden hieß. Darin liegt ein Moment, das zur Erklärung der excessiven Leidenschaft, mit der er sich in den zwei letzten Meininger Jahren in den Brahmscultus gestürzt, herangezogen werden muß. „Ich habe mich zu Brahms bekehrt", äußert er gesprächsweise i. J. 1883 (Frankfrt. Ztg. 5. 8. 1904) „weil ich weiß, daß wir an ihm noch mindestens fünfzig Jahre zu zehren haben." Brahms wirkte auf ihn nicht nur durch die seinen Werken innewohnende Kraft, er wirkte auch mit der Macht des Neuen. Und das Herbe, sich nicht Insinuirende seiner Muse, für die es nach Bülow's Überzeugung noch eine Welt zu erobern gab, mußte Den vollends zu seinem Apostel machen, auf dessen Seelengrunde die schmerzliche Sehnsucht nie ganz zum Schweigen kam, sich von dem „unvergleichlich schönen Gift", zu dem Wagner ihm geworden, zu befreien.

Nichts natürlicher als Bülow's Bedürfniß, die dem Künstler Brahms entgegengebrachten Gefühle auch auf den Menschen zu übertragen und diese Freundschaft erwidert zu sehen. Die Wahrnehmung, daß bei einer Collision von Rücksichten er von Brahms hintangesetzt wird, die dadurch möglicherweise aufgefrischte Erinnerung an Augenblicke im persönlichen Verkehr mit dem weltklug zurückhaltenden Meister, dessen Kühle der heiß dahin stürmende Bülow vielleicht doch hie und da empfunden haben mag, ohne es sich einzugestehen — das Alles wird dazu beigetragen haben, daß jener Brief so scharf von Bülow

aufgefaßt worden ist: vermuthlich zu großem Erstaunen des Ab-
senders, der nicht geahnt zu haben scheint, daß er da eine Herzens-
wunde geschlagen. In Verbindung mit der momentanen Über-
sättigung auch an Brahms'scher Musik ließ diese Wunde ihn ein
Weiterverbleiben in seiner Meininger Stellung als unmöglich empfinden. Beides überwältigte ihn damals so stark, daß es sich sogar in
einer telegraphischen Mittheilung an den Herzog drastisch verrathen
haben soll.

„Ach, warum sind groß und gut bei Meistern nicht Wechselbegriffe!
Nicht blos R. W. sondern auch . . . . . basta!" So klagt Bülow in
einem die alte Herzlichkeit athmenden Briefe an Hans v. Bronsart zum
Jahresschluß. „Die Vierte bleibt deßhalb doch die Drei-
zehnte" versicherte er mir unmittelbar unter dem Eindruck des
Erlebten (23. 11.). Sofort veranlaßte er das Nöthige durch die
Anfrage an Stenl (20. 11.). „Also: was meinen Sie — statt } zwölfter
dritter
von Brahms zu siebenter von Beethoven?" Diese Änderung wurde
gemacht und in folgender Form sogleich allen Zeitungen, Musikalien-
handlungen und den Concertbesuchern mitgetheilt: „Aus Rücksicht auf
den Wunsch der verehrlichen Museumsgesellschaft, die neue (vierte)
Sinfonie in Emoll von Johannes Brahms in einem ihrer
Abonnement-Concerte unter des Meisters persönlicher Leitung
wiederholen zu lassen, wird im zweiten Concerte der Herzoglichen Hofkapelle am 24. d. M. die siebente Sinfonie in
A dur von Beethoven gespielt werden. — Denjenigen Concertbesuchern, welchen diese Programmänderung nicht konvenirt, steht
es frei, sich den Betrag der gekauften Billets zurückzahlen zu lassen."

Nach Meiningen zurückgekehrt erwidert Bülow (30. 11.) eine Anfrage Stenl's: „Ein bischen zu hoch taxiren Sie denn doch meine mir
angehornhäutete „Abchechdievedeed" — — Nee — ganz schmerzlos
ist die „Entbindung" doch nicht vor sich gegangen, und über die letzten
Erleidnisse — ‚für Nerven und Muskeln' — muß die allgütige Mutter
Zeit noch recht energische Schwammfunctionen ausüben." —

Von Anfang an unterminirt, wie Bülow's Stellung in Meiningen
war, ohne den Kitt eines warmen persönlichen Verhältnisses zum
Herzog, der allein sie hätte befestigen und auf die Dauer erträglich
machen können, bedurfte es für deren endgültigen Zusammenbruch
nur eines letzten leichten Anstoßes. Daß ihn gerade der Meister gegeben, dessen künstlerische Laufbahn durch das Wirken der Meininger
Kapelle den mächtigsten Aufschwung erfahren hat, gehört eben zu

der tiefen Tragik, die Bülow's ganzes Leben und seine wichtigsten
menschlichen Beziehungen durchzieht.

Die oft erbetene Entlassung wurde Bülow diesmal vom Herzog
gewährt. „Das aber glauben wir beim Abschluß von Bülow's Thätigkeit als Intendant der Meininger Hofkapelle sagen zu dürfen", (Berl.
Courier v. 1. 12. 85) „daß es für die Interessen der Kunst in hohem
Grade beklagenswerth ist, daß diese Wirksamkeit so schnell enden mußte;
denn Leistungen wie diejenigen der Meiningen'schen Hofkapelle unter
Bülow's Leitung werden im Kunstleben stets zu den seltensten Ausnahmen zählen."

Adresse der Meininger Hofkapelle.

Hochverehrter Herr v. Bülow!

Die Meininger Hofkapelle möchte Sie, hochverehrter Meister,
nicht aus ihrer Mitte scheiden sehen, ohne Ihnen wenigstens auf
diesem Wege ihren tiefstgefühlten, wärmsten und innigsten Dank
ausgesprochen zu haben für all' das Hohe und Herrliche, was Sie
während der Dauer Ihrer hiesigen Thätigkeit zur Ehre und zum
Ruhme unserer heiligen Kunst vollbracht, für alle künstlerischen Gaben,
die Sie aus dem reichen Füllhorn Ihres Genies über uns alle aus-
geschüttet, und vor allem dafür, daß Sie uns der Ehre gewürdigt haben,
an dem großen reformatorischen Werke mitzuarbeiten, welches die
gesammte Musikwelt bewegt und beglückt hat.

Die hohe Begeisterung und Dankbarkeit, die uns für Sie, unsern
großen Meister und Wohlthäter, erfüllt, die jeden unserer Blutstropfen
durchdringt, werden wir dadurch zu bethätigen streben, daß wir es
zu unserer heiligsten Pflicht machen, die Traditionen, die Sie hier in
der Interpretation der unsterblichen Werke unserer großen Componisten, vor allem Beethoven's, geschaffen haben, auf's ungetrübteste
zu erhalten, auf daß Sie jederzeit mit Freude und Genugthuung
auf das lebende Denkmal schauen mögen, das Sie sich hier selbst
errichtet haben. Mit der Versicherung ewiger Verehrung ruft Ihnen
ein herzliches Lebewohl und ein freudiges „Auf Wiedersehen" zu

Meiningen, d. 1. 12. 1885.   die dankbare Meininger Hofkapelle.

438. An Richard Strauß (Meiningen).

Meiningen, den 1. December 1885.

Sehr geehrter Herr Hofmusikdirektor!

Da Ihr Name an der Spitze der Unterschriften steht, welche
die mir eben behändigte Abschiedsadresse der Herzoglichen

Hofkapelle an mich schmücken, so erlaube ich mir in Erwiderung
derselben an Sie, als derzeitigen Dirigenten dieser Kunstge-
nossenschaft, die ergebene Bitte zu richten, allen Unterzeichnern,
Kammermusikern wie Hofmusikern, meinen tiefgerührtesten
Dank für die freundlich herzlichen Gesinnungen auszusprechen,
durch welche meine Wehmuth in der Stunde einer für mich
ebenso betrübenden als leider, unveränderlichen Verhältnissen
entsprechend, unaufschiebbaren Trennung durch Gewährung
des Trostes bleibenden Gedenkens gemildert wird. Möchten
dieselben überzeugt sein, daß meinen vormaligen Untergebenen
und stetigen Kunstgenossen gegenüber unwandelbar die treueste
Anhänglichkeit bewahrt bleiben wird, und daß es mich schon heute
erfreut, ihr Schlußwort „Auf Wiedersehen“ durch so eben
empfangene kategorische Genehmigung Seiner Hoheit des
Herzogs — für Ende Februar — der Erfüllung sicher zu sehen. [1]
In aufrichtiger künstlerischer und persönlicher Hochschätzung

Ihr ganz ergebener

H. v. Bülow.

----

[1] Bülow hatte sich angeboten, das Wittwen und Waisen-Concert der
Hofkapelle zu leiten.

Wenige Monate später nahm auch Richard Strauß seinen Abschied
von Meiningen. Nachdem er den Musikern, die ihm bei der letzten
gemeinschaftlichen Probe eine Ovation dargebracht, gedankt, sie von
sich abgewehrt hatte, sprach er weiter (Allgem. D. Musik-Ztg. Nr. 15,
9. April 1886 S. 159): „„Wie könnten wir diese Abschiedsstunde wür-
diger begehen, als in dankbarem Gedenken des Meisters, durch den
allein die Meininger Kapelle das geworden ist, was sie bis heute war?
Des Meisters, dem jeder Einzelne von uns mehr an Reise künstlerischer
Erkenntniß verdankt, als er sie sonst irgend in der Welt hätte gewinnen
können. Des Meisters endlich, den wir Alle zumeist lieben und verehren, den wir mit Stolz unsern Meister Bülow nennen durften!
Aber nicht in Worten sei er von uns gefeiert, sondern durch eine
letzte gemeinsame künstlerische Bethätigung. — Ich komme Ihrem
eigenen, mir in den letzten Tagen vielfach ausgesprochenen Wunsche
entgegen, indem ich Sie auffordere, jetzt hier, ohne alle Zuhörer,

nur zu unserer ureigensten Erhebung des Meisters herrliche Nirvana
auszuführen.' — Und nun stimmte das Orchester seinen tiefernsten
Schwanengesang an. — — — Als die letzten H moll-Klänge aus-
pulsirt hatten, und Alle sich in schweigendem Ernste erhoben,
mahnte Strauß nochmals: ‚Meine Herren, lassen Sie uns Alle,
Bleibende und Scheidende, das Gelöbniß thun, mit dem Pfunde,
welches wir von unserm Meister empfangen, nach Kräften zu
wuchern. Den Ausdruck dieses Gelöbnisses und verehrungsvollen
Gruß wollen wir jetzt telegraphisch unserm Meister zukommen lassen,
und damit — sei geschieden.' —

Und so schieden Alle, sehr ernst und schweigsam von einander
Abschied nehmend, und eine große, unberechenbar bedeutungsvolle
musikalische Institution war aufgelöst."

Namen- und Sachregister.

Berichtigungen.

S. 18 l. Z. vérité statt verité.

S. 38 Z. 10 v. o. velléités statt vélleités.

S. 54 Z. 7 v. o. Dominantenharmonie statt Dominantenharmonien.

S. 57 l. Z. hinter Freie ist Komma zu setzen.

S. 105 Z. 11 v. u. unzählige statt unzähliche.

S. 110 Z. 9 v. u. fiedelten statt fibelten.

S. 141 vorl. Z. d. F.-N. fehlt: vergl. Bd. II S. 185.

S. 204 Z. 1 u. 2 v. o. nach [Carnegie] Fragezeichen.

Brief Nr. 228 fehlt: 3. Ott. 1883.

Brief Nr. 271, F.-N. Ziffer 2; bezieht sich auf Brief Nr. 271.

S. 270 Fußnote 1; vorletzte Z. ist der Punkt hinter Überzeugung zu tilgen.

S. 311 Z. 11 v. u. Hey'l statt Heyl.

S. 336 Z. 3 des Briefes 353: schmutzig statt chsmutzig.

S. 349 Z. 9 v. u. Ziehfe statt Zeise.

Brief Nr. 429 drittletzte Z. fehlt [op. 5].

Anhang.

— — —

Liebeslied.[1]

[1] Aus dem Nachlaß. Componirt 1879. Das nach Bülow's damaliger brieflicher Äußerung an die Herausgeberin „merkwürdiger Weise noch uncomponirt gebliebene Gedicht" H. Heine's ist aus dem Cyclus „Hortense" (Hamburg, Hoffmann u. Campe 1868, Bd. 16. S. 189.)

Nicht lan - ge täuschte mich das Glück, das

du mir zu-ge-lo-gen,

dein Bild ist wie ein fal-scher Traum

mir durch das Herz ge - zo - - - gen.

dim.

principiando piano e molto cresc.

Der Mor - gen kam, _____ die